U0935258

亚洲研究丛书

亚太地区基础设施融资

影响分析和新资金来源

Financing Infrastructure in Asia and the Pacific

Capturing Impacts and New Sources

〔日〕吉野直行 〔德〕马蒂亚斯·赫布尔
Naoyuki Yoshino Matthias Helble
〔乌兹〕乌米德·阿彼德哈达耶夫 /主编
Umid Abidhadjaev

唐 俊/译

社会科学文献出版社
SOCIAL SCIENCES ACADEMIC PRESS (CHINA)

经由亚洲开发银行研究院（ADBI）授权由社会科学文献出版社出版。

亚洲开发银行研究院研究

CONTENTS

第三部分　互联互通与跨境基础设施

第四部分　基础设施融资

图表和方框目录

表目录

图目录

方框目录

撰稿人简介

乌米德·阿彼德哈达耶夫（Umid Abidhadjaev），亚洲开发银行研究院项目顾问。

博·皮耶特·约翰内斯·安德雷厄（Bo Pieter Johannes Andrée），荷兰阿姆斯特丹自由大学空间经济学博士。

克里斯托弗·埃德蒙兹（Christopher Edmonds），日本东京国际大学国际战略研究所副教授。

克里斯·弗朗西斯科（Kris Francisco），亚洲开发银行研究院副研究员。

藤村信久（Manabu Fujimura），日本青山学院大学教授。

马蒂亚斯·赫布尔（Matthias Helble），亚洲开发银行研究院高级经济学家，首席研究员。

黄友星（Youxing Huang），中国海洋大学讲师。

乔治·因德斯特（Georg Inderst），英国因德斯特咨询公司独立咨询师。

埃里克·库门（Eric Koomen），荷兰阿姆斯特丹自由大学空间经济系副教授。

诺玛兹·万娜·依斯迈尔（Normaz Wana Ismail），马来西亚博特拉大学副教授。

贾米拉·莫赫德·玛希丁（Jamilah Mohd Mahyideen），马来西亚马拉工业大学讲师。

中桥正树（Masaki Nakahigashi），日本新潟大学副教授。

维克托·蓬迪内斯（Victor Pontines），马来西亚东南亚中央银行研究培训中心（SEACEN Centre）高级经济学家。

门诺·普拉德汉（Menno Pradhan），荷兰阿姆斯特丹自由大学商业经济学院教授。

迈克尔·里根（Michael Regan），澳大利亚邦德大学教授。

格兰特·B. 斯蒂尔曼（Grant B. Stillman），亚洲开发银行高级行政官员，法律顾问。

万广华（Guanghua Wan），复旦大学世界经济研究所所长。

马丁·维甘德（Martin Wiegand），荷兰阿姆斯特丹自由大学商业经济学院副教授。

吉野直行（Naoyuki Yoshino），亚洲开发银行研究院院长。

张燕（Yan Zhang），亚洲开发银行研究院项目顾问。

缩略词

英文缩写	英文全称	中文译名
ADB	Asian Development Bank	亚洲开发银行
ADF	Asian Development Fund	亚洲开发基金
APEC	Asia-Pacific Economic Cooperation	亚洲和太平洋经济合作组织
ASEAN	Association of Southeast Asian Nations	东南亚国家联盟,简称东盟
ASTER	Advanced Spaceborne Thermal Emission and Reflection Radiometer	先进星载热发射和反射辐射仪
CBTA	Cross-Border Transport Agreement	跨境运输协议
CIED	Chinese Industrial Enterprise Database	中国工业企业数据库
CIESIN	Center for International Earth Science Information Network	国际地球信息网络中心
CSIRO	Commonwealth Scientific and Industrial Research Organization	澳大利亚联邦科学与工业研究组织
DID	difference-in-difference	双重差分法
EIB	European Investment Bank	欧洲投资银行
EMDEs	emerging markets and developing economies	新兴市场和发展中经济体
EOSDIS	Earth Observing System Data and Information System	地球观测系统数据和信息系统
ERSDAC	Earth Remote Sensing Data Analysis Center of Japan	日本地球遥感数据分析中心
ETF	exchange-traded fund	交易所交易基金
ETM	Enhanced Thematic Mapper	改进型专题制图仪
GBEs	government business enterprises	国营企业
GDP	gross domestic product	国内生产总值
GMS	Greater Mekong Subregion	大湄公河次区域
GPW	Gridded Population of the World	全球网格化人口
GRUMP	Global Rural Urban Mapping Project	全球农村城市测绘项目
HAC	heteroscedasticity and autocorrelation consistent	异方差性与自相关一致性
HCMC	Ho Chi Minh City	胡志明市
ICT	information and communication technology	信息和通信技术

续表

英文缩写	英文全称	中文译名
IDA	international development agencies	国际发展机构
IPO	initial public offering	首次公开发行
ISIC	International Standard Industrial Classification	国际标准产业分类
LAN	luminosity or light at night	夜景
LLG	local level government	地方政府
LNG	liquid natural gas	液化天然气
LP	labor productivity	劳动生产率
MDB	multilateral development bank	多边开发银行
MLP	master limited partnership	业主有限合伙
NSO	National Statistics Office	国家统计局
OECD	Organisation for Economic Co-operation and Development	经济合作与发展组织
OLS	ordinary least squares	普通最小二乘法
PMGE	pooled mean group estimation	混合平均群估计
PNG	Papua New Guinea	巴布亚新几内亚
PNGRIS	Papua New Guinea Resource Information System	巴布亚新几内亚资源信息系统
PPI	private participation in infrastructure	私人参与基础设施
PPIAF	Public-Private Infrastructure Advisory Facility	公私基础设施咨询服务公司
PPP	public-private partnership	公私伙伴关系
PPRF	public pension reserve fund	公共养老储备基金
PRC	People's Republic of China	中华人民共和国
RAMS	Road Asset Management System	公路资产管理系统
RCT	randomized control trials	随机对照试验
RIETI	Research Institute of Economy, Trade and Industry, Japan	日本经济、贸易和工业研究院
RMUs	Resource Mapping Units	资源映射单元
ROK	Republic of Korea	韩国
S&P	Standard and Poor's	标准普尔
STAR	Southern Tagalog Arterial Road	南他加禄干道
SUR	seemingly unrelated regressions	似然不相关回归
SWF	sovereign wealth fund	主权财富基金
TBK	Toshguzar-Boysun-Kumkurgon	脱什古扎 - 博伊孙 - 昆库功
TFP	total factor productivity	全要素生产率
UK	United Kingdom	英国
UNESCAP	United Nations Economic and Social Commission for Asia and the Pacific	联合国亚太经济社会委员会
US	United States	美国
VGF	viability gap funding	可行性缺口补贴

致 谢

作为本书主编，我们要感谢为本书的问世做出贡献的同仁们，但又恐会挂一漏万。

首先，我们要感谢启动本项目的主管维克托·蓬迪内斯（Victor Pontines）。围绕这个主题，他组织了两次研讨会：第一次是2014年11月在亚洲开发银行研究院，第二次是2015年5月在马来西亚博特拉大学（Universiti Putra Malaysia）。因此，我们要对马来西亚博特拉大学慷慨地主办这次会议表示衷心的感谢。2016年12月，越南国家银行在河内举办了亚洲开发银行研究院和经济合作与发展组织（OECD）的第三次会议。我们要感谢来自世界银行的阿伊汉·科泽（Ayhan Kose），以及战略和国际研究中心（the Center for Strategic and International Studies）的马修·古德曼（Matthew Goodman）和丹尼尔·兰德（Daniel Runde），他们在吉野直行院长于2017年11月在华盛顿特区组织的研讨会上宣讲了本书的主要观点。特别要感谢布鲁金斯学会的阿马尔·巴塔查里亚（Amar Bhattacharya）。这些会议期间，我们收到了许多宝贵意见和建议。

其次，我们向本书各章作者深表谢意，感谢他们在整个项目中辛勤的付出、耐心的修改以及为本书提出的宝贵意见。特别感谢普拉奇·古普塔（Prachi Gupta）和谢益哲（Yizhe Daniel Xie）为第十一章提供的研究帮助。

最后，我们要感谢编辑和制作团队，特别是蒂芬妮·切尊（Tiffany Chezum）、安吉列·史密斯（Ainslie Smith）和艾琳·玛帕兰加兰（Aileen Magparangalan），感谢他们出色而迅捷的工作。特别感谢乔治·巴特塞（George Battese）详细审读了几章内容。我们还要深深感谢亚洲开发银行研究院的传播团队，包括马克·本格（Marc Benger）、耶拉·勒格（Jera Lego）和穆里尔·奥东兹（Muriel Ordonez），他们为这本书的出版和发行承担了协调工作。

前　言

吉野直行　马蒂亚斯·赫布尔　乌米德·阿彼德哈达耶夫

经济增长与基础设施投资并驾齐驱。一个持续增长的经济体需要不断地完善基础设施，尽一切可能确保货物和服务的交换能够顺利和高效。对基础设施的投资本身有助于经济增长，并能提供充足的就业机会，尽管存在强化机制，但并不意味着基础设施投资就能自给自足。通常，成本需要提前预支，中长期后才能获得回报。基础设施改善的收益因人而异，因为某些经济体会由于基础设施改善，在不增加成本的前提下获得新的机会。另外，基础设施投资通常是一种长期投资，风险难以预先评估。最后，基础设施可以由政府或私营部门投资，也可以由二者合作进行投资。而在这三种情况下，风险和收益的分配可能比较复杂。正是基于以上诸多原因，基础设施投资面临着巨大的挑战。

亚洲和太平洋地区（以下简称“亚太地区”）各国政府对基础设施投资的规模低于维持目前增长势头所必需的规模，这主要应归因于基础设施投资的复杂性。亚洲开发银行估计，到2030年，亚洲的发展中国家需要每年投资1.5万亿美元用于基础设施建设才能保持经济增长势头，以解决贫困问题①。如果算上用于缓解和适应气候变化的需要，这一数字将增加到每年1.7万亿美元。基础设施投资的问题并不仅限于亚洲。McKinsey估计，到2020年，全球范围内的基础设施融资总额占国内生产总值（GDP）的比例将从3.8%左右上升到5.6%②。即便是发达经济体，如美国，也提出了交

① Asian Development Bank. 2017. Meeting Asia's Infrastructure Needs. Manila.

② McKinsey Global Institute. 2012. The Future of Long-term Finance: Backup Material. Report for Group of Thirty, November.

通运输基础设施重建和现代化的计划。

2 本书旨在提供基础设施投资方面的最新研究成果，包括如何为基础设施融资的新观点。编者希望本书能在帮助亚太地区缩小基础设施缺口、维持繁荣之路方面做出贡献。

本书想要达到两个目标。第一，总结基础设施关于各种经济产出影响方面的最新研究成果，尤其是在经济增长或者财政预算方面。近年来，对于基础设施投资的影响和溢出效应方面的研究成果层出不穷。本书第一部分的几章反映了某些亚洲国家的最新研究成果。希望这些研究成果能够帮助政策制定者更好地理解基础设施投资的所有潜在影响。第二，概述可以适用于基础设施融资项目的各类工具。基础设施项目的融资渠道众多，各种模式的优缺点将在本书中予以呈现。此外，新基础设施能够产生积极的溢出效应，这种效应便于掌握并反馈给投资者，从而能够提高回报率。本书在这种观点的基础上，介绍了一种新的融资方式。

基础设施的定义有很多种，一般包括供水、下水道、电网和通信等广泛的设施和服务，以及道路、隧道和桥梁等运输基础设施。除了硬基础设施外，还有软基础设施，主要建立在医疗保健、教育或金融系统等机构之上。本书重点考察的是硬基础设施，特别是运输、电力和电信方面的基础设施。本书在使用“基础设施”一词时，一般指硬基础设施。

长期以来，经济学家们一直关注基础设施投资。本书在利用亚太地区的各种案例研究基础设施的影响时，将会加入长期的文献综述。研究方法主要使用双重差分法、引力模型估计、超越对数生产函数以及其他方法。本书是将这些方法和案例研究结合用在评估亚洲基础设施影响的首部专著。

本书从多个角度考察基础设施融资，对现有的投资工具［这些工具在亚洲开发银行近期的其他出版物（2017）中也分析过］进行了有益的思考。这本书的新奇之处在于它证明了跨时间和跨地区的溢出效应的存在，并提出
3 了一种新型的融资方案。其主要观点是将溢出效应返还给投资者，从而提高收益率。我们相信，详细解释这一创新性的解决方案，并提出一种将其付诸实践的办法，非常有价值。

全书分为四大部分。第一部分是专门关于交通基础设施对经济产出的影响的实证研究。第一章试图回答乌兹别克斯坦的铁路基础设施如何影响区域内国内生产总值的问题。第二章和第三章分别讨论了交通基础设施的改善如何增加日本和菲律宾的税收收入。

第二部分研究基础设施的改善对企业和家庭的影响。第四章考察泰国和日本的基础设施对全要素生产率的影响。第五章评估中国的公路、通信服务器和电缆对企业生产力的影响。第六章的研究发现，菲律宾港口基础设施的改善，提高了家庭收入和增加了教育产出。第七章展现了巴布亚新几内亚的道路改善情况，证明道路的改善增加了平均家庭消费，并且总结了各种可用于基础设施分析的数据来源。

第三部分重点讨论了基础设施的互联互通效应。第八章着眼于分析航运互联互通对贸易绩效的影响。第九章和第十章阐述了亚太地区基础设施的改善对贸易的影响及评估方法。

第四部分讨论基础设施融资的所有问题。第十一章回顾历史，总结教训。第十二章和第十三章评议基础设施融资的各种方案和模式。

本书的目标读者是亚太地区的决策者，他们面临着为本国日益增加的基础设施提供资金的挑战。我们希望本书能帮助他们制定以事实为基础的基础设施政策，从而促进稳定的、可持续的经济增长。也希望本书能引起研究生在发展研究方面的兴趣。各章节的作者都是基础设施分析领域的著名专家，运用了最先进的计量经济技术对各国进行分析。最后，作者努力确保他们的主要研究成果能够被那些缺乏经济学方面的专门知识但又对这些研究真正感兴趣的人所理解。一言以蔽之，本书旨在成为与亚太地区基础设施的影响和融资相关的所有问题的参考文献。

各章概述 4

在第一章中，吉野和阿彼德哈达耶夫检验了乌兹别克斯坦基础设施供给对地区经济绩效影响的性质和程度。该分析使用了基于双重差分法估计的经验证据，即乌兹别克斯坦南部的脱什古扎－博伊孙－昆库功铁路的连通与受影响地区经济产出增长率的关系，取决于各地区的时间不变的个人效用、时间变化协变量和不断演变的经济特征。为了探讨基础设施供给的差异性，作者引入了一个实证模型，考察了铁路建成后的地区效应、溢出效应和互联互通效应，以及建立效应、超前效应和滞后效应。实证结果表明，在互联互通效应的分析框架下，乌兹别克斯坦的脱什古扎－博伊孙－昆库功铁路沿线受影响地区的 GDP 增长率提高了 2% 左右。这似乎是由工业增加值和服务增加值分别提高 5% 和 7% 推动的。对农业产出的正效应约为 1%，这与以往关于公共资本差异影响的文献一致。这些分析框架和结果有助于监管机构全面评估基础设施的影响，并制定相关的促进和补偿措施。

在第二章中，吉野和阿彼德哈达耶夫分析了日本九州高速铁路对各县税收的影响。该线路于2004年开始部分运营，2011年全线开通。作者用双重差分法估算了其对日本九州地区的影响，并对沿线地区和其他不受影响地区的税收收入进行了比较。由于国内生产总值是经济活动的综合指标，财政收入直接与税收挂钩，因此作者重点关注税收总额，并将其分为个人所得税和企业所得税。分析结果表明，该地区的税收在铁路线建造阶段（1991～2003年）显著增加，2004年开始运营后下降。铁路线还对九州附近的县产生了积极的影响，但其对2004～2013年税收收入的影响要小于更远的地方。当九州线连接到现有的三洋高速线后，情况就发生了变化。研究发现，这条线路建成并与广岛、大阪等大城市连通后，对税收产生了统计上的显著影响和
5 经济上的增长效应，铁路附近地区的税收收入高于其相邻地区。双重差分法的分析结果显示，在建造阶段，企业所得税收入低于个人所得税收入；与大城市连通后，企业所得税收入转而增加。

在第三章中，吉野直行和蓬迪内斯研究了位于菲律宾八打雁省的南他加禄干道（Southern Tagalog Arterial Road，STAR）收费公路对直接通过的城市和自治区公共财政的影响。为此，作者使用了一个独特的数据集，将八打雁省的城市和自治区的收入划分为税收（财产税和营业税）收入和非税收（管理收费和用户收费）收入。以改进的双重差分法的两套范式为基础，作者发现，南他加禄干道收费公路对营业税具有稳定的、统计意义上和经济增长上的影响。同时，这种所谓的"公路效应"延伸到毗邻八打雁省的省市和自治区。此外，深入研究发现，南他加禄干道收费公路的显著影响不仅体现在营业税上，还反映在财产税和管理收费上。这些研究发现为基础设施投资问题提供了坚实的支撑。最后，微观案例的研究表明，基础设施投资可以在增加税收和非税收入方面发挥间接作用。

在第四章中，吉野直行和中桥正树研究了泰国和日本基础设施的生产力效应。具体而言，他们利用20世纪70年代至21世纪头10年泰国和日本的产业数据，运用生产函数和全要素生产率回归测算了基础设施的影响。在泰国，按行业划分的增长核算表明，制造业和服务业的全要素生产率增长加快。相反，农业部门的全要素生产率增长降速，在所有考察的行业中，农业的全要素生产率最低。生产函数分析显示，基础设施投资仅对制造业产生了

生产力效应，不过影响的程度有所提高；而在其他工业部门，基础设施投资的生产力效应较低或几乎不存在。在日本，按产业和地区划分的增长核算表明，城市地区的第二产业和第三产业的全要素生产率增长快于农村地区，城市地区的全要素生产率水平也高于其他地区。研究表明，基础设施投资对第二产业和第三产业存在生产力效应，1990～2010 年日本第二产业边际生产率下降速度快于第三产业。全要素生产率回归结果表明，交通基础设施投资对日本的全要素生产率有积极的影响，尤其是在第二产业。然而，日本的人口正在减少，未来将出现运输基础设施供应过剩的情况。

在第五章中，张燕、万广华和黄友星利用 2002～2007 年中国 4.4 万多 6
家的面板数据，对公路、通信服务器和电缆三种基础设施投资的企业层面全要素生产率模型进行了测算。作者发现，三类基础设施投资对企业生产率都存在积极的影响，中西部省份企业的受益程度要大于东部省份企业。此外，作者还观察到基础设施建设可能会对邻近省份产生溢出效应。

在第六章中，弗朗西斯科和赫布尔通过考察菲律宾的滚装船（Roll-on/Roll-off）政策的实践，探讨了一国之内提供有效且可负担的交通系统的影响。他们对家庭和城市层面的影响进行了三次分析。第一次分析结果表明，滚装船港口的运营提高了农业和非农业收入，家庭因此受益。此外，估计结果表明，农业家庭所处的岛屿位置并不妨碍其从滚装船政策中获益。第二次分析结果表明，滚装船港口附近城市的儿童入学率出现上升（学前教育阶段，女生的入学率要高于男生）。第三次分析揭示了滚装船港口附近地区家庭在食品、酒精和烟草上的支出降低。同样，作者注意到这些家庭的收入提高了，意味着滚装船港口创造了工作机会。总体来说，本章强调加强一国之内地方经济之间的物理联系会产生若干意想不到的影响。

在第七章中，埃德蒙兹等人详细介绍了数据收集、整理的过程，在此基础上评估了巴布亚新几内亚的道路基础设施对农村发展的影响。在评估过程中，作者将国民收入和支出调查的多个横截面数据与道路质量和其他空间数据来源整理成两个时间段的面板。本章首先概述了作者为探索新的数据源（如夜景数据或光度数据和卫星图像数据）所做的初步努力，以支撑道路的影响评估，从而指导研究人员获得像巴布亚新几内亚这样数据贫瘠的国家的空间数据。此外，作者还简要地评价了这些数据来源在实证研究背景下的有用性。最后，本章总结了道路对农村发展影响的计量经济学评估结果。

交通基础设施投资通常会降低经济活动中心之间的贸易成本，从而促进

7 经济交流。在第八章中，赫布尔利用 14 个太平洋岛国的案例，研究了交通设施连通对国际贸易的重要性。太平洋国家面临着若干结构性约束，其中最重要的是规模小、距离远，这使其难以融入世界经济。本章重点关注太平洋岛国的航运连通及其对贸易绩效的影响，首先介绍了太平洋岛国与世界其他地区的航运连通的新数据集，然后将该数据集与相应的贸易流动结合在一起，从而测算互联互通在太平洋贸易绩效中的重要性。

在第九章中，依斯迈尔和玛希丁考察了近期亚洲的贸易自由化导致关税大幅度下降以来，基础设施促进贸易的作用。研究量化了硬基础设施和软基础设施对本地区出口和进口贸易量的影响以及对各种经济增长指标的影响。结果表明，运输基础设施（即公路密度、航空运输、铁路运输和港口运输）的改善导致贸易流量增加。信息和通信技术基础设施也促进了贸易，因为电话线路、手机用户、固定宽带、互联网用户和互联网安全服务的增加对进出口双方的贸易都产生了积极影响。关于软基础设施，作者采用了三个指标，即进出口成本、进出口所需文件以及进出口时间。结果表明，软基础设施改革可以通过降低成本、减少所需文件数量和完成程序所需时间来改善贸易流动。作者的结论是，尽管硬基础设施历来受到更多关注，但也要更多地研究软基础设施对贸易流动的影响。

由柬埔寨、老挝、缅甸、越南、泰国以及中国云南省和广西壮族自治区组成的大湄公河次区域最近在经济走廊框架下发展跨境交通基础设施方面取得了显著进展。在第十章中，藤村信久利用三种方法来评估大湄公河次区域的跨境交通基础设施。首先，作者进行了为南北、东西和南部经济走廊制定收益成本率的部分尝试。据测算，南部走廊在经济上最为可行，其次是南北走廊和东西走廊。南部走廊的结果与重力模型框架非常吻合，因为这条走廊
8 包括曼谷、胡志明市和金边三大经济体，长度相对较短（约 900 千米）。与此形成对比的是，东西走廊大约长 1450 千米，沿线不包括大型经济体（除了大型港口）。东西走廊的建设需要 10 ~ 20 年，主要出于长远利益考虑。

在第十一章中，吉野直行和斯蒂尔曼回顾了基础设施融资的历史，重点介绍了美国和日本的经验。过去，许多具有公益性质的基础设施项目是通过吸引私人资金完成的。美国和日本的私营铁路公司主要通过出售或开发有升值潜力的房地产来偿还巨额债务，这些房地产要么与铁路相邻，要么是通行权的一部分。吉野直行和斯蒂尔曼从被遗忘的经验和被忽视的原型中吸取有用的要素，通过本书第一部分中的溢出效应测算，归纳了基础设施融资的实

际特征。

在第十二章中，里根介绍了截至2017年亚太地区基础设施融资的方法、优势和局限性。亚太地区是世界上增长最快的区域，这一地位已经持续了十多年。区域持续增长和发展以及各国经济之间更多参与的一个重大挑战是增加对经济和社会基础设施的投资。政府投资的大部分基础设施是公共产品；然而，自2005年以来，私人资本占到投资的22%左右，约占基础设施融资的40%，主要分布在电信、能源和运输部门。这一章从实证的角度考察了当前的供求状况，并对本地区各国未来的政策发展提出了若干建议。

与第十二章相似，因德斯特撰写的第十三章从全球角度评估了亚洲的基础设施投资和融资。这一章概述了基础设施的需求以及全球和亚洲内部各种私营融资的来源，利用一个简单的框架——占国内生产总值的百分比——绘制了基础设施资本需求和供给的“宏图”。尽管与一般预计亚洲的情况有所出入，但因德斯特从全球比较中揭示了一些有趣的特征。总体来说，私营部门的作用仍然相对较弱。银行贷款在基础设施私营融资中占主导地位，资本市场还有很大的发展空间。与投资需求相比，上市和未上市的投资工具、项目融资和公私伙伴关系的规模仍然很小，远远低于全球平均水平。不过，也 9
存在一些值得注意的特例。

机构投资者被广泛视为基础设施融资的新来源。亚洲的投资格局具有一些鲜明的特征，如大型养老储备基金和主权财富基金的地位突出，私营长期储蓄机构相对弱小。目前，国内投资者在基础设施的资产配置方面总体上非常低，基础设施对外国投资者的吸引力仍然不大。今后，投资者有望参与到这一领域，而且必须清除一些障碍和规避风险。亚洲各国政府可以采取措施吸引更多的私营资本。

第一部分

基础设施投资的经济影响

第一章

基础设施投资的影响评估

——对乌兹别克斯坦脱什古扎－博伊孙－昆库功铁路线的案例分析

吉野直行　乌米德·阿彼德哈达耶夫

1.1　引言

基础设施的定义是社会或企业成功运作所需的基础物质性的、组织性的 13
结构及设施。它至少从三个方面影响经济活动。第一，基础设施供应的数量
与质量，例如某一地区的电力与净水资源，直接影响投资者是否在该地区开
展业务，从而导致家庭收入水平、国家税收和地区总体经济绩效发生变
化[①]。第二，信息和通信技术基础设施的改善，会带来更多的移动电话、固
定电话与互联网用户，通过提升生产力与消灭信息不对称，会对经济增长率
产生重大而且积极的影响。第三，通过铺设公路和铁路互联等形式提供新的
基础设施，为企业商品市场和劳动力市场的扩大创造新的机遇。经济主体之
间距离更近，流动性更好，与市场之间的距离进一步拉近。地区间资源分配
情况各异，某些特定的基础或有或无，意味着许多方面的系统性差异将会影
响经济产出。 14

---

① Wang 和 Wu（2012）将检验连接青海省与西藏自治区的高海拔铁路作为一项自然实验，发现那些受到铁路连通影响的村庄的人均 GDP，比那些没有受到铁路连通影响的村庄提高了 33%。

本章将通过新的基础设施建设来研究基础设施供给对地区经济产出的影响。我们通过运用双重差分法获得实证，运用多维度视角，并专门创建了一个独特的数据集，对那些为人们广泛接受的时序假设和效应观点进行研究。

我们将研究铁路连通对中亚国家乌兹别克斯坦及其他转型经济体的GDP增长率与地区产业增加值的影响。这些国家自苏联1991年解体后，不断实施改革，逐渐建立起自己的综合铁路连通系统。根据新建铁路对不同地区的积极影响，确定其中的因果背景关系，就能解释经济产出增长率的变动情况。同时，这些地区根据所受影响的程度，可以分为三种类型。

本章将主要回答以下问题。

（1）与那些没有新建铁路的地区相比，新建铁路地区因连通带来的变化是否对该地区经济绩效形成显著的影响？

（2）新建铁路的连通是否产生了跨地区的溢出效应或者互联互通效应？

同样，要想完全证明铁路连通是如何影响经济产出，或者捕捉其所有的长期影响，几乎是不可能的①。但是，在理解某一国家基础设施供给是否和如何影响地区经济时，政策的相关性并不应该被轻视。囿于预算约束，中央在审查未来基础设施项目经济可行性时，掌握基础设施项目的绩效至关重
15 要。而对于一个内部资本市场欠发达的发展中国家而言，这个问题尤为棘手。因为在中等收入和低收入国家，基础设施的资金需求总是超过了可用资金的供给，所以，针对发展中国家的基础设施项目投资的多边发展机构和发起机构，应该就某一特定类型的基础设施对经济产出的确切重要性及其意义进行评估。

总而言之，实证结果认为，脱什古扎－博伊孙－昆库功（Toshguzar-Boysun-Kumkurgon，TBK）铁路线给实证研究的地区带来了2%的GDP增长，这一影响大约是由5%的工业价值增长与7%的服务业价值增长所推动的。而铁路对农业产量的影响，相比于上述两个产业的增长则更适中一些

① Schumpeter（1912：Chapter Ⅰ）认为经济发展是经济历史的目标，“纯粹为了解释而独立于经济历史其他部分”。因此，他得出结论：“由于从本质上来说，经济方面的事物是依赖于其他事物的，仅仅通过先前的经济条件，是不足以解释经济变化的。”因此，对于随后的经济影响也同样如此，因为“总体而言，受不同规律支配的因素不会直接影响任何领域的社会进程……而只有相关的数据和居民的行为，才会对社会进程产生影响……经济影响只有在那些最直接相关的人想要处理这些影响时才会出现”（Schumpeter，1912：58）。

（约为 1%），这一增长也与先前有关公共资本差异化影响的文献内容相一致（Yoshino and Nakahigashi，2000）。除了揭示不同时间和空间以及不同部门受到的影响各异之外，本研究还发现许多铁路线对于地区经济绩效产生的影响存在一些反常的结果：距离国内铁路系统较远的地区，相对于那些新的铁路线实际所在的地区，经济上更具有统计上的显著性和增长引致效应。

1.2　文献综述

确认基础设施与经济活动的关系，可以追溯到一些经济学的经典，例如亚当·斯密、卡尔·马克思和弗里德里希·哈耶克的著作。虽然这些作家对于经济问题的原则与本质的核心观点和范式截然不同，但是在基础设施对经济活动的重要性这一认识上，他们达成了高度的一致。

毫无疑问，亚当·斯密认识到了基础设施资本与其他形式的资本之间的根本差异。他将基础设施资本归为两类："流通资本"和"固定资本"，并且将后者定义为用以"建造抽水泵，铺设道路和货车轨道"的资本（Smith，1776）。亚当·斯密没有简单地描述基础设施资本的影响，而是用许多案例清楚地揭示了基础设施对生产者、顾客、地主和零售商之间相互作用造成的影响，从而佐证了基础设施融资的选择方案。同样，哈耶克描绘了两种生产要素，即"经济永久资源"（以基础设施资本为代表）和"非永久性生产商品"（Hayek，1947）。

令人惊奇的是，后来大多数为人熟知的关于经济发展理论的模型——包 16
括 1946 年的哈罗德 - 多马模型、1956 年的索洛 - 斯旺模型、1965 年的拉姆齐 - 卡斯 - 库普曼斯模型以及 1988 年的卢卡斯模型——尽管极大地提高了我们对于资本、劳动力、人力资本外溢以及技术进步的作用及其相互关系的认识，但是忽略或者省略了基础设施资本的概念。

因此，虽然早在 18 世纪，人们就已经提出经济增长的问题及其决定因素，与此同时经济学也成为一门独立的学科，但直到 1989 年，Aschauer 才对二战以后美国的基础设施供给带来经济增长变化进行了实证研究，对核心基础设施资本进行了检验。这些研究发现颇具煽动性，影响深远，在这一领域引起了轩然大波，随后产生了一些验证性（Eisner，1994）和反事实的（Hulten and Schwab，1991；Harmatuck，1996）的争论。在 Aschauer（1989）

的基础上，有关基础设施影响的讨论日益增多，启发后来的研究者利用各国不同的数据，对代表性的公共基础设施资本进行了估算（Yoshino and Nakahigashi，2000；Arslanalp et al.，2010）。考虑到数据的可用性，这类研究绝大部分针对发达国家。

吉野直行和中桥正树于 2000 年最早使用亚洲国家的统计数据，对基础设施的经济影响进行了实证检验。他们运用了生产函数法，根据地区、产业和部门划分社会资本存量①，对日本与泰国的基础设施的生产力效应进行实
17 证研究。他们发现，基础设施的生产力效应在第三产业，比第一产业和第二产业更为明显；部门分析显示基础设施对信息、通信和环境部门有着更大的影响；从地区角度来看，基础设施供给在较大城市的区域影响更大。

除了生产函数法，经济学家还使用了一系列不同的方法来探究基础设施的本质，包括双重成本或利润函数法以及向量自回归模型法。正如 Pereira 和 Andraz（2013）指出，这些方法大部分能解决有关公共资本对基础设施的贡献的重要性和意义的问题，但是无法解释结构性变化与改变的可能性。因此，仍然缺乏有关基础设施投资对经济影响的普遍共识，这在很大程度上是因为人们采用的方法有误，取样周期的时长不足，以及忽视了基础设施可能产生结构性改变这一事实。

在发展研究背景下，随机实验或处理效应法被广泛应用于对各种项目进行的评估，有利于估计出总效应。假设研究者能够凭借一条共同的时间路径，获得处理前与处理后的利息产出变量，估计出反事实轨迹的偏离程度，而这一偏离程度可能是由某些变量——在这里即是某种基础设施供给——所导致的。尤其是在评估中国的国家干线公路系统的影响中，Faber（2014）发现这些公路网的互联互通使得周边城市的 GDP 增长出现了下降，而这些

---

① 他们还解释了基础设施投资和经济增长的转化机制，将基础设施的影响分为所谓的直接影响与间接影响。直接影响是指基础设施的增加，导致边际生产力的提高，从而带来的额外产量。间接影响是指基础设施的增加，导致劳动力与私人资本的增加，从而带来的额外产量。这一理论框架构建了一个超越对数型的生产函数，其中基础设施资本、私人资本和劳动力作为因素投入，这一函数如下所示：

$$Y = f(K_p; L; K_g)$$

其中 Y 代表产出，即私人资本存量，L 代表劳动投入，K_g 代表基础设施存量。将产出与前述的因素投入联系起来，他们就能估计出基础设施供给的直接影响与间接影响，如下所示：$\frac{dY}{dK_g} = \frac{\partial Y}{\partial K_g} + \frac{\partial Y}{\partial K_p}\frac{\partial K_p}{\partial K_g} + \frac{\partial Y}{\partial L}\frac{\partial L}{\partial K_g}$。

城市通常并非公路网系统通向的城市，或者通常位于公路网体系之外。与此类似，Gonzalez-Navarro 和 Quintana-Domeque（2010）利用 2 年内铺设公路等基础设施供给、家庭耐用品的消费和新购买的摩托车等数据，实证分析了基础设施建设在减少贫困方面的影响。本研究采用的方法与之类似，通过区分乌兹别克斯坦不同时间、部门和地区，确定分析的范围。

在最近几年中，有关中等收入国家的研究大幅增多，尤其是有关中国（Wang and Wu，2012；Ward and Zheng，2013；Faber，2014）以及其他一些东亚国家（Yoshino and Nakahigashi，2000），这主要是因为受这些国家经济显著增长、数据传播条件改善所推动。然而，研究中亚国家背景下基础设施的作用，抑或是基础设施对于经济产出的不同影响的实证文献却屈指可数。本章试图通过重点关注乌兹别克斯坦的铁路运输的案例，管窥基础设施的绩效。

1.3　背景 18

为了便于理解中亚铁路系统分散的现状，有必要了解其建造的历史以及经历的发展阶段。1880 年，在现今土库曼斯坦西部里海（Caspian Sea）的迈克尔湾（Michael Bay），开始建造一条从乌尊（Uzun）到阿达（Ada）的铁路。这条铁路线朝着基齐尔 - 阿尔瓦特（Kizir-Arvat）的方向，穿过阿什哈巴德（Ashgabat）、马雷（Mary）、查尔朱（Chardzhou）、布哈拉（Bukhara）和撒马尔罕（Samarkand），最终抵达卡瓦斯（Khavas）、塔什干（Tashkent）以及现今乌兹别克斯坦东部的费尔干纳盆地（Fergana Valley）。沙俄倒台以后，苏联崛起，为了进一步连通外部和中部地区政府继续修建铁路线。

当时，因为都是苏联的加盟共和国，没有外国一说，所以在许多情况下，一个加盟共和国的铁路线通常会穿越邻国才能到达另一部分的领土。随着苏联垮台，各国纷纷建立自己的海关手续，这种铁路设计给刚刚独立的国家之间的流动与互联互通造成了巨大的障碍。因此，后苏联时期的每个共和国都面临着挑战，即需要调整杂乱无章的铁路线，铺设城市内的道路，从而形成独立的国内铁路系统。

乌兹别克斯坦政府正在逐渐建造基础设施以实现这一目标。在众多试图改善交通运输基础设施的政府举措中，我们列举主要的四项措施：(i) 修缮与建设连接乌兹别克斯坦首都塔什干和东部费尔干纳盆地的 A－373 塔什干－奥什公路（A－373 Tashkent-Osh）；（ii）修建连接该国北部与中部地区的纳沃伊－乌奇库杜克－撒尔坦·乌瓦伊斯托－努库斯铁路线（Navoi-Uchkuduk-Sultan Uvaystog-Nukus）；（iii）修建脱什古扎－博伊孙－昆库功铁路线（也是本研究调查的项目），将南部苏可哈达亚（Surkhadarya）地区加入单一的国内铁路系统中；（iv）修建安格连－帕普（Angren-Pap）电气化铁路线，把东部地区（费尔干纳盆地）尚未统一的铁路系统与塔什干地区连接起来，从而在乌国全境实现铁路联动。

1.4 方法论

本章的分析目标在于捕捉基础设施供给的经济规模，尤其是铁路互联互通之后对产出变量的变化产生的影响。为了达到这一目标，我们采用了双重差分法，这种方法能够估计观察到的“实际”结果与参照的“反事实”结
19 果之间的差异。

为了进行这一估计，需要在地点与时间的基础之上，将数据分为对照组和实验组，找出干预前或基准数据与干预后数据之间的差异。图 1.1 即为这一框架的图例。本研究与众不同之处，在于从跨地区和时间序列的双重角度，来研究该框架中那些被人们所广泛接受的分组假设。

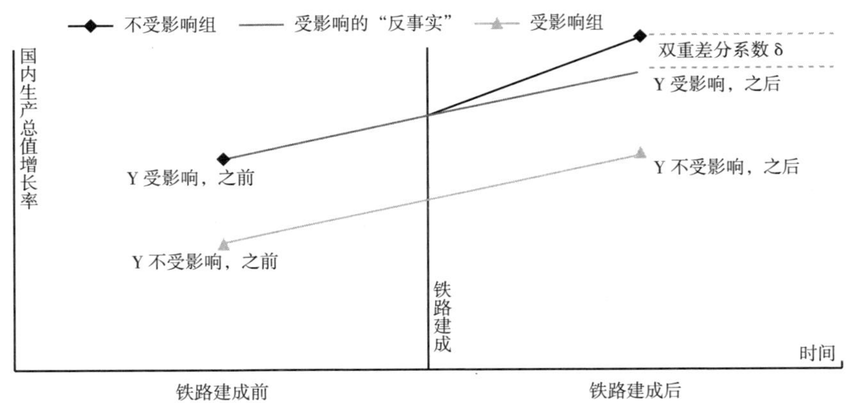

图 1.1 GDP 增长率结果变量的双重差分法

资料来源：作者绘制。

首先，在地理上的影响方面，我们预计会有地区效应、溢出效应和互联互通效应，并对这些效应的基本原理及其定义进行描述。在给出这些假设的框架之后，我们根据因时间而变化的假设，对结果变量进行了检验，并研究了基础设施供给的超前、启动和滞后效应。利用有关数据，评估2007～2008年乌兹别克斯坦南部的脱什古扎－博伊孙－昆库功铁路建成后，对受影响地区2009～2012年的经济产出有何影响，该经济产出主要选取地区GDP及其组成部分，包括农业、工业和服务业的增加值。

通过使用人口样本模拟，可以很容易地通过两个观察组随着时间变化的利益变量，计算出它们的双重差分系数数值以及二者之间的差异（见表1.1）。

表1.1 使用双重差分法对2005～2008年和2009～2012年乌兹别克斯坦地区数据进行的数值估计 20

地区组	产出	铁路建成前阶段	铁路建成后阶段	差异
不受影响组	GDP平均增长率(%)	8.3	8.5	0.2
受影响组	GDP平均增长率(%)	7.2	9.4	2.2
				2.0

注：受影响组包括撒马尔罕、苏尔汉河州（Surkhandarya）、塔什干地区和卡拉卡尔帕克斯坦共和国（Republic of Karakalpakstan），其他观察的地区包含在不受影响组中。

资料来源：作者计算结果。

这样一来，我们就能通过控制不随时间改变而只与地点有关的影响，来代表该地因历史、文化和社会发展而形成的某些特征以及某一年的特定影响，以此描述随着立法或整体商业环境的改变而带来的影响。然而，除了基础设施供给以外，还会有许多其他因素带来地区经济表现的变化。如果不解释这些其他因素的积极影响，我们的估计可能会因为这些因素投入的积极（消极）影响而出现偏上（偏下）的结果。这一项目的评估文献提到了这个难题，并将其作为外部有效性问题（Rodrik，2008；Banerjee and Duflo，2009；Ravallion，2009）。为了解决这个问题，我们必须承认在经济增长率变化背后存在某些因素，同时控制那些随时间变化的协变量，如投资份额、劳动力、贸易条款等。

回归框架让我们能够控制先前提到的协变量，估计出的双重差分系数的偏差更小。这一双重差分法的基本估计策略的形式呈现：

$$\Delta Y_{it} = \alpha_i + \varphi_t + \beta X_{it} + \delta D_{gt} + \epsilon_{it}$$ 21

其中，ΔY 代表地区 GDP 增长率；X 指代根据时间变化的协变量（受观察的控制向量）；D 是一个表明建成铁路线之后，是否要把观察组与受影响组联系起来的双重变量；i 指代地区；g 指代地区组（1 = 受影响组，0 = 不受影响组）；t 代表修建铁路前后的实验组（铁路建成前 $t=0$，铁路建成后 $t=1$）；α_i 是独立变量（α）与不随时间变化的、没被观察的某地区（γ_i）的增长率之和①；φ_t 指对某一年的增长影响；ϵ_{it} 是误差项，假设其独立于时间变化。

受观察的控制向量 X 可以归为宏观层面和微观层面的因素。宏观层面的因素包括政府在教育、研究和发展以及医疗上的开支，其中医疗开支被定义为包括提供医疗服务（预防与治疗服务）、家庭计划活动、营养活动以及为恢复健康的紧急救治等方面的开支，但不包括水和卫生设备的供给。微观层面的因素包括劳动人数占比（年龄在 16 ~ 64 岁的人数占总人数的比例），国家和私人的投资份额（被分为人口、企业、商业银行、外国投资者和预算外资金），以及贸易条款（在指定期间内总出口占总进口的比例）。

为了说明不受时间变化且未被观察到的特征（例如，某一地区的有利位置）和某一特定年份的增长影响（例如，商业环境的有利改变），我们使用了一个固定效应的估计方法。如果假设这些因素不会决定控制变量变化的本质，就能使用随机效应的估计方法；但是，因为某一地区的特点与随时间变化的协变量相互关联，这样做会忽略这些变量随着时间发生改变这一重要信息。

我们延续 Bertrand、Duflo 和 Mullainathan（2004）有关某地区内可能存在自相关性的思路，运用异方差性与自相关一致性（HAC）标准差。异方差性与自相关一致性标准差属于集群标准差的一种，这一标准差允许某一地区内的异方差性和任意自相关，但是此标准差在跨地区时并不相关，这样就与假设实体间独立且分布相同的固定效应回归相一致，在我们的例子中，地区 $i=1,\ \cdots,\ 14$。

22 作为敏感性分析的一部分，我们将运用非层次方法，逐渐把初始人均服务等额外变量包括进来，这一方法主要基于收敛理论，也将解释某地增长率的重要性。我们还将运用不同的方程形式，包括国家投资份额的三次和二次

---

① 这一方法需要假设一条共同的时间路径或平行趋势，受影响与不受影响组的自主增长率可以相同。

形式。我们利用变量排除的测试方法对某一年的特定影响进行事后评估诊断，同时也对三种类型的国家投资份额的相关系数方程进行检测。

1.4.1　基础设施供给的地理影响的相关假设

第一，在相关地理背景下，我们首先将考察基础设施供给会产生地区效应的假设，即基础设施供给会影响基础设施所在地的经济表现，在本研究中以乌兹别克斯坦的苏尔汉河州和卡什卡达里亚州（Kashkadarya）地区为例。相关文献运用生产函数法（Yoshino and Nakahigashi，2000；Seung and Kraybill，2001；Stephan，2003；Abidhadjaev and Yoshino，2013）、行为研究法（Moreno，López-Bazo and Artís，2003；Cohen and Paul，2004）、向量自回归法（Everaert，2003；Pereira and Andraz，2010）以及其他方法，对一个类似的假设进行检测，提供了实证。

第二，采用准实验性研究法评估某一介入的影响，通常需要将受影响组和不受影响组严格区分开来（Duflo，Glennerster and Kremer，2008）。如果不恰当地把观察数据分配到实验组和控制组，可能会使研究对象和整个评估过程复杂化。从这个角度看，实证文献能够基于之前其他研究中披露的模式帮助我们探索出不同的实验组和对照组组合。因此，Pereira 和 Andraz（2013）的分析揭露了基础设施供给在地区层次影响消极且并不明显（Yoshino and Abidhadjaev，2015），但在总的层面具有积极且明显的影响（Pereira and Andraz，2005；Belloc and Vertova，2006）。沿着他们的分析思路，我们论证了铁路运输在相邻地区的溢出效应。在 Pereira 和 Andraz（2003）的实证分析中，他们对交通及通信基础设施运用了向量自回归法，Pereira 和 Roca-Sagales（2007）运用同样的方法对公路进行实证分析，证明了基础设施供给会对周边地区产生积极的溢出效应。

第三，我们考察了有关交通模式选择（Wang et al.，2013）和互联互通 23
文献的实证分析。Wang 等人（2013）分析了美国马里兰州的货车与铁路的洲际货运模式选择，发现较长的距离是铁路作为一种交通方式的正面决定因素。之前，Jiang、Johnson 和 Calzada（1999）运用了法国的一些数据，证实了距离对于人们选择铁路的影响。Beuthe 等人（2001）运用起讫点出行分布矩阵和成本信息，计算了比利时货运模式的弹性。基于这些研究，我们决定通过指定位于国内铁路系统较远端的地区作为潜在受益者，对铁路运输的互联互通效应进行考察。

在继续沿着第三个实证背景进行研究之前，有必要确认在这些研究中揭示的模式，也同样适用于乌兹别克斯坦的案例。图 1.2 描述了在乌兹别克斯坦国内使用不同交通模式运送货物的两个主要指标。从货物运输来看，有效负载质量以吨计量，2000 ~2013 年铁路运输的能力稍逊于同期货车运输的能力。

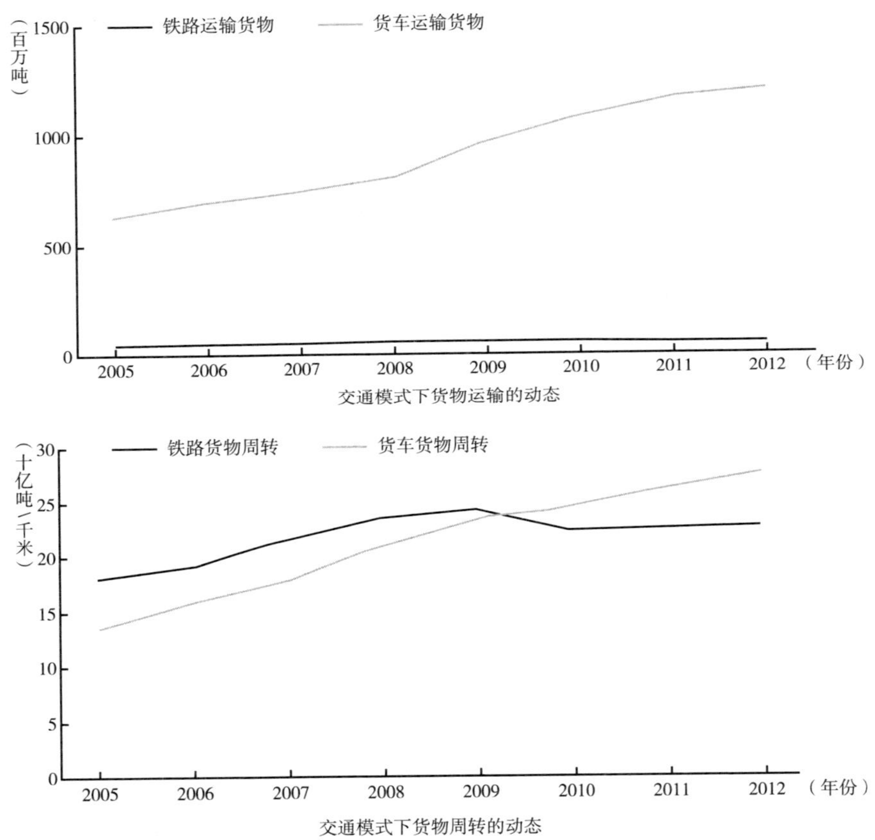

图 1.2　2005 ~2012 年乌兹别克斯坦运输模式选择

注：货物运输指标是用吨来计算的企业通过交通手段转移的货物量，其主要活动方式是货物运输。货物周转指标是考虑交通距离，以每千米的吨数计算的不同交通模式的运输规模。

资料来源：乌兹别克斯坦统计委员会（2014）。

24　但是，从货物周转来看，因为需要考虑运输的距离，铁路的指标大多数时候要么超过，要么和货车运输的规模持平。这说明选择铁路作为交通方式对距离有着积极的影响。

支持距离论的最后一步就是对比乌兹别克斯坦实际可用的铁路线和已铺设的公路的长度，以确保货车运输在较长距离上不受物理的限制。表 1.2 清楚地说明 2013 年已经铺设的公路长度（42654 千米）是铁路线的长度（4187 千米）的 10 倍多。这说明铁路运输货物周转的指标更高不是因为货车运输受到了某些限制，而是由选择传统交通方式的本质所决定，这也与先前的实证分析一致。

本研究检验了三种可能的背景来评估基础设施的影响：（i）地区效应，这一效应直接描述了基础设施对所在地的影响；（ii）溢出效应，包括相邻受影响的地区；（iii）互联互通效应，这一效应检验一条新的铁路线引进后，国内铁路系统较远端（终点站）的地区和铁路枢纽地区的结果变量发生的变化。

表 1.2　2005～2013 年乌兹别克斯坦交通模式的长度

单位：千米

交通模式 / 长度 / 年度	铁路		主线	公路	
	总长度	电气化铁路线	总长度	总长度	具有国际重要性的道路
2005	4014	593.9	13452	42530	3626
2006	4005	593.9	13144	42539	3626
2007	4230	589.0	13402	42558	3626
2008	4230	589.0	13716	42557	3626
2009	4230	589.0	13716	42537	3626
2010	4227	674.3	14280	42654	3979
2011	4258	727.4	14280	42654	3979
2012	4192	702.0	14325	42654	3979
2013	4187	698.2	14342	42654	3979

资料来源：乌兹别克斯坦统计委员会（2014）。

1.4.2　有关基础设施供给影响的时效假设 25

鉴于影响的实效，我们将检验建立、超前和滞后效应。

建立效应描述了铁路线建成运行后，基础设施供给立即产生的影响。脱什古扎－博伊孙－昆库功铁路线于 2007 年 8 月开始运营[①]，而这条铁路线

① “O'zbekistontemir yo'llari” 联合股份公司的网页，http：//railway.uz/ru/gazhk/transport/。

中的5座桥（该铁路线非常重要的组成部分）只有2座在2008年底完成建设①，剩余3座桥直到2009年7月才完工②。因此，我们假设该铁路线的建成时间为2008年之后的2009～2012年③。在铁路建成以后或者试验后期，我们区分了短期（2年）、中期（3年）和长期（4年）影响。因此，我们的回归框架呈现下列形式：

$$\Delta Y_{it} = \alpha_i + \varphi_t + X'_{it}\beta + \delta(D_{gt\{2010:2009\}}) + \epsilon_{it}$$
$$\Delta Y_{it} = \alpha_i + \varphi_t + X'_{it}\beta + \delta(D_{gt\{2011:2009\}}) + \epsilon_{it}$$
$$\Delta Y_{it} = \alpha_i + \varphi_t + X'_{it}\beta + \delta(D_{gt\{2012:2009\}}) + \epsilon_{it}$$

其中，$D_{gt\{2010:2009\}}$是一个二元变量，表明观察值与受铁路线影响组相关，对应于2009～2010年。反之，我们就能得出结论，这种实验是内生性的，选择一系列辅助变量就能够得到一个技术性的解决方案。一部分文献质疑将基础设施供给视为随机试验的可行性，因为设计环节显示那些经济重省可能会影响铁路规划，从而质疑实验本身的内生性。

苏联杂乱无章的铁路线使得那些铁路连接的地方的经济产出水平大打折扣。乌兹别克斯坦中央政府启动建设该铁路线的现实，使在铁路线路随机确定且不受地区经济表现或者地区管理部门的政策所影响的假设下，解决反向
26 因果关系和内生性实验问题变得更加简单。此外，诸如某个社群的政治偏好等不可观察的变量，对于因变量和干预本身的影响，利用面板数据都能轻易地处理（Elbers and Gunning，2013），我们的研究框架中也使用到这些面板数据。认识研究项目的背景及其与结果变量的关系，能够帮助我们区分内生性问题和超前（预期）效应，这二者都能在分析范围的事前趋势中得以体现。如果能理解那些期望可能会影响结果变量，就能让我们在评估那些项目时有更全面的考虑。

人们预期基础设施项目会产生积极经济效应，对于投资环境和贸易条款而言，这是个利好，比如，Rose和Spiegel（2011）发现即使申办奥运会失败，也会给某国的出口带来积极影响，因此得出结论：该国在申奥时向国际市场释放的信号至关重要。

如果信息不对称程度能够低一些，那些有远见的代理人要对未来的处理

---

① Gazeta，https：//www.gazeta.uz/ru/2008/12/26/bridges/.

② Gazeta，https：//www.gazeta.uz/ru/2009/07/29/bridges/.

③ 使用另一种假设的研究，参见Yoshino and Abidhadjaev（2017）。

措施做出反应，就必须在新项目实施或者铁路连通之前，评估产出变化的影响。Malani 和 Reif（2011）梳理了有关文献，列举了政策效应的范式框架，即政策在 t 时间宣布或者执行，而效应会在之后的 $t+k$ 时期内出现。

把 1 年和 2 年的超前效应整合到后处理时期之后，一个囊括了完全短期、中期和长期影响评估的超前效应回归框架呈现以下形式：

1 年的超前效应为：

$$\Delta Y_{it} = \alpha_i + \varphi_t + X'_{it}\beta + \delta(D_{gt\{2010:2008\}}) + \epsilon_{it}$$
$$\Delta Y_{it} = \alpha_i + \varphi_t + X'_{it}\beta + \delta(D_{gt\{2011:2008\}}) + \epsilon_{it}$$
$$\Delta Y_{it} = \alpha_i + \varphi_t + X'_{it}\beta + \delta(D_{gt\{2012:2008\}}) + \epsilon_{it}$$

2 年的超前效应为： 27

$$\Delta Y_{it} = \alpha_i + \varphi_t + X'_{it}\beta + \delta(D_{gt\{2010:2007\}}) + \epsilon_{it}$$
$$\Delta Y_{it} = \alpha_i + \varphi_t + X'_{it}\beta + \delta(D_{gt\{2011:2007\}}) + \epsilon_{it}$$
$$\Delta Y_{it} = \alpha_i + \varphi_t + X'_{it}\beta + \delta(D_{gt\{2012:2007\}}) + \epsilon_{it}$$

其中 $D_{gt\{2010:2008\}}$ 是一个二元变量，表示观察值与受铁路线影响组相关，对应于 2008 ~ 2010 年。

与超前效应类似，基础设施供给的滞后效应也很可能存在；也就是说，许多企业可能会对一段新的铁路线建成反应迟钝。与在全面影响评估纳入超前效应相似，我们也可以做同样的调整，把 1 年和 2 年滞后效应纳入。如下：

$$\Delta Y_{it} = \alpha_g + \varphi_t + X'_{it}\beta + \delta(D_{gt\{2012:2010\}}) + \epsilon_{it}$$
$$\Delta Y_{it} = \alpha_g + \varphi_t + X'_{it}\beta + \delta(D_{gt\{2012:2011\}}) + \epsilon_{it}$$

其中 $D_{gt\{2012:2010\}}$ 是一个二元变量，表明观察值与受铁路线影响组相关，对应于 2010 ~ 2012 年。

我们分析中的利益变量，除了地区 GDP，其他都是各行业的组成部分。基础设施投资的行业研究（Yoshino and Nakahigashi，2000；Pereira and Andraz，2003）显示出基础设施投资的影响可能会产生不同的经济效应。这一分析的范围覆盖了农业、工业和服务业的增加值。

数据

我们通过收集来自乌兹别克斯坦统计委员会 2014 年的年度、季度数据和乌兹别克斯坦财政部 2005 ~ 2012 年的年度报告，创建了一组包含乌兹别克斯坦某些地区独特经济特征的面板数据集。表 1.3 至表 1.5 提供了所有受影响地区结果变量的描述性数据。

地区 GDP 是我们分析的结果变量，其定义为乌兹别克斯坦境内一级行政区划产生的 GDP，是乌兹别克斯坦 GDP 的一部分。

28 **表 1.3　地区效应结果变量的统计概要**

（地区效应背景下受影响行政区划：卡什卡达里亚州和苏尔汉河州）

Di = 地区 = 0					
变量:增长率(%)	观察数字	平均值	标准差	最小值	最大值
地区 GDP	96	8.5	2.8	0.6	18.6
工业投入	96	11.5	8.4	-5.3	36.8
农业投入	96	5.7	2.8	0.0	13.7
服务业投入	96	17.6	5.9	4.8	35.4
Di = 地区 = 1					
变量:增长率(%)	观察数字	平均值	标准差	最小值	最大值
地区 GDP	16	7.4	2.5	3.1	11.7
工业投入	16	8.6	6.4	-2.4	18.9
农业投入	16	5.3	3.3	0.8	12.8
服务业投入	16	18.0	8.0	7.4	34.1

注：GDP = 国内生产总值。

资料来源：乌兹别克斯坦统计委员会（2014）。

其中包括 12 个地区，卡拉卡尔帕克斯坦自治共和国和塔什干地区。除了地区 GDP，乌兹别克斯坦统计委员会还连续提供增长率数据的三个非常重要的组成部分：农业产出、工业产出和服务业产出。

根据国际标准工业分类，本章分析背景下的农业产出概念涵盖了构成农业生产子部门（林业、渔业和畜牧业）的组合。

同样，工业产出被视为个体工业企业产品数量的数据总和。乌兹别克斯坦统计委员会将这部分的产出存量定义为在观察期内所有企业的最终产品、
29 半成品以及开展与生产相关工作的成本。根据国际标准工业分类，这一产出包括采矿业、制造业和建筑业以及供电、供水和供气企业的产出。另外，乌兹别克斯坦的社会经济报告也将采矿与制造业的产出归为工业产出。

服务业对应的是服务业所提供的完全货币总额的现实增长率，例如通信、交通、零售、批发、酒店与餐饮、仓库等。这一指标还包括提供金融、

保险、房地产周边、商业、社区以及社会和私人服务（教育与医疗）的企业与机构。

表 1.4　溢出效应结果变量的统计概要

（溢出效应背景下受影响的行政区划：布哈拉、卡什卡达里亚州、撒马尔罕和苏尔汉河州）

Di = 溢出 = 0

变量:增长率(%)	观察数字	平均值	标准差	最小值	最大值
地区 GDP	80	8.4	2.9	0.6	18.6
工业投入	80	11.5	8.7	-5.3	36.8
农业投入	80	5.6	2.9	0.0	13.7
服务业投入	80	17.6	5.8	7.0	35.4

Di = 溢出 = 1

变量:增长率(%)	观察数字	平均值	标准差	最小值	最大值
地区 GDP	32	8.0	2.4	3.1	13.6
工业投入	32	10.2	6.9	-2.4	24.6
农业投入	32	6.0	2.9	0.8	12.8
服务业投入	32	17.6	7.3	4.8	34.1

注：GDP = 国内生产总值。

资料来源：乌兹别克斯坦统计委员会（2014）。

就我们规范中的解释性变量而言，本报告还提供了关于乌兹别克斯坦许多地区不同类型的投资份额变动等非常详细的信息。投资分为公共领域投资（国家投资）和私人领域投资（由公众、银行和外国公司开展的投资）。乌兹别克斯坦统计委员会的外国直接投资定义是在投资者以外的经济体经营的企业中，以 10% 或以上的有表决权股票获得长期管理权益的净投资流入，是主权资本、收益再投资、短期和长期资本的总和。

表 1.5　互联互通效应结果变量的统计概要 30

（互联互通效应背景下受影响的行政区划：撒马尔罕、苏尔汉河州和塔什干地区）

Di = 互联互通 = 0

变量:增长率(%)	观察数字	平均值	标准差	最小值	最大值
地区 GDP	80	8.3	2.9	0.6	18.6
工业投入	80	11.0	8.8	-5.3	36.8
农业投入	80	5.6	2.9	0.0	13.7
服务业投入	80	17.5	6.7	4.8	35.4

续表

Di = 互联互通 = 1					
变量:增长率(%)	观察数字	平均值	标准差	最小值	最大值
地区 GDP	32	8.2	2.3	3.0	13.6
工业投入	32	11.5	6.7	0.3	28.6
农业投入	32	6.0	3.0	0.1	12.8
服务业投入	32	17.8	5.1	11.1	33.1

注：GDP = 国内生产总值。

资料来源：乌兹别克斯坦统计委员会（2014）。

每年时间序列的变量显示政府在医疗、教育、研发上的支出，来自乌兹别克斯坦财政部的年度报告（2014 年）。

1.5 实证结果

首先，我们用劳动力和总投资百分比作为唯一解释性变量，同时还运用
31 了描述双重差分系数的交互项来估计模型。Mankiw、Romer 和 Weil（1992）发现这些因素与人力资本合在一起，能够解释 GDP 增长率 80% 以上的变化。因此，我们的基本规范由于囊括了政府在教育、医疗、研究与发展方面的支出而得到增强。然而，首先还是必须确定矿产资源税收和优惠贸易条款对地区增长率的影响（Barro，1996）。考虑到一部分的政府支出作为财政刺激措施可能对经济产生潜在非线性的矛盾效应（Bruckner and Tuladhar，2010），我们在回归模型中使用了国家投资份额的二次项及其倒数。

表 1.6 展示了模型的 9 个版本的实证结果。表中报告的交互项 Di = 连接性 × Dt = 2009 ~ 2012，在我们的分析范围中，2009 ~ 2012 年的 4 年期间定义为“长期”，将无基础设施供给的反事实情境与新铁路建成以后彰显“互联互通效应”的该地区实际表现（对于卡拉卡尔帕克斯坦自治共和国、撒马尔罕、苏尔汉河州和塔什干地区而言）进行比较。同样，地区效应的范围集中在苏尔汉河州和卡什卡达里亚州，这两个地区也是新铁路线实际地理所在地，而溢出效应假定把这两个地区和相邻的布哈拉和撒马尔罕放在一起考虑。

回归 1 显示了最简单的规范形式，双重差分系数为 1.43，意味着铁路线的建设连通了苏尔汉河州和卡什卡达里亚州，在四个位于铁路系统较远端

的地区有关发展趋势反事实情境下，提高了这两个地区的 GDP 增长（提升了 1.43%）。尽管这一回归的确解释了每个地区独有的特征，但是并没有考虑到每年的特定条件对该地区造成的压力。回归 2 通过控制特定时间的特征解决了这一问题，使得交互项系数大约增加了 1.9%。接下来，F－统计检验排除了变量组，证实了地区 GDP 增长的特定时间效应有着很强的显著性，显示在表 1.6 的回归 2 一栏中。这说明特定年份的影响反映了整体立法的变化，或者说，转型经济体的总体商业环境可能与某地的经济表现密切相关。这也使得考虑异方差性与自相关一致性的问题非常必要。

继续有关某一地区内潜在的自相关性的讨论（Bertrand，Duflo and 35
Mullainathan，2004），回归 3 运用了异方差性与自相关一致性标准差，允许实体内部存在异方差性和随机的自相关性，但是地区间的误差不相关。在我们的分析中，这一角度与实体间独立且分布相同这一固定效应回归假设一致。结果，虽然回归 3 反映出其双重差分系数在数值与回归 2 一样，但是相应的标准差显示出回归 2 比回归 3 的估计更为精确。

分析的下一步，回归 4 和回归 5 检验了所谓的“资源诅咒”假想以及外部贸易的变化，因为在国家法制质量的基础上，经济增长的状态随着贸易变化可能会变得不确定（Fosu，2011）。为了在回归分析中计算出交互项的无偏系数，我们遵循 Barro（1996）的方法，排除矿产资源的总税收的影响，以及在计算各个地区的进出口比例时，排除贸易波动性的影响。在增强的规范中有关双重差分系数的增加变量产生的影响也证实了我们的预期：在回归 4 中，不仅利息系数的值低于回归 3，其重要性也低于回归 3。在回归 5 中控制贸易条款进一步弱化了交互项的这一特征。双重差分系数的等级从回归 4 中的 1.73 降至回归 5 中的 1.67。然而，在对两个回归中的矿产资源税收和贸易条款加以控制后，我们发现，铁路线互联的影响具有统计上的显著性，位于铁路线较远端的地区经济表现也证明了这一点。

这样不分等级、逐步地纳入额外变量，又为我们提供了四个评估方程，其中回归 9 就是我们分析范围内的代表性回归①。根据总投资中的资金来源对

---

① 这一方法遵循条件方差的特点，即 $E[Var(y|x)] \geq E[Var(y|x,z)]$（Wooldridge，2010）。如果函数 m 的平均方差（MSE）被定义为 $MSE(y;m) \equiv E[(y-m(x))^2]$，那么 $MSE[y;E(y|x)] \geq MSE[y;E(y|x,z)]$。

表 1.6 地区 GDP 增长率与铁路互联的关系：长期互联互通效应背景下的产出估计

期间（年份）	回归 1	回归 2	回归 3	回归 4	回归 5	回归 6	回归 7	回归 8	回归 9
	2005～2012 年	2005～2012 年	2005～2012 年	2005～2012 年	2005～2012 年	2005～2012 年	2005～2012 年	2005～2012 年	2005～2012 年
国家效应	是	是	是	是	是	是	是	是	是
时间效应	否	是	是	是	是	是	是	是	是
集群标准差	否	否	是	是	是	是	是	是	是
常数项	-12.7 (9.0)	11 (17)	11 (12)	13 (12)	15 (12)	-39 (40)	-40 (41)	-32 (40)	-35 (41)
Di = 连接性 × Dt = {2012:2009}	1.43 * (0.80)	1.90 ** (0.79)	1.90 *** (0.54)	1.73 *** (0.55)	1.67 *** (0.54)	1.82 ** (0.76)	1.83 ** (0.83)	2.05 *** (0.66)	2.07 *** (0.68)
劳动人口占比	0.36 ** (0.16)	-0.08 (0.31)	-0.08 (0.21)	-0.06 (0.21)	-0.07 (0.22)	-0.02 (0.30)	-0.05 (0.34)	-0.01 (0.31)	0.01 (0.26)
总投资	-0.00013 (0.00053)	-0.00042 (0.00059)	-0.00042 (0.00059)	-0.00040 (0.00045)	-0.00032 (0.00053)	0.00091 (0.00070)	0.00096 (0.00069)	0.00120 (0.00075)	0.00114 (0.00077)
矿产资源税收				-0.0095 (0.0058)	-0.0107 (0.0065)	0.050 * (0.025)	0.046 (0.027)	0.043 (0.025)	0.043 (0.026)
贸易条款（出口与进口比例）					-0.052 (0.059)	-0.083 (0.067)	-0.080 (0.065)	-0.065 (0.059)	-0.051 (0.064)
人民投资						0.052 * (0.025)	0.050 * (0.026)	0.057 ** (0.025)	0.070 ** (0.032)
银行贷款投资						0.05 (0.13)	0.07 (0.14)	0.10 (0.13)	0.12 (0.14)

续表

期间(年份)	回归 1	回归 2	回归 3	回归 4	回归 5	回归 6	回归 7	回归 8	回归 9
	2005 ~ 2012 年	2005 ~ 2012 年	2005 ~ 2012 年	2005 ~ 2012 年	2005 ~ 2012 年	2005 ~ 2012 年	2005 ~ 2012 年	2005 ~ 2012 年	2005 ~ 2012 年
外国投资者投资						0.037 (0.033)	0.036 (0.031)	0.052 * (0.028)	0.063 ** (0.025)
银行贷款投资 × 实验组_虚拟变量						0.16 (0.16)	0.16 (0.17)	0.14 (0.15)	0.13 (0.16)
政府支出:教育						0.035 (0.048)	0.038 (0.048)	0.031 (0.048)	0.030 (0.049)
政府支出:医疗						-0.025 (0.071)	-0.022 (0.076)	-0.029 (0.079)	-0.026 (0.077)
政府支出:研究与发展						-2.3 (1.7)	-2.5 (1.6)	-1.9 (1.5)	-1.9 (1.6)
人均一开始接受的服务						-0.00068 (0.00066)	-0.00117 (0.00094)	-0.00087 (0.00086)	-0.00092 (0.00091)
国家投资							-0.034 (0.023)	-0.030 (0.025)	-0.029 (0.025)
国家投资_交互项								-3.8 ** (1.5)	-3.4 * (1.7)
国家投资^2									0.00126 (0.00190)

续表

期间（年份）	回归 1	回归 2	回归 3	回归 4	回归 5	回归 6	回归 7	回归 8	回归 9
	2005 ~ 2012 年	2005 ~ 2012 年	2005 ~ 2012 年	2005 ~ 2012 年	2005 ~ 2012 年	2005 ~ 2012 年	2005 ~ 2012 年	2005 ~ 2012 年	2005 ~ 2012 年
F－检验和 P－值检测变量组是否被排除									
时间效应 = 0		4.18 (0.0005)	13.72 (0.0000)	16.63 (0.0000)	14.95 (0.0000)	17.83 (0.0000)	14.79 (0.0000)	16.55 (0.0000)	19.09 (0.0000)
国家预算投资 = 来自人民的投资							9.49 (0.0088)	11.97 (0.0042)	11.3 (0.0051)
国家预算投资 = 来自银行贷款投资和其他投资							0.51 (0.4895)	0.97 (0.3426)	1.17 (0.2984)
国家预算投资 = 外国投资者投资							2.05 (0.1758)	3.35 (0.0903)	4.92 (0.0449)
银行贷款和其他投资 = 外国投资者投资						0.01 (0.9069)	0.05 (0.8339)	0.15 (0.7022)	0.19 (0.6741)
观测量	112	112	112	112	112	112	112	112	112
R^2	0.14558409	0.35879783	0.35879783	0.36092367	0.36234278	0.44656874	0.45200681	0.46666631	0.47036421

注：标准差给出两个有效数字（括号内），系数给出与相应标准差相同的小数位。* 表示显著性水平为 10%，** 表示显著性水平为 5%，*** 表示显著性水平为 1%。

资料来源：作者计算结果。

投资份额进行区分，彻底改变了交互项系数越来越小的趋势（回归 6 为 1.82，回归 7 为 1.83），但估算的精确度会低于回归 4 和回归 5 中的规范。回归 8 和回归 9 通过纳入公共投资的变量的平方项及其倒数，解决了非线性的问题，以及政府执行层面上对国家投资的依赖性问题（Bruckner and Tuladhar，2010）。这些改进进一步增强了交互项对地区 GDP 增长的影响， 36
使得回归 8 内的系数值 2.05 提升到回归 9 内的 2.07。这些估算比回归 6 和回归 7 更为准确。

就多余的参数而言，根据文献中报告的政府投资的本质，一旦我们控制了非线性，就能确定民间和外国投资者的投资份额是影响地区经济表现的重要因素。与公共投资相比，民间与外国投资可能存在代理人缺失和信息不对称问题。在这方面，通过对 14 个欧盟国家以及加拿大、日本和美国的向量自回归测算，Afonso 和 Aubyn（2009）发现，1960 年到 2005 年，公共投资对五种情况下的产出产生了收缩效应，即比利时、加拿大、爱尔兰、荷兰和英国的 GDP 增长率。另外，积极的公共投资会导致私人投资的下降，产生潜在的挤出效应。Afonso 和 Aubyn（2009）的报告指出，私人投资热情总会刺激 GDP 的扩张，其效应具有更高的统计显著性，这一点与我们的结果相似。

研究有关地区视角和时效的假设和框架，为我们的测算提供了一个宽广的规范组合。

在设定一系列有关地理位置、时间和影响时间表的基础上，我们的分析包括以下几个步骤。首先，我们对全都来自上面列出的组合中的 1188 个版本的回归[1]进行了测算；接着，在表 1.7 至表 1.10，我们报告了来自表 1.6 中回归 9 所采用的规范的交互项系数。接下来的四个表格包括了若干个系数，对应我们选择的有关时间和地理位置的假设，这些系数根据利息因变量而各有不同。表 1.7 中报告的双重差分系数（利息变量设定为地区 GDP 增长率）的测算值为 2.06，标准差为 0.68。这一系数处于长期建立效应那一行和互联互通效应那一列的交叉对单元格中。同样，表 1.8（农业）、 37
表 1.9（工业）和表 1.10（服务业）分别给出了各行业增长率相关的交互

---

① 1188 个回归是这样得来的：4 个因变量（GDP 增长率、农业增加值、工业增加值和服务业增加值）×3 个地理因素组合（互联互通、地区和溢出效应）×11 个有关时间的假设（建立效应：短期、中期和长期；超前效应：1 年和 2 年，短期、中期和长期；滞后效应：1 年和 2 年滞后）×9 个回归规范。

项系数。

表 1.7 显示了地区 GDP 产出变量的双重差分系数的实证结果。基础设施建成以后的互联互通效应从铁路连通后积极而显著的影响中得以体现。位于铁路线较远端的地区 GDP 增长率似乎有所提高，分别为短期 2.83%、中期 2.51%，以及长期 2.06%。这一结果与之前的实证研究中揭示的铁路作为一种交通模式在距离上发挥积极作用一致（Jiang, Johnson and Calzada, 1999; Beuthe et. al., 2001; Wang et. al., 2013）。铁路互联互通在短期与中期内的地区效应均为正向，分别为 0.7% 和 0.4%。

表 1.7　GDP 产出变量的双重差分系数

			互联互通效应	地区效应	溢出效应
		Di	Dg = 互联互通	Dg = 地区	Dg = 溢出
		Dt			
建立效应					
	短期	Dt = 2010 : 2009	2.83*** (0.63)	0.70(1.60)	1.30(1.20)
	中期	Dt = 2011 : 2009	2.51*** (0.36)	0.40(1.20)	1.27(0.87)
	长期	Dt = 2012 : 2009	2.06*** (0.68)	-0.40(1.40)	2.29** (0.78)
1 年	**超前效应**				
	短期	Dt = 2010 : 2008	0.19(0.57)	0.85(0.48)	-0.18(0.90)
	中期	Dt = 2011 : 2008	0.31(0.61)	0.64(0.49)	-0.02(0.66)
	长期	Dt = 2012 : 2008	0.07(0.53)	-0.01(0.60)	0.50(0.74)
	滞后效应	Dt = 2012 : 2010	1.76* (0.90)	-1.50(2.10)	2.60* (1.30)
2 年	**超前效应**				
	短期	Dt = 2010 : 2007	-1.54(0.93)	1.40(1.80)	-1.30(1.40)
	中期	Dt = 2011 : 2007	0.32(0.73)	0.84(0.59)	0.13(1.01)
	长期	Dt = 2012 : 2007	0.11(0.73)	0.10(0.62)	0.87(0.73)
	滞后效应	Dt = 2012 : 2011	-0.14(0.70)	-1.70(1.30)	1.05(0.72)

注：标准差给出两个有效数字（括号内），系数给出与相应标准差相同的小数位；* 表示显著性水平为 10%，** 表示显著性水平为 5%，*** 表示显著性水平为 1%。

资料来源：作者计算结果。

38 Pereira 和 Andraz（2003）关于美国各州的研究中以及 Pereira 和 Roca-Sagales（2007）关于西班牙一些地区的研究中都提到的溢出效应假说，同样出现在乌兹别克斯坦的案例中。假定基础设施存在建立效应，其长期影响的水平为 2.29%。最后，在滞后效应框架中，我们测算铁路互联互通的 1 年期滞后影响，得出增长率差异为 1.76%，溢出效应则为 2.6%。

农业部门互联互通效应的实证结果得到相关系数为正且在统计上具有显
著性，短期为 3%，中期为 2.06%（见表 1.8）。在长期内，4 年时间的建立
效应系数为 0.98%。以类似的角度，在超前效应的案例中得到地区效应和
溢出效应的系数分别为 -1.2% 和 -2.0%。这也许是因为农业部门的商业决 39
策受到了铁路互联互通基础设施所在地、邻近地区甚至是离该国中心的距离
等考虑因素的影响。

表 1.8　农业结果变量的双重差分系数

			互联互通效应	地区效应	溢出效应
		Di	Dg = 互联互通	Dg = 地区	Dg = 溢出
		Dt			
建立效应					
	短期	Dt = 2010 : 2009	3.0* (1.5)	1.4(1.9)	0.7(1.3)
	中期	Dt = 2011 : 2009	2.06* (0.98)	0.10(2.01)	0.4(1.3)
	长期	Dt = 2012 : 2009	0.98(0.66)	-0.7(1.0)	-0.10(1.01)
1 年	**超前效应**				
	短期	Dt = 2010 : 2008	0.7(1.1)	0.35(0.71)	-1.05(0.81)
	中期	Dt = 2011 : 2008	0.32(0.91)	-0.39(0.69)	-1.05(0.79)
	长期	Dt = 2012 : 2008	-0.56(0.69)	-1.25* (0.68)	-1.98** (0.70)
	滞后效应	Dt = 2012 : 2010	-1.1(1.1)	-0.98(0.75)	0.28(0.96)
2 年	**超前效应**				
	短期	Dt = 2010 : 2007	-1.0(1.2)	-0.3(1.9)	-2.0(1.4)
	中期	Dt = 2011 : 2007	-1.18(0.83)	-0.20(0.74)	-0.87(0.78)
	长期	Dt = 2012 : 2007	-2.48*** (0.65)	-1.2(1.9)	-2.0(1.2)
	滞后效应	Dt = 2012 : 2011	-1.7(1.4)	-3.2** (1.4)	-1.1(1.1)

注：标准差给出两个有效数字（括号内），系数给出与相应标准差相同的小数位；* 表示显著性水平为 10%，** 表示显著性水平为 5%，*** 表示显著性水平为 1%。

资料来源：作者计算结果。

表 1.9 显示了工业产出作为结果变量时双重差分系数的预测结果。Yoshino 和 Nakahigashi（2000）发现基础设施对不同的部门影响各不相同，

与之相一致的是我们的实证结果显示铁路线在建成之后的互联互通对工业产
40 出有着积极且长期的影响，预计互联互通效应为5.2%，地区效应为3.2%，溢出效应为3.5%。工业领域在有关地区和溢出效应的超前效应也表现出明显且积极的短中期效应。地区效应的短期超前效应为3.9%，溢出效应的短期超前效应为4.0%。

表 1.9　工业结果变量的双重差分系数

			互联互通效应	地区效应	溢出效应
		Di	Dg = 互联互通	Dg = 地区	Dg = 溢出
		Dt			
建立效应					
	短期	Dt = 2010 : 2009	5.3 * (2.7)	3.1(4.6)	2.8(2.8)
	中期	Dt = 2011 : 2009	4.5(2.8)	2.6(3.2)	2.1(2.6)
	长期	Dt = 2012 : 2009	5.2(3.5)	3.2(4.7)	3.5(3.8)
1 年	**超前效应**				
	短期	Dt = 2010 : 2008	2.5(1.4)	3.9 ** (1.5)	4.0 ** (1.6)
	中期	Dt = 2011 : 2008	2.5(1.7)	3.7 * (1.8)	3.4 * (1.7)
	长期	Dt = 2012 : 2008	3.8(2.3)	4.6(3.1)	5.1 * (2.8)
	滞后效应	Dt = 2012 : 2010	6.1(3.7)	-0.2(7.0)	3.9(4.1)
2 年	**超前效应**				
	短期	Dt = 2010 : 2007	-0.8(3.4)	4.8(6.8)	4.0(3.7)
	中期	Dt = 2011 : 2007	3.9 * (2.0)	3.7(3.0)	5.2 ** (2.2)
	长期	Dt = 2012 : 2007	5.8 ** (2.1)	4.6(3.4)	8.1(3.3)
	滞后效应	Dt = 2012 : 2011	1.6(3.5)	1.1(4.3)	0.6(3.2)

注：标准差给出两个有效数字（括号内），系数给出与相应标准差相同的小数位；* 表示显著性水平为10%，** 表示显著性水平为5%，*** 表示显著性水平为1%。

资料来源：作者计算结果。

服务业部门包括旅游住宿、客运和货运交通行业，其在互联互通效应的建立效应系数为正且统计上显著，是我们分析的所有部门中最高的（见表1.10）。就建立效应而言，铁路连通对距离铁路系统较远端地区的服务业增长率的短、
41 中、长期影响分别为7.8%、6.5%和6.9%。在我们的分析中，地区效应和溢出效应的系数为负，统计上也不显著。有趣的是，服务行业似乎并没有在铁路连接方面起带头作用，可能是因为服务无法积累或储存，这与工业部门不同。

表 1.10 服务业结果变量的双重差分系数

			互联互通效应	地区效应	溢出效应
		Di	Dg = 互联互通	Dg = 地区	Dg = 溢出
		Dt			
建立效应					
	短期	Dt = 2010:2009	7.8** (2.5)	-3.9(7.4)	0.0(3.0)
	中期	Dt = 2011:2009	6.5* (2.7)	-1.8(8.3)	0.4(4.1)
	长期	Dt = 2012:2009	6.9** (2.5)	-1.5(8.5)	3.1(4.3)
1 年	**超前效应**				
	短期	Dt = 2010:2008	4.2(2.5)	-3.6(5.1)	-3.0(3.6)
	中期	Dt = 2011:2008	4.1(2.9)	-2.3(6.6)	-2.3(4.0)
	长期	Dt = 2012:2008	5.4(3.2)	-2.2(7.0)	-0.9(4.3)
	滞后效应	Dt = 2012:2010	0.9(3.0)	-0.0(2.0)	3.1(3.8)
2 年	**超前效应**				
	短期	Dt = 2010:2007	4.7* (2.1)	0.4(4.0)	-3.2(3.9)
	中期	Dt = 2011:2007	4.6(2.7)	-0.2(4.8)	-2.6(3.4)
	长期	Dt = 2012:2007	6.6* (2.9)	0.4(5.4)	-0.9(3.5)
	滞后效应	Dt = 2012:2011	1.3(2.8)	3.0(5.3)	4.0(2.6)

注：标准差给出两个有效数字（括号内），系数给出与相应标准差相同的小数位；* 表示显著性水平为 10%，** 表示显著性水平为 5%，*** 表示显著性水平为 1%。

资料来源：作者计算结果。

1.6 结论

本研究检验了乌兹别克斯坦南部铁路互联互通的影响，从而确定了受新建基础设施影响的地区的经济变化的特征。双重差分法估算地区、溢出和互联互通效应得出的实证数据集中在地区 GDP 增长率，以及农业、工业和服务业的增加值。

我们潜在的假设认为，在我们研究的某个地区个别（时间不变）效应、投资、政府支出、自然资源开采、对外贸易周转和不断变化的经济特征（年份效应）等限定条件下，该地区的经济产出增长率发生改变仅仅是由新建的铁路运输引起的。在研究了铁路互联互通对基础设施所在地及其周边地区的经济成果变量的影响之后，我们将这些效应定义为地区效应或溢出效应，并对互联互通效应进行测算，该效应强调要观察位于国内铁路系统较远端地区经济表现的变化。实证结果表明，脱什古扎－博伊孙－昆库功铁路线促进了这些地区 GDP 增长 2%，在短期和中期内，铁路连接的区域效应似乎是积极的，但规模较小。

在经济部门的范围内，地区 GDP 受到的积极影响主要来自工业产出增长的约 5% 和服务业总量增长的约 7%。相对于其他部门而言，农业产出受影响程度为中等，互联互通效应约为 1%，这与以往关于公共资本影响的文献一致。

特别是，由于在该国的一个地区建设铁路线，其他地区的经济表现发生了积极变化，因此在有限的时间内确定基础设施供给导致哪些区域的经济业绩增长最多非常重要。这项研究的结果表明，铁路连接不仅对其所在区域产
42 生了积极影响，而且为该国地理最偏远地区的经济增长做出了贡献。然而，必须指出的是，虽然我们的研究框架结合地理位置、时间和部门的视角从而形成综合评价，但实证研究的结果是开放讨论的，而且远远不是最终的结果。

最后，应当指出，尽管目前的研究报告只是利用乌兹别克斯坦的地区数据，提供了与基础设施供给影响有关的实证结果，但是这种影响可能出现在整个中亚转型经济体中以及可能与新兴市场有共同进程的亚洲其他发展中国家中。

参考文献

Abidhadjaev, U., and N. Yoshino. 2013. Public Investment and Growth: Cross-Country Evidence. *Methodological Issues of Long-Term Development Strategy Implementation*. Conference Proceedings Report: 148–152.

Afonso, A., and M. Aubyn. 2009. Macroeconomic Rates of Return of Public and Private Investment: Crowding-In and Crowding-Out Effects. *The Manchester School* 77(1): 21–39.

Arslanalp, S., F. Barnharst, S. Gupta, and E. Sze. 2010. Public Capital and Growth. International Monetary Fund (IMF) Working Paper 175. Washington, DC: IMF.

Aschauer, D. 1989. Is Public Capital Productive? *Journal of Monetary Economics* 23(2): 177–200.

Banerjee, A., and E. Duflo. 2009. The Experimental Approach to Development Economics. *Annual Review of Economics* 1: 151–178.

Barro, R. 1996. Determinants of Economic Growth: A Cross-Country Empirical Study. National Bureau of Economic Research Working Paper 5698. Cambridge, MA: National Bureau of Economic Research.

Belloc, M., and P. Vertova. 2006. Public Investment and Economic Performance in Highly Indebted Poor Countries: An Empirical Assessment. *International Review of Applied Economics* 20: 151–170.

Bertrand, M., E. Duflo, and S. Mullainathan. 2004. How Much Should We Trust Differences-in-Differences Estimates? *Quarterly Journal of Economics* 119(1): 249–275.

Beuthe, M., B. Jourquin, J. Geerts, and C. Ndjang'ha. 2001. Freight Transportation Demand Elasticities: A Geographic Multimodal Transportation Network Analysis. *Transportation Research Part E* 37: 253–266.

Bruckner, M., and A. Tuladhar. 2010. Public Investment as a Fiscal Stimulus: Evidence from Japan's Regional Spending during the 1990s. IMF Working Paper 10/110. Washington, DC: IMF.

Cohen, J., and C. Paul. 2004. Public Infrastructure Investment, Interstate Spatial Spillovers and Manufacturing Costs. *Review of Economics and Statistics* 86(2): 551–560.

Duflo, E., R. Glennerster, and M. Kremer. 2008. Using Randomization in Development Economics Research: A Toolkit. In *Handbook of Development Economics*, edited by T. P. Schultz and J. Strauss. Amsterdam: North-Holland.

Eisner, R. 1994. Real Government Saving and the Future. *Journal of Economic Behavior and Organization* 23: 111–126.

Elbers, C., and J. W. Gunning. 2013. Evaluation of Development Programs: Randomized Controlled Trials or Regressions? *World Bank Economic Review* 28(3): 432–445.

Everaert, G. 2003. Balanced Growth and Public Capital: An Empirical Analysis with 1(2) Trends in Capital Stock Data. *Economic Modelling* 20: 741–763.

Faber, B. 2014. Trade Integration, Market Size and Industrialization: Evidence from China's National Trunk Highway System. *Review of Economic Studies* 81: 1046–1070.

Fosu, A. 2011. Optimal Public Investment, Growth, and Consumption: Evidence from African Countries. Economics Series Working Papers WPS/2011-22. Oxford: University of Oxford, Department of Economics.

Gonzalez-Navarro, M., and C. Quintana-Domeque. 2010. Street Pavement: Results from an Infrastructure Experiment in Mexico. Working Paper 1247. Princeton, NJ: Princeton University, Department of Economics, Industrial Relations Section.

Harmatuck, D. 1996. The Influence of Transportation Infrastructure on Economic Development. *Logistics and Transportation Review* 32(1): 76–92.

Hayek, F. 1947/2007. *The Pure Theory of Capital*. Vol. 12 of the Collected Works. Chicago, IL: University of Chicago Press.

Hulten, C., and R. Schwab. 1991. Public Capital Formation and the Growth of Regional Manufacturing Industries. *National Tax Journal* 64(4): 121–134.

Jiang, F., P. Johnson, and C. Calzada. 1999. Freight Demand Characteristics and Mode Choice: An Analysis of the Results of Modeling with Disaggregate Revealed Preference Data. *Journal of Transportation and Statistics* 2: 149–158.

Malani, A., and J. Reif. 2011. Accounting for Anticipation Effects: An Application to Medical Malpractice Tort Reform. University of Chicago Law and Economics, Olin Working Paper 578. http://ssrn.com/abstract=1945419 (accessed 27 January 2017).

Mankiw, G., D. Romer, and D. Weil. 1992. A Contribution to the Empirics of Economic Growth. *Quarterly Journal of Economics* 107(2): 407–437.

Ministry of Finance of Uzbekistan. 2014. Yearly Reports on Execution of the State Budget of the Republic of Uzbekistan. https://www.mf.uz/ (accessed 27 January 2017).

Moreno, R., E. López-Bazo, and M. Artís. 2003. On the Effectiveness of Private and Public Capital. *Applied Economics* 35: 727–740.

Pereira, A., and J. Andraz. 2003. On the Impact of Public Investment on the Performance of US Industries. *Public Finance Review* 31(1): 66–90.

——. 2005. Public Investment in Transportation Infrastructures and Economic Performance in Portugal. *Review of Development Economics* 9: 177–196.

——. 2010. On the Economic and Budgetary Effects of Investments in SCUTS: The Portuguese Toll-Free Highways. *Annals of Regional Science* 48(1): 321–338.

——. 2013. On the Economic Effects of Public Infrastructure Investment: A Survey of the International Evidence. *Journal of Economic Development* 38(4): 1–37.

Pereira, A., and O. Roca-Sagales. 2007. Public Infrastructures and Regional Asymmetries in Spain. *Revue d'Economie Regionale et Urbaine* 3: 503–520.

Pina, A., and M. St. Aubyn. 2006. How Should We Measure the Return on Public Investment in a VAR? *Economics Bulletin* 8(5): 1–4.

Ravallion, M. 2009. The Evaluation in the Practice of Development. *World Bank Research Observer* 24(1): 29–53.

Rodrik, D. 2008. The New Development Economics: We Shall Experiment but How Shall We Learn? Harvard Kennedy School Working Paper RWP 08-055. Cambridge, MA: Harvard University, John F. Kennedy School of Government.

Rose, A., and M. Spiegel. 2011. The Olympic Effect. *Economic Journal, Royal Economic Society* 121(553): 652–677.

Schumpeter, J. 1912. *The Theory of Economic Development: An Inquiry into Profits, Capital, Credit, Interest and the Business Cycle.* Translated from German by R. Opie, 1961. New York, NY: Oxford University Press.

Seung, C., and D. Kraybill. 2001. The Effects of Infrastructure Investment: A Two Sector Dynamic Computable General Equilibrium Analysis for Ohio. *International Regional Science Review* 24(2): 261–281.

Smith, A. 1776/2005. *An Inquiry into the Nature and Causes of the Wealth of Nations.* In *The Electronic Classics Series,* edited by J. Manis. Hazleton, PA: Pennsylvania State University, Penn State Hazleton.

State Statistics Committee of the Republic of Uzbekistan. 2014. Yearly and Quarterly Reports on Growth Rates of Basic Macroeconomic Indicators of Uzbekistan. https://www.stat.uz/ (accessed 14 October 2014).

Stephan, A. 2003. Assessing the Contribution of Public Capital to Private Production: Evidence from the German Manufacturing Sector. *International Review of Applied Economics* 17: 399–418.

Wang, Y., and B. Wu. 2012. Railways and the Local Economy: Evidence from Qingzang Railway. http://ssrn.com/abstract=2261016 (accessed 12 May 2015).

Wang, Y., C. Ding, C. Liu, and B. Xie. 2013. Intelligent and Integrated Sustainable Multimodal Transportation Systems. *Procedia Social and Behavioral Sciences, Proceedings from the 13th Chinese Overseas Transportation Association International Conference of Transportation Professionals* 96: 1239–1249.

Ward, M., and S. Zheng. 2013. Mobile Telecommunications Infrastructure and Economic Growth: Evidence from China. http://ssrn.com/abstract=2355509 (accessed 25 January 2015).

Wooldridge, J. 2010. *Econometric Analysis of Cross Section and Panel Data*, 2nd ed. Cambridge, MA: Massachusetts Institute of Technology Press.

Yoshino, N., and U. Abidhadjaev. 2015. Infrastructure Investment Impact Evaluation: Case of Uzbekistan. Effective Use of Social-Economic Potential and Attraction of New Sources of Economic Growth. Proceedings from the Fourth Forum of Economists. Tashkent.

Yoshino, N., and U. Abidhadjaev. 2017. An Impact Evaluation of Investment in Infrastructure: The Case of a Railway Connection in Uzbekistan. *Journal of Asian Economics* 49: 1–11.

Yoshino, N., and M. Nakahigashi. 2000. Economic Effects of Infrastructure: Japan's Experience after World War II. *Japan Bank for International Cooperation Review* 3: 3–19.

第二章

基础设施投资对税收的影响：日本九州高速铁路线对区域税收的溢出效应评估

吉野直行　乌米德·阿彼德哈达耶夫

2.1　引言

基础设施对于一个国家的经济发展而言至关重要，经济学家非常了解通信和公路基础设施对于社会和国家经济的乘数效应。铁路在一个国家的互联互通中起着特别重要的作用（Yoshino and Abidhadjaev, 2015a）。更好的基础设施可以降低运输成本、促进国际贸易（Ando and Kimura, 2013）。例如，固定电话和手机等形式的基础设施有助于克服信息不对称的障碍，直接影响投资者在特定地区的投资行为和决策。

日本在20世纪50年代初、80年代末和90年代末制订的发展计划基础上投资了大量的基础设施：5年经济独立计划（1956～1960年）旨在恢复交通和电信设施，新长期经济计划（1958～1962年）致力于通过现代化道路建设加强运输能力，国民收入倍增计划（1961～1970年）集中发展基础设施以加强工业基础设施建设。另外两个发展计划，即与世界共同繁荣的发展计划（1988～1992年）和五年经济超级大国计划（1992～1996年）解决了高速公路交通网的发展问题，目标在于经济去中心化（Yoshino and Nakahigashi, 2000）。

48 我们以九州子弹头列车为例来考察基础设施投资的经济影响。考虑到财政平衡和基础设施建设的重要性，我们利用地方税收来比较这条铁路线的经济效果。与国内生产总值（GDP）是反映经济活动的综合指标相比，政府财政收入直接与税收挂钩。因此，我们将重点放在地方总税收上，并将其分为个人所得税和企业所得税。税收总收入也包括财产税和销售税等。

本章着重关注与铁路线相关的三个不同时间段：建设、连通前的运营以及连通后的运营。我们采用双重差分法（DID）来确定铁路连通对每个受影响地区税收收入的影响。我们发现，铁路不与大城市连接时，在建设过程中税收会增加，但建设完成后税收会下降，铁路线会作为一个独立的部门运营。当铁路线与大城市连接时，这种情况将发生变化。尽管铁路线对邻近地区产生了积极影响，但新兴模式表明，这条线路对较远端地区的税收影响较小。

在建设过程中，企业所得税比个人所得税的双重差分系数要小，铁路与大城市接轨后，企业所得税的双重差分系数会增大。

2.2 文献综述

在 Aschauer 于 1989 年发表的开创性实证研究论文中，他将美国的公共基础设施供给与经济增长相联系，在这一研究领域引起了轰动。他的研究结果引发了证实性（Eisner，1994）和反事实性（Hulten and Schwab，1991；Harmatuck，1996）两方面的争论，表明公共基础设施的影响具有统计上的显著性。

有关基础设施影响的争论日益激烈，许多学者利用其他国家的数据进行相应的估算（Yoshino and Nakahigashi，2000；Arslanalp et al.，2010）。Yoshino 和 Nakahigashi（2000）最早利用亚洲国家的数据，对基础设施经济效应进行实证研究，他们使用超越对数生产函数方法，按地区、行业和部门区分社会资本存量来检验日本以及泰国的基础设施生产率效应。他们发现，第三产业的基础设施生产率效应比第一产业或第二产业更高。他们的部门分
49 析表明，环境、信息和电信部门的影响最大。从区域角度看，基础设施供应似乎对城市地区和人口相对较多的地区产生较大影响。

尽管这些框架中的大部分涉及估算基础设施对经济增长贡献的幅度和统计显著性等问题，但它们未能考虑结构性破坏的可能性（Pereira and

Andraz，2013）。学者们对基础设施资本的经济影响普遍缺乏共识，原因不仅在于所选择的框架，而且在于所涵盖的抽样期限，或因为没有考虑到基础设施供给造成的结构性破坏。

准实验法假定一个共同的时间趋势，以及关于利益结果变量在处理前和处理后的数据可用性，为估算基础设施投资的影响提供了一个替代框架，可以在铁路或者高速公路等特定形式的基础设施案例中，估算出供给产生的反事实情境的偏离程度。双重差分系数可以更清晰地显示基础设施建立以后产生的净差额。

这种方法越来越多地用于基础设施研究，尤其是 Yoshino 和 Abidhadjaev（2015b）利用乌兹别克斯坦的区域数据证明，脱什古扎－博伊孙－昆库功（TBK）铁路在其设计和施工过程中以及在开始运营之后都具有积极作用。他们还观察到地区 GDP 和行业增加值等有关利益结果变量的显著变化。他们的实证结果表明，在所谓的“互联互通效应”框架内，TBK 铁路导致受影响地区——位于铁路系统终端地区——GDP 的增长出现了积极且显著的变化。对乌兹别克斯坦地区 GDP 的考察揭示出这些变化源自工业约 5% 的增加值和服务业约 7% 的增加值。与此类似，Gonzalez-Navarro 和 Quintana-Domeque（2010）证明了基础设施投资对减贫的影响：在基础设施供给（道路铺设）后的 2 年内，当地家庭的汽车和耐用品消费增加了。

相反，Faber 2014 年对中国国家干线公路系统的评估显示，公路网连通可能会导致周边县的 GDP 增长值下降，这些周边县或者不是目标地区，或者位于系统之外。同样，Donaldson（2018）使用印度殖民地时代的档案数
据进行的研究表明，尽管铁路降低了贸易成本和缩小了区域间价格差距，但 50
是没有连通铁路的邻近地区受到了伤害，从而造成总体净效应处于争议之中。

罕有研究能将基础设施供应与地区财政绩效挂钩。Yoshino 和 Pontines（2015）的研究值得关注，他们利用市政时间不变的个人效应、时间变动的协变量、不断变化的经济特征和双重差分法估算策略，将新建的基础设施项目南他加禄干道收费公路与税收收入的变化联系起来。具体而言，他们发现，南他加禄干道收费公路对营业税、财产税和监管费用有着强大的、统计显著的和经济增长性的影响。与 Yoshino 和 Abidhadjaev（2015b）类似，他们也支持跨领域和时间溢出效应的假设，即基础设施供应的积极影响扩展到邻近地区，这种影响可能在项目之前出现，也可能滞后于项目。

我们的研究还集中关注日本地方政府和一级行政区的财政表现，并通过区分区域、毗邻和连通的溢出效应，将税收收入的变化与九州高速铁路线线联系起来。

2.3 方法论

本节介绍基于双重差分法的实证研究策略。我们的分析旨在抓住基础设施供给的经济维度，特别是通过将九州高速铁路线线的建设与税收总收入、个人和企业所得税收入以及其他来源的税收收入的结果变量的变化挂钩。

为了实现这一目标，我们采用了一种双重差分法的实证策略，将区域重点程度区分为地区效应和溢出效应，这样就能够估算观察到“实际”结果与给定区域和时间框架的替代性“反事实”结果之间的净差异。

为了便于测算，我们根据地理和时间区分干预前或基准数据和干预后数据，将数据划分为控制组和实验组（见图 2.1）。这项研究的新颖之处在于对普遍接受的框架中划分这些群组的假设进行审视。

首先，我们研究地理环境并估算区域、毗邻及连通三种溢出效应。

51

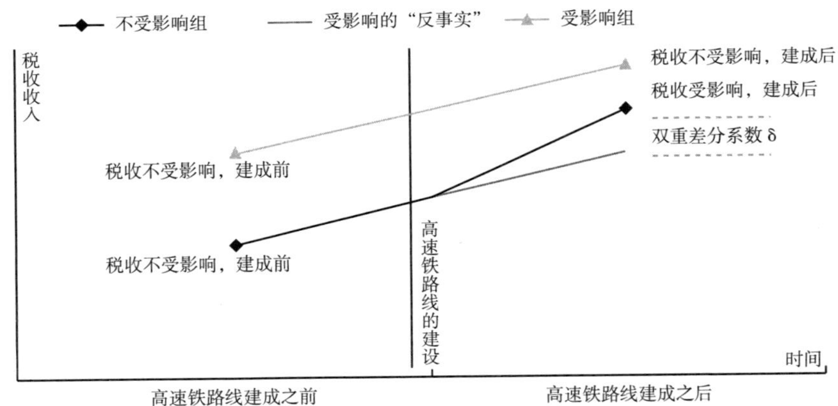

图 2.1　含有税收收入结果变量的双重差分法

资料来源：作者绘制。

按照区域来估算溢出效应包括两个子集（见表 2.1）：（i）受子弹头列车建设和运营影响的鹿儿岛和熊本；（ii）这些地区加上位于九州铁路线终端的福冈县。本研究采用的区域分析法与下列研究类似：

（i）Yoshino和 Nakahigashi（2000）、Seung 和 Kraybill（2001）、Stephan（2003）以及 Yoshino 和 Abidhadjaev（2015a）（使用生产函数法）；（ii）Moreno、López-Bazo 和 Artís（2003）以及 Cohen 和 Paul（2004）（使用行为法）；（iii）Everaert（2003）、Pereira 和 Andraz（2010）（使用向量自回归法）。正如 Pereira 和 Andraz（2013）所证明的那样，对基础设施影响的评估发现其具有积极和消极两个方面的区域效应。这可能归因于该地区无法充分将公共基础设施供给的正外部性进行内在化。

在考虑溢出效应时，本研究除了考察上述三个县以外，还考察了大分县、宫崎县、佐贺县和长崎县等可能因其地理位置而受到影响的地区。总体说来，当使用准实验法评估特定实验的影响时，清晰地区分实验组和非实验组非常必要（Duflo，Glennerster and Kremer，2008）。将观察数据不恰当地分配到实验组或控制组可能会使实验的客观评估复杂化。既然已有研究表明，基础设施供给在区域层面产生负面或微不足道的影响（Pereira and Andraz，2013），而在总体层面产生正面和显著影响（Pereira and Andraz，2005；Belloc and Vertova，2006），我们考察子弹头列车对相邻或邻近地区的溢出效应。早期的实证——例如 Pereira 和 Andraz（2003）将矢量自回归方法用于交通和通信基础设施的研究，Pereira 和 Roca-Sagales（2007）将其用于高速公路研究——证明了基础设施供给对区域具有积极的溢出效应。

人们可以快速轻松地通过九州高速铁路线线上的大多数火车换乘三洋高速铁路线前往大阪，从而可以估算连通的溢出效应。与之相类似，Yoshino 和 Abidhadjaev（2015b）发现，TBK 铁路的建设促进了乌兹别克斯坦地区经济的增长，其连通效应具有统计上的显著性。这意味着位于铁路系统较远端地区的 GDP，似乎经历了较大的积极变化。因此，我们在考察连通的溢出效应时，会将九州和三洋线的沿线县市作为受铁路影响的地区。表 2.1 列出了该组及上述其他组中的县级地区。

表 2.1　假设受九州高速铁路线建造和运营影响的各县 52

区域的溢出效应		毗邻的溢出效应		连通的溢出效应
第 1 组	第 2 组	第 3 组	第 4 组	第 5 组
1. 鹿儿岛 2. 熊本	1. 鹿儿岛 2. 熊本 3. 福冈	1. 鹿儿岛 2. 熊本 3. 福冈 4. 大分	1. 鹿儿岛 2. 熊本 3. 福冈 4. 大分	1. 大阪 2. 兵库 3. 冈山 4. 广岛

续表

区域的溢出效应		毗邻的溢出效应		连通的溢出效应
第 1 组	第 2 组	第 3 组	第 4 组	第 5 组
		5. 宫崎	5. 宫崎	5. 山口
			6. 佐贺	6. 福冈
			7. 长崎	7. 熊本
				8. 鹿儿岛

资料来源：作者绘制。

时间分段基于以下框架：建造前阶段（1982～1990 年），高速铁路线还没有建设或运营；建造阶段（1991～2003 年），一直持续到鹿儿岛至熊本的子弹头列车运营第一阶段前；下一阶段（2004～2010 年）是运营第一阶段；再下一阶段（2011～2013 年）是运营第二阶段，整个九州线竣工并连接到福冈站（见表 2.2）。

表 2.2　九州高速铁路线建造和运营时间段

53

阶段	建造前阶段	建造阶段	运营第一阶段	运营第二阶段
年份	1982～1990 年	1991～2003 年	2004～2010 年	2011～2013 年

资料来源：作者调研；Fujii，2013。

根据时间跨度和地区分组来直接计算净差值，有助于我们估算时间不变的地区特定效应，捕捉这个地区在历史和社会发展中延伸出来的个性特征，也可以估算特定年份效应，反映立法或整体商业环境变化。与此同时，除了上述因素和子弹头列车投入使用之外，许多其他因素也会影响到税收收入的动态变化。如果不考虑其他可能产生的积极或消极影响，我们的估算可能会因此产生偏差。有关计划测算的文献同样提到，这一估算的挑战来自一个外部有效性问题（Rodrik，2008；Banerjee and Duflo，2009；Ravallion，2009）。

为了解决这个问题，我们必须确认可能影响县内税收收入绩效的因素投入，控制好时间变化协变量。通过将纳税人数纳入估算框架，获得税收收入与纳税人数量的线性预测，并计算时间不变的地区特定效应和年份特定效应，我们得到双重差分法的基准估算策略：

$$\Delta T_{it} = \alpha_i + \varphi_t + \beta X_{it} + \delta D_{gt} + \epsilon_{it} \quad (1)$$

其中，ΔT 指县税收收入；X 表示随时间变化的协变量（观测的控制变量矢量）；D 是二元变量，表示子弹头列车投入使用后，观察对象是否与受影响的组有关；i 表示县；g 表示县分组（1 = 受影响组，0 = 非受影响组）；t 表示运 54
营前与运营后（$t=0$ 表示子弹头列车运营前，$t=1$ 表示子弹头列车运营后），α_i 是自变量（α）与时间不变的、未观察到的、地区特定（γ_i）的增长率之和①；φ_t 是特定年份的增长效应；ϵ_{it}是误差项，并且假定其独立于时间的变化。

观察到的控制矢量继续构成县内的纳税人数。我们将控制变量纳入纳税人的人口统计数据。在这种情况下，如果我们只选择“工作年龄”内的人口（16～64 岁）作为纳税人，可能会造成误差。因为他们中一些人可能未就业或还在上学，并没有缴纳税收的信息。假设这些因素的影响为零，则意味着特定地区的纳税人数不是由地点或商业环境的有利变化决定的。当特定区域的特征与时间变化协变量相关时，如果忽略关于变量如何随时间变化的重要信息，会难以选择随机效应的估算方法。因此，我们采用固定效应评估方法来计算时间不变的、未观察到的特征，例如区域的有利位置，以及类似于商业环境中有利变化的特定年份增长效应。

关于县内可能具有的自相关性（Bertrand，Duflo and Mullainathan，2004），我们采用了异方差性和自相关一致性（HAC）标准误差，它们都属于聚类标准误差。这些 HAC 标准误差认为跨地区间的误差互不相关，但允许区域内的异方差性和任意自相关性，这与实体间独立的、分布相同的固定效应回归的有关假设一致，在我们的案例中，县 $i=1$，2，…，47。

最近毗邻配对程序

分析的下一步是进行实验组和控制组的匹配。首先，我们从控制组中选出与接受实验的县最接近的对应区域，然后从下面两种方法中选择一种进行双重差分分析：（i）在考虑区域特征的前提下，如企业的位置或数量，在建设前阶段将该县与企业的最大数量相匹配；（ii）通过观察受影响组和非受 55
影响组中的各县平均表现，集中关注因变量，从高速铁路线建成前的时期内找出最接近的匹配值。

接下来，我们考虑单位度量中的最小距离，并选择了三种度量［马氏（Mahalanobis）距离、逆方差或欧几里得距离］中的一种。在本研究中，我

① 这一方法需要假设一条共同的时间路径或平行趋势，受影响与不受影响组的自主增长率可以相同。

们利用欧几里得距离来找出高速铁路线建造前阶段受影响地区最接近的匹配点或最近的毗邻。

通过找出高速铁路线建造前阶段（1982～1990 年）平均税收收入与标准差之间的最小距离，可以确定最接近受影响县的对应方或邻近地区。这些毗邻组形成一个独特的数据集，用于不在实验范围（即九州高速铁路线线）内的反事实情境。在本研究中，我们通过高速铁路线建造前阶段（1982～1990 年）税收收入平均值之间的最小距离来计算最近地区的实证结果。表 2.3 列出了根据与平均值的最小距离计算出来的离受影响县最近的地区。

表 2.3　高速铁路线建造前阶段（1982～1991 年）计算受影响的县及其毗邻的税收总额平均值之间的最小欧几里得距离

单位：百万日元

县	税收收入均值	标准差	县	税收收入均值	标准差
鹿儿岛	204108	13756	和歌山	239582	22349
熊本	245181	17704	滋贺	240466	15817
福冈	1104007	77674	北海道	1109382	73606
大分	197082	12781	奈良	192948	19900
宫崎	138677	9054	德岛	120935	13249
佐贺	120374	9258	高知	113679	7138
长崎	185051	12494	青森	184093	11142
大阪	4945666	409167	爱知	3054083	212024
兵库	1561176	126463	琦玉	1175458	120307
冈山	474501	34628	群马	468592	31106
广岛	781393	51698	京都	921084	67185
山口	339400	29622	福岛	311416	32678

资料来源：日本国家税务局。

56 2.4　实证结果

2.4.1　有限观测量的估算

为了避免给第一阶段异常值造成偏差，我们的观察量将东京、爱知、神奈川和大阪等地排除在外，这些地区由于工商业集团集中，在高速铁路线建造前阶段已经显示了极好的税收业绩。我们观察到的一般模式是，对于所有溢出效应，税收绩效的净差异显示出 U 形动态。税收收入的净差额在九州高速铁路线线的建造阶段和运营第一阶段减小，而在运营第二阶段出现反弹。

税收收入

有关建设期间的溢出效应，与不受影响组的反事实情境相比（其中包括除东京、爱知、神奈川和大阪以外的所有其他县的观测结果），实验组 4（下实验组名称简写，如第 4 组）和第 3 组的平均净差额分别约为 1100 亿日元和 1345 亿日元（见表 2.4a）。建造完成后，这些影响有所减小，但在运营第一阶段仍然是正向的，第 4 组约为 763 亿日元，第 3 组约为 972 亿日元。从建造阶段到 2011 年九州高速铁路线和三洋高速铁路连通的运营第二阶段，第 4 组的净差额达到约 2007 亿日元，第 3 组的净差额约为 2292 亿日元。总体而言，先前自营的九州高速铁路线连通了更加广泛的高速铁路网，对整个九州地区的税收收入总额的影响具有统计意义上的显著性和经济意义上的成长性。

在按区域划分的溢出效应上，我们观察到，建造阶段总税收净差额较大，运营第一阶段税收净额相对较低但相关系数仍为正，运营第二阶段出现反弹，第 2 组的系数约为 2820 亿日元，相应的 t 值为 2.56，第 1 组约为 1686 亿日元，相应的 t 值为 4.18。

最后，我们把对连通的溢出效应的估算的重点放在九州高速铁路线线毗邻的县，进一步说明了其核心 - 外围连通的性质。建造阶段的第 5 组的系数（1940 亿日元）略高于第 2 组（1180 亿日元）。从运营第一阶段到运营第二阶段，第 5 组的税收总额的净差额从约 998 亿日元增加到约 3527 亿日元，第 2 组从约 1180 亿日元增加到约 2820 亿日元。在本分析的时间框架内，2011 ~ 2013 年的估算值高于其他实验组的结果，税收总额净差额与其他实验组相比也处于峰值。

表 2.4a　三个阶段的税收收入结果变量的双重差分实证结果 57

（不包括控制组对东京、爱知、神奈川和大阪等地的观测值）

单位：百万日元

关注范围	各县中的受影响组	建造阶段（1991 ~ 2003 年）	运营第一阶段（2004 ~ 2010 年）	运营第二阶段（2011 ~ 2013 年）
区域的溢出效应	第 1 组	99949 **	60884 **	168586 **
		(6.81)	(5.46)	(4.18)
	第 2 组	181098 *	117907 *	281933 *
		(2.67)	(2.47)	(2.56)

续表

关注范围	各县中的受影响组	建造阶段（1991～2003年）	运营第一阶段（2004～2010年）	运营第二阶段（2011～2013年）
毗邻的溢出效应	第3组	134498** （2.73）	97210** （2.91）	229224** （2.93）
	第4组	109557** （2.86）	76310** （2.81）	200704** （3.11）
连通的溢出效应	第5组	193639** （5.22）	99830* （2.25）	352718** （3.49）
观测量		946	731	559

注：（ ）=t值，* p ＜ 0.50，** p ＜ 0.01。税收收入根据消费物价指数进行调整，以1982年为基准年。高速铁路线建造前阶段为1982～1990年。受影响的群体包括其他县。实验组如下：第1组：鹿儿岛和熊本；第2组：鹿儿岛、熊本和福冈；第3组：鹿儿岛、熊本、福冈、大分和宫崎；第4组：鹿儿岛、熊本、福冈、大分、宫崎、佐贺、长崎；第5组：大阪、兵库、冈山、广岛、山口、福冈、熊本和鹿儿岛。t值衡量系数偏离零的标准误差有多少。

资料来源：作者编制。

个人及企业所得税收入

表2.4b和表2.4c将税收总额的结构构成分解为个人和企业所得税收
入，列出了实证分析结果。这样就可以观察到这些税收收入对九州高速铁路
58 线线的建造和运营有何影响。表2.4b和表2.4c中的实证数据揭示了一种类
似的模式：建造阶段（1990～2003年）的个人和企业所得税收入净差额为正，
随后在运营第一阶段（2004～2011年）出现下降，税收收入总额为负，到运
营第二阶段（2011～2013年）几乎所有实验组的双重差分系数都为正。

表2.4b　三个阶段的个人所得税收入结果变量的双重差分实证结果
（不包括控制组对东京、爱知、神奈川和大阪等地的观测值）

单位：百万日元

关注范围	各县中的受影响组	建造阶段（1991～2003年）	运营第一阶段（2004～2010年）	运营第二阶段（2011～2013年）
区域的溢出效应	第1组	27371** （2.17）	－20204** （－2.33）	43806** （2.12）
	第2组	31216*** （3.47）	－32422*** （－2.78）	69743** （2.17）

续表

关注范围	各县中的受影响组	建造阶段（1991～2003 年）	运营第一阶段（2004～2010 年）	运营第二阶段（2011～2013 年）
毗邻的溢出效应	第 3 组	18346*	-26311***	54135**
		(2.01)	(-3.36)	(2.31)
	第 4 组	14648**	-23410***	51064**
		(2.11)	(-3.6)	(2.59)
连通的溢出效应	第 5 组	33660***	-54830***	100684**
		(3.45)	(-2.99)	(2.65)
观测量		946	731	559

注：(　) = t 值，* p < 0.50，** p < 0.01。税收收入根据消费物价指数进行调整，以 1982 年为基准年。高速铁路线建造前阶段为 1982～1990 年。受影响的群体包括其他县。实验组如下：第 1 组：鹿儿岛和熊本；第 2 组：鹿儿岛、熊本和福冈；第 3 组：鹿儿岛、熊本、福冈、大分和宫崎；第 4 组：鹿儿岛、熊本、福冈、大分、宫崎、佐贺、长崎；第 5 组：大阪、兵库、冈山、广岛、山口、福冈、熊本和鹿儿岛。t 值衡量系数偏离零的标准误差有多少。

资料来源：作者编制。

表 2.4c　三个阶段的企业所得税收入结果变量的双重差分实证结果 59

（不包括控制组对东京、爱知、神奈川和大阪等地的观测值）

单位：百万日元

关注范围	各县中的受影响组	建造阶段（1991～2003 年）	运营第一阶段（2004～2010 年）	运营第二阶段（2011～2013 年）
区域的溢出效应	第 1 组	11946***	-6228**	76216
		(7.71)	(-2.14)	(1.65)
	第 2 组	17300***	-12716**	111579
		(3.81)	(-2.21)	(1.51)
毗邻的溢出效应	第 3 组	13311***	-8629*	87983
		(3.26)	(-1.89)	(1.56)
	第 4 组	10407***	-6344*	86054*
		(3.01)	(-1.73)	(1.69)
连通的溢出效应	第 5 组	-57	-14430	182127*
		(-0.01)	(-1.63)	(1.71)
观测量		946	731	559

注：(　) = t 值，* p < 0.50，** p < 0.01。税收收入根据消费物价指数进行调整，以 1982 年为基准年。高速铁路线建造前阶段为 1982～1990 年。受影响的群体包括其他县。实验组如下：第 1 组：鹿儿岛和熊本；第 2 组：鹿儿岛、熊本和福冈；第 3 组：鹿儿岛、熊本、福冈、大分和宫崎；第 4 组：鹿儿岛、熊本、福冈、大分、宫崎、佐贺、长崎；第 5 组：大阪、兵库、冈山、广岛、山口、福冈、熊本和鹿儿岛。t 值衡量系数偏离零的标准误差有多少。

资料来源：作者编制。

就规模而言，在建造阶段，个人所得税的净差额似乎要高于企业所得税，而在运营第二阶段则正好相反，此时企业所得税收入系数高于个人所得税。在溢出效应的情况下，第4组的个人所得税收入的净差额约为146亿日元，第3组约为183亿日元，而第4组和第3组的企业所得税收入净差额分别约为104亿日元和133亿日元。在毗邻效应的框架下，估算出在运营第二阶段，第4组的企业所得税净差额约为861亿日元，第3组约为880亿日元；而第4组个人所得税收入的对应指标约为511亿日元，第3组约为541
60 亿日元。在按区域划分的溢出效应框架中，也观察到了类似的结论，尽管个人所得税的点估计值似乎在统计上的显著性要高于企业所得税。至于连通的溢出效应，企业所得税在建设过程中似乎不受影响——建造阶段的净差额系数接近0，在运营第一阶段为负数，统计上不显著，在运营第二阶段约为1821亿日元，t值为1.71。

2.4.2 估算全系列观测值

这一阶段的分析包括对东京、爱知、神奈川和大阪等地的观测值，实证结果与前述结论相似，但也存在差异。

将表2.5a与表2.4a进行对比，显示出两者模式相同，但是九州高速铁路线建成以后，系数更低导致净差额较低。因此，第4组和第3组的全系列估算分别为949亿日元和1194亿日元，而第4组和第3组的有限估算值分别为1096亿日元和1345亿日元（两种情形都具有统计学意义）。受影响组其他组合的税收收入总额结果变量显示出类似的结果，但运营第一阶段的第1组和第5组以及运营第二阶段的第5组除外（见表2.5a）。

当税收总额被分解为个人所得税和企业所得税时，就会出现分歧。与表2.4b相比，表2.5b显示，几乎所有净差额系数——除第2组的区域的溢出效应系数和第5组的连通的溢出效应系数之外——在施工过程中都不具有统计上的显著性。这表明，位于九州的各县和三洋高速铁路沿线的地区是个人所得税收入增加的主要受益者。类似的动态在运营第一阶段也能观测到，但是九州的所有七个县的溢出效应是个例外。

如果将东京、爱知、神奈川和大阪等地的观测值排除在控制组之外，我们就会注意到个人所得税收入与企业所得税收入之间有以下共同之处：运营第二阶段的估算数仍然是正数，在统计上具有显著性，但其水平比基准系列观测值的估算数要低（第5组除外）。

表 2.5a 三个阶段的税收收入结果变量的双重差分实证结果
（包括控制组对东京、爱知、神奈川和大阪等地的观测值）

单位：百万日元

关注范围	各县中的受影响组	建造阶段（1991～2003 年）	运营第一阶段（2004～2010 年）	运营第二阶段（2011～2013 年）
区域的溢出效应	第 1 组	96603**	64067	164542**
		(3.39)	(1.14)	(5.66)
	第 2 组	170051*	110832*	273935**
		(2.65)	(2.04)	(2.77)
毗邻的溢出效应	第 3 组	119371*	87089*	223107**
		(2.36)	(2.13)	(3.22)
	第 4 组	94896*	75132*	194791**
		(2.39)	(2.48)	(3.51)
连通的溢出效应	第 5 组	298403**	271385	481536**
		(2.94)	(1.59)	(2.99)
观测量		1034	799	611

注：（ ）= t 值，* $p < 0.50$，** $p < 0.01$。税收收入根据消费物价指数进行调整，以 1982 年为基准年。高速铁路线建造前阶段为 1982～1990 年。受影响的群体包括其他县。实验组如下：第 1 组：鹿儿岛和熊本；第 2 组：鹿儿岛、熊本和福冈；第 3 组：鹿儿岛、熊本、福冈、大分和宫崎；第 4 组：鹿儿岛、熊本、福冈、大分、宫崎、佐贺、长崎；第 5 组：大阪、兵库、冈山、广岛、山口、福冈、熊本和鹿儿岛。t 值衡量系数偏离零的标准误差有多少。

资料来源：作者编制。

表 2.5b 三个阶段的个人所得税收入结果变量的双重差分实证结果 62
（包括控制组对东京、爱知、神奈川和大阪等地的观测值）

单位：百万日元

关注范围	各县中的受影响组	建造阶段（1991～2003 年）	运营第一阶段（2004～2010 年）	运营第二阶段（2011～2013 年）
区域的溢出效应	第 1 组	25724	-19033	42035**
		(1.32)	(-0.75)	(2.34)
	第 2 组	25783*	-35023	66498**
		(1.93)	(-1.63)	(2.41)
毗邻的溢出效应	第 3 组	10915	-30029**	51675**
		(0.85)	(-2.18)	(2.59)
	第 4 组	7448	-23844**	48690***
		(0.74)	(-2.13)	(3.01)
连通的溢出效应	第 5 组	65186**	-23761	151360**
		(2.02)	(-0.55)	(2.59)

续表

关注范围	各县中的受影响组	建造阶段（1991～2003 年）	运营第一阶段（2004～2010 年）	运营第二阶段（2011～2013 年）
观测量		1034	799	611

注：（　）= t 值，* p < 0.50，** p < 0.01。税收收入根据消费物价指数进行调整，以 1982 年为基准年。高速铁路线建造前阶段为 1982～1990 年。受影响的群体包括其他县。实验组如下：第 1 组：鹿儿岛和熊本；第 2 组：鹿儿岛、熊本和福冈；第 3 组：鹿儿岛、熊本、福冈、大分和宫崎；第 4 组：鹿儿岛、熊本、福冈、大分、宫崎、佐贺、长崎；第 5 组：大阪、兵库、冈山、广岛、山口、福冈、熊本和鹿儿岛。t 值衡量系数偏离零的标准误差有多少。

资料来源：作者编制。

关于对企业所得税收入的影响，在基准实证结果的差异值中，在建造阶段和运营第一阶段，毗邻的溢出效应和连通的溢出效应净差异系数均无统计
61 上的显著性（见表 2.5c），但区域的溢出效应除外，1991～2003 年，第 2 组的区域溢出效应估计为 120 亿日元（见表 2.5c）。因此，九州高速铁路线线的建设似乎对位于鹿儿岛、熊本和福冈等县的大部分企业产生了越来越大的影响。

表 2.5c　三个阶段的企业所得税收入结果变量的双重差分实证结果

（包括控制组对东京、爱知、神奈川和大阪等地的观测值）

单位：百万日元

63

关注范围	各县中的受影响组	建造阶段（1991～2003 年）	运营第一阶段（2004～2010 年）	运营第二阶段（2011～2013 年）
区域的溢出效应	第 1 组	10350 （1.26）	－4773 （－0.21）	72330** （2.21）
	第 2 组	12040* （1.88）	－15948 （－0.87）	104664* （2.01）
毗邻的溢出效应	第 3 组	6116 （0.81）	－13250 （－1.06）	82730** （2.10）
	第 4 组	3436 （0.52）	－6883 （－0.71）	80998** （2.34）
连通的溢出效应	第 5 组	－39703 （－0.92）	－28031 （－0.65）	179632 （1.58）
观测量		1034	799	611

注：（　）= t 值，* p < 0.50，** p < 0.01。税收收入根据消费物价指数进行调整，以 1982 年为基准年。高速铁路线建造前阶段为 1982～1990 年。受影响的群体包括其他县。实验组如下：第 1 组：鹿儿岛和熊本；第 2 组：鹿儿岛、熊本和福冈；第 3 组：鹿儿岛、熊本、福冈、大分和宫崎；第 4 组：鹿儿岛、熊本、福冈、大分、宫崎、佐贺、长崎；第 5 组：大阪、兵库、冈山、广岛、山口、福冈、熊本和鹿儿岛。t 值衡量系数偏离零的标准误差有多少。

资料来源：作者编制。

运营第二阶段企业所得税的双重差分系数与个人所得税的状况一样。我们得到的该系数为正，且具有统计上的显著性，但是其水平比基准估算框架中的系数要低。

2.4.3　所得税和所得税数额的异质性

接下来，我们在前两个关于所得税净负差额的实证结果基础上，提出以下问题：在运营第一阶段，个人所得税和企业所得税的净负差是否意味着高速铁路开通后企业和家庭收入下降？如果不是的话，那么在不建设九州高速铁路线线的反事实情境下，税收减少的原因可能是什么？

尽管个人所得税和企业所得税的双重差分系数为负数，但这不足以对个人和企业收入水平进行合理的扣减。我们还必须考虑存在累进税的门槛或税收大幅度的变化等情形（见表2.6）。该区域的个人和企业收入可能不仅不会因为采用新的运输方式而减少，反而可能会有所增加，但是还不足以使税收收入的净差额转变为正值。为了解决这一问题，我们转而估算九州地区和三洋线毗邻地区的个人和企业收入数额的双重差分系数，这些地区被包括在第5组。

表2.6　个人所得税率 64

单位：%

应纳税所得额	税率
不超过195万日元	5
超过195万日元但不超过330万日元	10
超过330万日元但不超过695万日元	20
超过695万日元但不超过900万日元	23
超过900万日元但不超过1800万日元	33
超过1800万日元但不超过4000万日元	40
超过4000万日元	45

资料来源：日本外贸协会。

在个人所得税方面，日本的纳税申报制度有两种征收方式：（i）自评所得税的缴纳方式，即个人纳税人计算年度收入和相应的税额，并提交纳税申报表；（ii）扣税制度，即企业在支付工资之日代扣雇员所得税。虽然支付方式取决于收入类型和收入接受者的类别，但这两种方式的税收都是累进的。举例来说，个人全年收入不足200万日元时，税率为5%；超过200万日元但少于330万日元时，税率为10%。

相反，收入扣减是递减的。如果工作收入等于或低于160万日元，个人有资格享受65万日元的扣减，而收入扣减的百分比在随后的就业收入门槛值中越来越低（见表2.7）。

在日本企业税制度下，税收是以企业税、地方企业税、法人居民税、公司税和特殊地方企业税为基础的。与个人所得税类似，适用的企业税率也是累进的（见表2.8）。这意味着，如果九州高速铁路线的建设和运营对收入水平相对较低的公司的影响比收入水平较高的公司更为积极的话，那么，尽管公司收入出现正的净增长，公司税收总额也可能会减少。

65 **表2.7 工作收入扣减**

工作收入	工作收入扣减
不超过162.5万日元	65万日元
超过162.5万日元但不超过180万日元	工作收入×40%
超过180万日元但不超过360万日元	工作收入×30%+18万日元
超过360万日元但不超过660万日元	工作收入×20%+54万日元
超过660万日元但不超过1000万日元	工作收入×10%+120万日元
超过1000万日元但不超过1500万日元	工作收入×5%+170万日元
超过1500万日元	245万日元

资料来源：日本外贸协会。

表2.8 企业收入的税收负担

应纳税所得额	400万日元及以下(%)	400万~800万日元(%)	800万日元以上(%)
企业税	15.00	15.00	25.50
地方企业税	0.66	0.66	1.12
法人居民税			
县	0.48	0.48	0.81
市	1.45	1.45	2.47
公司税	3.40	5.10	6.70
特殊地方企业税	1.46	2.20	2.89
总税率	22.45	24.89	39.49
有效税率	21.42	23.20	36.05

注：企业税税率适用于在2014年10月1日至2015年3月31日开业之后的3个营业年度。地方企业税的税率可能因企业的规模和其管辖的地方政府而异，适用的税率也会因时间而不同。

资料来源：日本外贸协会。

这一假设得到表 2.9a 和表 2.9b 中所载的个人所得税和企业所得税收入估计数的支持。与表 2.5b 和表 2.5c 相比，个人所得税和企业所得税收入在运营第一阶段的双重差分系数为正。因此，虽然代表九州所有七个县的第 4 组的个人所得税收入大约减少了 240 亿日元，双重差分系数为负，统计上也具有显著性，但实际上个人收入的净差额为正，点估计值约为 363 亿日元，相应的 t 值为 1.98。

全系列三年期的个人所得税和企业所得税收入实证结果见表 2.9c 和表 2.9d。

表 2.9a　三个阶段的个人所得税收入实证结果 66

（包括控制组对东京、爱知、神奈川、大阪等地的观测值）

单位：百万日元

关注范围	各县中的受影响组	建造阶段（1991～2003 年）	运营第一阶段（2004～2010 年）	运营第二阶段（2011～2013 年）
区域的溢出效应	第 1 组	71896*** （3.84）	36139 （0.77）	146328*** （4.05）
	第 2 组	105264*** （3.44）	56258 （1.59）	257728** （2.53）
毗邻的溢出效应	第 3 组	73302*** （2.73）	35527 （1.41）	192325** （2.61）
	第 4 组	63214*** （3.08）	36289* （1.98）	173304*** （3.03）
连通的溢出效应	第 5 组	175670*** （3.33）	159268* （1.73）	502215*** （3.31）
观测量		1034	799	611

注：（　）= t 值，* $p < 0.10$，** $p < 0.05$；*** $p < 0.01$。税收收入根据消费物价指数进行调整，以 1982 年为基准年。高速铁路线建造前阶段为 1982～1990 年。受影响的群体包括其他县。实验组如下：第 1 组：鹿儿岛和熊本；第 2 组：鹿儿岛、熊本和福冈；第 3 组：鹿儿岛、熊本、福冈、大分和宫崎；第 4 组：鹿儿岛、熊本、福冈、大分、宫崎、佐贺、长崎；第 5 组：大阪、兵库、冈山、广岛、山口、福冈、熊本和鹿儿岛。t 值衡量系数偏离零的标准误差有多少。

资料来源：作者编制。

表 2.9b　三个阶段的企业所得税收入实证结果

（包括控制组对东京、爱知、神奈川、大阪等地的观测值）

单位：百万日元

关注范围	各县中的受影响组	建造阶段（1991～2003 年）	运营第一阶段（2004～2010 年）	运营第二阶段（2011～2013 年）
区域的溢出效应	第 1 组	44006* （2.01）	22435 （0.30）	170451*** （3.11）
	第 2 组	80506** （2.31）	64950 （1.05）	291338** （2.37）

续表

	关注范围	各县中的受影响组	建造阶段（1991～2003 年）	运营第一阶段（2004～2010 年）	运营第二阶段（2011～2013 年）
67	毗邻的溢出效应	第 3 组	51345 （1.65）	37220 （0.83）	222365 ** （2.49）
		第 4 组	38021 （1.49）	42439 （1.32）	208093 *** （2.89）
	连通的溢出效应	第 5 组	9911 （0.16）	149853 （1.09）	481490 ** （2.38）
	观测量		1034	799	611

注：（　）= t 值，* $p < 0.10$，** $p < 0.05$，*** $p < 0.01$。税收收入根据消费物价指数进行调整，以 1982 年为基准年。高速铁路线建造前阶段为 1982～1990 年。受影响的群体包括其他县。实验组如下：第 1 组：鹿儿岛和熊本；第 2 组：鹿儿岛、熊本和福冈；第 3 组：鹿儿岛、熊本、福冈、大分和宫崎；第 4 组：鹿儿岛、熊本、福冈、大分、宫崎、佐贺、长崎；第 5 组：大阪、兵库、冈山、广岛、山口、福冈、熊本和鹿儿岛。t 值衡量系数偏离零的标准误差有多少。

资料来源：作者编制。

表 2.9c　三年期的个人所得税收入实证结果

（包括控制组对东京、爱知、神奈川、大阪等地的观测值）

单位：百万日元

	关注范围	各县中的受影响组	运营第二阶段（2011 年）	运营第二阶段（2012 年）	运营第二阶段（2013 年）
	区域的溢出效应	第 1 组	205742 ** （3.54）	222838 ** （3.92）	210253 ** （3.85）
		第 2 组	357639 * （2.52）	380186 * （2.63）	362152 * （2.62）
	毗邻的溢出效应	第 3 组	268582 * （2.63）	283948 ** （2.69）	272865 ** （2.74）
		第 4 组	244461 ** （3.09）	258087 ** （3.16）	249291 ** （3.24）
	连通的溢出效应	第 5 组	725690 ** （2.95）	750253 ** （3.04）	759822 ** （3.06）
68	观测量		517	517	517

注：（　）= t 值，* $p < 0.10$，** $p < 0.01$。税收收入根据消费物价指数进行调整，以 1982 年为基准年。高速铁路线建造前阶段为 1982～1990 年。受影响的群体包括其他县。实验组如下：第 1 组：鹿儿岛和熊本；第 2 组：鹿儿岛、熊本和福冈；第 3 组：鹿儿岛、熊本、福冈、大分和宫崎；第 4 组：鹿儿岛、熊本、福冈、大分、宫崎、佐贺、长崎；第 5 组：大阪、兵库、冈山、广岛、山口、福冈、熊本和鹿儿岛。t 值衡量系数偏离零的标准误差有多少。

资料来源：作者编制。

表 2.9d　三年期的企业所得税收入实证结果

（包括控制组对东京、爱知、神奈川、大阪等地的观测值）

单位：百万日元

关注范围	各县中的受影响组	运营第二阶段（2011 年）	运营第二阶段（2012 年）	运营第二阶段（2013 年）
区域的溢出效应	第 1 组	285100** (2.28)	252629** (2.47)	234657** (2.36)
	第 2 组	454240* (1.98)	421456** (2.10)	427170** (2.05)
毗邻的溢出效应	第 3 组	349486** (2.05)	322383** (2.18)	320794** (2.11)
	第 4 组	328484** (2.24)	299017** (2.40)	300348** (2.38)
连通的溢出效应	第 5 组	809657* (1.75)	779620* (1.97)	838416** (2.02)
观测量		517	517	517

注：(　) = t 值，* $p<0.10$，** $p<0.01$。税收收入根据消费物价指数进行调整，以 1982 年为基准年。高速铁路线建造前阶段为 1982～1990 年。受影响的群体包括其他县。实验组如下：第 1 组：鹿儿岛和熊本；第 2 组：鹿儿岛、熊本和福冈；第 3 组：鹿儿岛、熊本、福冈、大分和宫崎；第 4 组：鹿儿岛、熊本、福冈、大分、宫崎、佐贺、长崎；第 5 组：大阪、兵库、冈山、广岛、山口、福冈、熊本和鹿儿岛。t 值衡量系数偏离零的标准误差有多少。

资料来源：作者编制。

年度估算 69

接着，我们认为这些估计结果至少显示出运营第二阶段两个不同的方面：(i) 与前一阶段相比，税收收入净差额的趋势被打乱（在建设结束后的运营第一阶段内，报税会减少），即税收总额在运营第二阶段内出现反弹；(ii) 与本研究分析的其他时间段相比，这一阶段的税收收入估计数特别高。

表 2.10a 到表 2.10c 仅提供运营第二阶段的实证结果，列出了 2011 年、2012 年和 2013 年的税收收入估值。2011 年，九州地区税收总额因九州线约净增了约 3200 亿日元，而第 4 组是不存在这一铁路线路的反事实情境的（见表 2.10a）。这个统计上具有显著性的结果是从一组完整的观测结果中得到的。相应的系数在 2012 年约为 3081 亿日元，在 2013 年约为 3038 亿日元（在 1% 的水平上具有统计显著性）。因此，子弹头列车的效应在本质上正在减弱。这一发现与吉野和阿彼德哈达耶夫（2015b）的调查结果一致，后者估计了乌兹别克斯坦铁路连接对区域经济绩效的影响，显示随着时间的推

移，其影响力逐渐下降。

当税收总额被分为个人所得税收入和企业所得税收入时，对九州线在运营第二阶段的年度影响评估也会出现同样的影响减退现象。这一评估结果是以第4组和第3组的毗邻溢出效应系数和第2组的区域溢出效应系数来表示的。

70 **表 2.10a　三年期的税收收入结果变量的双重差分实证结果**

（包括控制组对东京、爱知、神奈川、大阪等地的观测值）

单位：百万日元

关注范围	各县中的受影响组	运营第二阶段（2011年）	运营第二阶段（2012年）	运营第二阶段（2013年）
区域的溢出效应	第1组	268644 ** (3.05)	270263 ** (3.37)	253343 ** (3.15)
	第2组	450497 * (2.29)	438096 * (2.45)	422721 * (2.37)
毗邻的溢出效应	第3组	358183 * (2.53)	346698 * (2.66)	336284 * (2.61)
	第4组	319956 ** (2.70)	308103 ** (2.83)	303789 ** (2.82)
连通的溢出效应	第5组	869153 * (2.24)	840176 * (2.32)	873185 * (2.29)
观测量		517	517	517

注：（　）= t 值，* $p < 0.10$，** $p < 0.01$。税收收入根据消费物价指数进行调整，以1982年为基准年。高速铁路线建造前阶段为1982～1990年。受影响的群体包括其他县。实验组如下：第1组：鹿儿岛和熊本；第2组：鹿儿岛、熊本和福冈；第3组：鹿儿岛、熊本、福冈、大分和宫崎；第4组：鹿儿岛、熊本、福冈、大分、宫崎、佐贺、长崎；第5组：大阪、兵库、冈山、广岛、山口、福冈、熊本和鹿儿岛。t 值衡量系数偏离零的标准误差有多少。

资料来源：作者编制。

表 2.10b　三年期的个人所得税收入结果变量的双重差分实证结果

（包括控制组对东京、爱知、神奈川、大阪等地的观测值）

单位：百万日元

关注范围	各县中的受影响组	运营第二阶段（2011年）	运营第二阶段（2012年）	运营第二阶段（2013年）
区域的溢出效应	第1组	75583 ** (2.04)	80473 ** (2.30)	69235 ** (2.10)
	第2组	127651 * (1.98)	123897 ** (2.18)	110807 ** (2.11)

续表

关注范围	各县中的受影响组	运营第二阶段（2011 年）	运营第二阶段（2012 年）	运营第二阶段（2013 年）
毗邻的溢出效应	第 3 组	97430** （2.07）	95393** （2.26）	85923** （2.22）
	第 4 组	90734** （2.29）	88516** （2.47）	82342** （2.49）
连通的溢出效应	第 5 组	280001** （2.03）	274942** （2.15）	277902** （2.15）
观测量		517	517	517

71

注：（　）= t 值，* $p<0.10$，** $p<0.05$。税收收入根据消费物价指数进行调整，以 1982 年为基准年。高速铁路线建造前阶段为 1982 ~ 1990 年。受影响的群体包括其他县。实验组如下：第 1 组：鹿儿岛和熊本；第 2 组：鹿儿岛、熊本和福冈；第 3 组：鹿儿岛、熊本、福冈、大分和宫崎；第 4 组：鹿儿岛、熊本、福冈、大分、宫崎、佐贺、长崎；第 5 组：大阪、兵库、冈山、广岛、山口、福冈、熊本和鹿儿岛。t 值衡量系数偏离零的标准误差有多少。

资料来源：作者编制。

表 2.10c 三年期的企业所得税收入结果变量的双重差分实证结果

（包括控制组对东京、爱知、神奈川、大阪等地的观测值）

单位：百万日元

关注范围	各县中的受影响组	运营第二阶段（2011 年）	运营第二阶段（2012 年）	运营第二阶段（2013 年）
区域的溢出效应	第 1 组	92720** （2.05）	89083** （2.09）	76303* （1.82）
	第 2 组	134314* （1.81）	133086* （1.89）	113555* （1.75）
毗邻的溢出效应	第 3 组	105830* （1.90）	104332* （1.96）	88877* （1.81）
	第 4 组	102111** （2.08）	99558** （2.14）	88615* （2.01）
连通的溢出效应	第 5 组	234839 （1.47）	226902 （1.53）	214220 （1.44）
观测量		517	517	517

注：（　）= t 值，* $p<0.10$，** $p<0.05$。税收收入根据消费物价指数进行调整，以 1982 年为基准年。高速铁路线建造前阶段为 1982 ~ 1990 年。受影响的群体包括其他县。实验组如下：第 1 组：鹿儿岛和熊本；第 2 组：鹿儿岛、熊本和福冈；第 3 组：鹿儿岛、熊本、福冈、大分和宫崎；第 4 组：鹿儿岛、熊本、福冈、大分、宫崎、佐贺、长崎；第 5 组：大阪、兵库、冈山、广岛、山口、福冈、熊本和鹿儿岛。t 值衡量系数偏离零的标准误差有多少。

资料来源：作者编制。

72 ### 2.4.4 最近毗邻匹配法的实证结果

税收收入

利用最近毗邻匹配法，我们发现，所有溢出效应在建造前阶段的实证结果都为正且具有统计显著性。与以非受影响群体的绩效为基础的反事实情境相比，在建造前阶段，第 4 组和第 3 组中的各县税收分别增加了约 1134 亿日元和约 1384 亿日元（见表 2.11），第 1 组的税收总收入的净差额约为
73 1011 亿日元，第 2 组的区域溢出效应和第 5 组的连通溢出效应的差额水平最高。在运营第一阶段，净差额水平会降低，但系数仍为正值，且在统计上显著，而在运营第二阶段会出现反弹。

表 2.11 根据 1982 ~ 1990 年平均税收收入之间的欧几里得距离，使用最近毗邻匹配法，得到税收收入结果变量的双重差分实证结果

单位：百万日元

关注范围	各县中的受影响组	建造阶段（1991 ~ 2003 年）	运营第一阶段（2004 ~ 2010 年）	运营第二阶段（2011 ~ 2013 年）
区域的溢出效应	第 1 组	101125 *** （9.11）	60503 *** （9.01）	105773 *** （12.71）
	观测量	88	68	52
	第 2 组	183783 * （2.47）	116203 * （2.25）	191940 （1.9）
	观测量	132	102	78
毗邻的溢出效应	第 3 组	138420 ** （2.75）	95595 ** （2.73）	156133 ** （2.54）
	观测量	220	170	130
	第 4 组	113430 ** （2.95）	76182 ** （2.74）	128318 ** （2.71）
	观测量	308	238	182
连通的溢出效应	第 5 组	275121 *** （3.08）	193207 * （1.78）	454621 ** （2.85）
	观测量	330	255	195

注：（ ）= t 值；* $p < 0.10$；** $p < 0.05$；*** $p < 0.01$。税收收入根据消费物价指数进行调整，以 1982 年为基准年。高速铁路线建造前阶段为 1982 ~ 1990 年。受影响的群体包括其他县。实验组如下：第 1 组：鹿儿岛和熊本；第 2 组：鹿儿岛、熊本和福冈；第 3 组：鹿儿岛、熊本、福冈、大分和宫崎；第 4 组：鹿儿岛、熊本、福冈、大分、宫崎、佐贺、长崎；第 5 组：大阪、兵库、冈山、广岛、山口、福冈、熊本和鹿儿岛。t 值衡量系数偏离零的标准误差有多少。

资料来源：作者编制。

个人所得税

九州高速铁路线线建设对个人所得税收入产生了积极影响。在毗邻溢出效应的情况下，第 4 组的双重差分系数约为 155 亿日元，相应的 t 值为 2.26；第 3 组的双重差分系数约为 188 亿日元，t 值为 2.01（见表 2.12）。按区域划分对个人所得税收入的溢出效应高于相邻地区。与反事实情境相比，第 2 组的净差额约为 314 亿日元，第 1 组的净差额约为 278 亿日元。就连通的溢出效应而言，九州子弹头列车的使用似乎产生了约 536 亿日元的净差额，利益系数在 5% 的水平上具有统计显著性。当高速铁路在鹿儿岛和熊本之间运营后，其对个人所得税的影响减弱，与基于新的不受影响组的替代情境相比，净差额为负。这也印证了之前通过比较不同观测集的估计而揭示出的一般模式。

表 2.12 根据 1982 ~ 1990 年平均税收收入之间的欧几里得距离， 74
使用最近毗邻匹配法，得到个人所得税结果变量的双重差分实证结果

单位：百万日元

关注范围	各县中的受影响组	建造阶段（1991 ~ 2003 年）	运营第一阶段（2004 ~ 2010 年）	运营第二阶段（2011 ~ 2013 年）
区域的溢出效应	第 1 组	27822.92 (2.24)	-20139.51 (-1.81)	16721.9 (1.42)
	观测量	88	68	52
	第 2 组	31432.08** (3.25)	-32786.25* (-2.32)	51056.62* (2.42)
	观测量	132	102	78
毗邻的溢出效应	第 3 组	18821* (2.01)	-26698.04** (-3.03)	37429.24** (2.88)
	观测量	220	170	130
	第 4 组	15472.3** (2.26)	-23431.25*** (-3.39)	31903.97*** (3.07)
	观测量	308	238	182
连通的溢出效应	第 5 组	53576.87** (2.29)	-50607.41** (-2.52)	125253.54** (2.63)
	观测量	330	255	195

注：( ) = t 值；* $p < 0.10$；** $p < 0.05$；*** $p < 0.01$。税收收入根据消费物价指数进行调整，以 1982 年为基准年。高速铁路线建造前阶段为 1982 ~ 1990 年。受影响的群体包括其他县。实验组如下：第 1 组：鹿儿岛和熊本；第 2 组：鹿儿岛、熊本和福冈；第 3 组：鹿儿岛、熊本、福冈、大分和宫崎；第 4 组：鹿儿岛、熊本、福冈、大分、宫崎、佐贺、长崎；第 5 组：大阪、兵库、冈山、广岛、山口、福冈、熊本和鹿儿岛。t 值衡量系数偏离零的标准误差有多少。

资料来源：作者编制。

然而，九州高速铁路线和三洋高速铁路在2011年实现连接，导致个人所得税收入的净差额为正。因此，就毗邻溢出效应而言，第4组的净差额约为319亿日元，第3组的净差额约为374亿日元。就区域溢出效应而言，第2组和第1组的净差额分别约为511亿日元和167亿日元，第1组的t值仅为1.42。最后，九州高速铁路线线和三洋线沿线的地区在运营第二阶段似乎增加了约1252亿日元的净差额，t值为2.63。

企业所得税

企业所得税收入的变动与个人所得税收入相似，但幅度较小（见表2.13）。

在建造阶段，企业所得税收入几乎所有观测范围的双重差分系数都为正，且具有统计学上的显著性，但是连通的溢出效应除外，它的值为负，且不具有统计上的显著性。同样，在运营第一阶段，毗邻和区域的溢出效应净差额都变为负值，而在九州高速铁路线和三洋高速铁路线连接后，会出现反弹。

75 **表2.13 根据1982～1990年平均税收收入之间的欧几里得距离，使用最近毗邻匹配法，得到企业所得税结果变量的双重差分实证结果**

单位：百万日元

关注范围	各县中的受影响组	建造阶段（1991～2003年）	运营第一阶段（2004～2010年）	运营第二阶段（2011～2013年）
区域的溢出效应	第1组	12132.33*** (14.06)	-6292.71* (-2.71)	6629.05 (2.04)
	观测量	88	68	52
	第2组	17473.79** (3.56)	-13261.77 (-1.61)	18730.36** (2.72)
	观测量	132	102	78
毗邻的溢出效应	第3组	13695.24*** (3.37)	-9138.27 (-1.61)	15128.06** (2.93)
	观测量	220	170	130
	第4组	10902.40*** (3.28)	-6382.728 (-1.54)	15794.54*** (3.84)
	观测量	308	238	182

续表

关注范围	各县中的受影响组	建造阶段（1991～2003 年）	运营第一阶段（2004～2010 年）	运营第二阶段（2011～2013 年）
连通的溢出效应	第 5 组	-46276.71 (-1.09)	-46440.24* (-1.79)	117806.95** (2.28)
	观测量	330	255	195

注：（ ）= t 值，* $p < 0.10$，** $p < 0.05$，*** $p < 0.01$。税收收入根据消费物价指数进行调整，以 1982 年为基准年。高速铁路线建造前阶段为 1982～1990 年。受影响的群体包括其他县。实验组如下：第 1 组：鹿儿岛和熊本；第 2 组：鹿儿岛、熊本和福冈；第 3 组：鹿儿岛、熊本、福冈、大分和宫崎；第 4 组：鹿儿岛、熊本、福冈、大分、宫崎、佐贺、长崎；第 5 组：大阪、兵库、冈山、广岛、山口、福冈、熊本和鹿儿岛。t 值衡量系数偏离零的标准误差有多少。

资料来源：作者编制。

2.5　结论 76

这项研究估算了基础设施对日本区域税收的影响。我们采用双重差分法，考察了九州高速铁路线在建造前及之后运营的两个阶段内对各县税收收入的影响。实证结果表明，平均而言，在九州铁路线建造阶段，受影响的各县税收总额增加，随后在九州线作为自治支线运营时出现下降。而当这条铁路通过三洋线连接到更广泛的铁路线系统后，税收收入又出现了积极的变化。

关于溢出效应，这一分析表明，九州线对其所在地区、邻近的县以及三洋线沿线的县产生了积极的影响。实证结果表明，九州线实际地区的税收收入增幅大于毗邻地区，而三洋线沿线地区税收增幅较小。通过对税收收入进行划分，发现在建造阶段，企业所得税收入的双重差分系数低于个人所得税收入；而在九州线与更广泛的铁路系统连接时的运营第二阶段，企业所得税收入的双重差分系数高于个人所得税收入。这可能表明，铁路线在短期内影响了劳动力的边际生产力，在长期内影响了资本的边际生产率，这对规划和政策评价具有重要意义。

这项研究强调需要从地理、时间框架和结果变量类型等不同的角度，考察基础设施的影响。根据这些推论，可以对基础设施融资进行调整，以考虑到所有外部性和基础设施随时间变化的影响。今后，采用类似方法并侧重于不同案例研究的分析将产生一系列成果，使我们能够全面了解基础设施影响的方向和性质。

参考文献

Ando, M., and F. Kimura. 2013. Production Linkage of Asia and Europe via Central and Eastern Europe. *Journal of Economic Integration* 28: 204–240. Sejong University, Center for Economic Integration.

Arslanalp, S., F. Barnharst, S. Gupta, and E. Sze. 2010. Public Capital and Growth. International Monetary Fund Working Paper 175. Washington, DC: International Monetary Fund.

Aschauer, D. 1989. Is Public Capital Productive? *Journal of Monetary Economics* 23(2): 177–200.

Banerjee, A., and E. Duflo. 2009. The Experimental Approach to Development Economics. *Annual Review of Economics* 1: 151–178.

Belloc, M., and P. Vertova. 2006. Public Investment and Economic Performance in Highly Indebted Poor Countries: An Empirical Assessment. *International Review of Applied Economics* 20: 151–170.

Bertrand, M., E. Duflo, and S. Mullainathan. 2004. How Much Should We Trust Differences-in-Differences Estimates? *Quarterly Journal of Economics* 119(1): 249–275.

Cohen, J., and C. Paul. 2004. Public Infrastructure Investment, Interstate Spatial Spillovers and Manufacturing Costs. *The Review of Economics and Statistics* 86(2): 551–560.

Donaldson, D. 2018. Railroads of the Raj: Estimating the Impact of Trans portation Infrastructure. *American Economic Review* 108(4):899–934.

Duflo, E., R. Glennerster, and M. Kremer. 2008. Using Randomization in Development Economics Research: A Toolkit. *In Handbook of Development Economics*, edited by T. Paul Schultz and J. Strauss. Amsterdam: North-Holland. 3895–3962.

Eisner, R. 1994. Real Government Saving and the Future. *Journal of Economic Behavior and Organization* 23: 111–126.

Everaert, G. 2003. Balanced Growth and Public Capital: An Empirical Analysis with I(2) Trends in Capital Stock Data. *Economic Modelling* 20: 741–763.

Faber, B. 2014. Trade Integration, Market Size and Industrialization: Evidence from China's National Trunk Highway System. *Review of Economic Studies* 81: 1046–1070.

Fujii, N. 2013. An Overview of Japan's High-Speed Railway: Shinkansen. Ministry of Land, Infrastructure, Transport and Tourism. http://www.jterc.or.jp/english/kokusai/conferences/pdf/130211-mlit-presentation.pdf (accessed 25 June 2017).

Gonzalez-Navarro, M., and C. Quintana-Domeque. 2010. Street Pavement: Results from an Infrastructure Experiment in Mexico. Working Papers 1247. Princeton University, Department of Economics, Industrial Relations Section.

Harmatuck, D. 1996. The Influence of Transportation Infrastructure on Economic Development. *Logistics and Transportation Review*. 32(1): 76–92.

Hayek, F. 1947/2007. *The Pure Theory of Capital. Vol. 12 of the Collected Works*. Chicago: University of Chicago Press.

Hulten, C., and R. Schwab. 1991. Public Capital Formation and the Growth of Regional Manufacturing Industries. *National Tax Journal* 64(4): 121–134.

Japan External Trade Organization. https://www.jetro.go.jp/en/invest/setting_up/laws/ (accessed 25 June 2017).

Moreno, R., E. López-Bazo, and M. Artís. 2003. On the Effectiveness of Private and Public Capital. *Applied Economics* 35: 727–740.

National Tax Agency of Japan. https://www.nta.go.jp/ (accessed 25 June 2017).

Pereira, A., and J. Andraz. 2003. On the Impact of Public Investment on the Performance of US Industries. *Public Finance Review* 31(1): 66–90.

——. 2005. Public Investment in Transportation Infrastructures and Economic Performance in Portugal. *Review of Development Economics* 9: 177–196.

——. 2010. On the Economic and Budgetary Effects of Investments in Scuts—The Portuguese Toll Free Highways. *Annals of Regional Science February* 48(1): 321–338.

——. 2013. On the Economic Effects of Public Infrastructure Investment: A Survey of the International Evidence. *Journal of Economic Development* 38(4): 1–37. Chung-Ang University, Department of Economics.

Pereira, A., and O. Roca-Sagales. 2007. Public Infrastructures and Regional Asymmetries in Spain. *Revue d'Economie Regionale et Urbaine* 3: 503–520.

Ravallion, M. 2009. The Evaluation in the Practice of Development. *World Bank Research Observer* 24(1): 29–53.

Rodrik, D. 2008. The New Development Economics: We Shall Experiment but How Shall We Learn? HKS Working Paper RWP 08-055. Cambridge, MA: John F. Kennedy School of Government, Harvard University.

Seung, C., and D. Kraybill. 2001. The Effects of Infrastructure Investment: A Two Sector Dynamic Computable General Equilibrium Analysis for Ohio. *International Regional Science Review* 24(2): 261–281.

Stephan, A. 2003. Assessing the Contribution of Public Capital to Private Production: Evidence from the German Manufacturing Sector. *International Review of Applied Economics* 17: 399–418.

Yoshino, N., and U. Abidhadjaev. 2015a. Infrastructure Investment Impact Evaluation: Case of Uzbekistan. Effective Use of Social-Economic Potential and Attraction of New Sources of Economic Growth. Proceedings from VI Forum of Economists. Tashkent.

____. 2015b. An Impact Evaluation of Investment in Infrastructure: The Case of the Railway Connection in Uzbekistan. ADBI Working Paper 548. Tokyo: Asian Development Bank Institute. https://www.adb.org/sites/default/files/publication/175724/adbi-wp548.pdf.

Yoshino, N., and M. Nakahigashi. 2000. Economic Effects of Infrastructure: Japan's Experience after World War II. *Japan Bank for International Cooperation Review* 3: 3–19.

Yoshino, N., and V. Pontines. 2015. The "Highway Effect" on Public Finance: Case of the STAR Highway in the Philippines. ADBI Working Paper 549. Tokyo: Asian Development Bank Institute. https://www.adb.org/sites/default/files/publication/175868/adbi-wp549.pdf.

第三章

公共财政的“公路效应”

——以菲律宾南他加禄干道收费公路为例

吉野直行　维克托·蓬迪内斯

3.1　引言

人们普遍认为，交通基础设施对发展具有重大影响，而在经济活动不景 80
气的情况下，交通基础设施方面的公共投资是支出的主要部分。根据国际货币基金组织政府财政统计在线数据库公布的评估结果①，亚太地区每年在运输方面的支出约为3600亿美元。但是，这一数字掩盖了基础设施支出总体上分布不均的问题，尤其是在交通运输上的不均问题。具体而言，在一些国家，交通基础设施急剧扩张；在另一些国家，交通基础设施增长幅度却不大，甚至有所收缩（UNESCAP，2013）。改善和扩大交通基础设施通常被认为是经济发展的代名词，尤其是在减少贫困方面。这就是亚洲开发银行（ADB）支持这一领域的原因：2005~2009年交通运输方面的贷款占亚行总贷款的27%（ADB，2010）。

需要评估多边发展捐助者是否取得和满足发展成果，这就产生了新的评
价需求，可以准确衡量援助的影响。交通运输项目贷款也不例外，因而导致 81
最近各种影响评估工具泛滥。从早期广泛应用宏观经济学的方法来评估公共

---

① 《政府财政统计概览》，https://data.imf.org/?sk=a0867067-d23c-4ebc-ad23-d3b015045405，最后访问日期：2017年5月30日。

基础设施投资，到近年来应用微观经济学工具评估包括运输在内的特定基础设施项目，人们在未来几年内将继续探索影响评估的方法。

本章提供了一个微观经济案例。该案例研究考察了菲律宾八打雁省（Batangas）南他加禄干道（STAR）收费公路对其直接通过的城市公共财政的影响。具体而言，我们采用了修正版的双重差分法（DID），该方法通常用于准实验性影响评估研究。然后，我们用一个独特的数据集，将八打雁的财政收入分为税收（财产税和营业税）收入和非税收（管理收费和用户收费）收入。

本章结构如下：第 3.2 节回顾以前使用微观经济学影响评估工具的研究内容；第 3.3 节讨论了本研究中的双重差分法及其修改版本的内容；第 3.4 节简要地介绍了南他加禄干道收费公路，并讨论在本研究中涉及的公共财政数据；第 3.5 节论述了实证结果；第 3.6 节陈述结论。

3.2 文献综述

评估基础设施投资总体影响的实证宏观经济学研究方法已经流行了很多年。最近，一种反事实微观经济计量研究方法受到欢迎，这种方法主要是对比个人和城市在有无基础设施项目时的行为（Hansen，Andersen and White，2011）。然而，在大型基础设施项目中，我们很难采用实验评估的微观经济学研究方法——如在教育和卫生政策影响评估中广泛采用的随机对照试验（RCT）（Sawada，2015）。采用随机对照试验评估的一大缺点是基础设施项目的技术性阻止了随机化，因为项目的工程设计必须确定受益的地区（Hansen，Andersen and White，2011）。不过这种方法也有例外情况，比如
82 Gonzalez-Navarro 和 Quintana-Domeque（2016）进行了一项随机街道沥青试验，以衡量基础设施对贫困的影响。

尽管如此，大多数微观经济评估研究采用了准实验方法，也就是采用不同的方法来匹配受益组和非受益组（Hansen，Andersen and White，2011）。最近的研究包括 Duflo 和 Pande（2007）、Dinkelman（2011）和 Donaldson（2018）。Duflo 和 Pande（2007）以河流梯度为工具变量，研究了印度大型灌溉水坝的生产力和分配效应，其依据是位于大坝下游地区的农业生产增加，降雨冲击脆弱性下降；相反，大坝所在地的农业产量增长不明显，而波动性却增强。虽然下游地区的农村贫困率下降了，但大坝建设的地方贫困率

上升了。这表明市场和国家机构都没有缓解因大坝建设带来的不利的分配影响。

Dinkelman（2011）在对南非向农户大规模推广电力的案例分析中采用了类似的识别策略，利用时间梯度来估计电气化对就业增长的影响。研究发现，电气化在 5 年内显著提高了女性的就业率。电气化似乎也延长了男性和女性的工作时间，降低了女性的工资，提高了男性的工资。该研究还发现，有证据表明家庭电气化将女性从家庭生产中释放出来，提升了微型企业的能力，从而增加了就业。Jensen（2007）研究了在印度渔业发达的喀拉拉邦内全面铺开移动电话服务业的案例。该研究用微观调查数据揭示了渔民和批发商中普及移动电话导致沙丁鱼的价格差异显著缩小，消费者彻底消除浪费以及近乎完美地遵守单一定价法规；此外，消费者和生产者福利都有所增加。

Donaldson（2018）收集了印度殖民时代的数据，利用一般均衡贸易模型来评估印度庞大铁路网络带来的影响。结果显示，铁路的出现降低了贸易成本，缩小了区域之间的价格差距，加强了区域间和国际的贸易往来，消除了价格对当地生产率的冲击（但增加了这些冲击在区域间的传播），提高了实际收入水平（但伤害了未通铁路的毗邻地区），降低了实际收入的波动性。

3.3 双重差分法 83

采用双重差分法，可以通过计算双重差异来估算政策或项目对某个结果的影响，其中第一重差异是随着时间的推移（前与后）而变化的差异，第二重差异是不同的个人或实体（受益人、受影响或试验组与非受益人、非受影响组或控制组之间）的差异。从最简单的形式来看，当获得了两个时间段内（例如，像公路这样的基础设施项目运营之前和之后）受益人和非受益人的数据时，用该方法估计影响的步骤如下。第一重差异（例如，受益人的前后结果之间的差异）用于衡量控制时间不变的因素。然而，控制时间变化的因素包括以下内容：首先，要得到非受益人前后结果之间的第二重差异；然后，用第一重差异值减去第二重差异值以进一步清除其他时变因素；最终的结果即是项目的影响。

双重差分法的关键假设在于，如果没有该项目，受益人和非受益人之间的结果变化（即趋势）在一段时间内是相同的。实际上，该项目是导致这两个组之间出现趋势偏差的唯一因素。从图 3.1 可看到，点线表示在项目不存在的情况下，受益组中会发生什么（不可观察或反事实）。同样的点线趋向与虚线平行，代表非受益组的结果趋势。另外，该部分实线的异常情况即受益组的趋势，表示假定受益组与非受益组之间的偏差完全由项目造成。然而，在实践中，在不存在该项目的情况下，不可能检验受益组和非受益组之间相同趋势的假设。

为了衡量某一政策或项目的影响，人们还可以轻松使用双重差分法来评估以下回归模型：

$$Y_{it} = \alpha + \beta_0 A_i + \beta_1 P_t \times A_i + \varepsilon_{it} \tag{1}$$

其中，Y_{it}是第 t 个时期第 i 个实体的结果变量，如国内生产总值（GDP）、人均国内生产总值或类似值；A_i是一个二元变量，对于属于受益组的实体（例如，家庭、城市或市镇），其取值为 1；对于属于非受益组的实体，其取值为 0。

84

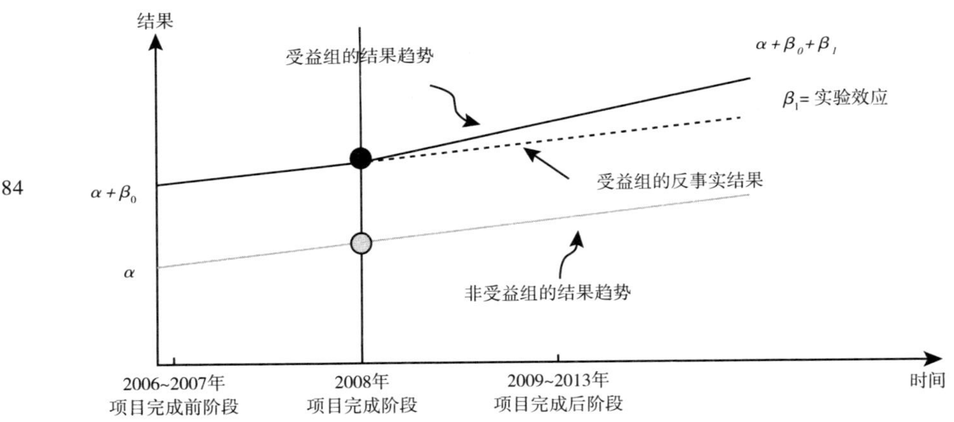

图 3.1　双重差分法

资料来源：作者绘制。

P_t也是一个二元变量，在政策执行的时间段取值为 1，在政策执行之前的时间段取值为 0；$P_t \times A_i$是两个二元变量之间的交互项；ε_{it}是误差项，假定与常数方差σ^2不相关；α、β_0和β_1是估计的回归参数。参数β_1代表项目的影响。该模型可以通过包含实体和时间虚拟变量来丰富。双重差分法结合基于回归的方法的主要优点是可以将其他变量添加到等式（1）的右侧，以控制可能对受益组和非受益组之间相同趋势的假设的背离。

我们修改后的双重差分模型

上面的等式（1）是一个离散公式，因此并不能反映基础设施项目和我们的利益结果变量（各税种和非税种类的对数）之间的动态变化：结果变量在一个基础设施项目的建设、完成和运营的时间内变化是快是慢，以及这种效应起到了加速、稳定、回归均值的作用，或是不起作用。为了说明这些动态变化，等式（1）可以将超前值和滞后值融入公式中，修改后可以表达为： 85

$$Y_{it} = \alpha + \beta_0 A_i + \sum_{\tau = t-2}^{t+4} \beta_\tau P_\tau \times A_i + \varepsilon_{it} \qquad (2)$$

变量的定义和要估算的回归参数与等式（1）中相同。等式（1）和等式（2）之间唯一的区别在于，等式（2）在二元变量 P_t 在与另一个二元变量 A_i 相互作用之前，承担了超前值和滞后值的角色。这是为了确定基础设施项目在项目完成之前的一到两年内、项目完成的当年以及项目完成几年之后，是否导致结果变量受益组与非受益组之间的重大差异。与等式（1）类似，修改后的模型也可以通过包括实体和时间虚拟变量来加以丰富。

3.4　南他加禄干道收费公路和区域公共财政数据

3.4.1　南他加禄干道收费公路

在日本的官方发展援助下，南他加禄干道收费公路的建设旨在扩大马尼拉大都会区和八打雁之间的人员和货物流通规模，从而为八打雁省和周边省份的工业发展做出贡献。这条高速公路也被称为卡拉巴松高速公路（Calabarzon Expressway）。这条收费公路分两期修建。南他加禄干道收费公路一期是菲律宾政府修建的四车道公路的一部分，从八打雁省的圣托马斯（Santo Tomas）到利巴市（Lipa City）共 22.16 千米，于 2001 年通车。它的延伸段——南他加禄干道收费公路二期，一条从利巴市到八打雁市共 19.74 千米的两车道公路，于 2008 年通车，是一个建设—经营—转让项目。2013 年 6 月，南他加禄干道收费公路二期升级为四车道沥青路面，并于 2015 年 6 月完工。

86

3.4.2 区域性公共财政数据

由于本研究的主要目的是确定南他加禄干道收费公路对其直接通过地区公共财政的影响，因此利益目标变量是八打雁省各市的各种税收和非税收入的对数。除了汇总有关税收和非税收入的数据外，我们还从菲律宾地方政府财政局获得了财产和营业税收入以及管理收费的非税收入（如商业登记和施工许可证）和用户收费（如道路使用费）的分类数据。这些数据每年收集一次。研究开始时，在地方政府财政局网站提供的数据中，最近的年份是
87 2013 年[①]。由于可用的数据仅从 2001 年开始，双重差分法要求获得结果变量之前和之后的数据，因此我们只能评估南他加禄干道二期的影响[②]。

3.5 实证结果

南他加禄干道收费公路二期直接通过位于八打雁省两个主要的城市——利巴市和八打雁市。在这两个城市之间，公路还穿过了面积相对较小的艾班市。为了进行双重差分法实证分析，我们将利巴市、艾班市和八打雁市作为受益组。选择非受益分组时则没那么直接，我们自然又任意地选择了受益组西部和东部的毗邻城市和自治市作为非受益组。我们确定这四个非受益组作为研究对象（见表 3.1）。

表 3.1 八打雁省内直辖市组成的四个非受益组

非受益组 1	非受益组 2	非受益组 3	非受益组 4
圣何塞	昆卡	阿甘西洛	纳苏格布
圣帕斯卡	阿利塔格	莱默里	利安
罗萨里奥	八打雁	圣尼古拉斯	图伊
泰桑	洛博	塔尔	巴拉央
	圣胡安	圣路易斯	开卡拉
		马比尔	卡拉塔干

资料来源：作者编制。

① 菲律宾政府、财政部、地方财政局网站，www.blgf.gov.ph，最后访问日期：2017 年 1 月 31 日。

② 使用双重差分法评估南他加禄干道收费公路一期的影响，需要获得 2001 年之前有关税收和非税收入的数据。

非受益组 1 和非受益组 2 是位于受益组西部和东部的城市组合。非受益组 3 和非受益组 4 完全由受益组西部的城市组成；尤其是非受益组 4，位于八打雁的西部边缘。

就公共财政数据而言，图 3.2 使用受益组与非受益组 1 的相关数据，显示了南他加禄干道收费公路二期自 2006 年开工以来的营业税趋势。

图 3.2 显示，2006 年至 2013 年，八打雁省的利巴市和八打雁市这两个主要城市在营业税收入中所占比例很大。即使我们将这两座城市的收入与八打雁省的其他自治市（图表未显示）相比，其结果也是如此。然而，根据第 3.3 节的讨论，这三个受益城市或自治市与非受益组 1 的自治市之间是否存在偏差尚不清楚，但是非受益组 1 的自治市的各类税收和非税收数据，包括营业税收入，存在显著的趋势偏差，可以认为是由南他加禄干道收费公路二期造成的。因此有必要使用双重差分法评估南他加禄干道收费公路二期是否确实对受益组产生了重要影响，而非四个比较组（即通过各类税收和非税收入来评估非受益组）。

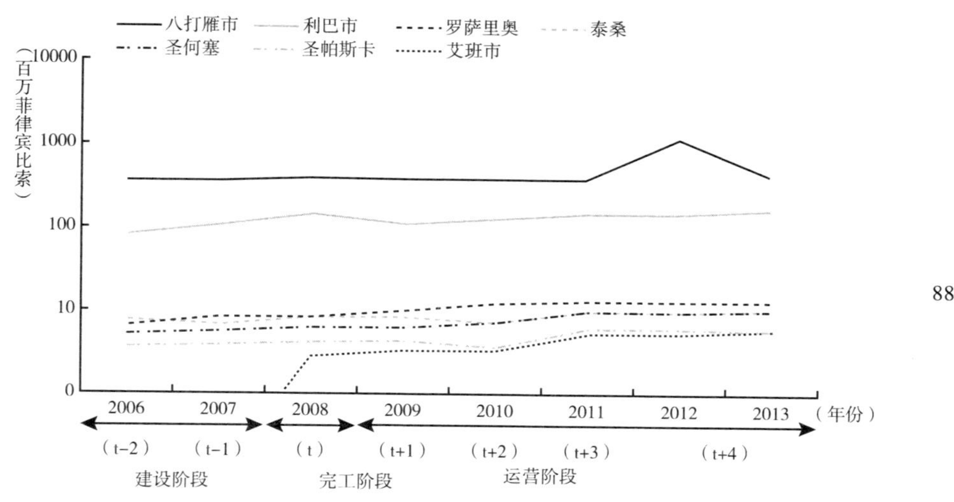

88

图 3.2　营业税：受益组 vs 非受益组 1

资料来源：作者绘制。

表 3.2a（财产税）、表 3.2b（营业税）、表 3.2c（管理收费）和表 3.2d（用户收费）中列出了我们的受益组与四个非受益组之间的双重差分改进模型［等式（2）］的实证结果。 89

通过控制八打雁省的经济活动水平（以建筑为代表，即住宅和非住宅建筑的数量），每个表格增加了等式（2）中给出的基准公式。

表 3.2a 至表 3.2d 表明，交互项纳入二元变量 P_t 的超前值和滞后值后，仅对一类税收，即营业税具有很强的显著性①。这意味着南他加禄干道收费公路二期从竣工前 2 年到竣工后 4 年，对受益组而非此税收类别下的非受益组产生了影响。具体而言，这些系数的估计数据表明，南他加禄干道收费公路二期对营业税收入的影响（见表 3.2b）从 2006 年建设之后逐渐增强，到 2008 年达到高峰，随后放缓，并在其观察期的最后 2 年内达到最大值。

表 3.2a　改进的双重差分法对财产税的回归结果——受益人与非受益组 1～4 的比较

	非受益组 1	非受益组 2	非受益组 3	非受益组 4
影响 D	1.5 (1.5)	2.4 (1.5)	2.9* (1.4)	1.5 (1.3)
影响 D × 期$_{t-2}$	0.10 (0.10)	0.11 (0.10)	0.12 (0.10)	0.061 (0.092)
影响 D × 期$_{t-1}$	0.25* (0.10)	0.25* (0.10)	0.24* (0.10)	0.201** (0.069)
影响 D × 期$_t$	0.29* (0.13)	0.30* (0.13)	0.30** (0.12)	0.05* (0.16)
影响 D × 期$_{t+1}$	0.06 (0.16)	0.10 (0.13)	0.13 (0.14)	-0.23 (0.20)
影响 D × 期$_{t+2}$	0.18 (0.21)	0.22 (0.19)	0.25 (0.20)	-0.07 (0.17)
90 影响 D × 期$_{t+3}$	0.14 (0.14)	0.17 (0.13)	0.19 (0.13)	-0.13 (0.16)
影响 D × 期$_{t+4}$	0.94** (0.35)	0.98** (0.33)	1.01* (0.33)	0.60 (0.39)
建筑	0.71* (0.28)	0.61* (0.15)	0.54* (0.17)	1.33* (0.50)
常数	10.3** (2.5)	10.3** (1.4)	10.3** (1.4)	5.4 (4.0)
样本量	90	94	118	104
R^2	0.25	0.42	0.50	0.23

注：(　) = 聚类标准误差。聚类标准误差给出两个有效数字，并且系数与相应的标准误差四舍五入至相同的小数位。* 表示显著性水平为 5%，** 表示显著性水平为 1%。

资料来源：作者编制。

① 即使使用 GDP 等经济活动的替代性指标，或者货币供应量等流动性指标，这一结论也能成立。由于本章处理的是横截面和时间序列数据，判定系数（R－方值）也是合理的。

表 3.2b 改进的双重差分法对营业税的回归结果——受益人与非受益组 1～4 的比较

	非受益组 1	非受益组 2	非受益组 3	非受益组 4
影响 D	0.78 (0.89)	1.08 (0.89)	1.53* (0.79)	0.90 (0.77)
影响 D × 期$_{t-2}$	1.62** (0.63)	1.69*** (0.61)	1.63*** (0.59)	1.59** (0.63)
影响 D × 期$_{t-1}$	1.98*** (0.59)	1.93*** (0.58)	1.97*** (0.57)	1.78*** (0.61)
影响 D × 期$_{t}$	1.10*** (0.62)	2.02*** (0.61)	2.00*** (0.60)	1.81*** (0.65)
影响 D × 期$_{t+1}$	1.54** (0.80)	1.76** (0.72)	1.60** (0.68)	1.62** (0.78)
影响 D × 期$_{t+2}$	1.52* (0.83)	1.72** (0.77)	1.57** (0.73)	1.58** (0.81)
影响 D × 期$_{t+3}$	1.82** (0.69)	1.99*** (0.64)	1.86*** (0.61)	1.83*** (0.69)
影响 D × 期$_{t+4}$	2.36*** (0.57)	2.58*** (0.45)	2.42*** (0.41)	2.35*** (0.78)
建筑	1.09 (0.92)	0.55 (0.41)	0.95** (0.39)	0.60 (0.62)
常数	6.3 (8.0)	10.3*** (3.6)	6.6** (3.4)	10.2** (4.9)
样本量	90	94	118	104
R^2	0.37	0.45	0.48	0.36

91

注：（ ）= 聚类标准误差。聚类标准误差给出两个有效数字，并且系数与相应的标准误差四舍五入至相同的小数位。* 表示显著性水平为 10%，** 表示显著性水平为 5%，*** 表示显著性水平为 1%。

资料来源：作者编制。

表 3.2c 改进的双重差分法对管理收费的回归结果——受益人与非受益组 1～4 的比较

	非受益组 1	非受益组 2	非受益组 3	非受益组 4
影响 D	0.93 (0.78)	1.51* (0.86)	1.95** (0.81)	1.35** (0.69)
影响 D × 期$_{t-2}$	0.16 (0.12)	0.101 (0.111)	0.06 (0.12)	0.21 (0.14)
影响 D × 期$_{t-1}$	0.61*** (0.19)	0.65*** (0.19)	0.68*** (0.19)	0.61*** (0.19)

续表

	非受益组 1	非受益组 2	非受益组 3	非受益组 4
影响 D × 期$_t$	0.64** (0.25)	0.62** (0.25)	0.61** (0.25)	0.55** (0.22)
影响 D × 期$_{t+1}$	0.59 (0.46)	0.40 (0.44)	0.27 (0.45)	0.54 (0.48)
影响 D × 期$_{t+2}$	0.79* (0.41)	0.62 (0.40)	0.50 (0.40)	0.75* (0.45)
影响 D × 期$_{t+3}$	1.04*** (0.28)	0.90*** (0.27)	0.80*** (0.28)	0.99*** (0.24)
影响 D × 期$_{t+4}$	1.37*** (0.27)	1.19*** (0.25)	1.06*** (0.28)	1.26*** (0.11)
建筑	0.57 (0.40)	1.02*** (0.26)	1.34*** (0.39)	0.75*** (0.27)
常数	10.2*** (3.1)	5.9*** (2.0)	2.1 (3.4)	8.3*** (2.2)
样本量	90	94	118	104
R^2	0.42	0.47	0.57	0.55

注：(　) = 聚类标准误差。聚类标准误差给出两个有效数字，并且系数与相应的标准误差四舍五入至相同的小数位。* 表示显著性水平为 10%，** 表示显著性水平为 5%，*** 表示显著性水平为 1%。

资料来源：作者编制。

92 **表 3.2d　改进的双重差分法对用户收费的回归结果——受益人与非受益组 1～4 的比较**

	非受益组 1	非受益组 2	非受益组 3	非受益组 4
影响 D	0.61 (1.13)	1.08 (1.30)	1.88* (1.15)	1.79* (0.99)
影响 D × 期$_{t-2}$	0.45*** (0.11)	0.32*** (0.08)	0.29*** (0.08)	0.40*** (0.14)
影响 D × 期$_{t-1}$	0.33 (0.28)	0.42 (0.27)	0.44* (0.27)	0.47** (0.19)
影响 D × 期$_t$	0.55 (0.29)	0.51 (0.29)	0.50* (0.28)	0.26 (0.23)
影响 D × 期$_{t+1}$	0.60 (0.47)	0.19 (0.41)	0.10 (0.41)	-0.15 (0.40)
影响 D × 期$_{t+2}$	0.58 (0.44)	0.20 (0.39)	0.12 (0.39)	-0.08 (0.38)

续表

	非受益组 1	非受益组 2	非受益组 3	非受益组 4
影响 D×期$_{t+3}$	0.80* (0.42)	0.49 (0.39)	0.42 (0.39)	0.19 (0.34)
影响 D×期$_{t+4}$	1.09* (0.60)	0.68 (0.57)	0.59 (0.57)	0.27 (0.43)
建筑	0.12 (0.58)	1.12*** (0.19)	1.34*** (0.26)	2.14*** (0.64)
常数	13.4*** (4.9)	4.8** (1.9)	2.2 (2.3)	-4.2 (5.1)
样本量	90	94	118	103
R^2	0.21	0.21	0.42	0.44

注：( ) = 聚类标准误差。聚类标准误差给出两个有效数字，并且系数与相应的标准误差四舍五入至相同的小数位。* 表示显著性水平为 10%，** 表示显著性水平为 5%，*** 表示显著性水平为 1%。

资料来源：作者编制。

最后，为了说明南他加禄干道收费公路二期对利巴市、艾班市和八打雁市的营业税收入的动态影响，我们使用估算的影响系数计算了这三个受益地区营业税收入的反事实增长情况（表 3.2d 第二列中列出了二元变量 P_t 和 A_i 的超前值和滞后值的交互项估算系数），以及特定时期内每个受益区域的实际营业税收入。这些计算结果如表 3.3 所示。如上文所强调的那样，计算出的三个受益地区营业税收入的增长表明，南他加禄干道收费公路二期的影响自 2006 年建设以来（见 t-2 栏和 t-1 栏中的数据）逐年增长，在 2008 年完成时达到峰值（参见 t 栏中的数据），随后放缓（参见t+1栏和 t+2 栏中的数据），并且在我们观察期的最后 2 年达到了最大值（参见 t+3 栏和 t+4 栏中的数据）。

表 3.3 计算的受益组比非受益组 4 增加的营业税收入 93

单位：百万菲律宾比索

	t-2	t-1	t	t+1	t+2	t+3	t+4
利巴市	134.36	173.50	249.70	184.47	191.81	257.35	371.93
艾班市	5.84	7.04	7.97	6.80	5.46	10.05	12.94
八打雁市	490.90	622.65	652.83	637.89	599.49	742.28	1208.61

注：表格显示的数据以利巴市和八打雁市在 t+4 期间的营业税收入平均增长状况为例。

资料来源：作者编制。

由于政府对南他加禄干道收费公路（即 STAR 收费公路Ⅱ）的建设—经营—转让部分的支持达到了 5.5 亿菲律宾比索，三个受益地区的营业税收入累计增长的年平均值大约为 10 亿菲律宾比索。因此，根据这些计算，南他加禄干道收费公路二期为政府带来了净收益。

3.5.1 溢出效应

接下来的问题是南他加禄收费公路二期是否会显著影响毗邻八打雁省的各市政府的各类税收和非税收入（在影响评估文献中称为“溢出效应”）。这些毗邻城市位于八打雁省的东部边缘和南他加禄干道收费道路上。

我们使用邻近的奎松省的城市①作为测试案例，来检验南他加禄干道收
94 费公路二期的溢出效应。表 3.4 中列出了使用改进的双重差分法对财产税、营业税、管理收费和用户收费的实证结果。这一次，八打雁省和奎松省的经济活动水平被用于扩大等式（2）中给出的基准指标。像以前一样，经济活动以住宅和非住宅建筑的数量（即建筑$_t$）来衡量。

表 3.4　改进的双重差分回归结果——溢出效应

	(1)财产税	(2)营业税	(3)管理收费	(4)用户收费
影响 D	0.74 (0.87)	0.4 (1.4)	0.9 (1.0)	0.4 (1.0)
影响 D × 期$_{t-2}$	-0.08 (0.30)	0.99** (0.45)	-0.02 (0.25)	-0.01 (0.25)
影响 D × 期$_{t-1}$	0.57*** (0.12)	1.50*** (0.54)	0.52*** (0.17)	0.43** (0.17)
影响 D × 期$_t$	0.57** (0.22)	1.64*** (0.48)	0.64*** (0.18)	0.42 (0.16)
影响 D × 期$_{t+1}$	0.39 (0.73)	1.78** (0.47)	0.84* (0.45)	0.20 (0.56)
影响 D × 期$_{t+2}$	0.34 (0.59)	1.80** (0.53)	1.04** (0.41)	0.25 (0.53)

① 奎松省（Quezon）的这些城市是坎德拉里亚（Candelaria）、多洛雷斯（Dolores）、圣安东尼奥（San Antonio）和提昂（Tiaong）。

续表

	(1)财产税	(2)营业税	(3)管理收费	(4)用户收费
影响 D × 期$_{t+3}$	0.45 (0.58)	2.07*** (0.54)	1.24*** (0.37)	0.68 (0.52)
影响 D × 期$_{t+4}$	1.10 (0.76)	2.56*** (0.35)	1.51*** (0.45)	0.79 (0.75)
建筑	2.3** (1.2)	1.6 (1.2)	1.21 (0.86)	1.9* (1.0)
常数	-2.5 (8.8)	2.20 (9.10)	4.6 (6.6)	-1.6 (7.0)
样本量	73	73	73	73
R^2	0.41	0.44	0.50	0.39

注：(　) = 聚类标准误差。聚类标准误差针对少量聚类进行了更正。这些聚类标准误差保留两个有效数字，并且系数与相应的标准误差四舍五入至相同的小数位。* 表示显著性水平为 10%，** 表示显著性水平为 5%，*** 表示显著性水平为 1%。

资料来源：作者编制。

有趣的是，与表 3.2a 至表 3.2d 中的发现类似，表 3.4 再次显示营业税收 95
入类别下的所有交互项仍然具有经济性和统计显著性。然而，与表 3.2a 至表 3.2d中关于营业税收入的实证结果中交互项的经济意义不同的是，表 3.4 显示了南他加禄干道收费公路二期的影响在分析期间的最后 4 年内有所增加。

3.5.2　稳健性测试：使用持续的距离

我们以前选择非受益组策略的局限性在于，无法确定是否可以从高速公路直接通过的城市和毗邻的自治市中选择合适的对照组。相反，任意选择非受益组，可以省略比较组，代之以计算自治市的城市中心到南他加禄干道收费公路二期最近的入口点的连续距离。利用计算出的连续距离，之前的基准范式［等式（2）］现在可以表示为：

$$Y_{it} = \alpha + \beta_0 Distance_i + \sum_{\tau=t-2}^{t+4} \beta_\tau (P_\tau \times Distance_i) + \varepsilon_{it} \quad (3)$$

在等式（3）中，二元变量P_τ如前所定义，包括待估计的回归参数。但是，二进制变量 A_i 被连续距离变量$Distance_i$替换。因此，相关的交互项落在了连续距离变量$Distance_i$和二元变量P_τ之间。尽管如此，与等式（2）类似，我们仍然可以将二进制变量P_τ的超前值与滞后值纳入等式（3）的范式中，考察南他加禄干道收费公路二期的变化及其对各类税收和非税收入的影响。与前面的研究一样，这可以揭示出不同类别的税收和非税收入在南他加禄干道收费公路二期建设期、完工期和投入运营期内的增长是快是慢；这种效应起到的是加速的、稳定的、均值回归的作用，还是不起作用。最后，类似于等式（1）和等式（2），上述模型可通过包括实体和时间虚拟变量来加以丰富。

表 3.5 列出了等式（3）中财产税、营业税、管理收费和用户收费的实证结果。通过建筑这一控制变量，我们发现四种类型的税收收入和非税收入

96 **表 3.5　回归结果——使用南他加禄干道收费公路的连续距离**

	(1)财产税	(2)营业税	(3)管理收费	(4)用户收费
影响 D	-0.68* (0.22)	-0.72* (0.16)	-0.75* (0.10)	-0.55* (0.12)
影响 D × 期$_{t-2}$	0.0641* (0.0092)	0.117* (0.011)	0.047** (0.019)	0.033** (0.016)
影响 D × 期$_{t-1}$	0.049* (0.018)	0.213* (0.014)	0.173* (0.013)	-0.007 (0.025)
影响 D × 期$_{t}$	0.095* (0.011)	0.222* (0.012)	0.211* (0.019)	0.059** (0.028)
影响 D × 期$_{t+1}$	0.088* (0.024)	0.111* (0.014)	0.241* (0.025)	0.018 (0.027)
影响 D × 期$_{t+2}$	0.130* (0.015)	0.128* (0.018)	0.300* (0.023)	0.042 (0.031)
影响 D × 期$_{t+3}$	0.101* (0.018)	0.168* (0.023)	0.294* (0.024)	0.083* (0.026)
影响 D × 期$_{t+4}$	0.220* (0.023)	0.202* (0.025)	0.377* (0.016)	0.084* (0.027)
建筑	0.03 (0.10)	0.902* (0.059)	0.077 (0.075)	0.50* (0.14)
常数	19.7* (1.1)	12.26* (0.74)	17.43* (0.75)	12.9* (1.3)
样本量	886	886	886	886
R^2	0.03	0.07	0.13	0.04

注：（　）= 聚类标准误差。聚类标准误差针对少量聚类进行了更正。这些聚类标准误差保留两个有效数字，并且系数与相应的标准误差四舍五入至相同的小数位。* 表示显著性水平为 1%，** 表示显著性水平为 5%。

资料来源：作者编制。

中有三类交互项具有经济和统计显著性：财产税、营业税以及管理收费。此外，这三类交互项的经济显著性会随着时间的推移而增强。

3.6 结论 97

自1997年亚洲金融危机以来，亚洲地区许多国家将大量资金投资于基础设施建设，因此评估这些投资带来的经济影响和收益显得十分重要。传统的基础设施实证研究大都采用宏观经济学的方法来检验投资对增长和生产率的总体影响。然而，微观经济学研究最近大受欢迎。本研究遵从微观经济学方法，使用准实验方法来检验基础设施项目。

本研究检验了位于菲律宾八打雁省的南他加禄干道收费公路对其直接通过的城市和自治市的公共财政的影响。具体而言，为了评估南他加禄干道收费公路的影响，我们将独特的数据集分解为八打雁的税收（财产税和营业税）收入和非税收（管理收费和用户收费）收入。

使用改进的双重差分模型，我们发现南他加禄干道收费公路二期对营业税有着强大的、统计上显著性的、经济增长性的影响。我们还发现南他加禄干道收费公路对营业税存在所谓的“公路效应”，该效应也延伸到毗邻八打雁省的奎松省。这些结果表明，某些基础设施项目可能不仅具有集中或“局部”的效应，而且会对区域经济产生更广泛的影响。此外，南他加禄干道收费公路二期似乎不仅对公共财政有重大影响，还对财产税和管理收费有重大影响。这些发现支持了基础设施投资能带来真正重大的经济利益的流行观点。就亚太地区的国家希望寻求能够替代可持续发展融资的资源这一点，扩大税收收入可以不局限于从有效的收入体系中增收的方式，比如更好的税务管理和采取各种形式的直接和间接的税收形式。这个小型案例研究的结果表明，基础设施投资可以在增加税收和非税收入方面发挥间接作用。

参考文献

Asian Development Bank. 2010. *Sustainable Transport Initiative: Operational Plan*. Manila: Asian Development Bank.

Dinkelman, T. 2011. The Effects of Rural Electrification on Employment: New Evidence from South Africa. *American Economic Review* 101(7): 3078–3108.

Donaldson, D. 2018. Railroads of the Raj: Estimating the Impact of Trans portation Infrastructure. *American Economic Review*108(4):899–934.

Duflo, E. and R. Pande. 2007. Dams. *Quarterly Journal of Economics* 122(2): 601–646.

Gonzalez-Navarro, M. and C. Quintana-Domeque. 2016. Paving Streets for the Poor: Experimental Analysis of Infrastructure Effects. *The Review of Economics and Statistics* 98(2): 254–267.

Hansen, H., O. W. Andersen, and H. White. 2011. Impact Evaluation of Infrastructure Interventions. *Journal of Development Effectiveness* 3(1): 1–8.

Jensen, R. 2007. The Digital Divide: Information (Technology), Market Performance and Welfare in the South Indian Fisheries Sector. *Quarterly Journal of Economics* 122(3): 879–924.

Sawada, Y. 2015. The Impacts of Infrastructure in Development: A Selective Survey. Asian Development Bank Institute Working Paper 511. Tokyo: Asian Development Bank Institute.

United Nations Economic and Social Commission for Asia and the Pacific. 2013. *Review of Developments in Transport in Asia and the Pacific 2013*. Bangkok: United Nations Economic and Social Commission for Asia and the Pacific.

Yoshino, N., M. Nakahigashi and V. Pontines. 2017. Attract Private Financing to Infrastructure Investment by Injecting Spillover Tax Revenues. Nomura Journal of Asian Capital Markets. Spring: 4-9.

第二部分

基础设施的发展影响

第四章

泰国和日本基础设施投资的生产力效应

吉野直行　中桥正树

4.1 引言

公共投资，如基础设施投资，是提升国家经济效率的工具。亚洲国家更是亟须加强基础设施建设[①]。

作为一个中等收入国家，泰国从21世纪初就进入了经济增速放缓期。有关泰国是否深受“中等收入陷阱”之害的讨论也相继而至（Jitsuchon，2012；Egawa，2013）。Pomlaktong 和 Ongkittikul（2008）认为交通基础设施投资的拖延给泰国经济造成了严重的影响。因此，必须研判基础设施建设在经济发展中所起的作用，确定泰国基础设施供给能否足够支撑其经济效率。

发达国家日本在2000年后，因其首相小泉纯一郎大幅度削减公共投资，引发了人们对低效公共投资的担忧。与此同时，日本政府开始提高社会保障占比并面临巨额的公共债务，所以逐渐降低在公共投资和教育方面的财政占比。2012年，日本笹子隧道天花板坍塌，使日本注意到基础设施老化的问题。结果，日本现行政府决定实施“国土强韧化行动计划”（National Resilience Plan），额外提高了公共投资占比。这一“额外”公共投资占比是否有效提升了日本资源的利用率，是一个需要确定的重要问题。

---

① Bhattacharyay（2010）测算了亚洲国家的基础设施需求。

102 本章检验泰国和日本基础设施的生产力效应，具体而言，就是利用生产函数和分行业的全要素生产率（TFP）回归来估算这种效应。

4.2 泰国和日本的经济增长

这一小节分析了从20世纪70年代到21世纪前10年，泰国和日本经济增长和基础设施水平的变化。

4.2.1 国内生产总值增长的分解

我们将国内生产总值（GDP）增长分解为投入要素和全要素生产率的贡献，以明确技术进步对经济增长的贡献。

全要素生产率的定义是产出与总投入之比。产出为GDP，两个投入要素分别为私人资本 K_P 和劳动投入 L，总投入函数表示为 $X = X\ (K_P,\ L)$。全要素生产率增长率可以用以下对数形式定义：

$$\frac{d\ \ln \mathrm{TFP}}{dt} = \frac{d\ \ln Y}{dt} - \frac{\partial \ln X}{\partial \ln K_P}\frac{d\ \ln K_P}{dt} - \frac{\partial\ \ln X}{\partial\ \ln L}\frac{d\ \ln L}{dt} \tag{1}$$

另一种表达式为：

$$\begin{aligned}\frac{\dot{\mathrm{TFP}}}{\mathrm{TFP}} &= \frac{\dot{Y}}{Y} - \left(\frac{\partial X}{\partial K_P}\frac{K_P}{X}\right)\frac{\dot{K}_P}{K_P} - \left(\frac{\partial X}{\partial L}\frac{L}{X}\right)\frac{\dot{L}}{L} \\ &= \frac{\dot{Y}}{Y} - S_{KP}\frac{\dot{K}_P}{K_P} - S_L\frac{\dot{L}}{L}\end{aligned} \tag{2}$$

其中，s_j（$j = K_P$，L）表示投入 j 在总投入中的占比。由等式（2）可知，除了 K_P 和 L 之外，全要素生产率增长率还包含影响产出的各种要素。

我们用 Theil-Törnqvist 指数，即迪氏指数（Divisia Index）的离散化表达式，推导出泰国和日本的行业全要素生产率。全要素生产率增长率的表达式如下：

$$\ln\frac{\mathrm{TFP}_t}{\mathrm{TFP}_{t-1}} = \ln\frac{Y_t}{Y_{t-1}} - \left[\frac{1}{2}(S_t^L + S_{t-1}^L)\ln\frac{L_t}{L_{t-1}} + \frac{1}{2}(S_t^{K_P} + S_{t-1}^{K_P})\ln\frac{K_{P,t}}{K_{P,t-1}}\right] \tag{3}$$

其中，$s_t^{K_P}$ 表示在 t 阶段，投入要素 K_P 在总投入中的占比；s_t^L 表示在 t 阶
103 段，投入要素 L 在总投入的占比。在计算全要素生产率时，假设产出为GDP且总投入函数对于 K_P 和 L 规模报酬不变。

为了比较不同行业和不同年份的全要素生产率，我们用如下方式计算全要素生产率。首先，我们以 Caves、Christensen 和 Diewert（1982）的思路为基础，计算在基准年时，制造业的全要素生产率与全要素生产率之比。该方法在 j 阶段，a 行业全要素生产率水平与制造业全要素生产率水平的比较如下：

$$\ln\frac{\mathrm{TFP}_j^a}{\mathrm{TFP}_j^m} = \ln\frac{Y_j^a}{Y_j^m} - \ln\frac{K_{P,j}^a}{K_{P,j}^m} - \left[\frac{1}{2}(s_L^a + s_L^m)\left(\ln\frac{L_j^a}{L_j^m} - \ln\frac{K_{P,j}^a}{K_{P,j}^m}\right)\right] \tag{4}$$

其中，s_L^a是 a 行业的劳动成本占比，每个变量的上标 m 表示制造业。其次，从 $t-1$ 阶段到 t 阶段，a 行业全要素生产率增长率的计算如下：

$$\ln\frac{\mathrm{TFP}_t^a}{\mathrm{TFP}_{t-1}^a} = \ln\frac{Y_t^a}{Y_{t-1}^a} - \ln\frac{K_{P,t}^a}{K_{P,t-1}^a} - \left[\frac{1}{2}(s_{L,t}^a + s_{L,t-1}^a)\left(\ln\frac{L_t^a}{L_{t-1}^a} - \ln\frac{K_{P,t}^a}{K_{P,t-1}^a}\right)\right] \tag{5}$$

其中，$s_{L,t}^a$显示出投入要素 L 在 t 阶段的成本占比。通过以上步骤，我们能够将各行业全要素生产率水平与该行业基准期的全要素生产率水平进行比较。

本分析以资本存量水平代表资本服务业水平。在官方股票数据中，某一阶段的资本存量水平是在该阶段结束时计算的。因此，我们假设某一阶段的资本服务业水平代表了 $t-1$ 阶段结束时的资本存量水平。

4.2.2　泰国的增长核算

从 20 世纪 60 年代到 20 世纪 90 年代上半期，东亚经济表现突出。Young（1995）以及 Collins 和 Bosworth（1996）认为，20 世纪 90 年代亚洲国家经济增长主要源自要素投入的增长，而技术进步并没有促进增长①。

为了理解这一现象，我们有必要利用 1971～2012 年泰国的增长核算来
研究其经济增长的来源②。具体来说，我们考察以下产业：（i）农业、狩 104
猎、林业和渔业（下简称农业）；（ii）制造业；（iii）建筑业；（iv）服务业③。由于数据有限，本章中的产业分类与国际标准产业分类体系有出入。

在计算全要素生产率水平时，2002 年作为参考年，制造业作为参照产

---

① Bisonyabut（2012）利用之前的增长核算，回顾了泰国的经济增长。

② 亚洲生产力协会（The Asian Productivity Organization）每年计算各种生产力指数。近年来的数据参见亚洲生产力协会（2014）。

③ 服务业包括“公共管理和国防”部门，因为可以获得它们的数据。

业。因此，全要素生产率水平与2002年制造业的全要素生产率相关。我们根据行业来分解GDP（见表4.1）。

表4.1 泰国各行业的经济增长情况

	增长率(%)			
	单位劳动投入的产出	单位劳动投入的私人资本	劳动投入	全要素生产率
农业				
1976~2012年	3.0	3.0	0.3	0.3
1976~1992年	0.9	-1.4	2.8	2.1
1992~2002年	6.9	10.2	-3.6	-2.0
1986~1996年	5.9	6.7	-1.7	-0.3
2002~2012年	2.5	3.4	0.3	-0.5
制造业				
1976~2012年	2.8	3.2	3.9	0.8
1976~1992年	2.4	2.2	6.9	0.9
1992~2002年	2.5	5.8	2.3	-0.7
1986~1996年	4.8	7.0	6.7	0.7
2002~2012年	3.7	2.1	0.8	2.2
建筑业				
1976~2012年	-1.8	2.0	5.9	-3.4
1976~1992年	-1.0	-0.7	11.4	-1.4
1992~2002年	-4.9	9.8	-0.1	-10.0
1986~1996年	-1.4	1.9	14.7	-2.7
2002~2012年	0.1	-1.2	3.4	0.3
服务业				
1976~2012年	0.9	1.3	4.6	-0.1
1976~1992年	1.9	1.8	5.8	0.6
1992~2002年	-1.5	1.8	4.6	-2.9
1986~1996年	4.2	5.7	4.5	0.1
2002~2012年	1.8	0.1	2.6	1.7

资料来源：作者计算结果。

显然，制造业的全要素生产率增长率要高于其他行业。2002年以后，制造业和服务业的全要素生产率增长率相对于过去的水平有所提高；而农业的全要素生产率增长率有所下降，建筑业的全要素生产率增长率几乎整个时期都是负值。下一步，我们比较各行业的全要素生产率水平（见图4.1）。

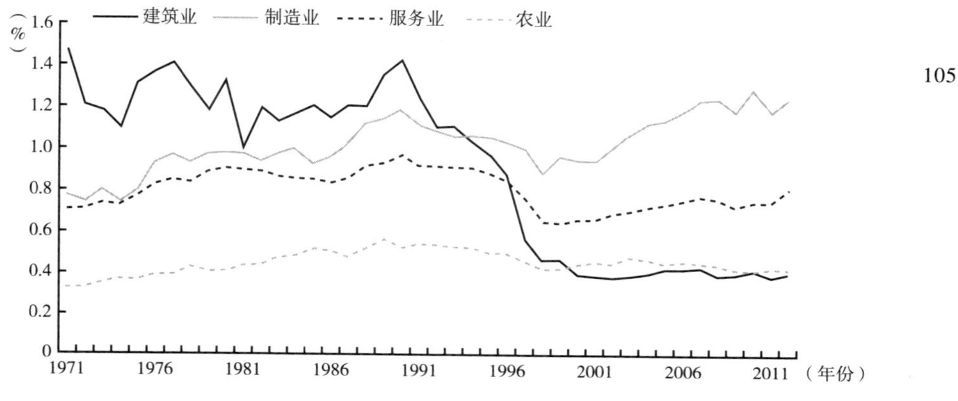

105

图 4.1　泰国各行业的全要素生产率水平

资料来源：作者计算结果。

1994 年以后，制造业的全要素生产率已经超过其他所有参与研究的行业。在 1997～1998 年亚洲金融危机期间，所有行业的全要素生产率都下降了，其中建筑业尤为明显。因此，本章主要关注公共资本在除建筑业之外的其他产业中的生产力效应。

4.2.3　日本的增长核算

接下来，我们利用 1975～2010 年日本的增长核算来研究其经济增长的来源。日本的产业包括第一、第二和第三产业。全要素生产率水平按照行业和地区来计算（见表 4.2）。由于数据有限，本章中的产业分类与国际标准产业分类体系有出入。

表 4.2　日本地区划分 106

行政区	县
北海道	北海道
东北地方	青森、秋田、岩手、宫城、山形、福岛
北关东	茨城、枥木、群马、长野
南关东	埼玉、千叶、东京、神奈川、山梨
北陆	新潟、富山、石川、福井

续表

行政区	县
东　　海	静冈、岐阜、爱知、三重
近畿地方	滋贺、京都、大阪、兵库、奈良、和歌山
中国地方	鸟取、岛根、冈山、广岛、山口
四国地方	香川、德岛、爱媛、高知
北 九 州	福冈、佐贺、长崎、大分
南 九 州	熊本、宫崎、鹿儿岛

资料来源：作者编制。

在计算每个产业和地区的全要素生产率水平时，我们将南关东的第二产业作为参照产业，2005 年作为参考年份。因此，每个产业和地区的全要素生产率水平与 2005 年南关东第二产业相关。相应地，日本 GDP 的分解是按产业和地区划分的（见表 4.3）。

107 **表 4.3　日本各产业和地区的经济增长情况**

	增长率(%)			
	单位劳动投入的产出	单位劳动投入的私人资本	劳动投入	全要素生产率
第一产业				
北 海 道	2.5	5.4	-2.6	-1.0
东北地方	2.1	6.9	-3.9	-0.7
北 关 东	2.4	6.9	-3.7	-0.2
南 关 东	2.7	6.4	-3.4	-0.2
北　　陆	2.8	7.7	-4.4	-1.2
东　　海	2.7	7.5	-3.7	-0.4
近畿地方	2.3	6.8	-3.5	-1.1
中国地方	2.3	7.0	-3.9	0.0
四国地方	2.8	6.3	-3.6	0.7
北 九 州	2.3	6.8	-3.5	-0.8
南 九 州	3.1	6.4	-3.3	0.1

续表

	增长率（%）			
	单位劳动投入的产出	单位劳动投入的私人资本	劳动投入	全要素生产率
第二产业				
北海道	1.6	4.2	-1.2	0.3
东北地方	2.6	5.3	-0.2	1.1
北关东	3.5	5.4	-0.2	1.6
南关东	2.3	4.3	-1.1	1.4
北陆	2.5	4.8	-0.6	1.0
东海	3.2	4.8	-0.4	1.5
近畿地方	2.7	4.5	-1.3	1.5
中国地方	2.8	4.3	-1.0	1.6
四国地方	2.6	4.7	-1.1	1.0
北九州	2.6	4.4	-0.7	1.4
南九州	2.8	5.2	-0.3	1.5
第三产业				
北海道	2.2	4.8	0.1	0.6
东北地方	2.1	4.3	0.4	0.6
北关东	2.3	3.7	0.9	1.0
南关东	2.6	4.1	0.9	1.0
北陆	2.2	4.1	0.3	0.7
东海	2.2	4.0	0.7	1.0
近畿地方	2.0	4.0	0.3	0.6
中国地方	1.9	4.6	0.3	0.3
四国地方	2.2	5.1	0.2	0.6
北九州	2.1	4.7	0.5	0.4
南九州	2.0	5.0	0.5	0.5

资料来源：作者计算结果。

所有产业的全要素生产率增长率均存在区域差异。第二产业的全要素生产率最高。在第二产业中，大城市所在地区的全要素生产率最高。在第三产业中，南关东、北关东和东海的全要素生产率最高。

图 4.2 显示了每个产业和地区全要素生产率水平的变化情况。第三产业是全要素生产率最高的产业。北海道是整个时期内第一产业全要素生产率最高的地区。第三产业的全要素生产率水平最高的地区是南关东，其次是近畿地方。但是，1997 年之后，这两个地区的全要素生产率水平差距拉大。

108

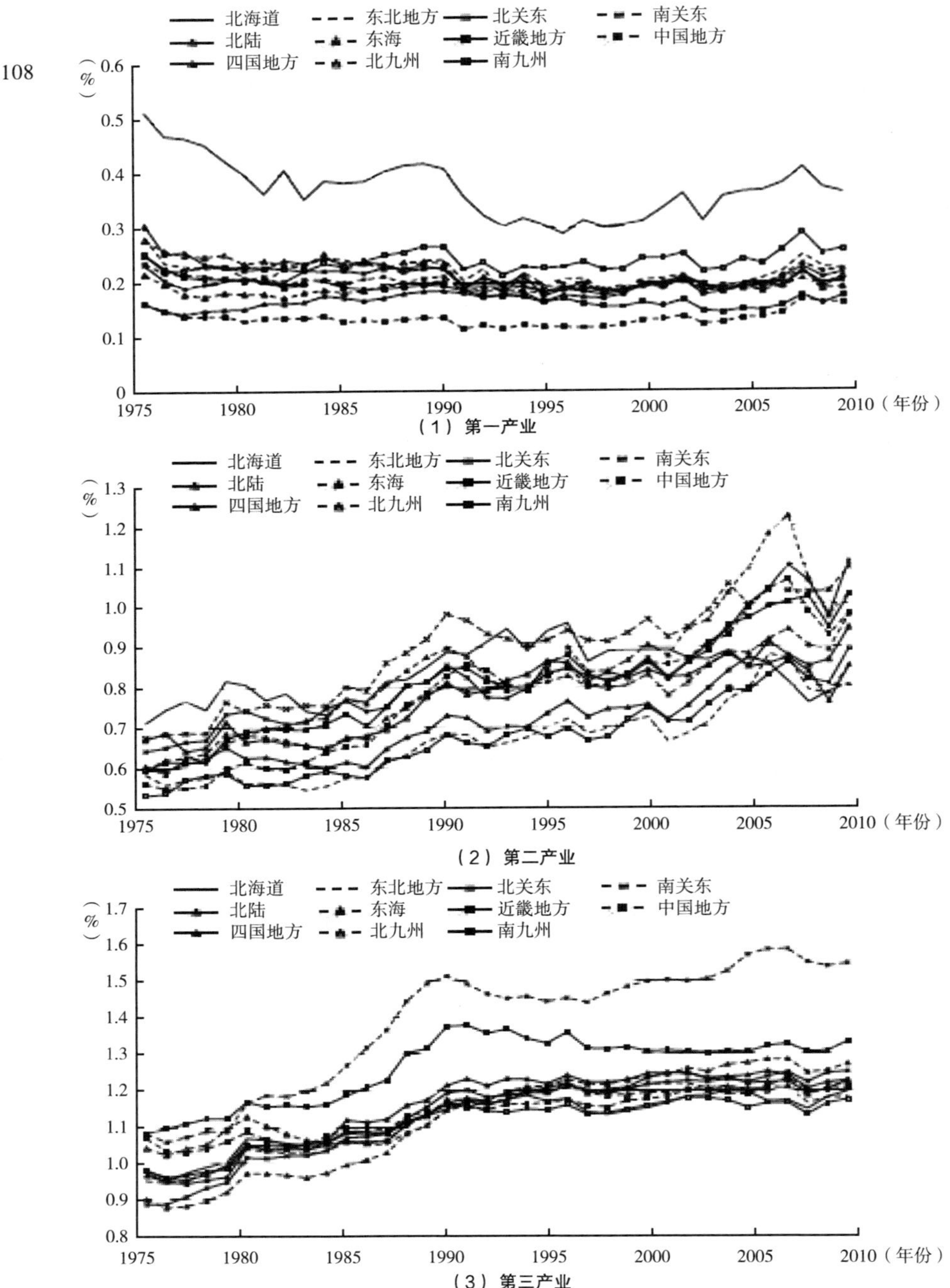

图 4.2　日本各产业和地区的全要素生产率水平

资料来源：作者计算结果。

4.2.4　基础设施水平比较 109

我们利用物理指标比较泰国和日本的基础设施水平。

表 4.4 显示，尽管 2010 年泰国在电力和移动用户方面赶上了日本，但在交通基础设施方面仍落后于日本。日本的交通基础设施可能供给过度，而泰国的交通基础设施水平仍然不足。

表 4.4　泰国和日本的基础设施水平

指标	单位	泰国			日本		
		1975 年	1995 年	2010 年	1975 年	1995 年	2010 年
铺面公路密度	千米/1000 平方千米	34.7	117.9	343.2	895.3	2224.8	2575.3
铁路密度	千米/1000 平方千米	7.4	7.9	8.7	71.1	72.3	73.6[a]
固话用户	人均	0.005	0.059	0.103	0.272	0.486	0.236
移动用户	人均	—	0.022	1.080	—	0.081	0.933
电力容量	千瓦时/1000 人	199.4	1357.7	2402.3	736.3	1789.0	2375.7

注：[a]表示 2009 年数值。

资料来源：泰国——作者基于 Canning（1998）、亚太经社会在线统计数据库、世界发展指标数据的计算结果，日本——作者基于社会和人口统计体系（SSDS）的计算结果。

4.3　生产力效应理论

本节旨在评估基础设施的生产力效应，为此，我们采用了生产函数分析和全要素生产率回归这两种方法。本节介绍分析的理论背景。

4.3.1　生产函数分析

公共资本的生产力效应是衡量基础设施投资的重要指标。一些学者利用
生产函数法来确定这种效应①。在日本，Yoshino 和 Nakahigashi（2000）以 110
及 Miyara 和 Fukushige（2008）分地区和产业评估了公共资本的生产力效

① 有关公共资本的生产力效应的研究论文有很多，包括 Gramlich（1994）、Straub（2011）以及 Pereira 和 Andraz（2013）。Bom 和 Ligthart（2014），Melo、Graham 和 Brage-Ardao（2013）利用以往关于公共投资对生产力的影响的论文中的估计结果，对以前的论文进行了元分析。

应，发现各地区和产业中均存在区域差异。此后，Kameda 和 L.（2008），Hayashi（2009），Miyagawa、Kawasaki 和 Edamura（2013）继续研究，利用日本县级面板数据，确定了日本公共资本补偿的生产力效应。

生产函数显示了所有投入和产出之间的关系。我们分析的投入要素有私人资本（K_P）、劳动投入（L）和公共资本（K_G）。生产函数的形式为超越对数（translog），即平均值的对数线性近似值。

$$\begin{aligned}\ln Y - \ln \overline{Y} = {} & \alpha_0 + \alpha_k(\ln K_P - \ln \overline{K_P}) + \alpha_L(\ln L - \ln \overline{L}) \\ & + \alpha_G(\ln K_G - \ln \overline{K_G}) \\ & + \beta_{KK}\frac{1}{2}(\ln K_P - \ln \overline{K_P})^2 + \beta_{KL}(\ln K_P - \ln \overline{K_P}) \\ & + \beta_{KG}(\ln K_P - \ln \overline{K_P})(\ln K_G - \ln \overline{K_G}) \\ & + \beta_{LL}\frac{1}{2}(\ln L - \ln \overline{L})^2 + \beta_{LG}(\ln L - \ln \overline{L})(\ln K_G - \ln \overline{K_G}) \\ & + \beta_{GG}\frac{1}{2}(\ln K_G - \ln \overline{K_G})^2 + \epsilon\end{aligned}$$

其中，带有上画线的变量表示该变量在任意时期内的平均值，ϵ 表示该模型中不可解释要素的误差项。我们用 $\ln Y^*$ 代替 $\ln Y - \ln \overline{Y}$ 以简化等式。所以，基本模型的新表达式如下：

$$\begin{aligned}\ln Y^* = {} & \alpha_0 + \alpha_K \ln K_P^* + \alpha_L \ln L^* + \alpha_G \ln K_G^* \\ & + \beta_{KK}\frac{1}{2}(\ln \mathrm{K}_P^*)^2 + \beta_{KL}\ln K_P^* \ln L^* + \beta_{KG}\ln K_P^* \ln K_G^* \\ & + \beta_{LL}\frac{1}{2}(\ln L^*)^2 + \beta_{LG}\ln L^* \ln K_G^* \\ & + \beta_{GG}\frac{1}{2}(\ln K_G^*)^2 + \epsilon\end{aligned} \tag{7}$$

111 尽管超越对数比其他类型的函数形式更为灵活，但使用此模型可能会出现多重共线性情况。为了减少这种情况的发生，我们根据生产者利润最大化对模型进行限制，在此基础上，满足以下关系：

$$\frac{\partial Y}{\partial L} = \frac{w}{p}, \quad \frac{\partial Y}{\partial K_P} = \frac{r}{p}$$

其中，p 为产品价格，w 为劳动投入价格，r 为资本服务价格。将以上等式分别乘以$\frac{L}{Y}$和$\frac{K_P}{Y}$，得到以下等式：

$$\frac{\partial Y}{\partial L}\frac{L}{Y}\left(=\frac{\partial \ln Y}{\partial \ln L}\right)=\frac{wL}{pY},\quad \frac{\partial Y}{\partial K_P}\frac{K_P}{Y}\left(=\frac{\partial \ln Y}{\partial \ln K_P}\right)=\frac{rK_P}{pY}$$

两个等式的左边分别为 L 和 K_P的产出弹性，右边分别为要素投入 L 和 K_P的成本占比。根据要素占比的边际生产力原则，可以发现某一投入要素的成本占比等于该投入要素的产出弹性。

$$\frac{rK_P}{pY}=\frac{\partial \ln Y}{\partial \ln K_P}=\alpha_K+\beta_{KK}\ln K_P+\beta_{KL}\ln L+\beta_{KG}\ln K_G \tag{8}$$

$$\frac{wL}{pY}=\frac{\partial \ln Y}{\partial \ln L}=\alpha_L+\beta_{KL}\ln K_P+\beta_{LL}\ln L+\beta_{LG}\ln K_G \tag{9}$$

此外，在生产函数中加入在 K_P和 L 上规模报酬不变这一条件。为了实现规模报酬不变，须利用欧拉定理添加以下充分条件：

$$\begin{cases}\alpha_K+\alpha_L=1\\ \beta_{KK}+\beta_{KL}=0\\ \beta_{KL}+\beta_{LL}=0\\ \beta_{KG}+\beta_{LG}=0\end{cases} \tag{10}$$

因此，由等式（7）、等式（9）和等式（10），我们推导出以下等式： 112

$$\begin{aligned}\ln\frac{Y_t^*}{L_t^*}&=\alpha_0+\alpha_K\ln\frac{K_{P,t}^*}{L_t^*}+\alpha_G\ln K_{G,t}^*\\&\quad+\beta_{KL}\left[\ln K_{P,t}^*\ln L_t^*-\frac{1}{2}(\ln K_{P,t}^*)^2-\frac{1}{2}(\ln L_t^*)^2\right]\\&\quad+\beta_{KG}\ln K_{G,t}^*\ln\frac{K_{P,t}^*}{L_t^*}+\beta_{GG}\frac{1}{2}(\ln K_{G,t}^*)^2+\epsilon_{P,t}\\ S_{L,t}&=1-\alpha_K+\beta_{KL}\ln\frac{K_{P,t}^*}{L_t^*}-\beta_{KG}\ln K_{G,t}^*+\epsilon_{S,t}\end{aligned} \tag{11}$$

其中，$S_{L,t}$为劳动的成本占比，$\epsilon_{P,t}$为生产函数的误差项，$\epsilon_{S,t}$为劳动占比函数的误差项。

在等式（11）中，我们首先通过普通最小二乘法（OLS）估算劳动占比函数。接着，我们以此函数为基础，估算重构的体系①。此外，我们假定

① 这种估计方法建立在 Revankar（1974）的统计结果的基础之上。Revankar（1974）在估计一个系统时揭示了估计参数的统计性质，在该系统中，一个方程的解释变量是其他似然不相关回归方程的解释变量的子集。在我们的系统中，劳动占比函数的解释变量是生产函数的子集。在这种情况下，似然不相关回归和普通最小二乘法对劳动占比函数的估计是一致的。

所有误差向量u'_t = $(\epsilon_{P,t}\epsilon_{S,t})$ 的属性为 $E(u_t)=0$ 且 $V(u_t)=\Omega$。引入这一假设是为了从生产函数推导出劳动占比函数。在该假设下，为了进行有效的参数估计，我们利用似然不相关回归（SUR）方程式来估等式（11）。

通常，人们会使用公共资本的产出弹性或其边际生产力来评估公共资本的生产力效应。在本章中，我们沿用 Yoshino 和 Nakano（1994）以及 Yoshino、Nakajima 和 Nakahigashi（1999）的思路，提出“直接效应”和“间接效应”。

“直接效应”即所谓的公共资本边际生产力，是指由以产出变量为代表的公共资本边际变化引起的私人资本和劳动投入的生产力变化。“间接效应”是指为了实现利润最大化的目标，公共资本的边际变化导致私人资本和劳动投入的变化，从而引起的产出变化。

113 为了清晰地显示这些效应，我们用以下数学表达式来表示直接效应和间接效应。有关 K_G的生产函数的全导数为：

$$dY = \frac{\partial Y}{\partial K_G}dK_G + \frac{\partial Y}{\partial K_P}\frac{dK_P}{dK_G}dK_G + \frac{\partial Y}{\partial L}\frac{dL}{dK_G}dK_G$$

基于等式（7），公共资本对产出的影响的表达式如下：

$$\frac{dY}{dK_G} = \eta_{K_G}\frac{Y}{K_G} + \eta_{K_P}\frac{\eta_{K_G}\eta_{K_P}+\beta_{KG}}{\eta_{K_P}(1-\eta_{K_P})+\beta_{KL}}\frac{Y}{K_G} + \eta_L\frac{\eta_{K_G}\eta_L-\beta_{KG}}{\eta_L(1-\eta_L)+\beta_{KL}}\frac{Y}{K_G} \tag{12}$$

其中，η_{K_P}代表私人资本的产出弹性，η_L代表劳动投入的产出弹性，η_{K_G}代表公共资本的产出弹性。等式（12）是在假设所有价格都是固定的情况下得出的①。

等式（12）右边第一项为直接效应，即公共资本变化引起的产出效应。这显示出在除公共资本之外的投入要素固定不变的情况下，公共资本对产出的影响。

等式（12）右边第二项为私人资本的间接效应，第三项为劳动投入的间接效应。这些效应是以投入要素的派生需求为基础的，而这一需求是因公共资本增加导致投入要素的边际生产力变化而产生的。在假设产出和要素价格

① Yoshino、Nakajima 和 Nakahigashi（1999）展示了等式（12）的推导过程。

固定不变的前提下，生产者可以通过改变投入要素的数量来增加利润。公共资本边际增长导致投入要素的派生需求，引起的产出变化即为间接效应①。

4.3.2　全要素生产率回归

全要素生产率代表了除 K_P 和 L 以外的其他要素的贡献。从这个角度来看，本分析旨在阐明基础设施投资是否有助于提升全要素生产率水平。众多 114
涉及全要素生产率的研究在寻求能够精确测量技术进步的方法及其基本来源。以往这类研究中都排除了全要素生产率的周期性因素。这种周期性变化的主要原因包括资本利用程度、规模经济以及加成定价。

Berndt 和 Fuss（1986）、Hulten（1986）在假定资本是准固定的情况下，考察了资本利用程度。在此假设中，资本无法立即调整到最优水平，但是在短期内能达到最优化。Hall（1988）在存在规模经济和加成定价的假设下，提出了一种全要素生产率回归。Morrison（1992）使用非参数方法来考察资本利用程度、规模经济和加成定价，并通过排除它们的影响来计算全要素生产率。

以往许多研究的目标是发现技术进步的基本来源，将基础设施投资确定为全要素生产率增长和全要素生产率水平提高的源泉。Aschauer（1989）揭示了全要素生产率增长率与公共资本的关系。Nakahigashi（2004）证明了日本、泰国和中国台湾等地的公共资本存量对全要素生产率的影响。Hulten、Bennathan 和 Srinivasan（2006）在 Hall（1988）研究的基础上，分析了印度制造业中基础设施对全要素生产率的影响。Straub、Vellutini 和 Warlters（2008）以及 Straub 和 Terada-Hagiwara（2011）利用亚洲国家的全要素生产率回归和增长回归揭示了基础设施与经济增长之间的关系。

本章的分析以 Hulten、Bennathan 和 Srinivasan（2006）的研究成果为基础，目标在于在排除规模经济和加成定价等影响的情况下，揭示公共资本对全要素生产率的影响。

Hulten、Bennathan 和 Srinivasan（2006）在 Hall（1988）的研究基础上，使用了以下等式：

$$\ln \mathrm{TFP} = \ln A + \lambda t + \gamma \ln K_G + (\epsilon - 1)\ln K_P + (\mu - 1)X + u \tag{13}$$

① Yoshino、Nakajima 和 Nakahigashi（1999）以及 Yoshino 和 Nakahigashi（2000，2004）对这些影响做了图解。

其中，$\ln K_G$为公共资本的对数，$\ln K_P$为私人资本存量的对数，X 等于 $s_L \ln \frac{L}{K_P}$，u 为误差项。

等式（13）中 ϵ 系数是 K_P和 L 规模收益程度的因子。如果该系数大于（小于）零，则生产函数对于 K_P和 L 的规模收益递增（递减）。当系数接近零时，生产函数对 K_P和 L 的规模收益不变。等式（13）中 μ 系数表示加成
115 定价程度，显示边际成本和平均成本之比。如果 $\mu-1$ 的系数大于零，我们可以评估加成定价的存在，它代表了不完全竞争时的情况。

我们使用似然不相关回归来估算全要素生产率回归，可以考虑用误差项表示要素不明的行业之间的相互关系。当行业间的误差项相关时，在每次回归中，似然不相关回归推定值较最小二乘法的推定值更为有效。

例如，有“A”“B”“C”三个行业。本章的估算体系如下：

$$\begin{cases} \ln \mathrm{TFP}_t^A = \ln A^A + \lambda^A t + \gamma^A \ln K_{G,t}^A + (\epsilon^A - 1)\ln K_{P,t}^A + (\mu^A - 1)X_t^A + u_t^A \\ \ln \mathrm{TFP}_t^B = \ln A^B + \lambda^B t + \gamma^B \ln K_{G,t}^B + (\epsilon^B - 1)\ln K_{P,t}^B + (\mu^Q - 1)X_t^B + u_t^B \\ \ln \mathrm{TFP}_t^C = \ln A^C + \lambda^C t + \gamma^C \ln K_{G,t}^C + (\epsilon^C - 1)\ln K_{P,t}^C + (\mu^C - 1)X_t^C + u_t^C \end{cases} \quad (14)$$

其中，每个变量的下标 t 表示时间，上标表示行业。任何时间下，误差向量$u'_t=(u_t^A u_t^B u_t^C)$ 对于所有 t，有 $E(u_t)=0$ 和 $V(u_t)=\Omega$。

4.4 泰国的计算结果

本节显示了泰国的生产函数和全要素生产率的计算结果。

4.4.1 数据

本分析使用了两种类型的公共资本：（i）物理指标；（ii）公共资本的实际价值。并使用了三种物理指标：（i）“交通”，即铺面公路密度（千米/1000 平方千米）和铁路密度（千米/1000 平方千米）之和；（ii）“电力”，即电力容量（千瓦时/1000 人）；（iii）“电话”，即固话用户（人均）和移动用户（人均）之和。最后，还使用了两种实际价值：（i）交通、储存和通信部门等公共产业的总资本存量；（ii）供电、供气和供水等公共产业的总资本存量。二者之和用于生产函数的分析中。

表 4.5 显示了我们分析使用的统计数据。所有使用数据的来源见本章附
115 录 4.1。

表 4.5　泰国的数据 116

指标	单位	平均值	最小值	最大值
农业				
实际 GDP	百万铢(1988 年价值)	382808	170286	660330
私人资本	百万铢(1988 年价值)	1311190	760425	2591257
雇员	人	14345800	9141300	19725600
工作时长	小时/周	51.0	42.9	56.5
劳动成本占比		0.094	0.037	0.167
制造业				
实际 GDP	百万铢(1988 年价值)	1097284	142262	2599334
私人资本	百万铢(1988 年价值)	2576090	354636	6003375
雇员	人	3518400	852600	5619200
工作时长	小时/周	49.9	47.8	51.2
劳动成本占比		0.370	0.249	0.474
服务业				
实际 GDP	百万铢(1988 年价值)	1885971	429306	4087386
私人资本	百万铢(1988 年价值)	6566049	1510243	14055567
雇员	人	7749900	2493500	14819700
工作时长	小时/周	52.0	49.3	54.3
劳动成本占比		0.325	0.256	0.431
公共资本				
实际公共资本(电力)	百万铢(1988 年价值)	815750	52584	2188441
实际公共资本(交通)	百万铢(1988 年价值)	1343762	287330	2935854
交通指标	千米/1000 平方千米	137.5	26.9	353.6
电话指标	人均	0.2	0.0	1.3
电力指标	千瓦时/1000 人	276.1	41.0	728.8

资料来源：作者计算结果。

4.4.2　生产函数计算结果 117

表 4.6 显示了利用等式（11）对农业、制造业和服务业的估算结果。在这些估算结果中，由于必须考虑亚洲金融危机造成的经济衰退这一现实，生产函数引入了虚拟变量。假设这次危机没有引起生产函数的结构性变化，那么六个截距项分别设置在 1997 年、1998 年、1999 年、2000 年、2001 年和 2002 年。

在描述估算结果中，我们关注参数 α_G 和 β_{KG}，解释变量包括公共资本。

我们发现，α_G在农业和制造业中为正数，在服务业中为负数。α_G为正是公共资本生产力效应为正的充分条件。因此，在农业和制造业中，公共资本的生产力效应为正。所有行业中的参数β_{KG}皆为负数。β_{KG}为负表明由于劳动成本占比随着公共资本的增加而增加，公共资本流入劳动密集型生产中。

118 **表 4.6　泰国生产函数的估算结果**

(1)农业			(2)制造业			(3)服务业		
参数	估值	(标准差)	参数	估值	(标准差)	参数	估值	(标准差)
α_0	0.052***	(0.018)	α_0	0.037***	(0.011)	α_0	0.054***	(0.014)
α_K	0.866***	(0.014)	α_K	0.549***	(0.007)	α_K	0.679***	(0.006)
α_G	0.067***	(0.018)	α_G	0.109***	(0.011)	α_G	-0.007	(0.014)
β_{KL}	—		β_{KL}	—		β_{KL}	—	
β_{KG}	-0.066***	(0.013)	β_{KG}	-0.103***	(0.007)	β_{KG}	-0.029***	(0.006)
β_{GG}	—		β_{GG}	—		β_{GG}	—	
D_{97}	-0.041	(0.094)	D_{97}	-0.129**	(0.060)	D_{97}	-0.077	(0.076)
D_{98}	-0.119	(0.094)	D_{98}	-0.242***	(0.060)	D_{98}	-0.212***	(0.077)
D_{99}	-0.102	(0.094)	D_{99}	-0.170***	(0.060)	D_{99}	-0.226***	(0.077)
D_{00}	-0.058	(0.094)	D_{00}	-0.196***	(0.060)	D_{00}	-0.206	(0.077)
D_{01}	-0.041	(0.094)	D_{01}	-0.206***	(0.060)	D_{01}	-0.193**	(0.077)
D_{02}	-0.074	(0.095)	D_{02}	-0.151***	(0.060)	D_{02}	-0.160**	(0.077)
1998 年后的虚拟变量系数			1998 年后的虚拟变量系数			1998 年后的虚拟变量系数		
α_K	-0.008	(0.045)	α_K	-0.116***	(0.023)	α_K	0.063***	(0.021)
β_{KG}	0.062	(0.068)	β_{KG}	0.390***	(0.034)	β_{KG}	-0.163***	(0.031)
R^2	生产[a]	0.944	R^2	生产[a]	0.979	R^2	生产[a]	0.822
	劳动[b]	0.833		劳动[b]	0.905		劳动[b]	0.889

注：*** 表示显著性水平为 1%，** 表示显著性水平为 5%。[a]指生产函数的决定系数，[b]指劳动函数的决定系数。

资料来源：作者计算结果。

表 4.7 显示了公共资本生产力效应的点估计，同时也显示了其对产出弹性和边际生产力的影响。

公共资本的生产力效应在农业中正在减弱，且在服务业中已经不存在了。但是，在制造业中，公共资本的生产力效应不仅存在，而且在 2001 年之后渐增。

此外，私人资本的间接效应在被估计阶段有所减弱。这个结果通过 β_{KG} 的估值得出。

表 4.7 泰国公共资本生产力效应的点估计 119

(1)产出弹性

	私人资本	公共资本	直接效应	间接效应	
			资本	资本	劳动
农业					
1971～1980 年	0.969	1.003	0.090	0.842	0.071
1981～1990 年	0.914	0.600	0.110	0.407	0.083
1991～2000 年	0.863	0.161	0.073	0.000	0.088
2001～2012 年	0.821	-0.135	0.026	-0.247	0.086
制造业					
1971～1980 年	0.710	0.567	0.201	0.138	0.228
1981～1990 年	0.623	0.460	0.174	0.016	0.271
1991～2000 年	0.554	0.442	0.147	0.207	0.089
2001～2012 年	0.631	0.944	0.184	1.109	-0.350
服务业					
1971～1980 年	0.724	-0.013	0.013	-0.071	0.045
1981～1990 年	0.700	-0.016	0.010	-0.072	0.046
1991～2000 年	0.678	-0.168	-0.013	-0.264	0.110
2001～2012 年	0.610	-0.241	-0.019	-0.524	0.303

(2)边际生产力

	私人资本	公共资本	直接效应	间接效应	
			资本	资本	劳动
农业					
1971～1980 年	0.249	0.465	0.041	0.393	0.032
1981～1990 年	0.317	0.168	0.030	0.115	0.023
1991～2000 年	0.282	0.036	0.014	0.005	0.016
2001～2012 年	0.224	-0.018	0.004	-0.033	0.012
制造业					
1971～1980 年	0.343	0.288	0.102	0.070	0.116
1981～1990 年	0.331	0.220	0.083	0.007	0.131
1991～2000 年	0.232	0.239	0.081	0.085	0.073
2001～2012 年	0.264	0.468	0.091	0.549	-0.172

续表

(2)边际生产力					
	私人资本	公共资本	直接效应	间接效应	
			资本	资本	劳动
服务业					
1971～1980 年	0.241	-0.017	0.017	-0.092	0.058
1981～1990 年	0.252	-0.017	0.011	-0.078	0.050
1991～2000 年	0.197	-0.140	-0.010	-0.223	0.093
2001～2012 年	0.163	-0.179	-0.014	-0.391	0.227

资料来源：作者计算结果。

120

4.4.3 全要素生产率回归计算结果

表 4.8 为使用物理指标的计算结果，表 4.9 为使用公共资本实际价值的计算结果。这两个表格的全要素生产率回归均分为有趋势和无趋势两种。

表 4.8 泰国基于物理指标的全要素生产率回归

(1)有趋势						
	农业		制造业		服务业	
	估值	(标准差)	估值	(标准差)	估值	(标准差)
常量	9.720***	(3.227)	2.149	(1.539)	1.959**	(0.800)
趋势	0.024***	(0.006)	0.049***	(0.009)	0.034***	(0.006)
交通变量	0.029	(0.090)	0.245**	(0.099)	0.214***	(0.071)
电话变量	-0.011	(0.055)	-0.107**	(0.044)	-0.113***	(0.027)
电力变量	0.121**	(0.057)	-0.263***	(0.076)	-0.135**	(0.052)
规模变量	-0.845***	(0.209)	-0.224**	(0.094)	-0.220***	(0.042)
加成变量	0.193	(0.718)	-0.045	(0.117)	0.027	(0.106)
1997 年之后的虚拟变量	-0.001	(0.038)	-0.023	(0.052)	-0.095***	(0.036)
1998 年之后的虚拟变量	-0.019	(0.045)	-0.103*	(0.058)	-0.164***	(0.041)
1999 年之后的虚拟变量	0.039	(0.043)	-0.001	(0.046)	-0.041	(0.033)
R^2	0.941		0.907		0.931	

续表

(2)无趋势						
	农业		制造业		服务业	
	估值	(标准差)	估值	(标准差)	估值	(标准差)
常量	6.222 *	(3.506)	-2.027	(1.281)	-0.402	(0.738)
趋势	—		—		—	
交通变量	0.089	(0.100)	0.497 ***	(0.110)	0.383 ***	(0.081)
电话变量	0.025	(0.062)	-0.096 *	(0.053)	-0.084 **	(0.034)
电力变量	0.306 ***	(0.035)	0.024	(0.074)	0.067	(0.054)
规模变量	-0.637 ***	(0.229)	-0.038	(0.083)	-0.137 ***	(0.044)
加成变量	1.335 *	(0.738)	0.091	(0.104)	-0.018	(0.100)
1997 年之后的虚拟变量	-0.018	(0.043)	-0.070	(0.064)	-0.142 ***	(0.045)
1998 年之后的虚拟变量	-0.010	(0.051)	-0.093	(0.073)	-0.158 ***	(0.054)
1999 年之后的虚拟变量	0.070	(0.048)	0.001	(0.058)	-0.039	(0.043)
R^2	0.924		0.852		0.886	

注：*** 表示显著性水平为 1%，** 表示显著性水平为 5%，* 表示显著性水平为 10%。
资料来源：作者计算结果。

表 4.9　泰国基于国内生产总值和实际价值的全要素生产率回归

(1)有趋势						
	农业		制造业		服务业	
	估值	(标准差)	估值	(标准差)	估值	(标准差)
常量	9.866 ***	(2.148)	2.812 **	(1.315)	3.376 ***	(0.827)
趋势	0.020 ***	(0.005)	0.035 ***	(0.010)	0.027 ***	(0.005)
交通变量	0.092	(0.188)	-0.029	(0.295)	0.069	(0.201)
电力变量	0.079	(0.071)	0.003	(0.093)	-0.028	(0.069)
规模变量	-0.824 ***	(0.164)	-0.234 **	(0.091)	-0.263 ***	(0.057)
加成变量	-0.249	(0.668)	0.019	(0.120)	0.139	(0.124)
1997 年之后的虚拟变量	-0.049	(0.046)	-0.076	(0.073)	-0.160 ***	(0.051)
1998 年之后的虚拟变量	-0.035	(0.045)	-0.123 *	(0.071)	-0.181 ***	(0.050)

续表

(1)有趋势						
	农业		制造业		服务业	
	估值	(标准差)	估值	(标准差)	估值	(标准差)
1999年之后的虚拟变量	0.041	(0.041)	0.001	(0.056)	-0.045	(0.039)
R^2	0.951		0.866		0.917	
122 (2)无趋势						
	农业		制造业		服务业	
	估值	(标准差)	估值	(标准差)	估值	(标准差)
常量	5.866***	(1.658)	-0.054	(0.870)	1.489	(0.935)
趋势	—		—		—	
交通变量	0.403**	(0.202)	0.852***	(0.256)	0.693***	(0.207)
电力变量	0.104	(0.080)	-0.079	(0.110)	-0.087	(0.090)
规模变量	-0.574***	(0.136)	-0.139*	(0.075)	-0.226***	(0.069)
加成变量	0.266	(0.620)	0.167***	(0.059)	-0.104	(0.096)
1997年之后的虚拟变量	-0.138***	(0.048)	-0.222***	(0.079)	-0.292***	(0.061)
1998年之后的虚拟变量	-0.060	(0.052)	-0.171**	(0.085)	-0.223***	(0.068)
1999年之后的虚拟变量	0.086**	(0.043)	0.053	(0.066)	0.015	(0.051)
R^2	0.919		0.799		0.828	

注：*** 表示显著性水平为1%，** 表示显著性水平为5%，* 表示显著性水平为10%。

资料来源：作者计算结果。

121 表4.8和表4.9的结果表明交通基础设施投资对制造业和服务业的全要素生产率有积极的影响。此外，代表规模收益程度的规模变量参数为负数，代表市场竞争程度的加成变量参数为零。这些都表明规模收益递减，以及泰国市场竞争激烈。

然而在服务业中，生产函数分析和全要素生产率回归的结果与公共资本生产率效应的现状有出入。原因可能是等式（10）的参数限制引起生产函数错误设定，也可能是服务业中遗漏了重要解释变量。

分析结果表明交通基础设施投资对生产力产生积极效应。该结果与Pomlaktong和Ongkittikul（2008）的想法吻合，他们认为公路网络不健全已成为泰国经济发展的瓶颈。因此，完善泰国交通基础设施是促进其经济发展不可或缺的环节。

4.5　日本的计算结果

本节显示了日本的生产函数和全要素生产率的计算结果。

4.5.1　估计模型

早在 20 世纪 70 年代初，日本政府便开始进行公共投资，特别是在农村地区，以缩小区域经济的差距。因此，公共资本的区域配置可能会低效，并且公共资本的利用可能存在区域差异。

考虑到日本公共资本利用的区域差距，本分析采用了区域数据并相应地修改了估算的系统方程式。

使用以下基于等式（11）计算生产函数的系统方程式：

123

$$\begin{aligned}\ln\frac{Y_{it}^{*}}{L_{it}^{*}} &= \alpha_0+\alpha_K\ln\frac{K_{P,it}^{*}}{L_{it}^{*}}+\alpha_{G,i}\ln K_{G,it}^{*}\\ &\quad+\beta_{KL}\left(\ln K_{P,it}^{*}\ln L_{it}^{*}-\frac{1}{2}(\ln K_{P,it}^{*})^2-\frac{1}{2}(\ln L_{it}^{*})^2\right)\\ &\quad+\beta_{KG,i}\ln K_{G,it}^{*}\ln\frac{K_{P,it}^{*}}{L_{it}^{*}}+\beta_{GG,i}\frac{1}{2}(\ln K_{G,it}^{*})^2+\epsilon_{P,it}\\ S_{L,it} &= 1-\alpha_K+\beta_{KL}\ln\frac{K_{P,it}^{*}}{L_{it}^{*}}-\beta_{KG,i}\ln K_{G,it}^{*}+\epsilon_{S,it}\end{aligned}\tag{15}$$

其中，各变量的下标表示地区（i）和时间（t）。所有变量均是 1975 ~ 1994 年平均值对数的离差。公共基础设施投资存在区域差异，所以各地区的参数 $\alpha_{G,i}$、$\beta_{KG,i}$和 $\beta_{GG,i}$也不同。参数 α_K和 β_{KL}允许存在区域差异。各行业都由许多子行业组成，不同地区的行业技术结构可能有所不同，所以这些参数的存在是有必要的。

假定误差项 $\epsilon_{P,it}$计算如下：

$$\epsilon_{P,it}=\mu_{P,i}+u_{P,it}$$

其中，在估算期间，区域固定效应和误差项反映了区域固定差异是此模型中的不明要素。对于所有 t 而言，误差向量u'_{it} =（$u_{P,it}$ $\epsilon_{P,it}$）的属性为 E（u_{it}）=0 且 V（u_{it}）=Ω。

在全要素生产率回归中，日本的估计模型如下：

$$\begin{cases} \ln \mathrm{TFP}_{it}^{A} = \ln A_{i}^{A} + \lambda^{A} t + \gamma_{i}^{A} \ln K_{G,it}^{A} + (\epsilon^{A} - 1) \ln K_{P,it}^{A} + (\mu^{A} - 1) X_{it}^{A} + u_{t}^{A} \\ \ln \mathrm{TFP}_{it}^{B} = \ln A_{i}^{B} + \lambda^{B} t + \gamma_{i}^{B} \ln K_{G,it}^{B} + (\epsilon^{B} - 1) \ln K_{P,it}^{B} + (\mu^{Q} - 1) X_{it}^{B} + u_{t}^{B} \\ \ln \mathrm{TFP}_{it}^{C} = \ln A_{i}^{C} + \lambda^{C} t + \gamma_{i}^{C} \ln K_{G,it}^{C} + (\epsilon^{C} - 1) \ln K_{P,it}^{C} + (\mu^{C} - 1) X_{it}^{C} + u_{t}^{C} \end{cases} \quad (16)$$

其中，各变量的下标表示地区（i）和时间（t），上标表示行业。特别地，参数 γ，即 $\ln K_{G,it}^{j}$的系数，在每个地区是不同的。这反映了公共资本利用程度的区域差异，这一点在生产函数分析中已经用到过。

124 ### 4.5.2 数据

与泰国的分析相同，本分析也使用了两种类型的公共资本：物理指标和公共资本的实际价值。并使用了三种物理指标：（i）“交通”，即铺面公路密度（千米/1000 平方千米）；（ii）“电话”，即固话用户（人均）和移动用户（人均）之和；（iii）“电力”，即电力容量（千瓦时/1000 人）。最后，还使用了两种实际价值：（i）“交通”的公共资本存量总额，即公路、港口设施和机场设施的总和；（ii）“生活环境”的公共资本存量总额，即污水处理设施、供水服务设施和城市公园的总和。二者之和用于生产函数的分析中。

表 4.10 为本分析使用的数据，“1990/1975”表示日本 1990 年与 1975 年的数值之比，而“2010/1990”表示 2010 年与 1990 年的数值之比。所有数据来源见本章附录 4.2。

表 4.10 日本的数据

指标	单位	平均值	最小值	最大值	1990/1975（全日本）	2010/1990（全日本）
第一产业						
实际 GDP	百万日元（2005 年价值）	607070	287915	1679990	0.869	0.768
私人资本	百万日元（2005 年价值）	7790147	2829177	15060606	2.215	1.238
劳动投入	万工时/月	6951.70	2005.92	25331.69	0.0535	0.0514
劳动成本占比		0.568	0.285	0.853		

续表

指标	单位	平均值	最小值	最大值	1990/1975（全日本）	2010/1990（全日本）	
第二产业							
实际 GDP	百万日元（2005 年价值）	10345817	1394274	40700843	1. 933	0. 978	
私人资本	百万日元（2005 年价值）	26077894	1872154	91283827	2. 124	1. 708	
劳动投入	万工时/月	28960. 07	6801. 14	96000. 81	0. 1175	0. 0639	
劳动成本占比		0. 724	0. 564	0. 886			
第三产业							
实际 GDP	百万日元（2005 年价值）	24269527	4018015	136571179	2. 093	1. 281	125
私人资本	百万日元（2005 年价值）	36273641	2723016	231360438	2. 723	1. 904	
劳动投入	万工时/月	48871. 39	15058. 04	176187. 94	0. 1287	0. 0948	
劳动成本占比		0. 648	0. 514	0. 801			
公共资本							
实际公共资本（交通）	百万日元（2005 年价值）	13976692	1506156	52412296	3. 195	2. 302	
实际公共资本（生活环境）	百万日元（2005 年价值）	6683305	213972	39149925	4. 040	2. 319	
交通指标	千米/1000 平方千米	102708. 7	50260. 6	166080. 9	1. 039	1. 083	
电话指标	人均用户	0. 6	0. 0	1. 4	1. 531[a]	2. 654	
电力指标	千瓦时/人	1526. 1	589. 1	2646. 9	1. 952	1. 657	

注：[a]表示 1990 年与 1976 年的数值之比。

资料来源：作者计算结果。

4.5.3　生产函数的计算结果

表 4. 11、表 4. 12 与表 4. 13 分别为日本第一、第二、第三产业的生产函数的计算结果。

每张表格左上角的估值为所有区域共同的参数估值，虚拟变量系数的参数估值显示了偏差。

在描述估算结果中，我们关注参数 α_G 和 β_{KG}，它们代表公共资本（$K_{G,it}$）对生产的边际效应。首先，我们发现第二、第三产业的 α_G 为正数。
α_G 为正数是公共资本生产力效应为正的充分条件。因此，第二、第三产业 129

的公共资本发挥了积极的生产力效应。参数 α_G 存在区域差异，这一数值在城市地区（如南关东和东海）比农村地区更大。

126 **表 4.11 日本生产函数的估算结果——第一产业**

参数	估值	（标准差）	β_{KL}的虚拟变量系数		
α_K	0.440***	(0.006)	北海道	—	
α_G	—		东北地方	—	
β_{KL}	—		北关东	—	
β_{KG}	—		南关东	—	
β_{GG}	—		北陆	—	
α_K的虚拟变量系数			东海	0.080	(0.053)
北海道	0.175***	(0.011)	近畿地方	—	
东北地方	-0.083***	(0.012)	中国地方	—	
北关东	-0.082***	(0.012)	四国地方	—	
南关东	—		北九州	—	
北陆	0.051***	(0.012)	南九州	—	
东海	-0.035***	(0.013)	β_{KG}的虚拟变量系数		
近畿地方	0.040***	(0.011)	北海道	—	
中国地方	-0.135***	(0.012)	东北地方	0.041***	(0.012)
四国地方	-0.148***	(0.011)	北关东	0.089***	(0.012)
北九州	—		南关东	0.074***	(0.013)
南九州	—		北陆	0.050***	(0.012)
α_G的虚拟变量系数			东海	0.128**	(0.058)
北海道	-0.116***	(0.019)	近畿地方	—	
东北地方	-0.043**	(0.020)	中国地方	-0.001	(0.012)
北关东	-0.057***	(0.019)	四国地方	—	
南关东	-0.055***	(0.021)	北九州	0.061***	(0.012)
北陆	-0.110***	(0.020)	南九州	—	
东海	-0.049	(0.034)	R^2		
近畿地方	-0.176***	(0.022)	生产函数		0.928
中国地方	-0.003	(0.019)	劳动占比函数		0.752
四国地方	0.131***	(0.018)			
北九州	-0.163***	(0.019)			
南九州	0.070***	(0.018)			

注：*** 表示显著性水平为5%，** 表示显著性水平为1%。该估算包括其他解释变量：基于各地区产业分类变化的常数虚拟变量。但该结果中省略了这些解释变量的系数。

资料来源：作者计算结果。

表 4.12　日本生产函数的估算结果——第二产业 127

参数	估值	（标准差）	β_{KL}的虚拟变量系数		
α_K	0.245***	（0.003）	北海道	—	
α_G	—		东北地方	—	
β_{KL}	—		北关东	—	
β_{KG}	0.019	（0.018）	南关东	0.131***	（0.025）
β_{GG}	—		北陆	—	
α_K的虚拟变量系数			东海	0.080	（0.053）
北海道	0.032***	（0.007）	近畿地方	0.051**	（0.025）
东北地方	—		中国地方	—	
北关东	0.085***	（0.007）	四国地方	—	
南关东	—		北九州	—	
北陆	0.075***	（0.008）	南九州	—	
东海	0.056***	（0.008）	β_{KG}的虚拟变量系数		
近畿地方	—		北海道	-0.001	（0.020）
中国地方	-0.011	（0.007）	东北地方	0.024	（0.020）
四国地方	0.086***	（0.008）	北关东	-0.020	（0.022）
北九州	—		南关东	—	
南九州	-0.034***	（0.007）	北陆	-0.054**	（0.022）
α_G的虚拟变量系数			东海	0.128**	（0.058）
北海道	0.120***	（0.013）	近畿地方	—	
东北地方	0.162***	（0.011）	中国地方	0.044**	（0.020）
北关东	0.150***	（0.012）	四国地方	-0.027	（0.020）
南关东	0.213***	（0.013）	北九州	0.038	（0.020）
北陆	0.162***	（0.013）	南九州	0.051***	（0.020）
东海	0.250***	（0.015）	R^2		
近畿地方	0.237***	（0.013）	生产函数		0.971
中国地方	0.267***	（0.012）	劳动占比函数		0.668
四国地方	0.158***	（0.012）			
北九州	0.193***	（0.012）			
南九州	0.170***	（0.013）			

注：*** 表示显著性水平为 1%，** 表示显著性水平为 5%。该估算包括其他解释变量：固定效应以及基于各地区产业分类变化的常数虚拟变量。但该结果中省略了这些解释变量的系数。

资料来源：作者计算结果。

128

表 4.13　日本生产函数的估算结果——第三产业

参数	估值	（标准差）	β_{KL}的虚拟变量系数		
α_K	0.348 ***	(0.002)	北海道	—	
α_G	—		东北地方	—	
β_{KL}	—		北关东	—	
β_{KG}	0.094	(0.002)	南关东	—	
β_{GG}	—		北陆	—	
α_K的虚拟变量系数			东海	0.080	(0.053)
北海道	-0.031 ***	(0.004)	近畿地方	—	
东北地方	-0.014 ***	(0.004)	中国地方	0.051 ***	(0.007)
北关东	-0.028 ***	(0.004)	四国地方	—	
南关东	—		北九州	—	
北陆	—		南九州	—	
东海	-0.075 ***	(0.004)	β_{KG}的虚拟变量系数		
近畿地方	-0.027 ***	(0.004)	北海道	-0.033 ***	(0.005)
中国地方	—		东北地方	—	
四国地方	-0.049 ***	(0.004)	北关东	-0.018 ***	(0.005)
北九州	-0.015 ***	(0.004)	南关东	—	
南九州	-0.055 ***	(0.004)	北陆	—	
α_G的虚拟变量系数			东海	0.128 **	(0.058)
北海道	0.114 ***	(0.010)	近畿地方	-0.031 ***	(0.006)
东北地方	0.144 ***	(0.010)	中国地方	—	
北关东	0.176 ***	(0.009)	四国地方	—	
南关东	0.222 ***	(0.010)	北九州	-0.034 ***	(0.005)
北陆	0.172 ***	(0.010)	南九州	—	
东海	0.215 ***	(0.010)	R^2		
近畿地方	0.131 ***	(0.011)	生产函数		0.985
中国地方	0.073 ***	(0.009)	劳动占比函数		0.908
四国地方	0.134 ***	(0.010)			
北九州	0.087 ***	(0.010)			
南九州	0.097 ***	(0.010)			

注：*** 表示显著性水平为 1%，** 表示显著性水平为 5%。该估算包括其他解释变量：固定效应以及基于各地区产业分类变化的常数虚拟变量。但该结果中省略了这些解释变量的系数。

资料来源：作者计算结果。

参数 β_{KG} 表示公共资本对成本占比的影响，该参数在第一、第二产业为零，在东海第三产业为正（与泰国的结果不同）。β_{KG} 为正表示公共资本边际增长导致劳动成本占比降低。因此，可以说在东海第三产业中，公共资本促进了资本密集型生产。

表 4.14 为 2010 年各行业和地区的公共资本生产力效应的点估计。城市的公共资本生产力效应比农村地区更高。

图 4.3 和图 4.4 分别为 1990 年和 2010 年第二产业和第三产业公共资本边际生产力。各图中的边际生产力为“直接效应”和“间接效应”之和。根据这些图可知，2010 年的公共资本边际生产力小于 1990 年。

表 4.14　日本 2010 年公共资本生产力效应的点估计

(A)第一产业					
(1)产出弹性					
	私人资本	公共资本	直接效应	间接效应	
				资本	劳动
北海道	0.614	-0.374	-0.116	-0.185	-0.073
东北地方	0.408	0.012	0.014	0.080	-0.081
北关东	0.471	0.185	0.068	0.229	-0.113
南关东	0.517	0.136	0.042	0.199	-0.105
北陆	0.551	-0.077	-0.032	0.071	-0.116
东海	0.440	0.328	0.147	0.260	-0.079
近畿地方	0.479	-0.528	-0.176	-0.162	-0.191
中国地方	0.304	-0.014	-0.004	-0.003	-0.007
四国地方	0.292	0.504	0.131	0.054	0.319
北九州	0.512	-0.233	-0.080	0.041	-0.195
南九州	0.440	0.215	0.070	0.055	0.090
(2)边际生产力					
	私人资本	公共资本	直接效应	间接效应	
				资本	劳动
北海道	0.063	-0.009	-0.003	-0.005	-0.002
东北地方	0.025	0.000	0.000	0.002	-0.002
北关东	0.026	0.004	0.002	0.005	-0.003
南关东	0.030	0.001	0.000	0.001	-0.001
北陆	0.022	-0.001	0.000	0.001	-0.001
东海	0.017	0.004	0.002	0.003	-0.001
近畿地方	0.017	-0.003	-0.001	-0.001	-0.001

续表

(A)第一产业

(2)边际生产力

	私人资本	公共资本	直接效应	间接效应	
				资本	劳动
中国地方	0.010	0.000	0.000	0.000	0.000
四国地方	0.014	0.009	0.002	0.001	0.006
北九州	0.027	-0.004	-0.001	0.001	-0.003
南九州	0.033	0.007	0.002	0.002	0.003

130 (B)第二产业

(1)产出弹性

	私人资本	公共资本	直接效应	间接效应	
				资本	劳动
北海道	0.614	-0.374	-0.116	-0.185	-0.073
东北地方	0.408	0.012	0.014	0.080	-0.081
北关东	0.471	0.185	0.068	0.229	-0.113
南关东	0.517	0.136	0.042	0.199	-0.105
北陆	0.551	-0.077	-0.032	0.071	-0.116
东海	0.440	0.328	0.147	0.260	-0.079
近畿地方	0.479	-0.528	-0.176	-0.162	-0.191
中国地方	0.304	-0.014	-0.004	-0.003	-0.007
四国地方	0.292	0.504	0.131	0.054	0.319
北九州	0.512	-0.233	-0.080	0.041	-0.195
南九州	0.440	0.215	0.070	0.055	0.090

(2)边际生产力

	私人资本	公共资本	直接效应	间接效应	
				资本	劳动
北海道	0.063	-0.009	-0.003	-0.005	-0.002
东北地方	0.025	0.000	0.000	0.002	-0.002
北关东	0.026	0.004	0.002	0.005	-0.003
南关东	0.030	0.001	0.000	0.001	-0.001
北陆	0.022	-0.001	0.000	0.001	-0.001
东海	0.017	0.004	0.002	0.003	-0.001
近畿地方	0.017	-0.003	-0.001	-0.001	-0.001
中国地方	0.010	0.000	0.000	0.000	0.000
四国地方	0.014	0.009	0.002	0.001	0.006
北九州	0.027	-0.004	-0.001	0.001	-0.003
南九州	0.033	0.007	0.002	0.002	0.003

续表

(C)第三产业

(1)产出弹性

	私人资本	公共资本	直接效应	间接效应	
				资本	劳动
北海道	0.614	-0.374	-0.116	-0.185	-0.073
东北地方	0.408	0.012	0.014	0.080	-0.081
北关东	0.471	0.185	0.068	0.229	-0.113
南关东	0.517	0.136	0.042	0.199	-0.105
北陆	0.551	-0.077	-0.032	0.071	-0.116
东海	0.440	0.328	0.147	0.260	-0.079
近畿地方	0.479	-0.528	-0.176	-0.162	-0.191
中国地方	0.304	-0.014	-0.004	-0.003	-0.007
四国地方	0.292	0.504	0.131	0.054	0.319
北九州	0.512	-0.233	-0.080	0.041	-0.195
南九州	0.440	0.215	0.070	0.055	0.090

(2)边际生产力

	私人资本	公共资本	直接效应	间接效应	
				资本	劳动
北海道	0.063	-0.009	-0.003	-0.005	-0.002
东北地方	0.025	0.000	0.000	0.002	-0.002
北关东	0.026	0.004	0.002	0.005	-0.003
南关东	0.030	0.001	0.000	0.001	-0.001
北陆	0.022	-0.001	0.000	0.001	-0.001
东海	0.017	0.004	0.002	0.003	-0.001
近畿地方	0.017	-0.003	-0.001	-0.001	-0.001
中国地方	0.010	0.000	0.000	0.000	0.000
四国地方	0.014	0.009	0.002	0.001	0.006
北九州	0.027	-0.004	-0.001	0.001	-0.003
南九州	0.033	0.007	0.002	0.002	0.003

资料来源：作者计算结果。

图4.3和图4.4显示，与第三产业相比，第二产业的公共资本边际生产 131
力的下降幅度要大得多。这在一定程度上反映了一个事实，即生产下降会造成公共资本的利用程度降低。

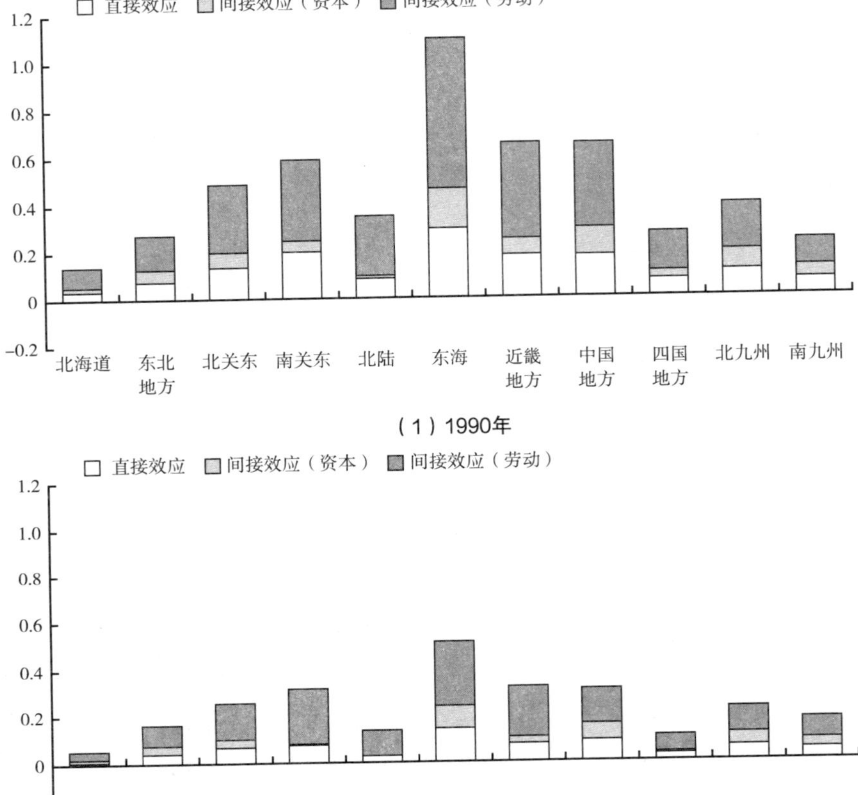

（2）2010年

图 4.3　1990 年和 2010 年日本第二产业的公共资本边际生产力

资料来源：作者计算结果。

133 ### 4.5.4　全要素生产率回归的计算结果

表 4.15 显示出利用物理指标的发展趋势计算得到的结果，表 4.16 的计算结果则没有考虑物理指标的发展趋势。

表 4.15 和表 4.16 都显示出如下情况：（i）电话变量参数对第一产业的全要素生产率有积极影响；（ii）电力变量参数对第二、第三产业的全要素生产率有积极影响；（iii）交通变量参数在某些地区有积极影响。此外，代

132

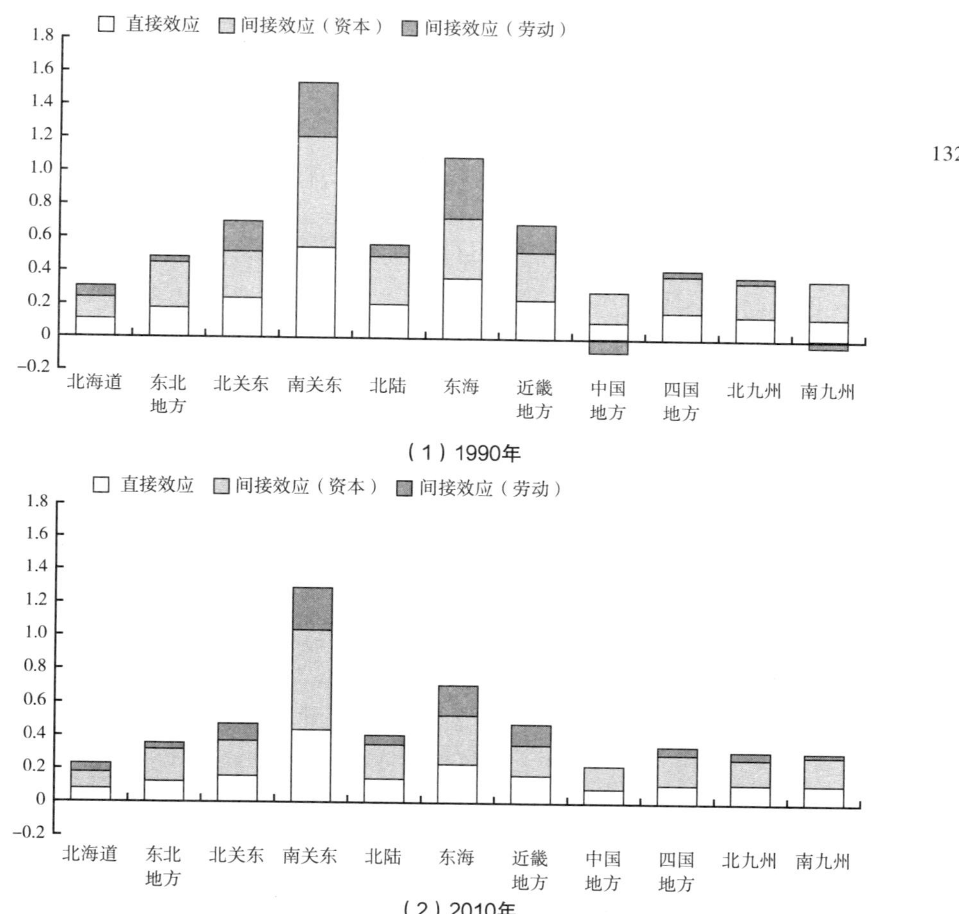

图 4.4　1990 年和 2010 年日本第三产业的公共资本边际生产力

资料来源：作者计算结果。

表规模收益程度的规模变量参数在第三产业中为正，代表市场竞争程度的加成变量参数在第二、第三产业中也为正。加成定价不仅出现在不完全竞争中，也会在私人资本和（或）劳动投入利用不充分时出现。这些结果表明，在第二、第三产业中，私人资本和（或）劳动投入未被充分利用。

表 4.15 日本基于物理指标的全要素生产率回归——考虑趋势

		第一产业		第二产业		第三产业	
		估值	（标准差）	估值	（标准差）	估值	（标准差）
趋势		0.024 ***	(0.003)	0.009 ***	(0.002)	-0.009 ***	(0.001)
交通变量	北海道	-0.602	(1.017)	0.282	(0.524)	0.893 ***	(0.338)
	东北地方	1.619	(1.547)	-1.642 *	(0.803)	-1.070 *	(0.529)
	北关东	-1.247 ***	(0.468)	0.181	(0.247)	-0.164	(0.159)
	南关东	-1.578 **	(0.945)	0.169	(0.497)	0.391	(0.322)
	北陆	-1.918 *	(0.949)	0.344	(0.502)	-0.810 *	(0.323)
	东海	-4.342 ***	(0.972)	0.456	(0.508)	-0.115	(0.327)
	近畿地方	-1.802 ***	(0.556)	0.058	(0.294)	-0.624 ***	(0.190)
	中国地方	0.672	(0.719)	-0.871 *	(0.379)	-0.150	(0.243)
	四国地方	-1.574 ***	(0.537)	-0.093	(0.281)	-0.397 *	(0.181)
	北九州	-1.428 **	(0.821)	-0.091	(0.419)	0.798 ***	(0.275)
	南九州	4.472 *	(2.023)	-1.894 **	(1.060)	1.004	(0.696)
电话变量	北海道	0.216 ***	(0.052)	-0.254 ***	(0.028)	0.068 ***	(0.018)
	东北地方	-0.069	(0.058)	0.014	(0.030)	0.001	(0.019)
	北关东	-0.017	(0.051)	0.040	(0.027)	-0.013	(0.017)
	南关东	-0.008	(0.053)	0.011	(0.029)	0.020	(0.018)
	北陆	0.113 **	(0.059)	-0.052 **	(0.031)	-0.022	(0.020)
	东海	0.011	(0.050)	0.023	(0.027)	-0.047 ***	(0.018)
	近畿地方	-0.059	(0.058)	0.017	(0.030)	0.017	(0.019)
	中国地方	0.121 *	(0.058)	-0.142 ***	(0.031)	0.030	(0.019)
	四国地方	0.035	(0.060)	-0.026	(0.032)	-0.017	(0.020)
	北九州	0.050	(0.060)	-0.109 ***	(0.032)	-0.014	(0.020)
	南九州	-0.034	(0.050)	0.061 *	(0.026)	-0.038 *	(0.018)
电力变量	北海道	-1.028 ***	(0.163)	0.326 ***	(0.085)	-0.060	(0.056)
	东北地方	-0.829 ***	(0.158)	0.592 ***	(0.101)	0.283 ***	(0.054)
	北关东	-0.682 ***	(0.102)	0.422 ***	(0.076)	0.220 ***	(0.039)
	南关东	-0.683 ***	(0.093)	0.549 ***	(0.060)	0.215 ***	(0.039)
	北陆	-0.751 ***	(0.109)	0.440 ***	(0.072)	0.293 ***	(0.040)
134	东海	-0.331 ***	(0.090)	0.421 ***	(0.063)	0.339 ***	(0.035)
	近畿地方	-0.778 ***	(0.099)	0.492 ***	(0.059)	0.213 ***	(0.037)
	中国地方	-0.799 ***	(0.100)	0.599 ***	(0.056)	0.108 ***	(0.039)
	四国地方	-0.343 ***	(0.091)	0.379 ***	(0.054)	0.196 ***	(0.038)
	北九州	-0.785 ***	(0.101)	0.385 ***	(0.055)	0.057	(0.041)
	南九州	-1.188 ***	(0.326)	0.589 ***	(0.171)	-0.044	(0.110)
规模变量		-0.060	(0.048)	-0.103 *	(0.045)	0.250 ***	(0.019)

续表

		第一产业		第二产业		第三产业	
		估值	（标准差）	估值	（标准差）	估值	（标准差）
加成变量		0.003	(0.012)	0.226 ***	(0.010)	0.177 ***	(0.015)
R^2		0.957		0.971		0.972	

注：*** 表示显著性水平为1%，** 表示显著性水平为5%，* 表示显著性水平为10%。该估算包含固定效应，但表格中省略了其估计系数。

资料来源：作者计算结果。

表 4.16　日本基于物理指标的全要素生产率回归——不考虑趋势

		第一产业		第二产业		第三产业	
		估值	（标准差）	估值	（标准差）	估值	（标准差）
趋势		—		—		—	
交通变量	北海道	0.404	(1.094)	0.382	(0.544)	0.563	(0.371)
	东北地方	3.191 ***	(1.668)	-1.070	(0.827)	-1.558 *	(0.581)
	北关东	-0.704	(0.504)	0.434 ***	(0.254)	-0.394 **	(0.173)
	南关东	0.395	(0.993)	0.855 ***	(0.501)	-0.420	(0.342)
	北陆	-0.893	(1.026)	0.837	(0.516)	-1.284 *	(0.352)
	东海	-2.080 **	(1.015)	1.274 **	(0.507)	-0.978 *	(0.345)
	近畿地方	-0.671	(0.589)	0.512 ***	(0.296)	-1.094 *	(0.202)
	中国地方	1.194	(0.780)	-0.553	(0.391)	-0.341	(0.267)
	四国地方	-0.950	(0.579)	0.109	(0.289)	-0.592 *	(0.198)
	北九州	-0.669	(0.891)	0.239	(0.433)	0.547 ***	(0.302)
	南九州	4.991 **	(2.198)	-2.050 ***	(1.102)	0.965	(0.769)
电话变量	北海道	0.362 *	(0.054)	-0.186 *	(0.026)	0.003	(0.018)
	东北地方	0.024	(0.062)	0.064 **	(0.030)	-0.039 ***	(0.021)
	北关东	0.108 **	(0.053)	0.089 *	(0.027)	-0.055 *	(0.018)
	南关东	0.122 **	(0.055)	0.072b	(0.028)	-0.027	(0.019)
	北陆	0.192 *	(0.063)	-0.021	(0.032)	-0.044 **	(0.022)
	东海	0.078	(0.054)	0.047 ***	(0.027)	-0.060 *	(0.019)
	近畿地方	0.041	(0.062)	0.053 ***	(0.031)	-0.015	(0.021)
	中国地方	0.214 *	(0.062)	-0.106 *	(0.032)	-0.002	(0.021)
	四国地方	0.141 **	(0.064)	0.017	(0.032)	-0.050 **	(0.022)
	北九州	0.141 **	(0.064)	-0.078 **	(0.032)	-0.052 **	(0.022)
	南九州	0.102 ***	(0.052)	0.114 *	(0.026)	-0.077 *	(0.019)
电力变量	北海道	-0.672 *	(0.172)	0.418 *	(0.086)	-0.181 *	(0.060)
	东北地方	-0.469 *	(0.165)	0.588 *	(0.105)	0.162 *	(0.057)

续表

		第一产业		第二产业		第三产业	
		估值	（标准差）	估值	（标准差）	估值	（标准差）
电力变量	北关东	-0.170**	(0.086)	0.487*	(0.077)	0.039	(0.037)
	南关东	-0.209*	(0.076)	0.634*	(0.059)	0.063***	(0.038)
	北陆	-0.314*	(0.101)	0.494*	(0.073)	0.148*	(0.041)
	东海	0.115	(0.075)	0.477*	(0.063)	0.180*	(0.033)
	近畿地方	-0.279*	(0.081)	0.595*	(0.056)	0.034	(0.035)
	中国地方	-0.280*	(0.080)	0.701*	(0.053)	-0.077**	(0.036)
	四国地方	0.150**	(0.071)	0.480*	(0.050)	0.022	(0.036)
	北九州	-0.321*	(0.087)	0.482*	(0.052)	-0.107*	(0.040)
	南九州	-0.788**	(0.351)	0.678*	(0.177)	-0.211***	(0.120)
规模变量		-0.038	(0.052)	-0.011	(0.047)	0.226*	(0.021)
加成变量		0.015	(0.013)	0.236*	(0.010)	0.142*	(0.016)
R^2		0.957		0.971		0.972	

注：*** 表示显著性水平为1%，** 表示显著性水平为5%，* 表示显著性水平为10%。该估算包含固定效应，但表格中省略了其估计系数。

资料来源：作者估算结果。

表4.17显示了利用公共资本实际价值的发展趋势计算出的结果，表4.18显示的结果没有考虑公共资本实际价值的发展趋势。

表4.17和表4.18显示，交通变量参数对全要素生产率有积极影响，尤其是在第二产业。但是，大部分生活环境变量对全要素生产率没有影响。此
136 外，代表规模收益程度的规模变量参数在第二、第三产业中为正。代表市场竞争程度的加成变量参数在第二、第三产业中为正。与基于物理指标的全要素生产率回归相比，除了第二产业略有出入外，大部分结果是相同的。

表4.17　日本基于实际价值的全要素生产率回归——考虑趋势

		第一产业		第二产业		第三产业	
		估值	（标准差）	估值	（标准差）	估值	（标准差）
趋势		0.017***	(0.003)	0.011***	(0.001)	-0.004***	(0.001)
交通变量	北海道	0.048	(0.182)	-0.700***	(0.090)	-0.253***	(0.074)
	东北地方	0.481	(0.508)	0.857***	(0.254)	-0.113	(0.170)
	北关东	0.847**	(0.420)	-0.329	(0.218)	0.023	(0.145)
	南关东	-0.230*	(0.139)	0.246***	(0.070)	-0.411***	(0.064)
	北陆	1.420***	(0.532)	-1.047***	(0.259)	0.354**	(0.181)

续表

		第一产业		第二产业		第三产业	
		估值	（标准差）	估值	（标准差）	估值	（标准差）
交通变量	东　　海	0.320	(0.445)	0.186	(0.222)	-0.055	(0.155)
	近畿地方	-0.258	(0.281)	0.540***	(0.143)	-0.239**	(0.101)
	中国地方	-0.441	(0.346)	0.609***	(0.171)	-0.050	(0.116)
	四国地方	-0.096	(0.205)	0.348***	(0.102)	0.072	(0.072)
	北 九 州	-0.693***	(0.244)	-0.066	(0.122)	0.031	(0.089)
	南 九 州	-0.418	(0.400)	0.479**	(0.206)	-0.359***	(0.137)
生活环境变量	北 海 道	-0.417***	(0.153)	0.506***	(0.074)	0.020	(0.051)
	东北地方	-0.612*	(0.371)	-0.687***	(0.181)	-0.060	(0.124)
	北 关 东	-0.846***	(0.296)	0.191	(0.149)	-0.142	(0.099)
	南 关 东	-0.169	(0.136)	-0.138**	(0.067)	0.203***	(0.042)
	北　　陆	-1.346***	(0.383)	0.741***	(0.190)	-0.385***	(0.134)
	东　　海	-0.559	(0.408)	-0.178	(0.196)	-0.090	(0.143)
	近畿地方	-0.269	(0.281)	-0.440***	(0.131)	0.009	(0.086)
	中国地方	0.137	(0.291)	-0.500***	(0.145)	-0.149	(0.098)
	四国地方	-0.025	(0.211)	-0.368***	(0.100)	-0.274***	(0.069)
	北 九 州	0.218	(0.232)	0.001	(0.110)	-0.285***	(0.074)
	南 九 州	0.151	(0.314)	-0.455***	(0.158)	0.070	(0.105)
规模变量		0.027	(0.090)	0.254***	(0.039)	0.502***	(0.038)
加成变量		0.020*	(0.012)	0.239***	(0.010)	0.126***	(0.015)
R^2		0.943		0.966		0.964	

注：*** 表示显著性水平为1%，** 表示显著性水平为5%，* 表示显著性水平为10%。该估算包含固定效应，但表格中省略了其估计系数。

资料来源：作者估算结果。

表 4.18　日本基于实际价值的全要素生产率回归——不考虑趋势 137

		第一产业		第二产业		第三产业	
		估值	（标准差）	估值	（标准差）	估值	（标准差）
趋势		—		—		—	
交通变量	北 海 道	0.385***	(0.171)	-0.275**	(0.089)	-0.451**	(0.059)
	东北地方	0.737	(0.518)	1.697**	(0.268)	-0.331***	(0.167)
	北 关 东	1.256**	(0.429)	-0.242	(0.245)	-0.083	(0.147)
	南 关 东	0.103	(0.125)	0.557**	(0.071)	-0.579**	(0.052)
	北　　陆	1.496**	(0.551)	-1.383**	(0.289)	0.504**	(0.182)
	东　　海	0.372	(0.460)	0.670**	(0.243)	-0.112	(0.159)
	近畿地方	-0.180	(0.289)	0.896**	(0.157)	-0.408**	(0.095)

续表

		第一产业		第二产业		第三产业	
		估值	（标准差）	估值	（标准差）	估值	（标准差）
交通变量	中国地方	-0.112	(0.355)	0.499**	(0.192)	-0.091	(0.119)
	四国地方	0.018	(0.212)	0.416**	(0.114)	0.000	(0.072)
	北九州	-0.422*	(0.243)	0.364**	(0.128)	-0.151*	(0.081)
	南九州	0.217	(0.387)	1.222**	(0.213)	-0.610**	(0.129)
生活环境变量	北海道	-0.349***	(0.158)	0.277**	(0.080)	0.090*	(0.049)
	东北地方	-0.468	(0.384)	-1.179**	(0.196)	0.017	(0.126)
	北关东	-0.792**	(0.306)	0.254	(0.168)	-0.152	(0.102)
	南关东	0.045	(0.138)	-0.245**	(0.075)	0.229**	(0.043)
	北陆	-1.053**	(0.392)	1.108**	(0.209)	-0.575**	(0.130)
	东海	-0.101	(0.419)	-0.439***	(0.218)	-0.155	(0.146)
	近畿地方	0.180	(0.283)	-0.591**	(0.147)	0.045	(0.089)
	中国地方	0.231	(0.300)	-0.269*	(0.161)	-0.208***	(0.099)
	四国地方	0.240	(0.213)	-0.285***	(0.112)	-0.307**	(0.070)
	北九州	0.424*	(0.240)	-0.240***	(0.121)	-0.233**	(0.075)
	南九州	-0.009	(0.321)	-0.931**	(0.168)	0.178 *	(0.105)
规模变量		-0.379**	(0.065)	0.271**	(0.044)	0.567**	(0.036)
加成变量		0.030***	(0.012)	0.246**	(0.012)	0.112**	(0.015)
R^2		0.943		0.966		0.964	

注：*** 表示显著性水平为1%，** 表示显著性水平为5%，* 表示显著性水平为10%。该估算包含固定效应，但表格中省略了其估计系数。

资料来源：作者估算结果。

最后，需要注意的是，尽管泰国和日本处在不同的发展阶段，但交通基础设施对两国技术进步是不可或缺的。不过，日本人口正在缩减，未来将会出现交通基础设施供应过剩的情况。

4.6 总结

本章利用生产函数和全要素生产率回归，对 20 世纪 70 年代到 21 世纪前 10 年泰国和日本公共投资的生产力影响进行了估算。

按行业划分的增长核算表明，泰国的制造业和服务业全要素生产率增长
138 呈上升趋势。相反，全要素生产率增长在农业上有所放缓，其全要素生产率是所有行业中最低的。根据生产函数分析，基础设施投资的生产力效应只存

在于制造业，并且其水平高于以往。在其他行业中，基础设施投资的生产力效应则比较低或者不存在。根据全要素生产率回归，交通基础设施投资（泰国落后于日本）对全要素生产率有积极影响，尤其是在制造业和服务业方面。这表明，交通基础设施投资对未来经济发展起到不可或缺的作用。

按产业和地区划分的增长核算表明，日本城市地区的全要素生产率水平高于其他地区，其第二、第三产业的全要素生产率增长高于农村地区。根据生产函数分析，第二、第三产业的基础设施投资的确有生产力效应，第二产业的边际生产力的下降速度快于第三产业。1990～2010 年，第二产业的产量逐渐减少。因此，计算结果在一定程度上反映了一个事实，即生产减少导致公共资本利用程度下降。根据全要素生产率回归，交通基础设施对全要素生产率有积极影响，尤其是在第二产业中。但是日本人口正在减少，未来可能会出现交通基础设施供应过剩的情况。

尽管处于不同的发展阶段，但交通基础设施投资对于泰国和日本都是必不可少的。需特别指出的是，泰国交通基础设施不充足、公路网络不健全已成为其经济发展的瓶颈。完善泰国交通基础设施对其未来经济发展有着不可或缺的作用。

参考文献

Aschauer, D. H. 1989. Is Public Expenditure Productive? *Journal of Monetary Economics* 23: 177–200.

Asian Productivity Organization. 2014. *APO Productivity Databook 2014*, Asian Productivity Organization. http://www.apo-tokyo.org/publications/ebooks/apo-productivity-databook-2014/ (accessed 19 November 2014).

Berndt, E. R., and M. A. Fuss. 1986. Productivity Measurement with Adjustments for Variations in Capacity Utilization and Other Forms of Temporary Equilibrium. *Journal of Econometrics* 33: 7–29.

Bhattacharyay, B. N. 2010. Estimating Demand for Infrastructure in Energy, Transport, Telecommunications, Water and Sanitation in Asia and the Pacific: 2010–2020. ADBI Working Paper 248.

Bisonyabut, N. 2012. Growth Accounting: Its Past, Present and Future. *TDRI Quarterly Review* 27(1): 12–18.

Bom, P. R. D., and J. E. Ligthart. 2014. What Have We Learned from Three Decades of Research on the Productivity of Public Capital? *Journal of Economic Surveys* 28(5): 889–916.

Cabinet Office, Government of Japan. 2012. *Estimation of Public Capital Stock*. Tokyo. http://www5.cao.go.jp/keizai2/jmcs/jmcs.html (accessed 25 April 2017).

Canning, D. 1998. A Database of World Infrastructure Stocks, 1950–1995. *World Bank Economic Review* 12: 529–547.

Caves, D., L. Christensen, and W. Diewert. 1982. Output, Input and Productivity Using Superlative Index Numbers. *Economic Journal* 92: 73–86.

Collins, S. M., and B. P. Bosworth 1996. Economic Growth in East Asia: Accumulation Versus Assimilation. *Brooking Papers on Economic Activity* 1996(2): 135–203.

Economic and Social Research Institute, Cabinet Office. 2011. *Prefectural Private Capital Stock* (2000 Prices). http://www.esri.cao.go.jp/jp/sna/data/data_list/kenmin/files/contents/main_h21stock.html (accessed 25 April 2017).

Egawa, A. 2013. The Way of Thinking about "Middle-Income Trap" and the Situation of Thailand. Japanese Chamber of Commerce, Bangkok. *Report* 618: 1–14 (in Japanese).

Gramlich, E. M. 1994. Infrastructure Investment: A Review Essay. *Journal of Economic Literature* 32(3): 1176–1196.

Hall, R. E. 1988. The Relation between Price and Marginal Cost in the U.S. Industry. *Journal of Political Economy* 96(5): 921–947.

Hayashi, M. 2009. Productivity Effect of Public Capital: Reconsidering by Dynamic Panel. *Public Finance Studies* 5: 119–140 (in Japanese).

Hulten, C. R. 1986. Productivity Change, Capacity Utilization, and the Sources of Efficiency Growth. *Journal of Econometrics* 33: 31–50.

Hulten, C. R., E. Bennathan, and S. Srinivasan. 2006. Infrastructure, Externalities, and Economic Development: A Study of the Indian Manufacturing Industry. *The World Bank Economic Review* 20(2): 291–308.

Jitsuchon, S. 2012. Thailand in a Middle-Income Trap. *TDRI Economic Review* 27(2): 13–20.

Kameda, K., and L. Hongmei. 2008. Productivity Analysis of Public Capital: Estimates by Implementing Entity. *Public Finance Studies* 4: 148–164 (in Japanese).

Melo, P. C., D. J. Graham, and R. Brage-Ardao. 2013. The Productivity of Transport Infrastructure Investment: A Meta-Analysis of Empirical Evidence. *Regional Science and Urban Economics* 43: 695–706.

Miyagawa, T., K. Kawasaki, and K. Edamura. 2013. Reconsidering the Productivity Effect of Public Capital. Research Institute of Economy, Trade and Industry (RIETI) Discussion Paper Series 13-J-081 (in Japanese).

Miyara, I., and M. Fukushige. 2008. Types of Public Capital and their Productivity in Japanese Prefectures. *Japanese Economic Review* 59(2): 194–210.

Morrison, C. J. 1992. Unraveling the Productivity Growth Slowdown in the United States, Canada and Japan: The Effects of Subequilibrium, Scale Economies and Markups. *The Review of Economics and Statistics* 74(3): 381–393.

Nakahigashi, M. 2004. The Role of Public Capital Stock in Economic Development. In *Asian Financial Crisis and Macroeconomic Policy*, edited by N. Yoshino. Tokyo: Keio University Press Inc. (in Japanese).

Nakahigashi, M., and N. Yoshino. 2016. Changes in Economic Effect of Infrastructure and Financing Methods. *Public Policy Review* 12(1): 47–68.

Office of the National Economic and Social Development Board. 2014. Capital Stock of Thailand 2012 Edition. http://eng.nesdb.go.th/Default.aspx?tabid=98 (accessed 19 November 2014).

Pereira, A. M., and J. M. Andraz. 2013. On the Economic Effects of Public Infrastructure Investment: A Survey of the International Evidence. *Journal of Economic Development* 38(4): 1–37.

Pomlaktong, N., and S. Ongkittikul. 2008. Infrastructure Development in Thailand. In *International Infrastructure Development in Asia: Towards Balanced Regional Development and Integration*, edited by N. Kumar. Chiba: Institute of Developing Economies and Japan External Trade Organization.

Revankar, N. S. 1974. Some Finite Sample Results in the Context of Two Seemingly Unrelated Regression Equations. *Journal of the American Statistical Association* 69(345): 187–190.

Statistics Bureau, Ministry of Internal Affairs and Communications. System of Social and Demographic Statistics (SSDS). http://www.e-stat.go.jp/SG1/chiiki/Welcome.do?lang=02 (accessed 24 April 2017).

Straub, S., C. Vellutini, and M. Warlters. 2008. Infrastructure and Economic Growth in East Asia. Policy Research Working Paper 4589.

Straub, S., and A. Terada-Hagiwara. 2011. Infrastructure and Growth in Developing Asia. *Asian Development Review* 28(1): 119–156.

Straub, S. 2011. Infrastructure and Development: A Critical Appraisal of the Macro-Level Literature. *Journal of Development Studies* 47(5): 683–708.

United Nations Economic and Social Commission for Asia and Pacific. ESCAP Statistical Online Database. http://data.unescap.org/escap_stat/ (accessed 26 April 2017).

World Bank. World Development Indicators. http://data.worldbank.org/products/wdi/ (accessed 26 April 2017).

Yoshino, N., T. Nakajima, and M. Nakahigashi. 1999. Productivity Effect of Public Capital. In *Economic Effect of Public Investment*, edited by N. Yoshino and T. Nakajima. Tokyo: Nippon Hyoron Sha Co, Ltd. (in Japanese).

Yoshino, N., and M. Nakahigashi. 2000. Economic Effects of Infrastructure: Japan's Experience after World War II. *JBIC Review* 3: 3–19.

Yoshino, N., and M. Nakahigashi. 2004. The Role of Infrastructure in Economic Development. *ICFAI Journal of Managerial Economics* 2: 7–24.

Yoshino, N., and H. Nakano. 1994. Allocation of Public Investment in the Metropolitan Area. In *Economic Analysis of the Concentration in Tokyo*, edited by T. Hatta. Tokyo: Nikkei Publishing Inc. (in Japanese).

Young, A. 1995. The Tyranny of Numbers: Confronting the Statistical Realities of the East Asian Growth Experience. *Quarterly Journal of Economics* 110(3): 641–680.

附录 4.1 数据来源——泰国 142

A4.1.1 产出

本分析中的产出指标是泰国国家经济和社会发展委员会（Office of the National Economic and Social Development Board）办公室根据行业估算的实际国内生产总值（GDP），1990 年之后的官方估值可见于泰国国民核算。

为了保证统计有效性，该分析使用长期的时间序列数据。但是构建这样的数据存在严重的问题。在泰国国民核算中，官方实际价值估值是链式关联的，行业分类估值从 1990 年后是以新产业分类体系为基础的。以往的官方估值采用固定的衡量标准，而且产业分类体系也不同。为解决以上问题，我们采用了自己的产业分类体系，并假设链式关联和固定衡量标准的实际 GDP 增长率相同，同时使用 1990 年后的增长率数据来估值。

A4.1.2 公共资本存量

本研究使用了公共资本存量的两个指标：物理指标和实际价值。物理指标是我们基于 Canning（1998）、亚太经社会在线统计数据库（United Nations Economic and Social Commission for Asia and the Pacific）和世界发展指标得出的原始估值。实际价值是在价格不变时，计算的公共产业公共资本存量，采用的是泰国国家经济和社会发展委员会的数据。为使所有数据的实际价值基准年一致，资本存量以 2002 年的价格转换为实际价值。

A4.1.3 劳动投入

行业劳动投入即雇员人数（来自亚洲生产力协会估值）与工作时长［作者关于行业工作时长的计算基于劳动力调查（泰国国家统计局）］的乘积。

A4.1.4 劳动收入占比 143

本分析中的劳动收入占比为雇员薪酬与名义 GDP 之比。雇员薪酬数据来自泰国国家经济和社会发展委员会的测算，名义 GDP 按当前要素成本计算。由于 1979 年之前按当前要素成本计算的 GDP 数据的缺失，我们用当前市场价格计算的 GDP 增长率来估算 1980 年之前的数据。

A4.1.5 资本使用者成本

假设折旧率不变，我们利用利率、折旧率和资本货物价格来计算各行业资本使用者的成本。利率为贷款利率，折旧率为折旧费与资本存量之比，资本货物价格为当前重置成本的总资本存量与价格不变的总资本存量之比。相关数据来自国际货币基金组织和泰国国家经济和社会发展委员会。

144 附录 4.2 数据来源——日本

本分析使用的统计数据详情可见中桥和吉野（2016）。

A4.2.1 产出

本分析使用实际地区生产总值（GRP）计算各行业的产出。实际 GRP 是名义 GRP 除以 GRP 平减指数的商。名义 GRP 是按生产价格计算的 GRP，不包括日本县级核算中的“税减产品补贴”。由于缺失 2000 年前的县级 GRP 平减指数，所以用日本国民核算中经济活动分类的 GDP 平减指数代替。

A4.2.2 私人资本存量

县级私人资本存量数据来自经济与社会研究院（Economic and Social Research Institute）2011 年对私营企业县级私人资本存量的试估值。私有化的上市公司在估计中期才被纳入估计范围，导致数据前后不一。因此，我们使用县级私人资本存量的增长率对私有化的公共企业的水平进行估算，对 2010 年之前进行回溯估算。

A4.2.3 劳动投入

劳动投入为雇员人数与工作时长的乘积。雇员人数在工作场所统计，同时也用人口普查和劳动力调查估算。我们假设各县各行业的工作时长相同，并且用劳动力调查和月度劳动力调查估值。

145 A4.2.4 劳动成本占比

劳动成本占比为工人收入与名义产出之比。本分析中的工人包括雇员、自由职业者和家族企业的工人。日本内阁府（Cabinet Office of Japan）的县级核算中所列的“雇员薪酬”只记录了雇员收入。假设每个工人和雇员的收入相同，工人收入用行业和地区的雇员薪酬、工人数量以及雇员数量估算。

A4.2.5　公共资本存量

县级公共资本存量来自日本内阁府（2012）估算的县级总资本存量。本分析中的公共资本存量包含：（i）交通公共资本，即公路、港口设施和机场设施之和；（ii）生活环境的公共资本，即污水处理设施、供水服务设施与城市公园之和。以上数据总和为生产函数分析中的公共资本。

第五章

基础设施对企业生产效率的影响：来自中国制造业的分析

张　燕　万广华　黄友星

5.1　引言

146 自20世纪90年代初以来，中国大规模投资基础建设，尤其是在交通运输和通信方面。2013年，中国提出了“一带一路”倡议，将促进该倡议沿线相关地区新一轮的境内和跨境基础设施建设。2015年，中国高速公路网总长达12.3万千米，超过美国成为世界上拥有最长高速公路网的国家[①]。因此，考虑基础建设如何影响一个国家的经济非常重要。

很多研究调查了基础设施对生产率增长的影响（Cronin et al.，1991；Morrison and Schwartz，1996；Demetriades and Mamuneas，2000；Yoshino and Nakahigashi，2000，2004）。但是这些研究往往考虑的是整体影响，例如城市或省级层面生产率的增长，这就可能会存在问题，因为经济高速增长的地区往往有很大的基础设施需求，所以很难确定基础设施对增长的影响，反之
147 亦然。为了规避这一问题，我们延续H. Li和Z. Li（2013）的研究思路，从企业层面估计基础设施对生产率的影响，因为企业层面的增长可能不会影响城市或一省对基础设施建设的需求。使用微观层面数据的另一个优势是，我

---

① http：//www.mot.gov.cn/zhengcejiedu/2015qgsfgltjgb/（中文），最后访问日期：2017年2月16日。

们可以基于微观数据估计总体生产率增长水平。例如，Haughwout（2002）发现，基础建设会通过企业生产率和家庭偏好来影响总体福利。同时，自20世纪90年代以来，中国企业呈现出高增长率。现有文献倾向于将这归因于生产率增长而非资本或劳动积累；然而，考虑公共基础设施投资如何促进企业生产率的增长，也十分重要。

本章采用2002~2007年中国4.4万多家制造企业的面板数据集，运用企业全要素生产率（TFP）模型对三种基础设施投资进行分析：公路、通信服务器和电缆。我们发现，所有类型的投资都会对企业生产率产生积极影响。此外，本章还比较了基础设施对中国不同地区的影响，即相对发达的东部省份和不发达的西部和中部省份。结果发现，相对于东部省份来说，基础设施投资能给中部和西部省份带来更大的效益。

5.2　背景和方法

5.2.1　中国的基础设施投资

2002~2007年，中国公路、通信服务器和电缆的密度（密度可以通过有关测量结果除以各省的面积得到）显示了中国基础设施建设的三个主要特征。第一，密度的大小表明，从2002年到2007年，三种基础设施都在迅速增多。在这一期间，公路密度倍增，反映出中国在运输基础设施上投资的力度较大。第二，我们可以从所有三种基础设施的建设中发现，东部省份和中西部省份之间存在很大的空间不均衡性。在沿海城市，基础设施密度相对较高，这与其经济高速发展相符合。正如前面所讨论的，要么与基础设施的高需求有关，要么与基础设施的高生产效率有关。因此，我们最好先 148
确认企业层面的影响。第三，2002~2007年，东部省份的基础建设密度比中部和西部省份提高得更多，也就意味着在这些区域中的基础建设投资更多。

5.2.2　方法 149

回归范式

为了研究基础设施与企业生产率之间的关系，我们提出了基本的基础设施效应模型：

$$prod_{i,j,k,t} = \alpha_0 + \alpha_1 inf_{k,t} + \beta' X_{i,j,k,t} + \rho_k + \pi_j + \theta_t + \varepsilon_{i,j,k,t} \tag{1}$$

其中 $prod_{i,j,k,t}$是 k 省 j 产业 i 企业在时间 t 的生产率。我们使用柯布 - 道格拉斯生产函数来估算全要素生产率，用以代表企业生产率，并且使用莱文索恩 - 佩特兰（Levinsohn-Petrin）半参数估计方法估算了企业的全要素生产率（Levinsohn and Petrin，2003），从而解决 Olley 和 Pakes（1996）提出的联立性偏差问题①。我们还将劳动生产率作为衡量稳健性生产率指标（详细计算见附录 5B）。

$inf_{k,t}$代表本章考察的三种基础设施：公路长度、通信服务器数量和电缆长度，三项都以对数表示。$X_{i,j,k,t}$是之前的研究中企业特定控制变量的向量，也可能影响生产率，包括：（i）规模，以总资产衡量（Chen and Guariglia，2013；Edamura et al.，2014）；（ii）资本密集度，以固定资产的平均净值与雇员人数之比来衡量（Abraham，Konings and Slootmaekers，2010；Chen and Tang，2014）；（iii）出口，以出口总收入与总销售额之比来衡量（Aw，Roberts and Xi，2008；Chen and Guariglia，2013；Chen and Tang，2014）；（iv）企业年龄，以企业成立以来的年份来衡量（Palangkaraya，Stierwald and Yong，2009；Chen and Guariglia，2013；Cozza，Rabellotti and Sanfilippo，2015）；（v）私有企业，如果企业是私人所有，则等于 1，否则等于 0；（vi）外资企业，如果企业是外资企业，则等于 1，否则等于 0。ρ_k表示对省份的影响，π_j代表对行业的影响，θ_t代表历年来的影响。最后，$\varepsilon_{i,j,k,t}$是误差项，假定独立同分布。附录 5A 中有回归变量更全面的定义。

$$\begin{aligned} prod_{i,j,kt} = {} & \alpha_0 + \alpha_1 inf_{k,t} + \alpha_2 inf_{k,t} \times WestCen_{k,t} + \alpha_3 WestCen_{k,t} \\ & + \beta' X_{i,j,k,t} + \rho_k + \pi_j + \theta_t + \mu_{i,j,k,t} \end{aligned} \tag{2}$$

150 为了测试不同地区的这些影响，我们在等式（2）中添加了区域虚拟变量 WestCen（中西部）及其与基础设施的交互项。如果企业设立在中部或者西部省份②，那么这个值就是 1，否则为 0。

---

① 普通最小二乘法的误差项与输入项之间的相关性可能会导致全要素生产率估算出现偏差。

② 中国东部包括北京、天津、上海、河北、辽宁、江苏、浙江、福建、山东、广东和海南等 11 个省和直辖市。西部和中部覆盖 20 个省、自治区和直辖市：山西、内蒙古、吉林、黑龙江、安徽、江西、河南、湖北、湖南、广西、重庆、四川、贵州、云南、陕西、甘肃、青海、西藏、宁夏和新疆。因此，本研究使用了 31 个省、自治区和直辖市的数据。

我们使用固定效应回归方法估计等式（1）和等式（2）中的参数，同时控制时间效应。我们还考虑了毗邻省份之间的空间溢出效应。这意味着一个省的额外单位可能会影响邻近省份的企业生产力。例如，一条公路连接两个省份或者更多的省份，可以帮助一个企业扩展更大的市场，而在邻省建立的通信服务器可以帮助提高通信的速率和质量。我们使用以下形式的空间模型来控制邻近省份的影响：

$$prod_{i,j,k,t} = \alpha_0 + \alpha_1 inf_{k,t} + \gamma SL\_inf_{k,t} + \beta' X_{i,j,k,t} + \rho_k + \pi_j + \theta_t + \mu_{i,j,k,t} \tag{3}$$

$SL_inf_{k,t}$代表邻省的空间加权基础设施。它是通过建立两个向量获得的。其中一个向量包含所有省份的基础设施，每个组成部分表示一个省的价值（省份的顺序是固定的）；另一个向量是空间向量，代表 k 省的邻省。如果第 n 个省是 k 省的邻省，那么空间向量的第 n 个部分的值就是 1，否则就为 0。

数据

我们的样本集涵盖 2002～2007 年的数据，这些数据有两个来源。首先是中国工业企业数据库（Chinese Industrial Enterprise Database，CIED），其包含了中国国家统计局每年进行的企业普查中的中国制造业年度信息。中国工业企业数据库涵盖制造业企业、矿业企业、电力、天然气和水的生产和供应企业。它包括所有销售额超过 500 万元人民币的国有企业和私营企业。我们数据集里的企业数量范围从 2002 年的 181557 个到 2007 年的 336771 个。我们用于估算全要素生产率和其他企业级控制变量的企业数据都来自中国工业企业数据库。第二个数据来源是中国统计年鉴，该年鉴为三种基础设施提 151
供省级数据。

5.3　结果

5.3.1　描述性统计

表 5.1 总结了回归分析中变量的统计数据。值得注意的是：（i）各省的基础设施差异很大，这证实了区域基础设施的不平等；（ii）WestCen 的平均值为 0.23，这意味着我们样本中的大多数企业位于东部省份。这是因为中

国工业企业数据库中的企业大多数在发达省份。但是，由于我们现有的观察量和企业样本数量很大，这种不平衡不会影响我们的结果。

表 5.1 回归变量的统计汇总

变量	观察量	平均值	标准差	最小值	最大值
全要素生产率	1314378	6.48	1.13	-3.85	12.93
劳动生产率	1314378	4.01	1.10	-7.70	11.58
公路	186	77510.58	51214.44	6286.00	238676.00
通信服务器	186	1589.00	1555.58	31.00	11365.80
电缆	186	20241.34	10900.45	618.00	55910.00
规模	1335926	76571.59	681988.60	3.00	1.55E+08
资本密集度	1335926	74.37	109.08	0.98	691.60
出口	1335589	0.18	0.35	0.00	1.00
企业年龄	1335311	9.69	9.48	1.00	51.00
私有企业	1335926	0.46	0.50	0.00	1.00
外资企业	1335926	0.22	0.42	0.00	1.00
WestCen	1335926	0.23	0.42	0.00	1.00

资料来源：作者编制。

5.3.2 主要结果

表 5.2 给出了等式（1）的基础设施基本模型参数的普通最小二乘法估计值及公路、通信服务器、电览三种基础设施的全要素生产率结果。

152 **表 5.2 基础设施对企业生产率的影响**

	(1)全要素生产率	(2)全要素生产率	(3)全要素生产率	(4)劳动生产率	(5)劳动生产率	(6)劳动生产率
公路	0.273***			0.276***		
	(0.000)			(0.000)		
通信服务器		0.356***			0.360***	
		(0.000)			(0.000)	
电缆			0.167***			0.186***
			(0.000)			(0.000)
规模	0.386***	0.388***	0.388***	0.098***	0.100***	0.100***
	(0.000)	(0.000)	(0.000)	(0.000)	(0.000)	(0.000)

续表

	(1)全要素生产率	(2)全要素生产率	(3)全要素生产率	(4)劳动生产率	(5)劳动生产率	(6)劳动生产率
资本密集度	-0.189***	-0.189***	-0.188***	0.202***	0.203***	0.203***
	(0.000)	(0.000)	(0.000)	(0.000)	(0.000)	(0.000)
出口	-0.004	-0.002	-0.003	-0.041***	-0.038***	-0.040***
	(0.397)	(0.686)	(0.512)	(0.000)	(0.000)	(0.000)
企业年龄	0.126***	0.126***	0.127***	0.094***	0.094***	0.095***
	(0.000)	(0.000)	(0.000)	(0.000)	(0.000)	(0.000)
私有企业	0.022***	0.023***	0.023***	0.027***	0.029***	0.028***
	(0.000)	(0.000)	(0.000)	(0.000)	(0.000)	(0.000)
外资企业	0.0400***	0.0390***	0.0370***	0.0230***	0.0210***	0.0200***
	(0.000)	(0.000)	(0.000)	(0.000)	(0.000)	(0.000)
常量	0.037	0.139	1.291***	-1.067*	-0.964*	0.069
	(0.940)	(0.774)	(0.006)	(0.015)	(0.029)	(0.873)
年度虚拟变量	是	是	是	是	是	是
数量	1313465	1313465	1313465	1313465	1313465	1313465
修正的判定系数	0.211	0.212	0.209	0.164	0.165	0.163

注：企业水平的聚类标准差在括号中显示。年度虚拟变量在所有列中都得到控制，但是未显示它们的系数。* 表示显著性水平为 10%，** 表示显著性水平为 5%，*** 表示显著性水平为 1%。

资料来源：作者编制。

第（4）栏到第（6）栏呈现的是劳动生产率的结果。在所有回归分析
中都控制年度固定效应，并且标准差对于企业聚类是稳健的。在所有情况 153
下，基础设施的统计显著性水平在 1% 以上为正，结果与两种不同的生产率
指标相似。这意味着基础设施会对企业层面的全要素生产率产生积极影响。

控制变量的系数与已有文献一致；也就是说，私有企业和外资企业的规模、年龄和占比的增加会导致企业的生产力提高。然而，资本密集度导致两种生产率衡量方法得出了相反的结果：当资本密集度很高时，它会提高劳动生产率，但会降低全要素生产率。

表 5.3 给出了等式（2）的区域基础设施效应模型的实证结果。第（1）栏到第（3）栏显示了公路、通信服务器和电缆的全要素生产率结果，第（4）栏到第（6）栏显示了劳动生产率的结果。这些结果大致与表 5.2 中的数据相似。三种基础设施中每一项的估计系数都为正且具显著性，这表明基础设施对企业生产率产生了积极影响。此外，所有栏中 WestCen 系数均为负且具显

著性，这个结果意味着东部省份的企业劳动生产率和全要素生产率相对较高。这可能是因为熟练的、受过教育的劳动者往往留在经济更发达的沿海地区。更有趣的是，基础设施和区域虚拟变量之间的交互项在1%的水平上为正且具有统计显著性。这表明西部和中部省份的基础设施投资对企业生产率的影响更大。这可能是因为基础设施密度在东部省份相对较高。

表 5.3　区域基础设施效应模型的实证结果

	(1)全要素生产率	(2)全要素生产率	(3)全要素生产率	(4)劳动生产率	(5)劳动生产率	(6)劳动生产率
WestCen	-1.68***	-1.25***	-3.66***	-2.21***	-1.73***	-4.56***
	(0.31)	(0.30)	(0.32)	(0.32)	(0.31)	(0.34)
公路	0.2009***			0.1874***		
	(0.0077)			(0.0079)		
WestCen×公路	0.1226***			0.1489***		
	(0.0052)			(0.0054)		
154 通信服务器		0.2879***			0.2798***	
		(0.0072)			(0.0074)	
WestCen × 通信服务器		0.1824***			0.2147***	
		(0.0054)			(0.0055)	
电缆			0.0957***			0.1031***
			(0.0073)			(0.0074)
WestCen×电缆			0.343***			0.407***
			(0.012)			(0.012)
规模	0.3860***	0.3877***	0.3885***	0.0987***	0.1003***	0.1012***
	(0.0025)	(0.0025)	(0.0025)	(0.0025)	(0.0025)	(0.0025)
资本密集度	-0.1889***	-0.1891***	-0.1879***	0.2020***	0.2016***	0.2028***
	(0.0015)	(0.0015)	(0.0015)	(0.0017)	(0.0017)	(0.0017)
出口	-0.0038	-0.0023	-0.0026	-0.0412***	-0.0396***	-0.0397***
	(0.0051)	(0.0051)	(0.0051)	(0.0052)	(0.0052)	(0.0052)
企业年龄	0.1265***	0.1281***	0.1282***	0.0958***	0.0978***	0.0976***
	(0.0027)	(0.0027)	(0.0027)	(0.0027)	(0.0027)	(0.0027)
私有企业	0.0216***	0.0223***	0.0232***	0.0276***	0.0282***	0.0291***
	(0.0039)	(0.0039)	(0.0039)	(0.0040)	(0.0040)	(0.0040)
外资企业	0.0380***	0.0376***	0.0374***	0.0218**	0.0215**	0.0212**
	(0.0099)	(0.0099)	(0.0099)	(0.010)	(0.010)	(0.010)

续表

	(1)全要素生产率	(2)全要素生产率	(3)全要素生产率	(4)劳动生产率	(5)劳动生产率	(6)劳动生产率
常量	0.0380***	0.0376***	0.0374***	0.0218**	0.0215**	0.0212**
	(0.0099)	(0.0099)	(0.0099)	(0.010)	(0.010)	(0.010)
年度虚拟变量	是	是	是	是	是	是
数量	1313465	1313465	1313465	1313465	1313465	1313465
修正的判定系数	0.211	0.213	0.21	0.165	0.167	0.164

注：企业水平的聚类标准差给出两个有效数字（括号内），系数给出与相应标准差相同的小数位。年度虚拟变量在所有列中都得到控制，但是表中未显示它们的系数。*表示显著性水平为10%，**表示显著性水平为5%，***表示显著性水平为1%。

资料来源：作者编制。

所以，建设一个额外单位的基础设施可能不如西部和中部省份那样有效，因 155
为西部和中部省份短缺大量基础设施。

表5.4列出了等式（3）空间基础设施效应模型参数的实证估计结果。同样，对于每一栏，省内基础设施的影响都为正且具显著性。邻近省份的基础设施也对企业生产力产生积极影响。这意味着邻近地区基础设施的改善有助于特定省份内的企业，表明中国的基础设施具有网络效应。

表5.4 空间基础设施效应模型的实证结果

	(1)全要素生产率	(2)全要素生产率	(3)全要素生产率	(4)劳动生产率	(5)劳动生产率	(6)劳动生产率
公路	0.1611***			0.1531***		
	(0.0091)			(0.0091)		
通信服务器		0.2901***			0.2923***	
		(0.0072)			(0.0071)	
电缆			0.1151***			0.1342***
			(0.0072)			(0.0073)
邻省公路	0.331***			0.358***		
	(0.020)			(0.021)		
邻省通信服务器		0.403***			0.418***	
		(0.014)			(0.014)	
邻省电缆			0.624***			0.644***
			(0.050)			(0.052)
规模	0.3851***	0.3860***	0.3871***	0.0981***	0.0982***	0.1002***
	(0.0023)	(0.0021)	(0.0022)	(0.0030)	(0.0030)	(0.0031)

续表

	(1)全要素生产率	(2)全要素生产率	(3)全要素生产率	(4)劳动生产率	(5)劳动生产率	(6)劳动生产率
资本密集度	-0.1891***	-0.1891***	-0.1882***	0.2022***	0.2022***	0.2031***
	(0.0021)	(0.0023)	(0.0022)	(0.0021)	(0.0022)	(0.0023)
156 出口	-0.0031	-0.0022	-0.0022	-0.0401***	-0.0393***	-0.0391***
	(0.0051)	(0.0052)	(0.0052)	(0.0053)	(0.0051)	(0.0053)
企业年龄	0.1261***	0.1271***	0.1272***	0.0953***	0.0961***	0.0962***
	(0.0032)	(0.0031)	(0.0032)	(0.0033)	(0.0031)	(0.0031)
私有企业	0.0211***	0.0233***	0.0222***	0.0273***	0.0291***	0.0284***
	(0.0042)	(0.0041)	(0.0041)	(0.0042)	(0.0041)	(0.0041)
外资企业	0.037***	0.037***	0.036***	0.021**	0.021**	0.019*
	(0.010)	(0.010)	(0.010)	(0.010)	(0.010)	(0.010)
常量	-0.786***	-0.700***	-1.46***	-1.87***	-1.773***	-2.75***
	(0.098)	(0.069)	(0.25)	(0.10)	(0.070)	(0.26)
年度虚拟变量	是	是	是	是	是	是
数量	1313465	1313465	1313465	1313465	1313465	1313465
修正的判定系数	0.197	0.198	0.196	0.165	0.167	0.164
对数似然比	-936578	-935071	-937211	-968490	-967036	-968998

注：企业水平的聚类标准差给出两个有效数字（括号内），系数给出与相应标准差相同的小数位。年度虚拟变量在所有列中都得到控制，但是表中未显示它们的系数。* 表示显著性水平为10%，** 表示显著性水平为5%，*** 表示显著性水平为1%。

资料来源：作者编制。

5.4 政策含义

结果具有几个政策含义。第一，基础设施投资对企业层面的生产力影响是显著且积极的。由于中国经济中的制造业占比很高，这些结果凸显基础设施对总生产率的积极影响。第二，西部和中部省份的基础设施短缺，效应更
157 强。因此，与基础设施密集型地区相比，这些地区需要更多投资。例如，在西部和中部省份，新的公路和高速公路可能将两个以前未连接的区域连接起来，而在东部省份，它们对其他公路只有锦上添花之效。因此，对西部和中部省份进行投资将更加有效。第三，一省的基础设施建设可能会对邻近省份产生溢出效应。因此，一省的基础设施改善不仅有助于该省内的企业，也有助于邻省的企业。

参考文献

Abraham, F., J. Konings, and V. Slootmaekers. 2010. FDI Spillovers in the Chinese Manufacturing Sector. *Economics of Transition* 18(1): 143–182.

Aw, B. Y., M. J. Roberts, and D. Y. Xi. 2008. R&D Investment, Exporting, and Productivity Dynamics. *American Economic Review* 101: 1–35.

Chen, M., and A. Guariglia. 2013. Internal Financial Constraints and Firm Productivity in China: Do Liquidity and Export Behavior Make a Difference? *Journal of Comparative Economics* 41(4): 1123–1140.

Chen, W., and H. Tang. 2014. The Dragon Is Flying West: Micro-Level Evidence of Chinese Outward Direct Investment. *Asian Development Review* 31(2): 109–140.

Cozza, C., R. Rabellotti, and M. Sanfilippo. 2015. The Impact of Outward FDI on the Performance of Chinese Firms. *China Economic Review* 36: 42–57.

Cronin, F. J., E. B. Parker, E. K. Colleran, and M. A. Gold. 1991. Telecommunications Infrastructure and Economic Growth: An Analysis of Causality. *Telecommunications Policy* 15(6): 529–535.

Demetriades, P. O., and T. P. Mamuneas. 2000. Intertemporal Output and Employment Effects of Public Infrastructure Capital: Evidence from 12 OECD Economies. *Economic Journal* 110(465): 687–712 http://doi.wiley.com/10.1111/1468-0297.00561 (accessed 26 October 2016).

Edamura, K., S. Haneda, T. Inui, X. Tan, and Y. Todo. 2014. Impact of Chinese Cross-Border Outbound M&As on Firm Performance: Econometric Analysis Using Firm-Level Data. *China Economic Review* 30: 169–179.

Haughwout, A. F. 2002. Public Infrastructure Investments, Productivity and Welfare in Fixed Geographic Areas. *Journal of Public Economics* 83(3): 405–428.

Levinsohn, J., and A. Petrin. 2003. Estimating Production Functions Using Inputs to Control for Unobservables. *Review of Economic Studies* 70(2): 317–341.

Li, H., and Z. Li. 2013. Road Investments and Inventory Reduction: Firm Level Evidence from China. *Journal of Urban Economics* 76: 43–52.

Morrison, C. J. and A. E. Schwartz. 1996. State Infrastructure and Productive Performance. *American Economic Review* 86(5): 1095–1111.

Olley, S. G., and A. Pakes. 1996. The Dynamics of Productivity in the Telecommunications Equipment Industry. *Econometrica* 64(6): 1263–1297. http://www.jstor.org/stable/2171831 (accessed 14 February 2017).

Palangkaraya, A., A. Stierwald, and J. Yong. 2009. Is Firm Productivity Related to Size and Age? The Case of Large Australian Firms. *Journal of Industry, Competition and Trade* 9(2): 167–195.

Yoshino, N., and M. Nakahigashi. 2000. Economic Effects of Infrastructure: Japan's Experience after World War II. *Japan Bank for International Cooperation Review* 3: 3–19.

Yoshino, N., and M. Nakahigashi. 2004. Role of Infrastructure in Economic Development. *Institute of Chartered Financial Analysts of Japan Journal of Managerial Economics* 2(2): 7–26.

附录 5A　各变量的定义 162

规模：企业一年内的总资产，以千元人民币为单位，形式为对数。

资本密集度：每家企业固定资产的平均净值除以雇员人数。

出口：出口收入总额与企业的总销售额之比。

企业年龄：企业成立以来的年份。

私有企业：如果一家企业是一家私有企业（不包括外资企业），变量等于 1，否则等于 0。

外资企业：如果一家企业是外资企业，变量等于 1，否则等于 0。

WestCen：如果一家企业位于西部或中部省份，变量等于 1，否则等于 0。

附录 5B　企业层面的生产率测算

劳动生产率定义如下：

$$Labor_{ijt} = VA_{ijt}/L_{ijt} \tag{A1}$$

其中，i 代表企业，j 代表行业，t 代表年份。雇员（L_{ijt}）是企业每年平均雇佣的人数，形式为对数。附加值（VA_{ijt}）是企业层面的附加值，单位为千元人民币，形式为对数。

全要素生产率是利用 2002～2007 年两位数水平行业的面板数据估算的，定义如下：

$$TFP_{ijt} = exp(VA_{ijt} - \ddot{\beta}_K^{LP} K_{ijt} - \ddot{\beta}_L^{LP} L_{ijt}) \tag{A2}$$

其中，i 代表企业，j 代表行业，t 代表年份。$\ddot{\beta}_K^{LP}$ 和 $\ddot{\beta}_L^{LP}$ 代表 Levinsohn 和 Petrin（2003）使用过的 K_{ijt} 和 L_{ijt} 的估计量，VA_{ijt} 和 L_{ijt} 的计算和用法同上。资本（K_{ijt}）是企业从开办到关闭期间的固定资产平均净值，单位为千元人民币，形式为对数。本章中的 TFP_{ijt} 都采用对数的形式。

第六章

港口改善对菲律宾教育的影响

克里斯·弗朗西斯科　马蒂亚斯·赫布尔

6.1　引言

163 研究文献已经充分认识到了交通系统在一个国家发展中的重要性。一些研究表明，对交通基础设施的投资能够带来经济增长（Easterly and Rebelo 1993），减少收入不平等（Estache，2003；Brenneman and Kerf，2002；Jalan and Ravallion，2002；Galiani et al.，2002；Jacoby，2000；Gannon and Liu，1997；Lee et al.，1997；Lavy et al.，1996；Ferreira and Araujo，2011；Behrman and Wolfe，1987）以及提高生产率（Calderon and Serven，2003；Demetriades and Mamuneas，2000；Canning，1999；Fernald，1999；Baltagi and Pinnoi，1995；Holtz-Eakin，1994；Aschauer，1989）。我们也从经济地理学文献（例如 Fujita et al.，2001）了解到，交通系统的改进呈现出更高的集聚力，从而影响到资源的分配。然而，这些集聚效应通常可以通过分散力量（如城市中的高薪）来缓解，这些分散力量允许外部边缘力量的存在。

菲律宾是一个拥有群岛结构的国家，由 7500 个岛屿组成，因此，建立一个完善的交通网络对其而言是一项巨大的挑战。然而，拥有一个可靠和负担得起的交通系统对于促进国内商品和服务的流动从而刺激经济增长至关重要。此外，综合交通网络可以在为全国提供平等的增长机会和发展机会方面发挥关键作用。

菲律宾的交通系统由公路、铁路、空运和水运组成。公路交通约占客运

量的98%和货运量的58%[①]，而水上交通仍然是岛际交通的主要模式。由 164
于菲律宾的交通基础设施大部分位于马尼拉首都大都市圈，经济发展也大体集中于此，其他地区的发展相对较慢[②]。菲律宾交通系统的连通性弱，限制了贸易和经济一体化，这也经常被认为是其贫穷以及小岛经济不发达的原因（Basilio et al.，2010）。此外，薄弱的物流网络限制了人们的谋生机会，尤其是在农村地区（ADB，2012）。

为加强岛际联系，菲律宾政府于2003年实施滚装船（Roll-on/Roll-off，RO-RO）政策。该政策的主要目的是创建一个更高效、更可靠的岛际交通模式，造福当地贸易和旅游业。滚装船系统旨在通过整合海运和公路网络来扩展国家的交通系统。该政策允许卡车和其他车辆直接在登船点登上滚装船，从滚装船直接接驳到目的地的道路上。因为免除了装货和卸货的流程，滚装船系统降低了30%左右的交通成本。此外，得益于这一政策，许多港口被集成到公路网络中，从而增强了连通性。由于这一点，也由于装载和卸货能够更快，交通时间大大缩减。例如，棉兰老岛和吕宋岛之间的行程时间减少了12个小时左右[③]（ADB，2012）。

本章旨在提供滚装船政策对菲律宾各种社会经济产出影响的实证研究。首先，我们调查了滚装船政策对农业家庭收入的影响，特别是通过观察滚装船港口的运营如何影响创业活动。由于该政策的主要目标之一是大力降低岛际交通成本，因此可以预料，这势必会影响到农户是否参与某些活动。其次，虽然该政策的设计不是影响儿童的教育，但我们评估了滚装
港附近地区儿童入学率的变化，以确定通过人力资本投资将父母的收益转 165
移给儿童的多种情况。最后，由于改善连通性也会影响各种消费品的可获性和价格，我们通过研究家庭在食品、酒精和烟草等方面的支出来检验消费行为可能的变化。

这项研究将对政策制定者和研究人员有用，因为我们展示了一个国家的交通体系得到改善的好处。我们三个主题中的每一个主题，其具体结果都揭示了家庭和城市受交通政策影响的机制，例如菲律宾的滚装船政策。

---

① ADB（2012），《菲律宾交通部门评估、战略和路线图》，马尼拉。

② 数据显示，2012~2014年首都地区经济增长率最高（约35%），而其他地区（卡拉巴松、中央吕宋和中米沙鄢除外）经济增长率均低于5%。

③ 吕宋岛、米沙鄢群岛和棉兰老岛是菲律宾的三大主要岛屿群。

6.2 政策背景

滚装船政策于 2003 年在菲律宾实施，即通过建立更高效的滚装船渡轮码头系统（RRTS），提供岛屿间转运的可行性模式。这项政策使政府能够将原有的私营的、非商业性的港口转变为 RRTS 下的商业港口，以最少的基础设施投资来扩大国家的交通体系。这项政策的目标是：（i）降低国内产品的运输成本；（ii）加强岛际联系，发展当地的旅游业和商业；（iii）促进政府农业、渔业和粮食安全计划的实施；（iv）鼓励私营部门参与 RRTS；（v）促进 RRTS 的发展。

RRTS 由滚装船舶连接的码头网络组成，其中滚装船操作的特征在于将卡车或其他车辆从道路直接装载到船舶，而不用装卸货物。正如集装箱化方法一样，该系统减少了对港口设施和设备的需求，大大简化了通行流程。因此，对于乘客来说，岛际交通成本减少了约 30%；对于货物来说，交通成本减少了 40%[①]。

滚装船政策将 RRTS 确定为国家高速公路系统的一部分，因为它创建了航海公路和国家公路之间的无缝连接网络。RRTS 由三条航海公路——西部
166 航海公路、中央航海公路和东部航海公路——和马哈利卡公路（Maharlika）或称作泛菲公路（Pan-Philippine，PPH）连接起来。该系统于 2003 年开始运行，并与西部航海公路的运营以及泛菲公路现有的道路和桥梁相结合。泛菲公路是菲律宾的第一条主要公路，建于 20 世纪 60 年代，连接吕宋岛、米沙鄢群岛和棉兰老岛，旨在刺激农业发展和区域发展。与此同时，随着 2008 年中央航海公路和 2009 年东部航海公路的接入，RRTS 得到进一步扩展，完成了菲律宾主要岛屿群的互联互通。

6.3 实证研究策略

为了揭示滚装船政策对菲律宾的影响，本章评估以下变化：（i）农业家庭收入；（ii）儿童教育；（iii）滚装船码头附近地区的家庭在食品、酒精和

---

① 《亚洲基金会的滚装船交通：连接东南亚海域》，https：//asiafoundation. org/resources/ pdfs / 4PagerRoRoPHLetter. pdf，最后访问日期：2016 年 5 月 29 日。

烟草方面的支出情况。由于数据可用性的差异以及研究问题的性质不同，我们使用了不同的实证研究方法。接下来各节将对一些模型进行讨论。

6.3.1　农业家庭收入

为了分析滚装政策对农业家庭收入的影响，我们构建了一个固定面板效应模型，该模型考虑了农业家庭与最近滚装船码头之间的距离。我们的实证策略与 Banerjee 等人（2012）和 Atack 等人（2009）的策略类似，而这些经验策略使我们能够观察农业家庭收入随时间的变化，同时控制不可观察的异质性。我们构建在时间 t 内的农业家庭模型 i，如下：

$$y_{it} = \beta_0 + x_{it}'\beta_1 + \beta_2 d_{it} + \beta_3 s_{it} + \beta_4 d_{it} \times s_{it} + c_i + e_t + u_{it}$$

其中，y_{it}表示家庭收入；x_{it}'表示控制变量的转置 K 维向量；d_{it}表示每个家庭与最近滚装船码头之间的距离（直线距离），随时间 t 而变化；对于指标 s_{it}，如果农业家庭与滚装船码头位于同一个岛屿，编码为 1，否则为 0；c_i是家庭固定效应；e_t是时间固定效应；u_{it}表示模型残差，我们假设它在控制条件下遵循白噪声过程。

这一策略的优势在于能使我们将菲律宾的群岛结构纳入我们的方程式。 167
更具体地说，$\beta_4 d_{it} \times s_{it}$项允许我们观察滚装船港口与农业家庭在同一岛屿上的距离与不同岛屿上的距离的影响。对于与滚装船港口位于同一岛屿上的农业家庭（$s_{it} = 1$），收入随着距离变化的公式为：$\frac{\partial y_{it}}{\partial d_{it}} = \beta_2 + \beta_4$。相反，对于不与滚装船港口位于同一岛屿上的农业家庭（$s_{it} = 0$），其收入随距离变化的公式为：$\frac{\partial y_{it}}{\partial d_{it}} = \beta_2$。

6.3.2　儿童教育

为了调查滚装船政策对儿童教育的影响，我们在 Ashenfelter 和 Card（1985）开创性工作的基础上，采用了双重差分法（DID）。我们的分析建立在市一级，构建了一个两阶段、全面互动的模型，用以解释每个城市学生就学的年龄层次和性别差异。由于滚装船政策在 2003 年实施，我们用 2000 年作为抽样前阶段，2010 年作为抽样后阶段。我们的 DID 模型具体如下：

$$\begin{aligned} y_{asmt} = {} & \delta_a (D_m \cdot T_t \cdot S_s \cdot A_a) + \theta_a (D_m \cdot T_t \cdot A_a) + \beta_1 D_m + \beta_2 T_t + \beta_{3a} A_a \\ & + \beta_4 S_s + \phi_{asmt} + \mu_m + e_{asmt} \end{aligned}$$

其中：

$$\phi_{asmt} = \beta_{5a}(D_m \cdot A_a) + \beta_6(D_m \cdot S_s) + \beta_{7a}(S_s \cdot A_a) + \beta_{8a}(D_m \cdot S_s \cdot A_a) + \beta_9(T_t \cdot S_s) + \beta_{10a}(T_t \cdot A_a) + \beta_{11a}(T_t \cdot S_s \cdot A_a)$$

在这个公式中，y_{asmt}指的是对于年龄为 a、性别为 s 的孩子，其在 t 时期在 m 市的入学率。从我们选择的下标中可以看出，我们的数据是按照年龄、性别、城市和时期叠加的。变量 D_m 表示抽样分配。如果市政当局被视为抽样组的一部分，则编码为 1，否则为 0。时间段用 T_t表示，如果处在抽样后期，则编码为 1；如果处在抽样前期，则编码为 0。年龄和性别分别由 A_a和 S_s表示。如果孩子是男性，S_s编码为 1，否则为 0。

同时，参数 β_1、β_2、β_{3a}和 β_4分别表示抽样组（D）、周期（T）、年龄（A）和性别（S）之间的平均偏差。此外，ϕ_{asmt}包含抽样组、周期、年龄和
168 性别之间的相互作用，从中获取四个因素对入学率影响的异质性。μ_m 为市级固定影响，这使我们能够控制市级范围内较为常见的时间不变量特征。最后，e_{asmt}是模型残差，也就是说，假定在对控制变量进行调节后，依然存在白噪声过程。

在我们的范式中，$\delta_a S_s + \theta_a$代表我们的双重差分估计量，显示了滚装船码头对儿童入学率的影响。我们抑制了 δ_a 的交互项，从而能够直接在同一个方程中估计男性和女性的单独双重差分系数 γ_{as} = （$\delta_a S_s + \theta_a$）①。

抽样确认

市一级的抽样分配由它们与两组港口的距离而定。本分析在抽样前和抽样后两个阶段都区分了滚装船码头和非滚装船码头。我们使用直线距离公式 $d = \sqrt{(x_2 - x_1)^2 + (y_2 - y_1)^2}$计算了每个城市与最近的滚装船码头和非滚装船码头之间的距离，对其进行比较，保留最小值。如果城市到滚装船码头的距离比到非滚装船码头更近，那么我们将该市分配给抽样组；反之，我们将该市分配给控制组。

6.3.3 家庭在食品、酒精和烟草方面的支出

为了揭示家庭消费行为的变化——特别是在食品、酒精和烟草方面的支

① 对该模型的完整讨论，可以参见 Francisco（2016：59 - 64）。

出，在滚装船港口运营之后，我们构建了一个 2003 年、2006 年、2009 年的 3 年期面板。我们使用以下模型验证家庭在食品、酒精和烟草方面的支出变化：

$$Y_{it} = \alpha + \beta_t + \delta I(T_t = 1) + \pi Z_{it} + \gamma_i + \varepsilon_{it}$$

其中，Y_{it} 表示家庭 t 在时间 i 的结果变量；β_t 表示年固定效应；I（T_t =1）是一个指标函数，如果该家庭在 t 年抽样，则值为 1，否则为 0；Z_{it}是包含 t 年该家庭特征的向量；γ_i是家庭固定效应；ε_{it}是模型残差，假定 169
其均值为 0，并且与我们的控制变量不相关。

为了检查结果是否一致，我们使用以下模型来计算家庭收入的差异：

$$Y_{it} = \alpha + \beta_t + \beta_k + \beta_{kt} + \delta_0 I(T_t = 1) + \delta_k I(T_t = 1) \times J(Inc = k) + \pi Z_{it} + \gamma_i + \varepsilon_{it}$$

其中，我们增加了 β_k 来获取家庭收入组中的差异，β_{kt} 中包含了家庭收入组与年份之间的相互作用，而 δ_k 用来显示滚装船政策对每个收入组家庭支出的影响。

抽样确认

我们的抽样分配同样以各个家庭与最近的滚装船港口和非滚装船港口的地理距离为基础。本研究使用靠近非滚装船港口的家庭作为我们的反面事实，借助直线距离公式，我们计算了每个家庭与滚装船港口和非滚装船港口的距离，然后比较这些值并保持最小值。离滚装船港口最近的家庭被分配到抽样组，而离非滚装船港口最近的家庭则被分配到控制组。

由于我们的数据结构是包括 2003 年、2006 年和 2009 年的 3 年期面板，因此我们将抽样处理与航海公路运营的时间相匹配。如前所述，RRTS 于 2003 年开始运营西部航海公路和 PPH，随后于 2008 年开放中央航海公路，2009 年开放东部航海公路。因此，同一个家庭在 2003 年和 2006 年被分配到了抽样组和控制组。同时，由于中央航海公路和东部航海公路投入使用，我们在 2009 年为抽样组分配了额外的家庭。

6.4　数据

6.4.1　家庭收入和支出

我们分析农业家庭收入和食品、酒精和烟草支出的数据主要来自菲律宾统计局（Philippine Statistics Authority，PSA）的家庭收入和支出调查（Family Income and Expenditure Survey，FIES）。FIES 收集关于家庭特征、消费、收入和支出的信息，自 1985 年以来每 3 年收集一次。我们在 2003 年、2006 年和 2009 年都使用了 FIES 3 年面板。

170 在样本选择方面，我们将样本限制在 3 年面板中的农户，用于农业家庭收入分析，因为农户通常收入最低，受贫困所迫程度最深。如果他们的收入增加，那么贫困水平会下降。另外，我们所有样本都会用来分析教育和家庭支出。我们使用菲律宾统计局所有商品的区域和年度特定消费者价格指数来定义收入数据。

6.4.2 儿童教育和相关数据

我们的主要数据来源是菲律宾统计局的人口和住房调查，这是一项具有代表性的全国调查，旨在收集关于菲律宾人口规模及其分布的信息，从中我们可以计算出每个城市 5～21 岁[①]人口的入学率。这项调查包括了有关人群的人口、社会、经济和文化特征的信息。值得一提的是，我们利用了其中有关性别、出生日期和入学率的数据。我们还利用地方财政部门的收支表（Statement of Income and Expenditure，SIE）来计算每个城市的人均税收，用以代替家庭收入。收支表还包含菲律宾地方政府单位的财务信息。通过使用总就业人口数据计算人均税收，我们获得了更精确的家庭收入指标。

港口和地理数据

我们从菲律宾港务局获得了滚装船港口清单，并将其与菲律宾统计局提供的菲律宾港口清单信息结合起来。这份文件列出了菲律宾所有港口的状态信息（即运营的或非运营的）。我们只将公共港口包含进我们的数据集中。

大多数滚装船港口位于吕宋岛、米沙鄢群岛和棉兰老岛这些面临贫困和欠发达问题的岛屿之上。

同时，关于地理坐标或具体位置的数据来自菲律宾统计局官方统计数据包，通过该数据包我们能够计算出分析所需的距离。最后，我们使用菲律宾

---

① 关于入学率的调查问题仅针对 5 岁及以上的个人，而就业调查问题仅针对 15 岁及以上的个人。

标准地理代码作为标识符，合并了所有数据。此代码也来自菲律宾统计局， 171
由九位数字组成，与菲律宾境内特定行政区划相对应。

6.5 结果

通过在家庭和城市层面进行三次独立分析，并考察农业家庭收入、儿童教育和家庭在食品、酒精和烟草支出的变化，我们评估了滚装船政策在菲律宾的影响，具体情况如下。

6.5.1 农业家庭收入

由于农户是人口中最贫穷的部分，因此分析农业家庭收入非常重要。虽然贫困的原因可能因地点不同而不同，但部分可以归因于缺乏融资和缺乏非农业工作的机会，特别是在农村地区。因此，弄清滚装船政策如何对农户产生影响将有利于未来决策。

我们对边际效应的估计显示，与滚装船港口的距离确实是影响农业家庭收入的重要因素（见表 6.1）。我们的研究结果显示，离滚装船码头较近的农户拥有较高的收入。即使我们考虑到岛屿位置的变化，这一结果仍然不变，事实上，滚装船港口对于不同岛屿的农业家庭，影响都相对较高。因此，我们的研究结果可以表明，滚装船港口业务能够为附近的农户带来收入机会，这些机会还不受岛屿位置的限制。

表 6.1 滚装船港口运营对农业家庭收入的影响

与最近的滚装船码头的距离记录	-0.209343** (0.090491)
与最近的滚装船码头的距离记录×与滚装船码头位于同座岛屿	0.179476** (0.091062)
HH 劳动力(15~60 岁)	0.059166*** (0.009992)
有汽车	0.222654*** (0.080144)
有摩托车	0.214667*** (0.061287)
有电	0.049596* (0.027291)

续表

一家之主的性别	0.105184 (0.075442)
一家之主的年龄	0.003371 (0.002581)
一家之主受教育年限	-0.000355 (0.006920)
时间固定效应	是
与最近的滚装船码头距离的边际效应	
在同一座岛上	-0.029868*** (0.010198)
在不同岛上	-0.209343** (0.090491)
样本数量	3892
R^2	
岛屿之内	0.083
岛屿之间	0.0039
全部	0.0017

注：* 表示显著性水平为10%，** 表示显著性水平为5%，*** 表示显著性水平为1%。括号内的标准差具有异方差稳健性。边际效应使用 Delta 法计算。

资料来源：作者编制。

农业家庭收入主要分为两部分：（i）农业资源和活动收入；（ii）非农业资源和活动收入。表6.2列出了滚装船港口运营对农业资源和活动收入的影响。我们估计的边际效应显示，滚装船港口业务刺激了附近岛屿与农业有关的活动。结果表明，附近岛屿上靠近滚装船码头的农业家庭拥有较多的农业资源和较高的活动收入。这可能是因为附近岛屿上滚装船港口的存在可以
172 通过提高投入和技术水平来刺激农业生产力。Bezinger（1996）指出，随着基础设施和城市市场的准入，单位土地的肥和机械使用量逐渐增加，导致土地和劳动生产率提高。同样，Khandker 等人（1994）也指出，随着基础设施的改善，农业投入和推广服务的使用也增加了。

同时，我们的预估表明，与滚装船港口位于同一个岛屿上的农业家庭逐渐转移到了非农业活动之中（见表6.3）。我们认为这一发现是积极的。

表 6.2　滚装船港口运营对农业资源和活动收入的影响 173

与最近的滚装船码头的距离记录	-0.199040** (0.084028)
与最近的滚装船码头的距离记录 × 与滚装船码头位于同座岛屿	0.178996** (0.084694)
HH 劳动力(15～60 岁)	0.048616*** (0.010787)
有汽车	0.268230*** (0.085638)
有摩托车	0.221301*** (0.068425)
有电	0.057021* (0.030425)
一家之主的性别	0.098479 (0.093909)
一家之主的年龄	0.001750 (0.002775)
一家之主受教育年限	-0.003052 (0.007437)
时间固定效应	是
与最近的滚装船码头距离的边际效应	
在同一座岛上	-0.020045* (0.010690)
在不同岛上	-0.199040*** (0.084028)
样本数量	3892
R^2	
岛屿之内	0.0522
岛屿之间	0.0001
全部	0.0003

注：* 表示显著性水平为 10%，** 表示显著性水平为 5%，*** 表示显著性水平为 1%。括号内的标准差具有异方差稳健性。边际效应使用 Delta 法计算。

资料来源：作者编制。

农村贫困的一个原因是农业家庭缺乏非农业机会。Fan 和 Chan-Kang（2004）解释说，基础设施和道路通行往往会催生小型非农业企业，Fan 和 Rao（2002）强调了非农业机会对农业家庭的重要性，因为这些机会能够帮

174 **表 6.3　滚装船港口运营对非农业资源和活动收入的影响**

与最近的滚装船码头的距离记录	-0.263973 (0.221448)
与最近的滚装船码头的距离记录 × 与滚装船码头位于同座岛屿	0.191621 (0.222453)
HH 劳动力(15 ~ 60 岁)	0.106646*** (0.022470)
有汽车	-0.056328 (0.145430)
有摩托车	0.134804 (0.131336)
有电	0.011163 (0.066439)
一家之主的性别	0.038321 (0.189253)
一家之主的年龄	0.016227** (0.007306)
一家之主受教育年限	0.016914 (0.014545)
时间固定效应	是
与最近的滚装船码头距离的边际效应	
在同一座岛上	-0.072352*** (0.020883)
在不同岛上	-0.263973 (0.221448)
样本数量	3891
R^2	
岛屿之内	0.0578
岛屿之间	0.0396
全部	0.0348

注：* 表示显著性水平为 10%，** 表示显著性水平为 5%，*** 表示显著性水平为 1%。括号内的标准差具有异方差稳健性。边际效应使用 Delta 法计算。

资料来源：作者编制。

175 助许多亚洲国家的贫困人口在后绿色革命中生存下来。

我们发现，滚装船港口的运营总体上对农业家庭是有利的。我们的结果与以前的研究结果一致（如 Malmberg et al.，1997；Escobal，2001），该结果表明交通基础设施提高了农业和非农业部门的盈利能力，为当地居民提供了机会。其中一个重要的发现是，由于有更多的投入和进入农产品市场的便捷性，靠近滚装船港口的农业家庭获得了非农业机会，附近岛屿上农业家庭的收入也增加了。

6.5.2 儿童教育

教育被视为菲律宾消除贫困的关键政策工具。根据宪法的规定，政府应免费提供小学和中学教育，但在农村和高度贫困地区，教育部门仍然面临着较低的入学率和较高的辍学率问题。在本节中，我们通过调查市级学校出勤率的变化来研究滚装船港口运营对儿童教育的影响。

我们观察到，在滚装船港口附近的城市中，男孩和女孩的入学率都得到了显著的提高（见表 6.4）。这种影响对女孩产生得更早，其学前教育阶段的入学率已有所提高了。由于 2012 年之前，菲律宾的学前教育不是强制性的，这一结果意味着父母将孩子送到学校念书的能力有所增强。此外，我们观察到，在中学和高等教育阶段，女孩的入学率稳步上升。一些研究（例如 Johanson，1999；Orbeta，2003）提到，在菲律宾，女孩的入学率和受教育程度比男孩高，因为人们认为教育能够提升女孩的劳动参与度（Quisumbing et al.，2004；Sakellariou，2004）。此外，Orbeta（2003）解释说，学龄男孩比女孩更容易获得就业机会，因此男孩可以选择离开学校。但是，我们也注意到，6～20 岁男孩的入学率一直在提高。这意味着在滚装船港口附近，更多的学龄男孩进入学校接受教育。这一点很重要，因为学龄男孩通常因经济问题而极易辍学。

表 6.4　学校出勤率估算 176

	男	女
学前教育阶段		
5 岁	0.01610 (0.00991)	0.02016** (0.00977)
小学阶段		
6 岁	0.03682*** (0.00957)	0.05557*** (0.00988)
7 岁	0.03910*** (0.00715)	0.02170*** (0.00650)

续表

	男	女
8 岁	0.01809*** (0.00591)	0.00910 (0.00571)
9 岁	0.01147** (0.00503)	0.00866 (0.00544)
10 岁	0.01285** (0.00529)	0.01271** (0.00521)
11 岁	0.01192** (0.00519)	0.00757 (0.00535)
12 岁	0.01727*** (0.00543)	0.00654 (0.00518)
中学阶段		
13 岁	0.01865*** (0.00644)	0.01790*** (0.00558)
14 岁	0.02185*** (0.00655)	0.02040*** (0.00582)
15 岁	0.03063*** (0.00687)	0.02886*** (0.00693)
16 岁	0.02929*** (0.00765)	0.02497*** (0.00785)
高等教育阶段		
17 岁	0.01663** (0.00839)	0.03286*** (0.00863)
18 岁	0.02036** (0.00839)	0.02104** (0.00905)
19 岁	0.02854*** (0.00891)	0.01820** (0.00901)
20 岁	0.02233*** (0.00854)	0.02712*** (0.00872)
177 21 岁	0.01452 (0.00903)	0.02207** (0.00925)
样本数量		
观察量	104598	
分组	1539	
R^2		
岛屿之内	0.8491	

续表

	男	女
岛屿之间	0.0016	
全部	0.7965	

注：* 表示显著性水平为 10%，** 表示显著性水平为 5%，*** 表示显著性水平为 1%。模型控制用于省级和市级的固定效应，括号里的标准差具有异方差稳健性。

资料来源：作者编制。

利用学校里每个年龄段的儿童总人数以及 β 估计值，我们计算了入学率的相应增加值（见表 6.5）。我们的研究结果表明，男孩和女孩入学率的最高增长同等情况发生在小学阶段。我们还注意到，中小学男生人数的增加要比女生多。我们的结果与摩洛哥的一项研究（Levy，1996）类似，在那项研究中，在道路有所改善的地区，学校的入学人数也有所增加。

表 6.5　学校出勤率同等提高情况

年龄	在校生总人数		β 估算		相同人数			
	男	女	男	女	男	女	总共	
学前教育阶段								
5 岁	243731	225557	0.01610	0.02016	3923	4548	8471	
总共					3923	4548	8471	
小学阶段								
6 岁	241516	226035	0.03682	0.05557	8892	12560	21452	
7 岁	239119	222901	0.03910	0.02170	9350	4836	14186	
8 岁	224904	212718	0.01809	0.00910	4067	1936	6003	
9 岁	251031	233958	0.01147	0.00866	2880	2026	4906	
10 岁	251208	230433	0.01285	0.01271	3227	2928	6155	178
11 岁	230498	219521	0.01192	0.00757	2747	1662	4409	
12 岁	245050	227684	0.01727	0.00654	4231	1488	5719	
总共					35394	27436	62830	
中学阶段								
13 岁	227768	217218	0.01865	0.01790	4248	3888	8136	
14 岁	237953	222833	0.02185	0.02040	5200	4545	9745	
15 岁	231182	216106	0.03063	0.02886	7080	6238	13318	
16 岁	226494	209953	0.02929	0.02497	6635	5242	11877	
总共					23163	19913	43076	

续表

年龄	在校生总人数		β估算		相同人数		
	男	女	男	女	男	女	总共
高等教育阶段							
17 岁	221126	204314	0.01663	0.03286	3678	6713	10391
18 岁	212907	197510	0.02036	0.02104	4334	4156	8490
19 岁	205122	190479	0.02854	0.01820	5854	3466	9320
20 岁	191839	177356	0.02233	0.02712	4285	4809	9094
21 岁	177994	162945	0.01452	0.02207	2585	3597	6182
总共					20736	22741	43477
显著提升总和					83216	74638	157854

注：2012 年前，学前教育非强制性。

资料来源：作者编制。

正如一些研究（Orbeta，2003；Maligalig et al.，2010；Albert et al.，2012）所讨论的那样，在菲律宾能否送孩子上学，首要因素依然是收入。为了支撑之前的调查结果，我们还调查了滚装船港口附近地区的家庭收入变化。我们使用了来自财政部收支表中的每个城市的税收数据（见表 6.6）作为家庭收入中的代表性数据。这些数据表明，滚装船港口附近地区的家庭收入有所增加，同时显示出一些家庭送孩子上学的能力有所增强。

表 6.6 人均税收收入情况

179

抽样结果	-0.1992341*** (0.0603927)
年份	0.2880480*** (0.0199620)
抽样结果 × 年份	0.0692498** (0.0346459)
样本数量	
观察量	2870
分组	1435
R^2	
岛屿之内	0.2015
岛屿之间	0.0041
全部	0.0195

注：* 表示显著性水平为 10%，** 表示显著性水平为 5%，*** 表示显著性水平为 1%。模型控制用于省级和市级的固定效应，括号内的标准差具有异方差稳健性。

资料来源：作者编制。

因此，我们的研究结果表明，滚装船政策可能会对滚装船港口附近城市的经济产生长期影响。如上所述，家庭获得的福利以人力资本投资的形式转移给子女。通过送孩子上学，家庭从长远来看也在提高劳动力素质，从而为可持续增长奠定基础。

6.5.3　食品、酒精和烟草的支出

我们的发现表明，滚装船政策的实施为滚装船港口附近的家庭带来了收入。收入会对家庭消费酒精和烟草等商品产生影响（Wagenaar，Salois and Komro，2009）。一些研究指出，个人的健康状况受收入的各个不同方面影响，如收入随时间变化的幅度，某一收入水平的持续时间以及收入不稳定的情况（McDonough et al.，1997；Duncan et al.，2002；Chen et al.，2007）。通常，酒精和烟草消费随收入的增加而增加（Cawley and Ruhm 2012）；然而，其他人则认为在经济衰退期间酒精消费会增加（Pierce et al.，1994）。Davalos 等人（2011）使用美国的数据来证明国家失业率的不断上升是如何导致过度饮酒的可能性不断攀升的。吸烟的证据也很复杂。虽然一些研究人员发现高收入会导致更高的吸烟率（例如，Ruhm，2005），但其他研究表明经济衰退会带来更高的失业率，通常也会导致吸烟率上升（例如，Gallus et al.，2015）。

在本节中，我们通过研究家庭食品、酒精和烟草支出的变化来验证在菲律宾的这种行为。尽管理想的需求估算是解决这一研究问题的最佳方式，但 180
价格数据的缺失使得我们必须使用双重差分策略才能得到有用的结果。

首先，我们检验了滚装船港口附近家庭收入的变化（见表 6.7）。(a) 栏显示家庭收入普遍增加了 4% 左右，但当我们将样本限制在有酒精支出的家庭（b）栏和有烟草支出的家庭（c）栏时，这一结果就不存在了。

表 6.7　人均家庭收入情况

	(a)	(b)	(c)
抽样结果 × 年份	0.0428**	0.0318	0.0480
	(0.0212)	(0.0250)	(0.0249)
控制量			
年份	是	是	是
抽样结果	是	是	是

续表

	(a)	(b)	(c)
抽样结果 × 年份	0.0428**	0.0318	0.0480
	(0.0212)	(0.0250)	(0.0249)
城市/农村			
1 – 城市	0.0313	–0.4176***	0.0100
	(0.1222)	(0.1098)	(0.1610)
雇用人数总和	0.0157***	0.0185***	0.0144**
	(0.0049)	(0.0058)	(0.0058)
工人的家庭分类			
私营企业工作者	–0.0480	0.0067	–0.0167
	(0.0352)	(0.0452)	(0.0441)
政府工作人员	0.0613	0.0794	0.1097***
	(0.0435)	(0.0547)	(0.0547)
自雇者(有/无雇佣人员)	–0.0761**	–0.0163	–0.0449
	(0.0359)	(0.0464)	(0.0453)
家族企业雇员	0.0022	0.0600	0.0193
	(0.0383)	(0.0490)	(0.0480)
家族企业工作人员(有工资)	–0.1792	–0.1066	–0.0550
	(0.1184)	(0.1648)	(0.1695)
家族企业工作人员(无工资)	–0.0799	–0.0826	–0.0831
	(0.0633)	(0.0877)	(0.0803)
家庭类型			
扩大的家庭	–0.1850***	–0.1920***	–0.1972***
	(0.0121)	(0.0147)	(0.0149)
有两个或两个以上的无关人员	–0.0257	0.1148	–0.1848
	(0.1245)	(0.1697)	(0.1661)
样本数量	16603	11653	11521
R^2	0.0451	0.0529	0.0516

注：(a) 所有样本；(b) 仅包括有酒精支出的家庭；(c) 仅包括有烟草支出的家庭。* 表示显著性水平为 10%，** 表示显著性水平为 5%，*** 表示显著性水平为 1%。括号里的标准差具有异方差稳健性，因家庭的聚类性而产生。

资料来源：作者编制。

181 表 6.8 显示家庭食物消费没有显著变化。即使样本仅限于有酒精支出的家庭（b）栏和有烟草支出的家庭（c）栏，这种趋势仍然保持一致。由于我们采用的是总支出数据，我们只能研究总体家庭消费的变化，而不是只研究个别食物类型。我们对特定的食物组（如淀粉）进行了单独的回归分析，但是，结果最终没有得以呈现，因为无法发现支出份额方面的任何重大变化。我们的研究结果表明，尽管收入增加，但人们对于食物的选择仍保持不变。因此，家庭可能会将额外收入用于其他项目。

表 6.8　人均食物支出情况

	(a)	(b)	(c)
抽样结果 × 年份	0.0042 (0.0143)	0.0104 (0.0181)	0.0258 (0.0185)
控制量			
年份	是	是	是
抽样结果	是	是	是
城市/农村			
1 - 城市	-0.0941 (0.1032)	0.1394 (0.1832)	-0.0394 (0.1117)
人均国民收入五分位数			
五分位数之二	0.2630*** (0.0080)	0.2694*** (0.0098)	0.2637*** (0.0096)
五分位数之三	0.4768*** (0.0102)	0.4748*** (0.0127)	0.4650*** (0.0127)
五分位数之四	0.6812*** (0.0124)	0.6812*** (0.0162)	0.6936*** (0.0163)
五分位数之五	0.9235*** (0.0160)	0.9042*** (0.0225)	0.9213*** (0.0230)
样本数量	19551	13218	13238
R^2	0.2528	0.2488	0.2559

注：(a) 所有样本；(b) 仅包括有酒精支出的家庭；(c) 仅包括有烟草支出的家庭。* 表示显著性水平为 10%，** 表示显著性水平为 5%，*** 表示显著性水平为 1%。括号里的标准差具有异方差稳健性，因家庭的聚类性而产生。

资料来源：作者编制。

有趣的是，表 6.9 表明，随着滚装船港口的运营，家庭的酒精支出有所减少。在 (b) 栏中，我们允许这个效应随着收入的五分位数而变化；然而，并没有发现收入群体之间存在明显差异。相反，抽样结果与年份的相互作用仍然显著，这与我们在 (a) 栏中的预计一致。

182

表 6.9　人均酒精支出情况

	(a)	(b)
抽样结果 × 年份	-0.1959 ** (0.0778)	-0.2045 ** (0.0962)
抽样结果 × 年份 × 人均国民收入五分位数		
五分位数之二		0.0002 (0.0881)
五分位数之三		0.0466 (0.1030)
五分位数之四		-0.0350 (0.1262)
五分位数之五		-0.1349 (0.1537)
控制及相互作用		
年份	是	是
抽样结果	是	是
人均国民收入五分位数	是	是
人均国民收入五分位数 × 年份		是
城市或农村		
1 - 城市	-0.2285 (0.8939)	-0.1960 (0.8716)
样本数量	13218	13218
R^2	0.0411	0.0414

注：(a) 基本模型；(b) 收入变化的模型。* 表示显著性水平为 10%，** 表示显著性水平为 5%，*** 表示显著性水平为 1%。括号里的标准差具有异方差稳健性，因家庭的聚类性而产生。

资料来源：作者编制。

值得注意的是，由于支出是单独估算的，我们无法确定家庭收入的变化和酒精支出的变化之间的联系。但是，表 6.7 中收入的增加可能是由于滚装船港口的附近地区就业机会增加，所以各个家庭能够更有成效地利用时间。

与此同时，居住在滚装船港口附近的家庭烟草支出有所减少（见表 6.10）。虽然（b）栏显示收入组之间没有显著差异，但抽样结果与年份的相互作用仍然显著，与我们在（a）栏中的结果相似。由于烟草支出与酒精支出互为补充，因此观察到类似的烟草支出减少也就不足为奇了。一些研究（Kenkel and Wang，1999；Auld，2005）已经认识到酒精支出和烟草支出之间的相关性了。

表 6.10　人均烟草支出情况 183

	(a)	(b)
抽样结果 × 年份	-0.1477** (0.0703)	-0.1923** (0.0809)
抽样结果 × 年份 × 人均国民收入五分位数		
五分位数之二		0.0166 (0.0772)
五分位数之三		0.0193 (0.0942)
五分位数之四		0.0506 (0.1187)
五分位数之五		-0.0422 (0.1765)
控制及相互作用		
年份	是	是
抽样结果	是	是
人均国民收入五分位数	是	是
人均国民收入五分位数 × 年份		是
城市或农村		
1 - 城市	0.1377 (0.4844)	0.1772 (0.4907)
样本数量	13238	13238
R^2	0.0314	0.0354

注：(a) 基本模型；(b) 收入变化的模型。* 表示显著性水平为 10%，** 表示显著性水平为 5%，*** 表示显著性水平为 1%。括号里的标准差具有异方差稳健性，因家庭的聚类性而产生。

资料来源：作者编制。

总而言之，我们发现滚装船港口的运营降低了港口附近地区的家庭酒精和烟草的消费量。我们的观察认为，滚装船港口附近地区就业机会增加带来家庭收入的增加，从而减少了家庭的空闲时间。

6.6　结论

这项研究分析了滚装船政策如何影响菲律宾的家庭和城市。我们的估计表明，政府在提高国内内陆交通的效率和可用性方面所做的努力已经创造了一些机会，这些机会可以惠及滚装船港口附近的社区。

184 我们的第一次分析结果表明，滚装船港口的运营刺激了农业家庭的农业活动和非农业活动。我们还注意到岛屿位置不会妨碍到滚装船港口的运营。有趣的是，我们发现滚装船港口的运营刺激了附近岛屿的农业活动。相比之下，滚装船港口所在的岛屿上的非农业活动发展蓬勃。

我们的第二次分析显示，滚装船港口附近城市的儿童入学率有所上升。特别是，我们的预计表明，女孩的入学率早在学前教育阶段就有所提高，一直持续到高等教育阶段。我们还注意到，6～20岁男孩的入学率持续上升。总体而言，我们发现家庭从滚装船港口运营中获得的收益以人力资本投资的形式转移给了儿童，而且我们预计这将长期造福当地经济。

我们的第三次分析显示，随着滚装船港口附近地区人们的收入增加，其酒精和烟草消费量有所减少。由于酒精的支出通常伴随着烟草的支出，反之亦然，因此家庭此类消费的减少并不令人惊讶。

总而言之，本章强调了在一个国家内提供有效的、可负担的交通模式的益处。虽然菲律宾的群岛结构在地理上与大多数其他国家不同，但其在滚装船政策方面的经验清楚地表明，这种政策的好处不只有降低交通成本。我们的结果提供了一些范例，显示出地方经济互联互通之后的意外收益，而这些收益往往很容易被政策制定者忽视。本章的一个重要内容就是表明，居住在基础设施附近的人，能从这种政策中获得最多的收益。因此，基础设施的位置是设计目标政策的重要考虑因素。由于我们只关注了其中三个主题，本章可能没有完全揭示出滚装船政策的整体影响。因此，我们希望其他研究人员在未来的研究中能扩大我们的分析范围，不仅要揭示经济收益，还要揭示这一政策所带来的损失。

参考文献

Albert, J., F. Quimba, A. Ramos, and J. Almeda. 2012. Profile of Out of School Children in the Philippines. Philippine Institute for Development Studies (PIDS) Discussion Paper 2012-01. Makati City: PIDS.

Aschauer, D. 1989. Is Public Expenditure Productive? *Journal of Monetary Economics* 23(2): 177–200.

Ashenfelter, O., and D. Card. 1985. Using the Longitudinal Structure of Earnings to Estimate the Effect of Training Programs. *Review of Economics and Statistics* 67(4): 648–660.

Asian Development Bank (ADB). 2012. *Philippines Transport Sector Assessment, Strategy and Road Map*. Manila: ADB.

Atack, J., F. Bateman, M. Haines, and R. Margo. 2009. Did Railroads Induce or Follow Economic Growth? Urbanization and Population Growth in the American Midwest. National Bureau of Economic Research Working Paper 14640.

Auld, C. 2005. Smoking, Drinking, and Income. *Journal of Human Resources* 40(2): 505–518.

Baltagi, B., and N. Pinnoi. 1995. Public Capital Stock and State Productivity Growth: Further Evidence from an Error Components Model. *Empirical Economics* 20: 351–359.

Banerjee, A., E. Duo, and N. Qian. 2012. On the Road: Access to Transportation Infrastructure and Economic Growth in China. National Bureau of Economic Research Working Paper 17897.

Basilio, E., J. Faustino, J. Acena, and R. Hernandez. 2010. Bridges across Oceans. Manila: ADB.

Behrman, J., and B. Wolfe. 1987. How Does Mother's Schooling Affect Family Health, Nutrition, Medical Care Usage and Household Sanitation? *Journal of Econometrics* 36: 185–204.

Bezinger, V. 1996. Urban Access and Rural Productivity Growth in Post-Mao China. *Economic Development and Cultural Change* 44: 539–570.

Brenneman, A., and M. Kerf. 2002. Infrastructure and Poverty Linkages: A Literature Review. Mimeo. Washington, DC: World Bank.

Calderon, C., and L. Serven. 2003. The Output Cost of Latin America's Infrastructure Gap. In *The Limits of Stabilization: Infrastructure, Public Deficits and Growth in Latin America*, edited by W. Easterly and L. Serven. Palo Alto, CA: Stanford University Press.

Canning, D. 1999. Infrastructure's Contribution to Aggregate Output. World Bank Policy Research Working Paper 2246. Washington, DC: World Bank.

Cawley, J., and C. Ruhm. 2012. The Economics of Risky Behaviors. In *Handbook of Health Economics 2*, edited by M. Mcguire and P. Barros. New York: Elsevier.

Chen, E., A. Martin, and K. Matthews. 2007. Trajectories of Socioeconomic Status across Children's Lifetime Predicts Health. *Pediatrics* 120: e297–e303.

Davalos, M., H. Fang, and M. French. 2011. Easing the Pain of an Economic Downturn: Macroeconomic Conditions and Excess Alcohol Consumption. *Health Economics*. DOI: 10.1002/hec.1788.

Demetriades, P., and T. Mamuneas. 2000. Intertemporal Output and Employment Effects of Public Infrastructure Capital: Evidence from 12 OECD Economies. *The Economic Journal* 110: 687–712.

Duncan, G., M. Daly, P. McDonough, and D. Williams. 2002. Optimal Indicators of Socioeconomic Status for Health Research. *American Journal of Public Health* 92: 1151–1157.

Easterly, W., and S. Rebelo. 1993. Fiscal Policy and Economic Growth: An Empirical Investigation. *Journal of Monetary Economics* 32: 417–458.

Escobal, J. 2001. The Determinants of NonFarm Income Diversification in Rural Peru. *World Development* 29(3): 497–508.

Estache, A. 2003. On Latin America's Infrastructure Privatization and Its Distributional Effects. Paper presented at the Distributional Consequences of Privatization Conference. London: Center for Global Development. February 24–25.

Fan, S., and C. Chan-Kang. 2004. Road Development, Economic Growth and Poverty Reduction in China. Development Strategy and Governance Division Discussion Paper 12. Washington, DC: International Food Policy Research Institute.

Fan, S., and N. Rao. 2002. Public Investment and Poverty Reduction: A Synthesis of Issues, Methods and Major Findings. Mimeo. Washington, DC: International Food Policy Research Institute.

Fernald, J. 1999. Roads to Prosperity? Assessing the Link between Public Capital and Productivity. *American Economic Review* 89(3): 619–638.

Ferreira, P., and C. Araujo. 2011. Growth and Fiscal Effects of Infrastructure Investment in Brazil. Rio de Janeiro: Fundação Getulio Vargas.

Francisco, K. 2016. Essays on Roll-on/Roll-off Policy: The Impact of Nautical Highways in the Philippines. PhD dissertation submitted to the Faculty of the National Graduate Institute for Policy Studies, Tokyo. https://grips.repo.nii.ac.jp/?action=pages_view_main&active_action=repository_view_main_item_detail&item_id=1529&item_no=1&page_id=15&block_id=26.

Fujita, M., P. Krugman, and A. J. Venables. 2001. The Spatial Economy: Cities, Regions, and International Trade. Cambridge, MA: Massachusetts Institute of Technology Press.

Gallus, S., S. Ghislandi, and M. Raya. 2015. Effects of the Economic Crisis on Smoking Prevalence and Number of Smokers in the USA. *Tobacco Control* 24: 82–88. doi:10.1136/tobaccocontrol-2012-050856.

Galiani, S., P. Gertler, E. Schargrodsky, and F. Sturzenegger. 2002. The Benefits and Costs of Privatization in Argentina: A Microeconomic Analysis. In *Privatization in Latin America: Myths and Reality*, edited by A. Chong and F. Lopez-de Silanes. Stanford: Stanford University Press.

Gannon, C., and Z. Liu. 1997. *Poverty and Transport*. Washington, DC: World Bank.

Holtz-Eakin, D. 1994. Public Sector Capital and the Productivity Puzzle. *Review of Economics and Statistics* 76: 12–21.

Jacoby, H. G. 2000. Access to Markets and the Benefits of Rural Roads. *The Economic Journal* 110: 713–737.

Jalan, J., and M. Ravallion. 2002. Household Income Dynamics in Rural China. Working Papers UNU-WIDER Research Paper. Helsinki: United Nations University World Institute for Development Economics Research.

Johanson, R. 1999. Higher Education in the Philippines. Technical Background Paper 3. ADB-WB Philippine Education for the 21st Century: The 1998 Philippines Education Sector Study. Manila.

Kenkel, D., and P. Wang. 1999. Are Alcoholics in Bad Jobs. In *The Economic Analysis of Substance Use and Abuse: An Integration of Economic and Behavioral Economic Research*, edited by F. Chaloupka, M. Grossman, W. Bickel, and H. Saffer. Chicago: University of Chicago Press, for the National Bureau of Economic Research.

Khandker, S., V. Lavy, and D. Filmer. 1994. Schooling and Cognitive Achievements of Children in Morocco. World Bank Discussion Paper 264. Washington, DC: World Bank.

Lavy, V., J. Strauss, D. Thomas, and P. Vreyer. 1996. Quality of Health Care, Survival and Health Outcomes in Ghana. *Journal of Health Economics* 15: 333–357.

Lee, K., M. H. Pesaran, and R. Smith. 1997. Growth and Convergence in a Multicountry Empirical Stochastic Solow Model. *Journal of Applied Econometrics* 12: 357–392.

Levy, H. 1996. Kingdom of Morocco: Impact Evaluation Report, Socioeconomic Influence of Rural Roads. Washington, DC: World Bank, Operation Valuation Department.

Maligalig, D., R. B. Caoli-Rodriguez, A. Martinez, and S. Cuevas. 2010. Education Outcomes in the Philippines. ADB Economics Working Paper Series 199. Manila: ADB.

Malmberg C., A. Ryan, and L. Pouliquen. 1997. *Rural Infrastructure Services for Development and Poverty Reduction*. Washington, DC: World Bank.

McDonough, P., G. Duncan, D. Williams, and J. House. 1997. Income Dynamics and Adult Mortality in the United States, 1972 through 1989. *American Journal of Public Health* 87: 1476–1483.

Orbeta, A. 2003. Education, Labor Market and Development: A Review of the Trends and Issues in the Philippines for the Past 25 Years. PIDS Discussion Paper 2002-19. Makati City: PIDS.

Pierce, R. S., M. R. Frone, M. Russell, and M. L. Cooper, 1994. Relationship of Financial Strain and Psychosocial Resources to Alcohol Use and Abuse: The Mediating Role of Negative Affect and Drinking Motives. *Journal of Health and Social Behavior* 35(4): 291–308.

Quisumbing, A., J. Estudillo, and K. Otsuka. 2004. *Land and Schooling: Transferring Wealth across Generations*. Baltimore and London: Johns Hopkins University Press.

Ruhm C. J. 2005. Healthy Living in Hard Times. *Journal of Health Economics* 24: 341–363.

Sakellariou, C. 2004. The Use of Quantile Regressions in Estimating Gender Wage Differentials: A Case Study of the Philippines. *Applied Economics* 36(9): 1001–1100.

Wagenaar, A., M. Salois, and K. Komro. 2009. Effects of Beverage Alcohol Price and Tax Levels on Drinking: A Meta-Analysis of 1003 Estimates from 112 Studies. *Addiction* 104: 179–190.

第七章

巴布亚新几内亚农村公路发展对家庭福利的影响评估

克里斯托弗·埃德蒙兹　马丁·维甘德　埃里克·库门
门诺·普拉德汉　博·皮耶特·约翰内斯·安德雷厄

7.1　引言

巴布亚新几内亚是太平洋地区面积最大、人口最多的岛国，2016 年全 189
国人口超过 810 万人（Secretariat of the Pacific Community，2017）。2010 年，全国大约 40% 的人口被列为贫困人口，与 1996 年相比增长约 2%（Gibson，2012）。除此之外，巴布亚新几内亚的许多社会发展指标表现不佳。2012 年，亚洲开发银行及其他研究机构估计，全国仅 60% 的人口能获得安全饮用水。2008 年，约 40% 的小学学龄人口无法入学。国家健康指标同样糟糕：2014 年，巴布亚新几内亚的产妇死亡率达 220/10 万；2012 年，婴儿死亡率超过 4.8%；2005 年，5 岁以下儿童中超过 18% 的儿童营养不良。就这些指标而言，巴布亚新几内亚正落后于那些与之人均收入相近的国家。截至 2015 年，其未实现联合国千年发展目标中的任何目标。在联合国开发计划署 2014 年发布的人类发展指数报告中，巴布亚新几内亚在 188 个国家中位列第 158。

大约 85% 的巴布亚新几内亚居民在农村过着半自给生活，依靠出售农作物赚取现金收入。在城市劳动者中，78.5% 的雇员依靠劳动赚取工资
（PNG National Statistical Office，2013）。调查结果显示，占全国总就业人数 190

41%的劳动者和农村地区近一半的劳动者从事非正式工作、临时工作，或是在小企业和农业企业中任职。这凸显了在巴布亚新几内亚农业以及与之相关的就业对农村民生的重要性。

巴布亚新几内亚属于小型、开放、出口导向型经济体，高度依赖开采资源出口，特别是石油、液化天然气、矿物和金属矿石。矿产出口占其出口贸易总额的75%左右，农产品约占20%，林产品占5%。2013年修订的国民经济核算体系显示，巴布亚新几内亚三个最大的经济部门为:(i)工业，包括采矿业和采石业(约占国内生产总值的38%)；(ii)服务业，如批发和零售业(约占32%)；(iii)农业、林业和渔业(约占30%)。然而，作为绝大多数人口的生计来源，农业占据着主导地位。据估计，其中3/4的人口依赖于自给农业。

本研究发现，1996~2010年，巴布亚新几内亚的实际国内生产总值增长率低下（平均每年为2.2%），且波动极大，这反映出依赖少量出口的经济中资源繁荣和萧条的典型周期。1996年和2010年达到两个峰值。1996年，石油出口贸易繁荣，促使人均增长率提高至5.0%。2010年，由于建设液化天然气管道的开支刺激，人均增长率提高至5.3%。然而，由于商品价格下跌和主要出口市场状况恶化，巴布亚新几内亚经历了一系列的经济衰退过程。其国内生产总值在1997年和1998年下降超过3.8%，在2000年下降2.5%。2010~2015年，其国内生产总值以近9.0%的年均增长率加速增长，于2014年达到了13.0%以上的峰值。这在很大程度上是由于建立了一条主要的陆上液化天然气管道，所以促进了液化天然气的出口贸易。建设高峰期间，该管道项目雇用了大约1.6万名工人。然而，自2015年以来，由于出口商品价格低迷、削减开支以及2015年厄尔尼诺造成的不利天气条件影响，巴布亚新几内亚的国内生产总值增长率放缓至年均2%~3%。

尽管主要由于开采矿产资源，巴布亚新几内亚的经济偶有高增长，但是矿产对减贫和社会发展的直接贡献是有限的。资源开采方面的就业机会相对较少，也少有贫困家庭会以采矿为生，采矿业与其他经济产业之间的联系薄弱。
191 虽然采矿业特别是液化天然气的生产为巴布亚新几内亚的政府收入做出了贡献，但国家公共部门一直试图将收入提升归功于公共服务的改善。

巴布亚新几内亚的商业环境限制了经济增长在创造就业机会方面的效应。在2017年世界银行发布的营商容易度指数中，巴布亚新几内亚在190个国家和地区中排名第119位。正规的私营部门规模小，仅吸纳了不到全国

10%的经济活动人口，且主要集中于少数几个产业。法律和秩序问题以及交通和能源基础设施不完善对广泛创造就业机会构成严重制约。同时，产权薄弱和信用缺失加剧了以上问题。

此外，根据现有指标，资源高出口所带来的政府收入增加，无论是在公路方面还是在其他基础政府服务方面，均未对政府提供公共服务起到显著改善作用。尽管自2002年以来政府支出增长了120%，但服务质量并未得到改善，在某些情况下甚至有所下降，尤其是在农村地区（ADB，2013）。1975年，巴布亚新几内亚独立，当时的公路养护资金下降了一半，导致国家公路网的开发和维护工作在此后的20年停滞不前（Kwa et al.，2010）。当时公路大多年久失修，政府也很少投资建设新公路。国家基础设施的人均投资支出在2001年达到最低点；直到2010年，政府才开始大幅度持续增加这部分投入资金（Dornan，2016）。

公路交通是经济发展的一个关键性要素，尤其是在巴布亚新几内亚的农村地区。对于没有水路的地区而言，公路就是人们去往市场和获取公共服务的唯一选择。改善公路可以降低农产品和投入要素的运输成本，促使农村人口进入劳动力市场，容纳载重量更大的货车，满足人们更加频繁的运输需求。改善人们去往市场的公路可以带来品种更为多样且价格更为低廉的投入物和消费品，提高当地产品价格和人们对这些产品的需求。这也许能引来金融服务提供商，促进农业投资和消费平滑（Binswanger et al.，1993）。往来客流量增加也能为当地的商家（如路边摊）创造需求。改善人们去往市场的公路还可以提高当地生产力，促进自给农业向商品农业转变，从而使家庭收入来源多样化。最后，改善公路能方便人们到达学校和医院等公共服务设施，降低运营成本，也能方便教师、医生和材料供应商的出行，提高运营质量。

改善公路所产生的分配效应就不是那么清晰了，穷人能否像富人一样从
中获益也缺乏实证。相对而言，穷人可能会从中获得更高的消费收益。比 192
如，由于富人在村子里拥有更高的市场地位，即使缺乏完善的公路，他们也
能得到更好的补偿；而完善的公路却能为穷人带来更高的生产收益。然而，
可能富人才更容易从公路中获益，因为他们更容易扩大农业生产，抑或是交
通成本抑制了穷人从公路使用中获益。

在最近的20年里，某些因素使新建公路和维护现有公路变得困难：无法提供稳定的维护合同，导致私营部门公路管理能力有限；资源开采企业和国家工程部争夺施工设备和熟练工程师；与公路工程周边土地的所有者发生

纠纷（Lucius，2010）。过度腐败也对建设支出的质量产生了不利影响（Dornan，2016）。巴布亚新几内亚的地理环境和天气——许多地区（尤其是高原人口稠密的农业中心地区）的陡坡和季节性强降雨——增加了公路建设和维护成本。

本节评估了巴布亚新几内亚的公路基础设施对家庭福利的影响。此研究将大量空间数据源与国家收支调查中的重复横截面数据相结合，较为独特。此项目受亚洲开发银行“构建部分发展中成员的影响评估方法、手段和能力”（Developing Impact Evaluation Methodologies，Approaches and Capacities in Selected Developing Member Countries）子项目的支持，作者努力收集和探索大量空间数据源作为评估样本。本节的开篇即概述研究的初步努力——检索和应用新的数据源，如夜景数据、光度数据和卫星图像。这项调查旨在指导其他研究人员获取适用于数据缺乏国家（如巴布亚新几内亚）的空间数据源，从而节省未来收集数据的时间。此外，本研究简要评估了这些数据在特定分析过程中的适用性。最后，本节在分析所收集数据后总结了公路基础设施对家庭福利影响的计量分析结果[①]。

193 7.2 评估或考察中使用的数据源综述

7.2.1 公路网数据

参照公路网覆盖范围和当地情况的变化对其进行适当的描述是评估公路网经济影响的一个重要步骤。不幸的是，检索巴布亚新几内亚这方面的数据并不容易。最终我们选择了以下数据源进行研究：2000 年和 2009 年国家和省级公路资产管理系统数据集[②]。

---

① Wiegand et al.（2017）.

② 国家工程部提供了可用的数据集。公路网数据的另一个来源是开放街道地图数据集，该数据集由志愿地图制作者社区维护（www. openstreetmap. org）。此开放源代码包含许多类型的数据集（如公路、水路、不同场所和景点）并且不断更新。也可通过 BBBike 门户网站（http：//BBBike. org）获取数据。虽然这个公路网包含许多实用的公路属性信息，比如公路类型和公路名称的信息，但它没有描述公路质量，而公路质量状况对于我们的研究是必不可少的。此外，开放街道地图数据在很大程度上依赖于互联网和社区活动的有效性。巴布亚新几内亚的开放街道地图数据覆盖面很窄，与主岛附近的印度尼西亚部分相比，可以观察到明显的边界效应。目前还不清楚这与社区活动或地面实况资料有什么关系。

2000 年国家和省级公路资产管理系统数据集

原始公路资产管理系统数据集（The Original Road Asset Management System，RAMS）描述了巴布亚新几内亚国道（总计约 6437 千米）和省道（约 7404 千米）的情况。国道数据集（1999～2001 年）涉及多种公路质量变量，包括公路状况（评级为“良好”“一般”或“差”）和路面类型（记录为“柏油路”、“碎石路”或“土路”）的总体特征。涉及省道的数据集（2001 年）包含一系列类似的公路质量变量，但缺乏公路状况的总体特征。对于后一数据集，我们采用随机森林算法（random forest algorithm），根据一些详细的质量因素（如严重损伤、波纹和国际平整度指数）与国道数据集中的总体评估之间的关系推算出了一般公路质量评估法。由于最终的袋外分类（out-of-bag classification）误差较低（3.3%），因此我们在上述分析中将推算的类别视为实际类别。

2009 年国家和省级公路资产管理系统数据集 194

由于交通部门持续处于投资不足状态，公路资产管理系统的某些内容——特别是对评估公路价值至关重要的交通量统计——于 2001 年后再未更新。然而，工程部的省级工程管理人员在财政支持下，保持更新公路状况数据，这些数据为我们 2009 年第二个公路状况数据集的建立奠定了基础。据估计，2009 年，公路系统已覆盖公路约 2.6 万千米。我们将这个数据集与 2009～2010 年的家庭收支调查结合起来，并称其为“2009 年公路图”。

建立 2000 年和 2009 年的完整公路数据集

我们采访了熟悉巴布亚新几内亚公路数据的关键信息提供者，由此假设 2009 年公路图中之所以描绘了较高密度的公路，主要是因为地图中所包含的信息得到改进，而不是由于新公路的建设。“世界粮食计划和物流集群”（World Food Programme，2011）报告证实了这一点，该报告指出，2000～2010 年，公路工程内容为维护和升级，没有新建公路。因此，为了完整描述 2000 年的公路网，我们将 2000 年数据源中的公路质量属性与 2009 年的公路图进行了匹配。

在路段识别可用的基础上，2000 年的公路质量属性与 2009 年的公路图相关。至于其他路段，其属性在空间邻近性上相匹配（基于 2009 年末匹配国道路段与国道旁 200 米缓冲区之间交叉路口的长度，以及 2009 年末匹配省道和与之距离 200 米以内省道的一对多属性叠置分析）。空间连接通常提供与多个路段延伸的匹配，在这种情况下，我们选择最长的重叠部分来进行属性匹配。这使得 2000 年数据中的所有国道信息与绝大部分省道信息相对应。只有在公路分类不同的情况下，比如用 2009 年的国道数据和 2000 年的省道数据进行匹配，才似乎不起作用。对于这些路段以及 2009 年数据中约 1.2 万千米的其他公路，我们假设公路质量不变，将 2010 年的公路状况用作 2000 年公路的代用指标。表 7.1 总结了 2000 年和 2009 年公路路面类型和公路状况的分类。

195 **表 7.1　2000 年和 2009 年公路网数据集中描述的路面类型和公路状况**

		2009 年		2000 年	
路面类型	公路状况	总长度（千米）	占比（%）	总长度（千米）	占比（%）
柏油路	良好	1799	7.0	911	7.8
	一般	1067	4.2	914	7.8
	差	371	1.5	314	2.7
碎石路	良好	1096	4.3	2137	18.3
	一般	7300	28.6	1649	14.1
	差	5726	22.4	4232	36.3
土路	良好	166	0.7	223	1.9
	一般	3660	14.3	63	0.5
	差	4332	17.0	1230	10.5
总计		25517	100.0	11673	100.0

资料来源：Wiegand et al.（2017）。

巴布亚新几内亚公路网的开发与维护

我们分析了根据路面类型划分的公路图，其中包括 2000 年和 2009 年国家和省级公路网的确定路段。[①] 表 7.2 和表 7.3 显示了 2000 年和 2009 年国家和省级公路网路段路面类型和公路状况的变迁。这些表并没有显示一致的

① 此地图可根据作者的要求提供，也可在本书的英文版本中查看。

发展趋势。就路面类型的变化而言，可以观察到升级公路（即从碎石路面升级为柏油路面）的长度和退化公路（即从碎石路面退化为土路面）的长度大致相同。

我们根据公路图中的数据和调查中涉及的住户位置信息以及巴布亚新几内亚最重要城镇的空间数据，得出了样本中选取的地点以及住户位置和离它们最近的城镇之间的公路的变量（公路长度、路面类型以及公路状况）。具体来说，我们考虑了从离这些住户位置最近的路段到离他们最近的城镇之间的最短路线，根据最短路线的路面类型（即“柏油路”“碎石路”和“土路”）和公路状况（即“良好”“一般”和“差”），计算出他们在所有公路中所占的比重。我们分析的住户位置距离与他们最近的路段不少于15千米。此外，我们只研究那些人口多于1000人（参考2011年的人口普查）且距离公路少于5千米的城镇。两次调查的数据表明，约有20%的聚类不符合这两个条件，于是，我们从分析数据集中删去了这部分数据。这些聚类大多位于小型岛屿（总之公路是无关紧要的），或是位于莫马塞（Momase）地区的西部内陆深处，或是位于西部省的沿海地区（后两个地区人口密度低）。

巴布亚新几内亚农村公路稀少。2009年，国家公路密度为56千米/1000平方千米，与该地区其他国家相比极低（根据亚行统计的数据，2009年印度尼西亚的公路密度为250千米/1000平方千米）。同年，只有13%的公路是柏油路，其余都是碎石路和土路。这项研究的重要性在于：（i）研究对象的农村人口相对较多，贫困程度相对较高，其他发展指标表现不佳且农 198
村公路稀少；（ii）使用的数据种类。

我们将下一节讨论的两个横截面式的住户调查与差不多同时期公路网的地理信息系统图相结合，从而能够采用一系列与政府部门监测公路基础设施直接相关的公路变量。其他大多数的研究会直接从住户调查中获取公路变量，且依赖报告中的时间和距离数据（从住户位置到最近的公路），因此可能存在大量测量误差。我们的地图数据包括每个路段的公路质量数据。结合住户位置，我们可以计算出到最近公路的距离，以及通往最近城镇的整个路段的质量和长度。本研究使用的数据类型在许多国家/地区都有，这使得本方法在数据收集成本和时间方面有广泛适用的优势。

197 **表 7.2　2000 年和 2009 年路段路面类型的过渡矩阵**

单位：千米

	柏油路'09	碎石路'09	土路'09	总计
柏油路'00	1821	226	93	2140
碎石路'00	683	6502	832	8017
土路'00	27	304	1185	1516
总计	2531	7032	2110	11673

注：仅统计 2000 年已知路面类型的路段。
资料来源：Wiegand et al. (2017)。

表 7.3　2000 年和 2009 年路段公路状况的过渡矩阵

单位：千米

	良好'09	一般'09	差'09	总计
良好'00	1077	1531	662	3270
一般'00	925	970	731	2626
差'00	457	2994	2326	5777
总计	2459	5495	3719	11673

注：仅统计 2000 年已知路面类型的路段。
资料来源：Wiegand et al. (2017)。

7.2.2　住户调查数据

199 在 1996 年和 2009～2010 年的住户调查的基础上，本研究分析了巴布亚新几内亚公路建设的影响。1996 年的住户调查收集了 120 个样本集群（47 个城市样本和 73 个农村样本）中 1144 个家庭的数据。2009～2010 年的住户调查收集了 321 户人口普查单位（196 户城市单位和 125 户农村单位）中 4081 个家庭的数据。因为我们分析的是不同人口普查单位之间公路的变化而不是相同人口普查单位的公路变化，所以抽样的人口普查单位尤为重要。

表 7.4 显示了分析时所用某些变量的全国平均值。1996 年的调查通过
住户回忆和使用受调查区域的物价来收集消费数据。2009～2010 年，调查
200 人员要求住户将消费日志（包括自述物价）保留两周（住户的配合度逐渐
下降）。我们还考虑了一些非货币性的福利指标，比较两次调查中的非货币
性指标也比较容易。这些指标包括：与教育有关的变量、食物短缺（仅在
1996 年）、能使用电力（每天至少能使用 4 个小时的电力）、能获得安全的饮

用水（能在15分钟内到达一处被保护的水源地）、有好的烹饪燃料（不是木头、椰子壳或木炭）、有私人卫生间、住户人数、房间数量以及建筑面积。

表7.4　1996年和2009～2010年住户调查中包含的福利指标

	住户调查(1996年)			家庭收支调查(2009～2010年)		
	平均值	标准差	样本量	平均值	标准差	样本量
年龄	21.81	0.328	8675	22.25	0.189	22718
在上学(针对学龄儿童)	0.449	0.032	1836	0.568	0.025	4004
上学路上所花的时间(分钟)	38.510	3.845	1391	27.28	2.581	5282
曾上过学(假设至少12岁)	0.627	0.031	5740	0.744	0.015	15478
具有读写能力(假设至少12岁)	0.518	0.036	5740	0.528	0.016	15505
食物短缺	0.219	0.036	1396	—	—	—
能使用电力	0.104	0.026	1396	0.134	0.012	4076
能获得安全的饮用水	0.365	0.049	1396	0.409	0.027	3987
有好的烹饪燃料	0.119	0.026	1396	0.111	0.007	4076
有私人卫生间	0.815	0.034	1392	0.803	0.016	3683
住户人数	6.014	0.146	1392	5.146	0.067	4081
房间数量	3.035	0.108	1392	2.370	0.049	4076
建筑面积	40.87	1.746	1392	47.23	1.507	4072
贫困发生率[a]	0.377	0.025		0.399	0.020	

注：[a]数值来源于Gibson, J. 基于家庭收支调查于2012年发表的《巴布亚新几内亚贫困概况》，http：//www.planning.gov.pg/images/dnpm/pdf/PNG-Poverty-Profile－2012.pdf，最后访问日期：2016年12月21日。

资料来源：Wiegand et al.（2017）。

表7.5显示了农村地区基础服务可及度以及基础服务距离的有关变量。两次调查均包括社区问卷调查：1996年的调查涉及了城市地区，2009～2010年的调查涉及了农村地区。两次调查中的问题都涉及了到最近的学校、公路、城镇等的时间。其中有一些问题重复，还有一些问题类似。只有1996年的调查问及了到最近公路的时间。在1996年的调查中，这些问题的回答分为四类（少于30分钟、30～60分钟、60～120分钟和120分钟以上），而2009～2010年的调查则给出了连续答案。为了满足可比性，表7.5

包含了指示到最近公路的时间是否少于60分钟的变量。

如上所述，为了分析公路基础设施的影响，在调查人口普查单位时使用空间直观数据非常关键，因为它们加入了位置数据。行政区域整合水平越高，其数据越可能有助于描述地方发展的背景。

表 7.5　1996 年和 2009 ~ 2010 年住户调查中包含的基础服务可及度和距离指标

	住户调查(1996 年)			家庭收支调查(2009 ~ 2010 年)		
	平均值	标准差	样本量	平均值	标准差	样本量
和最近的城镇之间的距离（千米）				169.83	30.60	105
全年可由公路到达最近的城镇				0.717	0.042	106
到达最近的城镇所需的时间少于 60 分钟：						
公路	0.725	0.063	73			
社区学校	0.714	0.065	73	0.703	0.047	106
高中	0.369	0.065	73	0.362	0.048	106
急救站	0.715	0.070	54	0.483	0.051	106
卫生所	0.509	0.067	73	0.483	0.049	106
儿童保健和护理服务	0.696	0.065	73	0.397	0.048	106
社区卫生工作者				0.495	0.050	106
诊所				0.370	0.048	106
201 城镇或政府站	0.449	0.066	73			
简易机场	0.344	0.063				
港口	0.121	0.048	65	0.166	0.034	106
电话	0.500	0.067	73			
网络服务				0.192	0.037	106
邮政服务	0.420	0.066	73	0.235	0.040	106
每日市集				0.573	0.048	106
每周市集				0.643	0.048	106
商店				0.659	0.047	106
银行业务				0.224	0.040	106
警察局				0.439	0.049	106
公共交通				0.573	0.050	106

注：可及度指标表示能在 60 分钟内到达最近服务设施的被调查者的比例。

资料来源：Wiegand et al.（2017）。

借其他数据源绘制住户调查数据图

我们从太平洋灾难风险评估和融资倡议门户网站获得人口普查单位的空间描述（在 ArcGIS 这个地理信息系统软件的 shapefile 文件中用点表示位置）[①]。我们根据这些点数据对 1996 年的调查数据进行几何校正，从而计算 202
出与最近的公路之间的距离。

我们通过人道主义响应门户网站（Humanitarian Response Portal）收集了描述各区域行政级别边界的状态文件[②]。最初的状态文件来自巴布亚新几内亚国家统计局。这些空间划分有利于存储关于特定地区诸如经济发展和人口统计等主题的统计数据。将 2000 年人口普查中的许多社会经济属性添加到不同的行政级别中，得到与人口数量、人口特征、家庭组成、收入等有关的丰富信息。这些数据在不同的行政级别是一致的，这意味着各省的人口数等于所列地区和下级政府地区的人口数之和。

在 Gibson 等人（2005）制作的巴布亚新几内亚贫困地图中，地方政府 203
区域被视作最好的空间级别。本分析中的表格数据来自由哥伦比亚大学国际地球信息网络中心（Center for International Earth Science Information Network）主持的环境和社会经济数据以及社会经济数据和应用数据中心门户网站[③]（Socioeconomic Data and Applications Data Center Portal to Environmental and Socioeconomic Data），其隶属于美国国家航空航天局地球观测系统数据和信息系统。利用从两位参与了贫困测绘研究的研究人员（G. Datt and B. Allen）处获得的额外数据，我们修复了其在 2000 年绘制的区域贫困水平地图。

7.2.3　人口密度数据

我们收集了一些全球通用的人口密度空间直观数据集，以便描述人口空间格局。这些数据集通常会根据有关其空间分布的简单假设，将区域级别的人口统计规模缩减至地方（网格单元）级别。所收集的数据由不同的学术机构开发并免费向国际社会开放共享。我们并未在最后的计量经济分析中使

① http：//pcrafi. sopac. org/layers/geonode：pg_ census_ unit#more.

② www. humanitarianresponse. info/en/operations/papua - new - guinea/datasets.

③ http：//sedac. ciesin. columbia. edu/data/ set/povmap - poverty - food - security - case - studies/data - download.

用这些数据源，但在最初的分析阶段参考了这些数据，以便更好地了解研究区域的情况。

全球网格化人口（The Gridded Population of the World，GPW）是一个以空间分类的人口数据集，其最新版本具有 30 弧秒的分辨率（相当于巴布亚新几内亚 1 千米 ×1 千米）。这些数据由社会经济数据和应用数据中心门户网站提供，包括从 2000 年开始每隔 5 年的人口数量（每网格单元的居民人数）、人口密度（每平方千米的居民人数）以及 2020 年的预测。此数据集之前的版本中还包括 1990 年和 1995 年的数据。可以在其他地方（Balk et al.，2006）找到全球网格化人口数据集更详细的信息[①]。这些数据是通过在一个地区的所有网格单元上均匀分布区域人口数量来创建的。因此，就巴布亚新几内亚而言，一个省内的网格单元会有相同的假定值，得出的数据仅用于一般的展示。

全球农村城市测绘项目（Global Rural Urban Mapping Project，GRUMP）数据集克服了全球网格化人口数据集的一些局限性，该数据集建立在全球网
204 格化人口数据集的基础上，综合卫星夜景数据为每个人口普查区块进行人口空间重新分配，以区分城市和农村地区。这些数据与全球网格化人口数据一样，具有相对较高的分辨率（30 弧秒），且描述了更多人口格局的空间细节，突出显示了人口集中于较大社区，而周边农村地区人口较少的情况。然而，仍然存在通过使用与实际人口散布不符的统一假定值来描述大面积地区人口状况的情况。通过使用相同的特定地区输入数据，我们可以获得 1990 年、1995 年和 2000 年的数据[②]。

每年更新的“土地扫描全球人口”（LandScan Global Population）数据库提供的可比数据集应用了一组更全面的辅助数据，如土地覆被、运输网络和地形数据，以便以网格形式重新分配人口普查数据[③]。该数据集的局限性在于它不能免费下载，并且与输入数据和空间分布方法有关的假设没有完全公开（Gaughan et al.，2013）。因此，我们选取了下文所述的新数据——WorldPop 数据（于 2015 年发布）。

WorldPop 项目旨在提供开放的、可获取的中美洲、南美洲、非洲和亚

---

① http：//sedac. ciesin. columbia. edu/data/collection/gpw - v4.

② 更多细节请参见 Balk et al.（2006），或点击 http：//sedac. ciesin. columbia. edu/data/set/grump - v1 - population - count/data - download 查阅下载页面。

③ 参见 Bhaduri et al.（2007），或 http：//web. ornl. gov/sci/landscan/。

洲的空间人口数据集档案①。该项目于 2013 年启动，整合了这些区域早期测绘研究结果。依靠精密的（30 米的分辨率）地球资源卫星上的改进型专题制图仪获取的图像和其他数据来源，WorldPop 缩小了区域人口的计算口径。一些科研论文中（Gaughan et al.，2013；Stevens et al.，2015）包含了关于应用方法论和涉及基础数据的更多描述。就巴布亚新几内亚而言，其 2010 年和 2015 年的人口计数数据适用于高度详细的网格单元，分辨率为 0.0008333 度（约 100 米 ×100 米）。初步目测其为一个高度分散的格局，比全球农村城市测绘项目数据更详细。然而，目前我们还不清楚这些模拟的格局有多逼真。

7.2.4　生物物理学特性

高程数据

我们从全球数字高程模型第二版中获取了高程数据。作为美日联合遥感
任务的一部分，这些数据是通过先进星载热发射和反射辐射仪传感器收集 205
的。由于其全球可用性和相对较高的分辨率和准确性，当缺乏更详细的本地
数据源时，这些数据常被用于空间分析。初始数据的分辨率为 30 米 ×30
米，平均绝对垂直精度为 0.2 米（Meyer，2011）。在山区和森林地区（如
巴布亚新几内亚高地），数据的偏移量（常差）约为 +7 米，标准偏差约为
13 米（Meyer，2011）。由于研究区域的高程值范围较大（0 ~4500 米），这 206
一点小误差并不会影响我们的分析。

我们一共从日本地球遥感数据分析中心（Earth Remote Sensing Data Analysis Center of Japan，ERSDAC）② 下载了 24 张地图。首先剪切这些图片以匹配高地地区（我们最初打算关注的地方）的边界，然后将其拼到一个数据集中。在迭代过程中，由此产生的复合体中不太实际的值（低于海平面高度或高于最高峰 4520 米）将被相邻网格单元的平均高程值所取代。在此过程中，高程数据将汇总为 90 米 ×90 米的分辨率，以限制文件大小并加快表示速度。我们认为这个分辨率足以满足进一步分析的需要。

高程数据可用于创建控制变量（例如，指定具体的高程范围或坡度级

---

① http：//www.worldpop.org.uk/.

② http：//gdem.ersdac.jspacesystems.or.jp/download.jsp.

别），以便统计评估公路对收入水平的影响。然而，我们并未在最终分析中使用这些数据，因为另一数据来源中的控制变量足以解释区域间的变化。

巴布亚新几内亚资源信息系统

巴布亚新几内亚资源信息系统是该国物理特征空间直观信息的宝贵资源。这个庞大的空间数据库是澳大利亚联邦科学与工业研究组织（Commonwealth Scientific and Industrial Research Organisation）自 1953 年以来在巴布亚新几内亚进行的许多土地系统研究的结果（Vovola and Allen，2001）。它包含了在农业产量和可及度方面起着重要作用的信息变量，比如巴布亚新几内亚 4566 个独特的资源映射单元中不同的地形地貌、岩石类型、土壤类型、海拔高度、地形起伏和降雨量。资源映射单元是一个相对复杂的区域，其特点是拥有独特的自然资源属性（Bellamy，1986）。我们可以通过使用这个数据库中的信息来控制局部物理特征的差异，这些特征差异使得某些区域的生产率更高，因而与其他区域相比，其贫困程度更低①。

7.2.5 探索其他空间数据源的潜力

除了以上列出的经典数据源之外，我们还探索了两个更为新颖的数据源，这两个数据源似乎在研究数据缺乏环境下（如巴布亚新几内亚）具有
207 潜力。这就是光度数据和卫星图像数据集②。

光度数据

光度数据或夜景数据被广泛用于映射社会经济特征。早期的例子包括城市能源消费分析（Welch，1980）、对城市地区（Imhoff et al.，1997）和全球人口密度的映射（Elvidge et al.，1997；Dobson et al.，2000）。各项研究表明，国家总体光照量和人口密度尤其与经济活动之间有很强的相关性
208 （Doll et al.，2000；Elvidge et al.，2001）。在全国范围内，由于经济繁荣和电力使用之间有直接联系（如建筑物、城镇以及公路的室外照明），光照量

---

① 数据库中的空间数据集由堪培拉澳大利亚国立大学的 B. Allen 提供。

② 遥感影像有一些衍生物。例如，Hansen 森林覆盖年损失数据集（https：//earthenginepartners.appspot.com/science－2013－global－forest/download_ v1.2.html）、Brauer 空气污染数据集（https：//pubs.acs.org/doi/abs/10.1021/acs.est.5b03709）、van Donkelaar 空气污染数据集（http：//fizz.phys.dal.ca/～atmos/martin/？page_ id＝140）和其他的一些空气质量评估（可点击 http：//fizz.phys.dal.ca/～atmos/martin/？page_ id＝183#访问最重要的数据集）。在这个一般性讨论中，我们关注原始审查数据。

与经济活动之间的关系更为密切。如今，越来越多的研究开始通过关注地区和地方范围内经济活动的映射（Doll et al.，2006；Sutton et al.，2007；Ghosh et al.，2010；Levin and Duke，2012），或是分析光照量和人口密度之间的差异来研究贫困现象（Elvidge et al.，2009）、发展中国家农村地区的电力供应状况（Doll and Pachauri，2010）以及墨西哥各州的非正式经济规模（Ghosh et al.，2009）。

Elvidge 等人（2001）认为，很难用夜景数据映射农村地区人口密度——即使是在繁华的美国乡镇，也只有当居民人数超过 200 人时，才能持续检测到夜景数据——而且他们预测此类检测的局限性在欠发达地区会更为显著。Doll 和 Pachauri（2010）后来证实了这一假设，他们比较了不同大陆的照明像素百分比和当地的人口密度。在欧洲和美国，在人口密度≥50 人/平方千米的地点中有 90% 会有光亮。而在发展中国家，比如亚洲，仅有 10% 的地点有光亮，在人口密度≥250 人/平方千米的地点中也仅有 50% 有光亮。尽管这种差异可能是由于全球农村城市测绘项目数据并不适用于描述人口密度，但也表明发展中国家农村地区产生的光亮太少因而无法被持续检测。根据 Doll 和 Pachauri（2010）的统计，2000 年，巴布亚新几内亚 99.1% 的农村地区没有光亮。

夜景数据最初是通过线性扫描业务系统（Operational Linescan System）的气象卫星获得的，该系统是美国国防气象卫星计划（United States Defense Meteorological Satellite Program，DMSP）中的一部分。1992～2013 年的图像可以通过一系列不同的卫星获取①。近年来，可视光红外成像辐射仪（Visible Infrared Imaging Radiometer Suite，VIIRS）已经可以提供夜间灯光数据，预计该数据与美国国防气象卫星计划的线性扫描业务系统（DMSP-OLS）所提供的稳定灯光数据相比，可提供更多关于人口稀少地区及其经济密度的信息（Chen and Nordhaus，2015）。2014 年及以后的可见光红外成像辐射仪数据可以从地球观测组织（Earth Observation Group）和美国国家海洋和大气管理地球物理数据中心（National Oceanic and Atmospheric Administration National Geophysical Data Center）获取②。图像显示了平均每
月基于无云天数可观测到的光度值。这种方法纠正了常被云层覆盖的地点可 209

---

① http：//ngdc. noaa. gov/eog/dmsp/downloadV4composites. html.

② http：//ngdc. noaa. gov/eog/dmsp/downloadV4composites. html.

观测到的光度更低这一说法。显然，在那些云层笼罩的地方，图像在所有的观测日中都没有获取光度值。

为了检测夜景数据与巴布亚新几内亚社会经济研究的相关性，我们获得了线性扫描业务系统数据集和可视光红外成像辐射仪数据集，并将其与现有的人口密度数据进行了比较。为了尽可能实现最佳匹配，我们收集了最新可用的线性扫描业务系统数据（2013 年）和最早可用的可视光红外成像辐射仪数据（2014 年）①。线性扫描业务系统数据有两种形式：年均光度值和所谓的稳定灯光版本，后者在计算平均值时需要排除不确定的光亮（例如与野火、气体燃烧等有关的光亮）。我们选择了稳定灯光版本，因为它排除了可能模糊实际居民点的背景噪点。就可视光红外成像辐射仪数据而言，我们通过组合不同月份的图像（根据无云天数安排每月图像的比重，以求实现更可靠的估算）来制作时序复合图。于是我们获得了 2014 年每个无云日的平均观测光度。可视光红外成像辐射仪数据的分辨率为 15 弧秒（约 500 米 ×500 米），而线性扫描业务系统数据的分辨率为 30 弧秒（约 1 千米 ×1 千米）。更高的分辨率和不同的传感器可以帮助我们从观测到的夜景中获取更多细节。然而，高分辨率是有代价的，因为图像中会存在更多的噪点和过饱和现象（将光散布到邻近的网格单元中）。

目测夜景数据，可以明显看到图像中的主要中心，比如莫尔兹比港（Port Moresby）和芒特哈根（Mount Hagen），也可以看到更小的居民点，虽然它们的光度值较低。然而，最引人注目的却是矿区和石油生产区。在高地地区，波尔盖拉（Porgera）和奥克泰迪（Ok Tedi）矿区以及库图布 - 亚吉富（Kutubu-Iagifu）、阿戈戈（Agogo）和海兹（Hides）油气生产区及其相关基础设施突出成为高光量地区。为了评估夜景数据映射高地社区贫困与福利情况的潜力，我们在进一步分析时排除了以上地区，因为它们似乎与整个地区居民点（以人口普查单位为代表）的分布情况关系不大。

为了评估光度数据在捕捉集中人群方面的潜力，我们在地方政府区域级别上比较了人口密度和光度值，这是可获取人口数据的最低空间聚合水平。

① 我们使用的是标准平均光度数据，而不是有杂散光修正的数据版本，因为后者主要显示极端数值，且质量不高［关于这个问题的更多信息，请参见 http：//ngdc. noaa. gov/eog/viirs/download_ monthly - html 和 Mills et al. （2013）］。

本研究对象是巴布亚新几内亚大陆，其面积约 4.32 万平方千米，包括 249 210
个地方政府地区，规模从 1 平方千米至 2.3 万平方千米不等。我们通过研究得出人口密度（2000 人/平方千米）和每个区域单位的平均光度值之间存在极强的正相关①。可见光红外成像辐射仪显示的光度相关性（$R^2=0.43$）比线性扫描业务系统（$R^2=0.34$）更强，这表明前者的数据集确实能更好地描述人口分布。正如所证实的，这种关系在更高人口密度下会变得更牢固。我们对密度值低于 25 人/平方千米（$R^2=0.01$）和高于 25 人/平方千米（$R^2=0.52$）的观测值进行了独立回归分析，以解释可见光红外成像辐射仪显示的光度和人口密度之间的相关性，而这恰恰证实了之前的结论。因此，低人口密度地区的光度变化是由其他因素引起的，且可能与测量中的噪点（如野火或测量误差所造成的噪点）、较大城镇的接近性（城镇灯光可能污染邻近农村地区）或特定设施的存在（如机场和港口）有关。该图还表明，两种光度数据源拍摄了相当相似的格局，这两个数据集光度值之间的强相关性（$R^2=0.72$）也反映了这一点。我们无法直接比较这些地区的经济表现，因为大多数经济统计数据是关于国家层面的②。

我们可以获得 1992 年及以后的光度数据，这也有助于了解它们的发展趋势。为了测试这一点，我们按时间顺序建立了一个光度数据序列。表 7.6 概述了国内生产总值、观察到的灯光总量以及收集光度数据年份的经济强度值。

在我们收集的时间序列中，1992 年，最南端的油田尚不存在，而其他 211
主要的矿区和油田则始终可见。然而，在分析家庭贫穷状况时，我们认为光度数据对现有详细的家庭水平调查来说，没有任何附加价值。

---

① 可视光红外成像辐射仪光度值以毫微瓦/平方厘米为单位，将其乘以 10 亿即可得到可读数字。线性扫描业务系统光度值则是 0～63 的无因次数值。在此分析中，我们将一个区域内的所有光度值相加，然后除以这个区域的面积（以平方度为单位）。我们关注的是人口密度和光度密度（而不是总值），因为各区域的面积差异很大。很多面积较小的区域人口密集，光度值高且与人口数相近。与之相反，一些面积更大的区域，人口稀少，光度值极低或为 0。

② 有研究者曾尝试在网格化输出的基础上参照按地区划分经济数据以建立经济数据集的方法，将这些数据缩减至网格单元级别（Nordhaus et al.，2006）。本分析不包括该研究，因其主要输入为网格化人口密度数据，而无法提供可信的现实表征。可点击 VU-SPINlab 网站（https：//spinlab.vu.nl/wp－content/uploads/2016/09/Using_ LAN_ data_ as_ proxy_ for_ economic_ activity.pdf）获取描述该研究的简要报告。

212 表 7.6 线性扫描业务系统稳定灯光数据中的关键数据

年份	卫星	国内生产总值（十亿基那）	变化（%/年）	总光度	经济密度(百万基那/光度单位)
1992	F10	6.2	无法获取	23376	0.2642
2000	F14	7.8	3	43482	0.1783
2000	F15	7.8	无法获取	50048	0.1549
2010	F18	11.5	5	45683	0.2522
2013	F18	14.5	9	40074	0.3629

注：以不变价格显示国内生产总值，以基准年（1998 年）的市场价格显示数值，从而适应通货膨胀的影响。

资料来源：国际货币基金组织的世界经济展望数据库（http：//www.imf.org/external/pubs/ft/weo/2015/01/weodata/index.aspx），巴布亚新几内亚国家统计局和财政部。

卫星图像数据集

我们收集到一份开放获取的卫星图像来源清单，其中涉及的卫星图像有助于映射巴布亚新几内亚土地利用各个方面的情况。这些数据可能有利于补充说明我们之前讨论的土地覆盖图，从而突出景观特征。我们还讨论了专门应用遥感数据绘制公路质量图的可能性。

地球资源卫星档案是使用最广泛的卫星图像库，其数据来源于自 1972 年起就开始绘制地球的一系列卫星。它是进行较长时期时序分析的最佳数据来源。单独的地理参照图像可以从美国地质调查局的地球探索者网站下载[①]。我们下载了高地地区的一些图像，测试它们在当前研究中映射相关空间特征（如公路）的实用性。我们选择的数据集中云覆盖率相对较低，且拍摄时间接近于我们的分析相关度最高的年份（2000 年和 2010 年）。就巴布亚新几内亚而言，几乎没有完全无云天的图像。

通过比较国家测绘局对 Porgera 金矿周围道路的分类，可以看到三种可
213 见的光波段（红色、绿色和蓝色），其中一个包含图像，且显示了这些数据集的细节级别（30 米）。[②] 为了提高最新的地球资源卫星图像［7 号地球资源卫星（1999）和 8 号地球资源卫星（2013）］的细节级别，我们通过特定操作，将表现电磁波谱红、绿、蓝部分的 15 米全色波段计入灰度等级。

① http：//earthexplorer.usgs.gov/.

② 此地图可根据作者的要求提供，也可在本书的英文版本中查看。

不幸的是，这只适用于8号地球资源卫星图像，因为7号地球资源卫星的传感器自2003年以来一直存在问题，拍摄的图像中带有条纹。所以只有1999～2003年和2013年及其以后的图像可以实现全色锐化。结合有限的无云图像，这意味着用锐化图像制作巴布亚新几内亚的全覆盖图几乎是行不通的。

我们还考虑过用印度遥感卫星（Indian Remote Sensing Satellite，IRS）的线性成像自扫描传感器Ⅲ（Linear Imaging Self Scanning Sensor Ⅲ）的数据。其最新卫星（IRS－P6）也被称为资源卫星一号[①]。经过多次试验，我们意识到，凭借欧洲航天局分配的EOLI-SA应用程序，我们只能获取欧洲某 214
些位置的有限数据集。而印度政府只发布本国图像（ResourceSat－1）[②]。由于线性成像自扫描传感器Ⅲ卫星图像的分辨率（24米）与地球资源卫星图像的分辨率（30米）相当，因此即使无法访问前者的数据源，也不会妨碍我们的分析。

我们在附录中进一步讨论了通过遥感获取公路质量数据的话题。同时，我们正在为可用于识别卫星图像公路的方法编写详细说明，以适应进一步传播的需要。

7.2.6　公路维护和升级对发展的影响评估

近期的一些论文对欠发达经济体中公路系统发展的影响进行了严格评估。Dercon等人（2009）发现，对埃塞俄比亚农村地区全天候公路的投资使得贫困人口减少了6.9%。此外，他们还发现，这种影响在家庭特征方面（如土地占有量、牲畜数量或户主的读写能力）并不存在差异性。然而，他们的估算表明，如果一个家庭拥有至少一公顷土地且户主受过教育，那么对消费增长的影响就相对较大。Dercon等人（2009）的估算结果对此进行了补充，他们发现远离城镇和公路破旧与长期贫困息息相关。Khandker等人（2009）对孟加拉国家庭如何从公路改善项目中获益进行了调查，发现公路改善后，周围村庄的贫困率下降了5%。在此项研究中，支出五分位数越低，对家庭支出的影响越大，这表明公路投资是有利于穷人的。然而，Khandker和Koolwal（2010）使用更大的数据集并将其他投资项目作为控制

---

① https：//earth. esa. int/web/guest/missions/3rd－party－missions/current－missions/irs－p6.

② http：//bhuvan. nrsc. gov. in/data/ download/index. php？ c＝s&s＝L3&p＝&g＝.

变量，得出的结果与之前恰恰相反。Mu 和 van de Walle（2011）发现，乡村公路改造对越南地方（乡级）市场发展具有积极和显著的普遍影响，他们使用双重差分法和匹配法来解决识别影响过程中潜在的选择偏差问题。他们的研究指出，由于最初市场发展水平较低，较贫穷地区受到的影响更大。Nguyen（2016）的回应性研究也证实了此类研究结果。

评估公路维护和发展影响的一个关键挑战是公路位置与观察结果之间可
215 能存在内生性。现有的公路发展影响研究采用了多种方法来解决这个问题。其中一种方法是工具变量估计法，它需要一个影响公路发展的外生变量，但对利益的结果变量没有直接影响。例如 Banerjee 等人（2004，2012）首创直线图解法，使用抽样住户与主要城市之间最近的直线距离作为评估公路可达性的工具。假定主要城市的位置是外生的，它们之间的直线也是外生的。在可以获得面板数据的情况下，解决公路位置潜在内生性问题的另一种方法是使用非时变的乡村或住户固定效应（Khandker et al.，2009；Khandker and Koolwal，2010）来评估公路投资对面板数据所涉及时期的影响。固定效应消除了位置时变特性造成的内生性。多个可用的时间段进一步允许使用滞后结果的手段（Dercon et al.，2009；Khandker and Koolwal，2011）。当公路为二元变量（项目公路或非项目公路）时，另一种常用的方法是双重差分法，通常会结合倾向匹配评分法以允许共同趋势假设以协变量为条件（Lokshin and Yemtsov，2005；Mu and van de Walle，2011）。少有估算会用断点回归来研究公路影响。Casaburi 等人（2013）在对塞拉利昂公路发展影响的研究中提供了一个例子，在塞拉利昂，"优先度"排名最高的公路会被改造。

Gibson 和 Rozelle（2003）利用 1996 年巴布亚新几内亚的住户调查数据来评估公路发展对巴布亚新几内亚贫困的影响，从而估算到最近公路的时间对家庭福利的影响。为了纠正潜在的内生性，他们选择利用巴布亚新几内亚国家高速公路系统首次遍布全国的年份来计算到最近公路的时间。他们的理由是，高速公路建设主要是根据地理需要（例如，需要从沿海地区开始建设，然后向内陆推进）进行的，因此不受当地特征（如生产率和平均收入水平）的影响。随着高速公路建设的推进，农村支线路网开始建设，而越早开始建设高速公路的地区，公路密度会变得越大。这项研究得出的估算数据显示，如果到最近公路所花的时间减少为最多两小时，总体贫困率可降低 5.8% ~11.8%。本研究重新回顾了之前的分析，应用相关随机效应估算来解决公路改造位置的内生性问题，并使用前两次住户调查期间的新一轮住户调查数据和公路图以获得更丰富、稳健的结果。

对公路系统发展影响的新评估 216

接下来，我们有必要就 1996～2010 年公路质量对巴布亚新几内亚农村家庭福利的影响评估模型进行总结和探讨。评估公路发展和维护的影响是一个复杂的过程，因为政府评估在何处建造新公路或是否修复或升级现有公路的决定可能会由于区域扩张和其他发展成就而具有内生性。一些我们尚未观察到的因素（如预期交通量、当地生产力、投资成本以及在特定地区铺设公路可产生的政治效益）可能也会促成公路工程的建设决定——所有这些因素也可能直接影响家庭福利。

为了评估公路基础设施状况与农村家庭物质福利之间的因果关系，我们估算了一个线性模型，其中衡量福利的结果变量是各种公路基础设施措施的函数，在家庭和人口普查单位层面，有一些外源控制变量以及区域和时间固定效应。距离和质量变量用来衡量公路基础设施。距离变量是非时变的，包括到最近的公路（来自受调查家庭）的欧几里得距离的对数以及经由该公路到达最近城镇的距离的对数。质量变量是时变的，包括被调查家庭到最近城镇的路线上不同路面类型的占比。

估算模型采用以下线性等式：

$$y_{ijt} = \beta R_{jt} + \gamma D_j + \delta X_{ijt} + \mu_j + \tau_t + \varepsilon_{ijt} \quad (1)$$

其中 y_{ijt}代表 t 时期人口普查单位 j 中个人或家庭 i 的物质福利，R_{jt}和 D_j 是与公路基础设施有关的变量的向量，X_{ijt}是外生控制变量的向量（在家庭或人口普查单位层面，一些为时变，其他为时不变），μ_j表示省和人口普查单位层面上未被注意的、时间不变的异质性，τ_t是一个时间固定效应，而 ε_{ijt}是一个独立的干扰项。

估算中使用的主要结果变量是每个成年人实际年度消费的对数，但该模型也被用于估算其他发展指标，包括贫困状况、房子有高质量屋顶（作为住房质量的代表）、家中是否有人从事日薪工作、是否有人从事自给农业， 217
以及在读儿童比例。

估算中包含了许多特定位置的控制变量，如下列地理气候变量：海拔、坡度是否高于 10°的虚拟变量、土地遭受洪水的虚拟变量、降水量稀少的虚拟变量和年降水量。为了控制最近城镇在经济重要性上的差异，我们将最近调查年度中人口普查的人口数对数包括在内。该估算模型还包括一组简约变量，以描述家庭中成年人的构成和受教育程度。这些变量包括家庭规模、15岁以下家庭成员的比例、50岁以上家庭成员的比例、户主的年龄、女性户主的虚拟变量、受过教育的户主的虚拟变量、家庭中成年人的平均受教育年限，以及在读儿童的比例。我们并未报告这些控制变量的系数，因为我们认为这些系数对结果没有什么影响。

由于这两次调查没有覆盖相同的人口普查单位，因此无法使用一阶差分来消除村级异质性。相反，我们使用了 Chamberlain（1982，1984）引入的相关随机效应法，他在模型干扰项上预测了多个时间点测量的潜在内生变量，由此产生的预测误差在结构上与所讨论的变量无关。1996年和2010年的具体变量是公路质量的占比和最近城镇的人口数量。由于公路网在此期间几乎完全没有变化，我们不能以同样的方式使用到最近公路的距离和通往最近城镇的路线长度，从而假定它们是条件外生的①。我们对上述模型的估计是对所有结果变量使用普通最小二乘法进行的。所有回归均使用两次调查中包含的抽样权重进行加权，其中个人特定权重用于消费和贫困的回归，家庭特定权重用于剩余的结果变量。针对人口普查单位级别的集群调整了标准误差。

218 估算结果大体上证实了维护和改善农村公路的积极影响。表7.7显示了包含相关随机效应项和所有控制变量的模型设定的结果。如表所示，将通往最近城镇路线的公路中的1%从土路升级为柏油路，每个家庭成员的平均消费量将提高0.55%左右。同时，这些家庭拥有高质量屋顶房子的可能性提高了约0.19%，且家庭从事自给农业的可能性降低了约0.14%。

分析公路质量对不同次级分组的消费影响，结果显示，对于平均受教育年限小于等于4年的家庭来说，通常户主未受过教育，或户主为女性，那么公路质量对其消费的影响就至少是其他相对次级分组的两倍（见表7.8）。

---

① 将 Z_{jt} 设为等式（1）中潜在内生变量的向量。当 Z_{jt} 同时适用于两年的情况时，我们可用 μ_j 的线性投影和独立的随机普查单位效应代替 ω_j：$\mu_j = \alpha_{00} Z_{j,00} + \alpha_{09} Z_{j,09} + \omega_j$。这使得 Z_{jt} 独立于组合干扰项 $\omega_j + \varepsilon_{ijt}$。由于公路类型共享变量 R_{jt} 同时适用于两年的情况，我们将其置于等式（2）中。请注意，由于距离变量 D_j 是时不变的，因此不能包含在 μ_j 模型中，我们假定其为条件外生。

将碎石路升级为柏油路的效果与之相似。就大多数结果而言，土路和碎石路之间的差异并不显著，这可能是由于数据中土路的数量相对较少。

表 7.7　路面类型对家庭福利指标的影响 219

	对数（实际消费计划总支出）	贫困状况	房子有高质量屋顶	自给农业	从事日薪工作	在读儿童比例
土路升级为柏油路	0.5516[a]	-0.1670	0.1872[b]	-0.1409	0.1653	0.0103
	(0.201)	(0.131)	(0.092)	(0.091)	(0.120)	(0.114)
土路升级为碎石路	0.1909	-0.0049	0.0808	0.0142	0.0952	-0.2045[b]
	(0.161)	(0.112)	(0.082)	(0.082)	(0.107)	(0.090)
碎石路升级为柏油路[d]	0.3607[b]	-0.1621	0.1063	-0.1551[a]	0.0701	0.2149[b]
	(0.165)	(0.105)	(0.074)	(0.057)	(0.097)	(0.094)
到最近城镇总对数距离	-0.1341[a]	0.0753[a]	-0.0224	0.0087	-0.0359[c]	-0.0076
	(0.029)	(0.016)	(0.018)	(0.009)	(0.020)	(0.016)
到最近公路总对数距离	0.0114	-0.0087	-0.0170[a]	-0.0030	-0.0137	-0.0172[b]
	(0.015)	(0.009)	(0.006)	(0.004)	(0.008)	(0.008)
拟合度	0.296	0.204	0.469	0.193	0.190	0.206
人口普查单位	155	155	155	155	155	155
家庭	2148	2148	2312	2312	2306	1530
p 值相关随机效应	0.000	0.018	0.023	0.002	0.154	0.564

注：（1）[a] $p<0.01$，[b] $p<0.05$，[c] $p<0.10$；[d] “碎石路升级为柏油路”的系数实际上并不是模型的一部分，而是通过从“土路升级为柏油路”中减去“土路升级为碎石路”来实现的。（2）括号内的标准误差集中在人口普查单位级别。所有回归均使用两次调查的抽样权重进行加权。共享变量不包括“土路”类别。可在 2009 年地图中观察到但未在 2000 年地图中的路段，默认其随着时间推移保持不变。所有技术参数还包括特定位置的控制变量、省份和时间的固定效应以及相关随机效应项。

资料来源：Wiegand et al.（2017）。

为了研究路面类型对消费对数的影响是否随消费分布发生变化，我们使用了广义分位数回归（Powell，2016），它是分位数回归的扩展，允许我们在不改变利益条件分布的情况下控制协变量，通过自举法得到标准误差。表 7.9 显示了我们对第 10 百分位数、第 30 百分位数、第 50 百分位数、第 70 百分位数和第 90 百分位数的估算。将碎石路升级为柏油路似乎对整个消费分布具有一致的积极影响，尤其是对贫困家庭来说。这与 Gibson 和 Rozelle

（2003）的观点一致，他们认为，由于巴布亚新几内亚公路网稀疏且许多贫困家庭位于偏远地区，基础设施支出可能是少数可行的有针对性的反贫困措施之一。

我们在相关论文中对估算结果进行了更详细的讨论。分析结果表明，通过利用调查数据和行政资源构建面板数据，我们可以借由相关随机效应法，基于时间不变、位置特定的因素来调整对影响的估算，以解释说明公路基础设施的内生性布置。相关随机效应法修正了路面类型与未观察到的特定位置效应之间的相关性，只要不同时间段的公路通行变量适用于不同截面所涉及的家庭，就可以采用该方法。

220 **表 7.8　路面类型和距离对各亚组实际每个成人当量消费量对数的影响**

	平均受教育年限≤4 年	平均受教育年限>4 年	户主未受过教育	户主受过教育	男性户主	女性户主	家庭成员多于 50 人≤30%	家庭成员多于 50 人>30%
土路升级为柏油路	0. 7081^{a}	0. 0992	0. 6732^{b}	0. 3244^{c}	0. 5004^{b}	0. 9986^{b}	0. 5371^{a}	0. 7231
	(0. 224)	(0. 214)	(0. 264)	(0. 192)	(0. 202)	(0. 395)	(0. 203)	(0. 449)
土路升级为碎石路	0. 1558	0. 3296	0. 0908	0. 2563	0. 2287	-0. 4195	0. 1880	0. 5507
	(0. 163)	(0. 220)	(0. 184)	(0. 203)	(0. 168)	(0. 318)	(0. 159)	(0. 411)
碎石路升级为柏油路^{d}	0. 5524^{a}	-0. 2304	0. 5824^{b}	0. 0681	0. 2717^{c}	1. 4182^{a}	0. 3491^{b}	0. 1724
	(0. 185)	(0. 172)	(0. 246)	(0. 155)	(0. 154)	(0. 381)	(0. 168)	(0. 424)
到最近城镇总对数距离	-0. 1236^{a}	-0. 1812^{a}	-0. 0863^{b}	-0. 1693^{a}	-0. 1393^{a}	-0. 0626	-0. 1348^{a}	-0. 1185^{b}
	(0. 035)	(0. 031)	(0. 036)	(0. 029)	(0. 028)	(0. 051)	(0. 029)	(0. 051)
到最近公路总对数距离	0. 0150	-0. 0072	0. 0152	-0. 0031	0. 0117	0. 0035	0. 0071	0. 0422
	(0. 018)	(0. 016)	(0. 018)	(0. 016)	(0. 015)	(0. 027)	(0. 015)	(0. 033)
拟合度	0. 330	0. 296	0. 324	0. 296	0. 309	0. 398	0. 312	0. 367
人口普查单位	146	144	148	151	154	106	154	123
家庭	1249	899	1041	1107	1873	275	1836	312

注：（1）^{a} $p<0.01$，^{b} $p<0.05$，^{c} $p<0.10$；^{d} “碎石路升级为柏油路”的系数实际上并不是模型的一部分，而是通过从“土路升级为柏油路”中减去“土路升级为碎石路”来实现的。（2）括号内的标准误差集中在人口普查单位级别。所有回归均使用两次调查的抽样权重进行加权。共享变量不包括“土路”类别。可在 2009 年地图中观察到但未在 2000 年地图中的路段，默认其随着时间推移保持不变。所有技术参数还包括特定位置和特定家庭的控制变量、相关随机效应项以及省份和时间的固定效应。

资料来源：Wiegand et al.（2017）。

表 7.9　关于路面类型消费的广义分位数回归 221

	对数(实际每个成人的当量消费量)				
分位数	10%	30%	50%	70%	90%
土路升级为碎石路	-0.060	0.020	-0.061	-0.015	0.080
	(-0.378, 0.387)	(-0.165, 0.371)	(-0.241, 0.187)	(-0.150, 0.234)	(-0.053, 0.462)
碎石路升级为柏油路	0.373[a]	0.244[b]	0.234[c]	0.318[a]	0.330[a]
	(0.143, 0.803)	(0.076, 0.497)	(-0.004, 0.548)	(0.138, 0.602)	(0.145, 0.754)
人口普查单位	155	155	155	155	155
家庭	2153	2153	2153	2153	2153

注：(1)[a] $p<0.01$, [b] $p<0.05$, [c] $p<0.10$。(2) 括号表示在人口普查单位级别对一群集样本进行999次重复抽样而获得95%的自举置信区间。所有回归均使用两次调查的抽样权重进行加权。所有回归均使用到最近城镇的对数距离，到最近公路的对数距离，特定位置和特定家庭变量，相关随机效应项，以及作为倾向变量的省份虚拟变量和时间虚拟变量。

资料来源：Wiegand et al.（2017）。

7.3　结论

本章详细回顾了估算影响时所使用的数据源，旨在指导未来的研究人员开展类似研究。使用行政公路库存数据和重复的横断面住户调查数据（包括被调查家庭的地理坐标）有望成为影响评估分析的一种方法。

我们可以利用这些数据估算一个类似于村庄固定效应模型的模型。我们使用这个模型来检测巴布亚新几内亚国家和省级公路网公路质量变化在13年内对农村家庭福利的影响。新的估算提供了明确的证据，表明投资柏油路改善了巴布亚新几内亚农村地区的家庭福利。对于受教育程度较低的家庭来说，公路升级的积极影响相对较大。其结果还表明，柏油路更有利于促进农村家庭参与市场和商业化农业活动。新的估算并未提供明确的证据证明公路质量对获得教育服务的影响或对消费影响的异质性。

本研究中使用的数据类型在其他许多国家均可以相对较低的成本获得（与收集新数据以测量影响的成本相比）。因此，这种方法适用于其他国家，也适用于巴布亚新几内亚的其他住户调查。

参考文献

Asian Development Bank (ADB). 2006. *Proposed Supplementary Loans. Papua New Guinea: Road Maintenance and Upgrading (Sector) Project*. Manila: ADB.

ADB. 2013. *Completion Report: Papua New Guinea: Road Maintenance and Upgrading (Sector) Project*. Manila: ADB.

ADB. 2015. *Resettlement Monitoring Report Papua New Guinea: Highlands Region Road Improvement Investment Program—Mendi to Kandep Road*. Manila: ADB.

Balk, D. L., U. Deichmann, G. Yetman, F. Pozzi, S. I. Hay, and A. Nelson. 2006. Determining Global Population Distribution: Methods, Applications and Data. *Advances in Parasitology* 62: 119–156.

Banerjee, A., E. Duflo, and N. Qianx. 2004. The Railroad to Success: The Effect of Access to Transportation Infrastructure on Economic Growth in China. Massachusetts Institute of Technology (MIT) Working Paper. Cambridge, MA: MIT.

Banerjee, A., E. Duflo, and N. Qianx. 2012. On the Road: Access to Transportation Infrastructure and Economic Growth in China. National Bureau of Economic Research Working Paper 17897 (March 2012).

Binswanger, H. P., S. R. Khandker, and M. R. Rosenzweig. 1993. How Infrastructure and Financial Institutions Affect Agricultural Output and Investment in India. *Journal of Development Economics* 41(2): 337–366.

Bellamy, J. A. 1986. *Papua New Guinea Inventory of Natural Resources Population Distribution and Land Use: Handbook*. Natural Resources Series No. 6. Melbourne: Division of Water and Land Resources, Commonwealth Scientific and Industrial Research Organisation.

Bhaduri, B., E. Bright, P. Coleman, and M. L. Urban. 2007. LandScan USA: A High Resolution Geospatial and Temporal Modeling Approach for Population Distribution and Dynamics. *GeoJournal* 69: 103–117.

Brecher, A., V. Noronha, and M. Herold. 2004. *UAV2003: A Roadmap for Deploying Unmanned Aerial Vehicle (UAVs) in Transportation, Findings of Specialist Workshop in Santa Barbara, CA, December 2003*. http://www.ncgia.ucsb.edu/ncrst/meetings/20031202SBA-UAV2003/Findings/UAV2003-Findings-Final.pdf

Burgess, R., R. Jedwab, E. Miguel, A. Morjaria, and G. P. I. Miquel. 2015. The Value of Democracy: Evidence from Road Building in Kenya. *American Economic Review* 105(6): 1817–1851.

Casaburi, L., R. Glennerster, and T. Suriy. 2013. Rural Roads and Intermediated Trade: Regression Discontinuity Evidence from

Sierra Leone. Harvard University Department of Economics Working Paper. Cambridge, MA: Harvard University.

Chamberlain, G. 1982. Multivariate Regression-Models for Panel Data. *Journal of Econometrics* 18(1): 5–46.

Chamberlain, G. 1984. Panel Data. In *Handbook of Econometrics* Vol. 2, edited by Z. Griliches and M. D. Intriligator. New York: Elsevier.

Chambon, S., P. Subirats, and J. Dumoulin. 2009. Introduction of a Wavelet Transform Based on 2D Matched Filter in a Markov Random Field for Fine Structure Extraction: Application on Road Crack Detection. IS&T/SPIE Electronic Imaging, Image Processing: Machine Vision Applications II. San Jose, CA.

Chen, X., and W. Nordhaus. 2015. A Test of the New VIIRS Lights Data Set: Population and Economic Output in Africa. *Remote Sensing* 7: 4937–4947.

Cheng, H. D., J. R. Chen, C. Glazier, and Y. G. Hu. 1991. Novel Approach to Pavement Cracking Detection Based on Fuzzy Set Theory. *Journal of Computing in Civil Engineering* 13(4): 270–280.

Cheng, H. D., J. L. Wang, Y. G. Hu, C. Glazier, H. J. Shi, and X. W. Chen. 2001. Novel Approach to Pavement Cracking Detection Based on Neural Networks. *Transportation Research Record* 1764: 119–127.

Clark, R. N. 1999. Spectroscopy of Rocks and Minerals and Principles of Spectroscopy. In *Manual of Remote Sensing*, edited by A. N. Rencz. New York: John Wiley and Sons.

Dercon, S., D. O. Gilligan, J. Hoddinott, and T. Woldehanna. 2009. The Impact of Agricultural Extension and Roads on Poverty and Consumption Growth in Fifteen Ethiopian Villages. *American Journal of Agricultural Economics* 91(4): 1007–1021.

Dobson, J. E., E. A. Bright, P. R. Coleman, R. C. Durfee, and B. A. Worley. 2000. A Global Population Database for Estimating Population at Risk. *Photogrammetric Engineering and Remote Sensing* 66(7): 849–857.

Doll, C. N. H., J. Muller, and J. Morley. 2006. Mapping Regional Economic Activity from Night-Time Light Satellite Imagery. *Ecological Economics* 57(1): 75–92.

Doll, C. N. H., J. P. Muller, and C. D. Elvidge. 2000. Night Time Imagery as a Tool for Global Mapping of Socioeconomic Parameters and Greenhouse Gas Emissions. *AMBIO: A Journal of the Human Environment* 29(3): 157–162.

Doll, C. N. H., and S. Pachauri. 2010. Estimating Rural Populations without Access to Electricity in Developing Countries through Night-Time Light Satellite Imagery. *Energy Policy* 38(10): 5661–5670.

Dornan, M. 2016. The Political Economy of Road Management Reform: Papua New Guinea's National Road Fund. *Asia and the Pacific Policy Studies* 3(3): 443–457.

Elvidge, C. D., K. E. Baugh, E. A. Kahn, H. W. Roehl, and E. R. Davis. 1997. Mapping City Lights with the Night Time Data from the DMSP Operational Linescan System. *Photogrammetric Engineering and Remote Sensing* 63(6): 727–734.

Elvidge, C. D., M. L. Imhoff, K. E. Baugh, V.-R. Hobson, I. Nelson, J. Saran, J. B. Dietz, and B. T. Tuttle. 2001. Night-Time Lights of the World: 1994–1995. *International Society for Photogrammetry and Remote Sensing Journal of Photogrammetry and Remote Sensing* 56: 81–99.

Elvidge, C. D., P. C. Sutton, T. Ghosh, B. T. Tuttle, K. E. Baugh, B. Bhaduri, and E. Bright. 2009. A Global Poverty Map Derived from Satellite Data. *Computers and Geosciences* 35(8): 1652–1660.

Emery, W., and C. Singh. 2013. Large-Area Road-Surface Quality and Land-Cover Classification Using Very-High Spatial Resolution Aerial and Satellite Data. Final Report for the United States Department of Transportation DTPH56-06-BAA-0002.

Fried, M. A., D. K. McIver, J. C. F. Hodges, X. Y. Zhang, D. Mahoney, A. H. Strahler, C. E. Woodcock, S. Gopal, A. Schneider, A. Cooper, A. Faccini, F. Gao, and C. Sheaf. 2002. Global Land Cover Mapping from MODIS: Algorithms and Early Results. *Remote Sensing of Environment* 83: 287–302.

Fried, M. A., D. Sulla-Menashe, B. Tan, A. Schneider, N. Ramamurthy, A. Sibley, and X. Huang. 2010. MODIS Collection 5 Global Land Cover: Algorithm Refinements and Characterization of New Datasets. *Remote Sensing of Environment* 114(1): 168–182.

Fischer, M. M., and A. Gets, eds. 2010. *Handbook of Applied Spatial Analysis, Software Tools, Methods and Applications*. Springer.

Gaughan, A. E., F. R. Stevens, C. Linard, P. Jia, and A. J. Tatem. 2013. High Resolution Population Distribution Maps for Southeast Asia in 2010 and 2015. *PLoS ONE* 8(2): e55882.

Ghosh, T., P. Sutton, R. Powell, S. Anderson, and C. D. Elvidge. 2009. Estimation of Mexico's Informal Economy Using DMSP Night Time Lights Data. *Remote Sensing* 1: 418–444.

Ghosh, T., R. Powell, C. D. Elvidge, K. E. Baugh, P. C. Sutton, and S. Anderson. 2010. Shedding Light on the Global Distribution of Economic Activity. *The Open Geography Journal* 3: 148–161.

Gibson, J., and S. Rozelle. 1998 (May). *Results of the Household Survey Component of the 1996 Poverty Assessment for Papua New Guinea*. Technical Report.

Gibson, J., and S. Rozelle. 2003. Poverty and Access to Roads in Papua New Guinea. *Economic Development and Cultural Change* 52(1): 159–185.

Gibson, J., G. Datt, B. Allen, V. Hwang, R. M. Bourke, and D. Parajuli. 2005. Mapping Poverty in Rural Papua New Guinea. *Pacific Economic Bulletin* 20(1): 27–43.

Gibson, J. 2012. *Papua New Guinea Poverty Profile. Based on the Household Income and Expenditure Survey*. Technical report. http://www.planning.gov.pg/images/dnpm/pdf/PNG-Poverty-Profile-2012.pdf

Government of Papua New Guinea, Department of Treasury. 2013. *National Budget 2013: Volume 1, Economic and Development Policies*. Port Moresby: Government of Papua New Guinea, Department of Treasury.

Herold, M., and A. Roberts. 2005. Spectral Characteristics of Asphalt Road Aging and Deterioration: Implications for Remote-Sensing Applications. *Applied Optics* 44(20): 4327–4334.

Herold, M., D. Roberts, V. Noronha, and O. Smadi. 2008. Imaging Spectrometry and Asphalt Road Surveys. *Transportation Research Part C* 16: 153–166.

Imhoff, M. L., W. T. Lawrence, D. C. Stutzer, and C. D. Elvidge. 1997. A Technique for Using Composite DMSP/OLS "City Lights" Satellite Data to Accurately Map Urban Areas. *Remote Sensing of Environment* 61(3): 361–370.

Jacoby, H. G. 2000. Access to Markets and the Benefits of Rural Roads. *The Economic Journal* 110: 713–737.

Jusi, P., R. Mumu, S. Jarvenpaa, B. Neause, and E. Sangrador. 2003. Road Asset Management System Implementation in Pacific Region: Papua New Guinea. *Transportation Research Record* 1819: 323–332.

Jusi, P., M. Roy, S. Jarvenpaa, B. Neausemale, and E. Sangrador. 2003. Road Asset Management System Implementation in Pacific Region: Papua New Guinea. *Transportation Research Record: Journal of the Transportation Research Board* 1819: 323–332.

Khandker, S. R., Z. Bakht, and G. B. Koolwal. 2009. The Poverty Impact of Rural Roads: Evidence from Bangladesh. *Economic Development and Cultural Change* 57(4): 685–722.

Khandker, S. R., and G. B. Koolwal. 2010. How Infrastructure and Financial Institutions Affect Rural Income and Poverty: Evidence from Bangladesh. *Journal of Development Studies* 46(6): 1109–1137.

Khandker, S. R., and G. B. Koolwal. 2011. Estimating the Long-Term Impacts of Rural Roads: A Dynamic Panel Approach. Policy Research Working Paper. Washington, DC: World Bank.

Knox, J., A. Daccache, and T. Hess. 2013. What is the Impact of Infrastructural Investments in Roads, Electricity and Irrigation on Agricultural Productivity? (Systematic Review). *Collaboration for Environmental Evidence (CEE) Syntheses, CEE Review* 11-007. http://www.environmentalevidence.org/wp-content/uploads/2014/05/CEE11-007.pdf

Kwa, E., S. Howes, and S. Lin. 2010. *Review of the PNG–Australia Development Cooperation Treaty (1999)*. Organisation for Economic Co-operation and Development. https://www.oecd.org/countries/papuanewguinea/45827611.pdf

Lanjouw, J., and P. Lanjouw. 2001. How to Compare Apples and Oranges: Poverty Measurement Based on Different Definitions of Consumption. *Review of Income and Wealth* 47(1): 25–42.

Levin, N., and Y. Duke. 2012. High Spatial Resolution Night-Time Light Images for Demographic and Socio-Economic Studies. *Remote Sensing of Environment* 119: 1–10.

Lokshin, M., and R. Yemtsov. 2005. Has Rural Infrastructure Rehabilitation in Georgia Helped the Poor? *World Bank Economic Review* 19(2): 311–333.

Lucius, D. 2010. *Civil Works Capacity Constraints* (unpublished report). Port Moresby: ADB.

Mei, A., R. Salvatori, N. Fiore, A. Allegrini, and A. D'Andrea. 2014. Integration of Field and Laboratory Spectral Data with Multi-Resolution Remote Sensed Imagery for Asphalt Surface Differentiation. *Remote Sensing* 2014(6): 2765–2781.

Meyer, D. ed. 2011. ASTER Global Digital Elevation Model Version 2—Summary of Validation Results. NASA Land Processes Distributed Active Archive Center and the Joint Japan-US ASTER Science Team. http://asterweb.jpl.nasa.gov/gdem.asp (accessed September 2015).

Mills, S., S. Weiss, and C. Liang. 2013. VIIRS Day/Night Band (DNB) Stray Light Characterization and Correction. Proc. SPIE 8866, Earth Observing Systems XVIII, 88661P.

Mohammadi, M. 2012. Road Classification and Condition Determination Using Hyperspectral Imagery. International Archives of the Photogrammetry, Remote Sensing and Spatial Information Sciences, Volume 39-B7, 22 International Society for Photogrammetry and Remote Sensing Congress. Melbourne. 25 August–1 September 2012.

Mu, R., and D. van de Walle. 2011. Rural Roads and Local Market Development in Vietnam. *Journal of Development Studies* 47(5): 709–734.

Nguyen, C. 2016. Impacts of Rural Road on Household Welfare in Vietnam: Evidence from a Replication Study. Economics Discussion Paper 2016-40. Kiel: Kiel Institute for the World Economy.

Nordhaus, W., Q. Azam, D. Corderi, K. Hood, N. M. Victor, M. Mohamed, A. Miltner, and J. Weiss. 2006. The G-Econ Database on Gridded Output: Methods and Data. Technical report. New Haven, CT: Yale University.

Papua New Guinea National Statistical Office. 2013. *PNG HIES Statistical Summary Tables* (web version). Washington, DC: World Bank Group. http://documents.worldbank.org/curated/en/329781468289823696/PNG-HIES-Statistical-Summary-Tables-Web (accessed 25 November 2016).

Powell, D. 2016. Quantile Treatment Effects in the Presence of Covariates. 2016. http://works.bepress.com/david_powell/4/ (accessed 21 December 2016).

Secretariat of the Pacific Community. 2017. Prism Online Statistical Database. https://prism.spc.int/regional-data-and-tools/population-statistics (accessed 26 July 2017).

Stevens, F. R., A. E. Gaughan, C. Linard, and A. J. Tatem. 2015. Disaggregating Census Data for Population Mapping Using Random Forests with Remotely-Sensed and Ancillary Data. *PLoS ONE* 10(2): e0107042.

Sutton, P. C., C. D. Elvidge, and T. Ghosh. 2007. Estimation of Gross Domestic Product at Sub-National Scales Using Nighttime Satellite Imagery. *International Journal of Ecological Economics and Statistics* 8(SO7): 5–21.

Vovola, P., and B. Allen. 2001. Computer Managed Databases Relevant to PNG Agriculture. In *Food Security for Papua New Guinea: Proceedings of the Papua New Guinea Food and Nutrition 2000 Conference, Lae PNG*, edited by R. M. Bourke, M. G. Allen, and J. G. Salisbury. Canberra: Australian Centre for International Agricultural Research.

Welch, R. 1980. Monitoring Urban Population and Energy Utilization Patterns from Satellite Data. *Remote Sensing of Environment* 9: 1–9.

Wiegand, M., E. Koomen, M. Pradhan, and C. Edmonds. 2017. The Impact of Road Development on Household Welfare in Rural Papua New Guinea. TI 2017-076/V. Tinbergen Institute Discussion Paper. http://papers.tinbergen.nl/17076.pdf

Wooldridge, J. M. 2010. *Econometric Analysis of Cross Section and Panel Data* ed. 2. Cambridge, MA: MIT Press.

World Food Programme and Logistics Cluster. 2011 (February–March). *Papua New Guinea Emergency Preparedness: Operational Logistics Contingency Plan Part 2—Existing Response Capacity and Overview of Logistics Situation*. Rome: World Food Programme Logistics Cluster. http://reliefweb.int/sites/reliefweb.int/files/resources/PNG%20Logistics%20CP%20-%20Part%202%20-%20Existing%20Response%20Capacity%20and%20Logistics%20Overview.pdf (accessed 21 December 2016).

Zhang, C. 2008a. Development of a UAV-Based Remote Sensing System for Unpaved Road Condition Assessment. Proceedings of American Society for Photogrammetry and Remote Sensing Annual Conference. Portland, OR. April 28–May 2.

Zhang, C. 2008b. Development of a UAV-Based Remote Sensing System for Unpaved Road Condition Assessment. International Society of Photogrammetry and Remote Sensing. Beijing. 3–13 July.

Zhang, C. 2010. Assessment of Rural Road Condition Using UAV-Based Remote Sensing. Proceedings of Remote Sensing Technologies for Transportation Applications. Washington, DC.

Zhang, C., and A. Elaksher. 2012. Development of an Unmanned Aerial Vehicle-Based Imaging System for 3D Measurement of Rural Road Surface Distresses. *Computer-Aided Civil and Infrastructure Engineering* 27(2): 118–129.

附录 7.1　测绘公路质量和基于公路的距离 229

本研究的部分目的是探讨用卫星图像数据补充调查所得的公路质量数据的可能性。本附录描述了适用于公路状况自动制图的遥感技术。我们解释了此类分析通常涉及的技术，回顾了一些成功应用案例，并总结了与当前最先进的研究方法相关的数据需求和挑战。随后一节总结了利用卫星图像自动测绘公路状况图的可行性。

A7.1.1　公路状况自动制图使用的遥感技术

目前绘制公路质量图的实践包含专家广泛的实地观察，他们根据许多物理参数（包括裂缝、松散和车辙）来索引当地的公路质量（Herold et al.，2008）。其他技术，如公路质量的摄影和视频记录以及地理信息技术系统正在迅速发展。然而，这些操作既烦琐又昂贵，遥感技术的进步可能对支持这些基础设施调查具有潜在的重要性（Brecher et al.，2004）。虽然已经有研究人员成功地通过高光谱图像获得了详细的公路理化性质（Clark，1999），但是依靠可用的目标和数据，根据卫星图像测绘公路质量仍然是一个挑战。

我们对分类公路恶化严重程度的可识别遇险信号进行了分级。在空间尺度很大时（低分辨率），研究人员通过对卫星数据的目视判读和变化向量分析，成功识别出诸如冲蚀、桥梁坍塌和洪水灾害等结构性损伤（Emery and Singh，2013）。基于变化向量分析的算法减去一个区域的两个图像，并对变化量进行分类，以识别较大的结构变化。

大多数空间尺度较小（高分辨率）的研究是针对铺砌好的公路。可以通过图像处理技术和各种图像识别技术来识别诸如裂缝之类的遇险信号（Cheng et al.，1991；Cheng et al.，2001；Chambon et al.，2009）[①]。然而， 230
典型研究中使用的大多数图像是在地面获得的，且新兴技术集中于部署无人机（Brecher et al.，2004；Zhang，2010；Mei et al.，2014）。通常，可以从卫星图像中获得地表分化的老化和物理参数（Herold and Roberts，2005；Mei et al.，2014），但是图像细节应至少为亚米级分辨率，且光谱带细节度高。尽管其他研究指出，在此分辨率下联系光谱反射率和物理特性并不会产

① 识别技术包括支持向量机、模糊集合论、马尔可夫法（Markov Methods）和神经网络等。

生明显的结果（Zhang and Elaksher，2012），如若图像不太详细（分辨率大约为 4 米），仍可以得到公路质量的一般类别和公路状况的一般指标（Mohammadi，2012），一些研究人员主要侧重于从未铺砌公路的图像中获取公路质量数据，但这些研究依赖于低空无人机（Zhang，2008a，2008b，2010）。

上述研究虽在不同尺度上，但一般程序是类似的。高度详细的公路质量调查或现场测量弥补了航拍图像的不足，图像的光谱特征与公路质量的指标或测量相关。在对某一可联系公路状况和光谱特征的模型进行拟合后，就可以基于新图像数据将该模型用于样本外预测。

A7.1.2 可行性

尽管在过去几十年中，技术进步、图像处理和图像识别技术的结合，使得公路质量自动制图成为一种切实可行的选择，但最先进的技术既需要高度详细的卫星图像、低空无人机或地面图像、公路测量数据，也需要大量的现场测量数据。据我们所知，巴布亚新几内亚目前没有这些数据，或者只能以很高的成本获得。可通过卫星图像公司或土地信息解译系统（Landinfo）（如快鸟卫星、世界景观一号和三号以及伊科诺斯卫星）获得亚米级分辨率图像，通常价格为每平方千米 15～60 美元，具体取决于分辨率[①]。也无法获取高度详细的公路质量调查或地面测量信息，如 10 米路段的地理参照公
231 路状况信息。地面测量是一个非常烦琐的过程，研究区域太大，无人机无法完全覆盖。此外，这样的偶然调查只能加深我们对公路网现状的了解，而无法按时间序列输出公路质量调查数据，从而将过去 20 年家庭收入的变化与公路质量变化联系起来。

作者提供了补充信息，这些信息记录了我们为确定免费获取的地球资源卫星图像的可用性而进行的一些探索性工作。我们认为这些数据不适用于提取向量化公路数据或为已知公路分配质量变量的自动化程序。缺乏细节、覆盖范围有限且可用性不足是一个重要因素。但是，地球资源卫星图像——如果处理得当——在某些情况下可以由人眼识读，并提供有关公路网地面发展的信息。

---

① 价格可以参阅 http：//www.landinfo.com/satellite-imagery-pricing.html。

第三部分

互联互通与跨境基础设施

第八章

航运互联互通对贸易绩效的影响：以太平洋为例

马蒂亚斯·赫布尔

8.1 引言

交通基础设施投资的目的通常是改善经济中心之间的互联互通。本章重 239
点关注加强互联互通如何增加国家之间的经济交流。具体而言，我们研究了14 个太平洋岛屿的互联互通情况，对于这些岛屿而言，航运是与世界其他地方交换货物的主要手段。

太平洋经济体正面临一系列结构性制约因素，难以参与世界经济。首先，地理上的不利是其中最主要的因素。这些国家大多地理面积较小，分布在许多岛屿上。基里巴斯就是其中一个例子。它由 33 个岛屿组成，面积超过 350 万平方千米，比印度还大。其次，许多太平洋经济体远离主要的经济中心。例如，斐济的苏瓦与中国的上海之间的航运距离为 8907 千米，航运平均需要 14 天 7 小时，距离比与美国的旧金山之间的航程更长，有 9225 千米，几乎需要相同的航运时间（14 天 19 小时）[①]。最后，许多太平洋经济
体位于飓风、海啸和地震等自然灾害风险较高的地带。 240

这些结构性约束对太平洋经济体融入全球经济产生了多重影响。首先，也是最明显的一点：无论是从绝对意义上看还是从延误角度来看，偏远地区

① SeaRates，http：//www. searates. com/reference/portdistance/，最后访问日期：2017 年 5 月 15 日。

都意味着交通成本很高。在利润率低、快速交货至关重要的全球市场中，这两方面都有相当大的缺陷（Evans and Harrigan，2005）①。其次，距离远加上经济规模小，意味着连通的频率和直达性都较低。考虑到交通运输业具有相当大的规模经济性，小型经济体通常服务次数较少，目的地也较少（Hummels and Skiba，2004；Winters and Martins，2004）②。连通性较低意味着成本较高，不仅包括货物航运的成本，也包括跨境交付服务的成本。最后，由于太平洋经济体处于自然灾害的高风险地区，航运可能经常会有相当大的变数。同样，在一个准时生产至关重要的世界里，太平洋经济体面临的沉重负担确实难以减轻。

尽管存在这些困难，但自2000年以来，太平洋地区的贸易发展非常迅猛。太平洋发展成员国（DMC）的进出口总额从2000年的不足50亿美元增加到2016年的360亿美元左右。图8.1显示了太平洋发展成员国对亚洲和太平洋地区以及世界其他地区的出口。值得注意的是，其出口到亚洲和太平洋地区的份额正在上升。在本研究期间内，巴布亚新几内亚（PNG）和斐济的贸易额占14个太平洋发展成员国贸易总额的80%以上。另一个重要的观察结果是太平洋发展成员国的贸易逆差很大且日益加剧。所有太平洋发展成员国的贸易逆差总额从2006年的不到20亿美元猛增至2016年的120亿美元左右，它们主要从汇款和官方发展援助获得资金。

太平洋发展成员国的货物贸易主要由初级商品组成。太平洋发展成员国拥有丰富的渔场，通常主要出口鱼类和鱼类产品，而拥有自然资源的国家都集中出口这些资源。随着亚洲成为世界制造业的中心，太平洋地区的制成品出口在过去10年有所下降。亚洲成功的一个关键因素是，能够建立或加入全球和区域的价值链和生产网络。相反，太平洋发展成员国家地理位置偏远，制造业基础规模小，难以加入区域生产网络，甚至被迫缩减生产规模。

本章将探讨太平洋经济体的航运互联互通对其贸易绩效有何影响。这项研究的对象是亚洲开发银行的14个太平洋发展成员国：库克群岛、斐济、基里巴斯、马绍尔群岛、密克罗尼西亚、瑙鲁、帕劳、巴布亚新几内亚、萨

---

① Evans 和 Harrigan（2005）展示了交付时间对于服装生产的重要性。

② 使用美国的贸易数据，Hummels 和 Skiba（2004）表示，产品重量或价值每增加10%会导致运输成本增加4%～6%。Winters 和 Martins（2004）发现，当货运量增加1%时，船舶运输成本会下降0.31%。

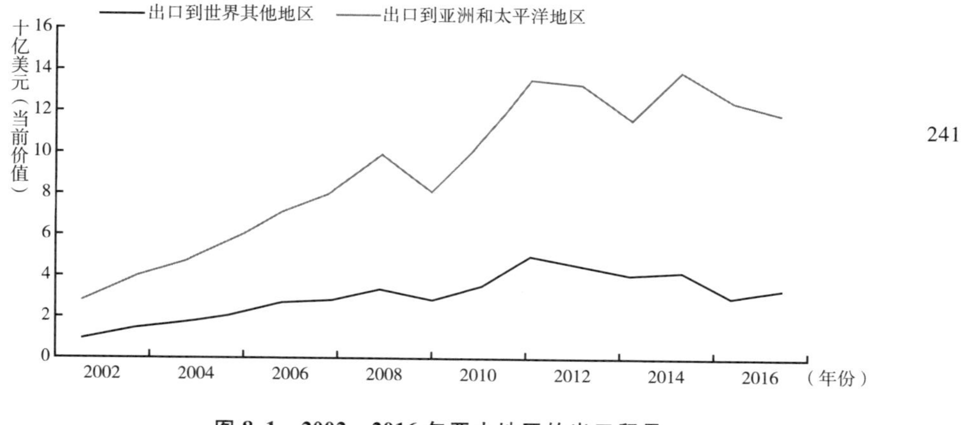 241

图 8.1　2002～2016 年亚太地区的出口贸易

资料来源：联合国国际贸易统计数据库；作者计算。

摩亚、所罗门群岛、东帝汶、汤加、图瓦卢和瓦努阿图。

本章的结构如下：首先，我们介绍一个新的数据库，其中包含太平洋发展成员国与世界其他国家之间的航运联系和频率。该数据库由自动识别系统（AIS）设备生成的记录形成，这种设备安装在所有主要航行在国家水域的船舶上，会自动向港务局报告位置和到港、离港时间。然后我们将航运互联 242
互通数据和相应的货物贸易数据结合起来。通过使用简单的节点图，我们展示了太平洋发展成员国的连通性，对货物交换进行了对比。也就是说，虽然商品贸易需要通过贸易中心在许多经济体之间发展，但它们的联系有限。在本章的计量经济部分，我们应用重力模型来估计直接连通和航运频率对贸易的重要性。我们发现，与没有直接联系的国家对比，直接航运联系和高航运频率对高贸易量具有统计学上的显著性。使用工具变量方法来控制内生性也证实了这些结果。

8.2　数据

8.2.1　商品贸易数据

货物贸易数据来自联合国国际贸易统计数据库①。因为引力方程方法

① 联合国国际贸易统计数据库，最后访问日期：2017 年 5 月 10 日。

（见8.4节）中的几个解释性变量只能获得2012年和2013年的数据，所以，我们计算了2011～2013年的3年简单平均贸易额。3年平均值的优势在于消除不常见的贸易流动，这在几个小经济体的样本中并不罕见。

按照惯例，我们先下载了2011～2013年太平洋发展成员国进口的所有双边贸易流数据。我们使用进口而不是出口数据，是因为进口流量的记录通常比出口更严谨（进口统计通常比出口统计更完整，因为进口往往需要受到关税或其他法规的约束）。据报告，2011～2013年，180个经济体（包括14个太平洋发展成员国）中至少有1个进口国来自14个太平洋发展成员国。在7560项观测值中，有2304项正向贸易流量来自这些进口经济体。

进口的贸易统计数据通过出口数据进行补充。这种方法被称为镜像统计，可以对进口方的双边流量和出口经济体的贸易统计进行比较。理论上，出口方和进口方报告的贸易价值和数量应该是相同的；然而，存在相当大的
243 差异。其原因是多方面的，我们尚未完全弄清。我们还发现，出口商记录了双边贸易往来，而进口商却没有。因此，镜像统计可以成为补充和完成贸易统计的有用工具。

使用镜像统计方法，我们下载了2011～2013年所有从太平洋经济体到世界其他地区的出口数据（771个出口流）。接下来，我们将世界其他地区报告的双边进口流量数据库与太平洋发展成员国报告的双边出口流量数据库结合起来，在2011～2013年获得了3075个观测值，其中2583个是由进口方或出口方独立报告的，492个是由太平洋发展成员国出口经济体或进口经济体报告的。为了删除重复项，我们计算了两个项目的简单平均值并保留了一个。这使我们能够避免决定哪一项（进口或出口经济体）是正确的。在排除了所有过时的或被归类为“不明”的经济体贸易流量后，我们以3年平均水平为样本，得到了1126个积极的观察值。在下面的引力方程中，我们还利用了14个太平洋发展成员国之间对180个经济体（包括太平洋发展成员国）的所有零观测值，得到了2520个观测结果。

8.2.2 航运互联互通数据

由于所有太平洋发展成员国都是岛屿经济体，与绝大多数其他国家没有陆地边界（除了巴布亚新几内亚和东帝汶与印度尼西亚有陆地边界），大多数国家只能通过轮船或飞机抵达。因此，我们试图找到用这两种运输方式来

描述太平洋发展成员国互联互通的详细数据。

第一个数据集以海洋网络的形式描述了太平洋发展成员国的互联互通。为此，我们使用了一个名为“海洋网络”（Sea-web）的数据库。自 2001 年以来，全球主要船舶和港口使用自动识别系统向港务局报告抵港和离港时间，主要是为了避免产生碰撞。今天，所有主要港口（大约 1.1 万个港口和码头）以及大型船舶（100 吨以上）都安装了自动识别系统。由此产生的到港和离港记录由 Lloyd's Registry Fairplay 收集，并通过 Sea-web 网站在线提供[①]。由自动识别系统信号生成的数据库，涵盖了绝大多数国际船舶的运输量，每 3 分钟更新一次有关船舶移动的信息。

利用这个数据库，我们首先考察了 2013 年 1 月 1 日至 2013 年 12 月 31 日太平洋发展成员国和世界其他地区港口之间的所有关系。因此，我们能够建立一个矩阵，该矩阵包括 14 个太平洋区域控制系统的港口与世界上 34 个其他经济体之间的所有海上联系（见表 8.1）。总的来说，我们统计了 1148 个直接联系。

表 8.1　2013 年太平洋发展成员国的海事网络连通概述 244

（起运港与目的港之间的活动连通数量）

		起运港			
		太平洋发展成员国	其他太平洋国家	亚洲	世界其他地区
目的港	太平洋发展成员国	196(821)	126(428)	210(428)	140(21)
	其他太平洋国家	126(474)			
	亚洲	210(426)			
	世界其他地区	140(45)			

注：（　）= 航行频率。

资料来源：Sea-web（最后访问日期：2017 年 2 月 12 日）；作者计算。

除了经济体之间的直接联系之外，我们还试图测算港口之间的联系频率。最近的文献显示，航运连通的频率揭示了运价的信息。以加勒比群岛为例，由于竞争加剧，频率更高意味着运费更低（Wilmsmeier and Hoffmann，2008）。为了获得频率估值，我们下载了 2013 年每艘通过太平洋发展成员国港口的船舶的最后 50 个观测值（截至 2014 年 7 月 1 日）。利用这些信息，

① 这些信息可以在 www. sea－web. com 上获得，但需付费。此外，Lloyd's Registry Fairplay 代表国际海事组织管理国际海事组织船舶和公司编号计划，为船舶和船主提供独特的识别码。

我们能够测算每个环节的频率。航程总次数为 2643 次；然而，2013 年连通的总频率可能会更高，因为每艘船报告的最后 50 次观察值不一定会涵盖全年。尽管如此，我们相信这代表了整个时期的运输环节。

Sea-web 网站还提供船舶类型的有关信息。我们排除了所有与国际贸易无关的船舶类型，如研究船或电缆层船。我们的最终样本包括八种船型：散货船、化学品船、集装箱船、渔船和拖网渔船、普通货物和冷藏货物船、油气罐船、成品油轮和客船。我们收集了所有船只的船名、总重量、停靠港口和国家、到达和起航日期。我们用两个不同国家的港口之间的天数来计算航次①，描述性统计数据见表 8.2。

245 **表 8.2　航运的描述性统计数据**

序号	船舶类型	观测数目（艘）	占比（%）	平均值（吨）	标准差（吨）	最小值（吨）	最大值（吨）
1	散货船	158	6.10	17835.80	17777.95	2551.00	106367.00
2	普通货物和冷藏货物船	970	37.47	6424.50	5072.66	1211.00	25483.00
3	化学品船	199	7.69	14119.18	16568.96	1997.00	50672.00
4	集装箱船	684	26.42	12460.59	6043.74	5234.00	35887.00
5	渔船和拖网渔船	299	11.55	1616.17	608.01	349.00	3415.00
6	油气罐船	78	3.01	19439.54	36839.65	3409.00	162863.00
7	客船	153	5.91	60295.03	33035.25	235.00	90090.00
8	成品油轮	48	1.85	25009.58	23879.61	1584.00	65162.00
	总计	2589	100.00				

资料来源：Sea-web（最后访问日期：2017 年 2 月 12 日）；作者计算。

8.2.3　航空连通数据

如下所述，我们使用航空连通作为航运连通性的工具变量。最近出现了越来越多的国际航班连通数据库，经济研究人员也正在使用，如 Arvis 和 Shepherd（2011）、Yilmazkuday 和 Yilmazkuday（2014）以及 Helble 和 Mutuc（2014）。我们使用了免费的数据库 Openflights，该数据库包含 2012 年 1 月

① 我们排除了一个经济体中所有港口间的船舶流动。

全球范围内的所有航线，以及运营这些航线的航空公司（几个公司可以运营一条航线）[①]。我们下载了所有以太平洋发展成员国为起点或目的地的航线数据。总的来说，我们发现有 56 条直航航线：22 条是在太平洋发展成员国之间的航线，34 条是太平洋发展成员国与世界其他经济体之间的航线。 246
地理分布如下：与太平洋其他经济体直接联系的有 19 条，与亚洲直接联系的有 11 条，与美国直接联系的有 4 条。

与航运数据相比，飞行路线数据是对称的，因为飞行是在两点之间来回。就航运而言，一艘船通常不仅往返于两个港口之间，而且在返回起始港之前，还会继续前往其他的目的地。

在 56 条通往太平洋发展成员国的直接航线中，有几条由多家公司维护。根据航空公司的报告，Openflights 列出了与太平洋发展成员国的 117 个连通；然而，有几次航班是共享的。为了估计连通频率，我们计算了所有航空公司（不包括共享航班）每周直达航线的航班数量。由于 Openflights 网站没有提供频率信息，我们在相应的航空公司网站上对此进行了研究，发现每周有 294 个航班在 56 条航线上运行。

8.2.4 所有关于经济和双边关系的数据

对于我们下面的引力模型分析，需要更多关于经济和双边关系的数据（见附录）。相关数据是从法国前瞻性研究中心和国际信息中心的网站上下载的[②]。

我们使用了以下变量：（i）两个经济体之间的地理距离；（ii）贸易伙伴之间使用共同的官方语言或其他语言；（iii）贸易伙伴之间是不是殖民与被殖民的关系；（iv）贸易伙伴是否被同一个国家殖民。我们排除了太平洋发展成员国的其他虚拟变量（例如意外事件），因为它们仅适用于少数情况。所使用的变量在附录中有详细描述。

8.3 节点图

说明数据集的一种方法是使用描述节点之间所有可能连通以及连通强度

---

① Openflights，http：//openflights. org/data. html，最后访问日期：2017 年 3 月 22 日。

② 法国前瞻性研究中心和国际信息中心，www. cepii. fr，最后访问日期：2017 年 4 月 2 日。

的节点图。在图 8.2 中，太平洋发展成员国和主要合作伙伴之间的直接航运连通在左边展示。为了增加可读性，我们忽略了强度较弱的直接船运联系（在我们的示例中少于 20 项）。线的粗细说明了航运连通的强弱程度。太平洋发展成员国内最繁忙的连通就是在巴布亚新几内亚和所罗门群岛之间，而太平洋发展成员国和其他太平洋国家之间最繁忙的连通是在巴布亚新几内亚和澳大利亚之间、斐济和新西兰之间。在太平洋之外，中国内地和巴布亚新几内亚之间的航线似乎是目前最繁忙的。

247

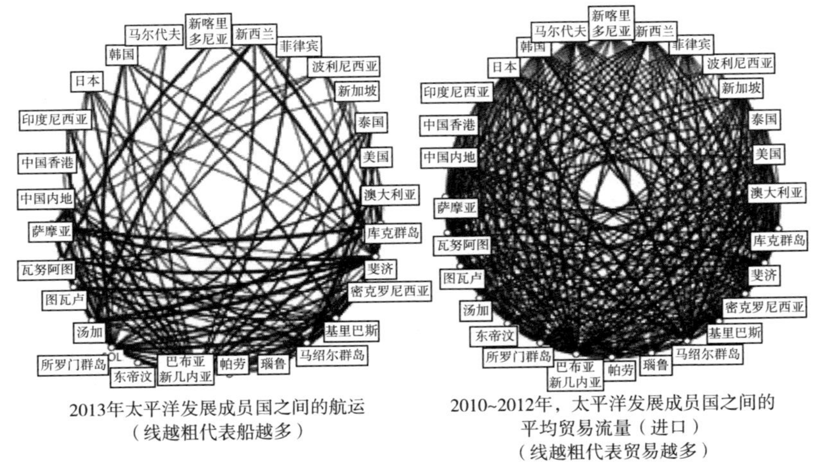

2013年太平洋发展成员国之间的航运（线越粗代表船越多）

2010~2012年，太平洋发展成员国之间的平均贸易流量（进口）（线越粗代表贸易越多）

图 8.2　亚太地区和太平洋地区间直航运输和贸易流量

注：只包括与太平洋发展成员国连通最多的 14 个经济体。

资料来源：作者绘制。

图 8.2 的右侧描述了太平洋发展成员国之间以及太平洋发展成员国与有直接航运联系的主要经济体之间的贸易联系（国家列表与左侧相同）。由于太平洋发展成员国对图中所示的许多经济体都有出口，所以贸易网络非常密集。与贸易图相比，左边的航运图连线则显得稀疏。这表明，贸易联系比航运联系更为频繁，这也意味着大量贸易并不是直接运输，而是经过一个或多个经济体转运。众所周知，世界贸易是通过中心辐射体系来组织的（Wilmsmeier and Notteboom，2009）。尽管这种架构的建立在一定程度上遵循了经济原理，但它通常意味着，与中心经济体相比，辐射经济体的贸易成本要高得多。

8.4　方法：引力方程 248

50 多年前，诺贝尔奖得主 Laureate Jan Tinbergen 使用引力模型来预测双边贸易流量。像物理学中的引力一样，Tinbergen 规定两国之间的贸易量将是两国距离和人口的函数。他发现，与李嘉图（Ricardo）、赫克歇尔－俄林（Heckscher-Ohlin）等其他贸易模型相比，引力模型更能预测实际贸易流动。然而，多年来，引力模型缺乏经济理论的支撑。

1979 年，Anderson 第一个为该模型提供了理论基础。随着时间的推移，研究者们发展出了更多的贸易模型，从中可以推导出引力方程。21 世纪初，Eaton 和 Kortum（2002）、Anderson 和 van Wincoop（2003）的开创性贡献使 Anderson 的论文重新受到重视，他们的研究表明，既不需要假设报酬递增，也不需要假设不完全竞争，就可以建立一个微型引力方程。Melitz（2003）将所谓的“新－新”（new-new）贸易理论引入企业异质性后，很快就发展出了相应的引力方法，Chaney（2008）就是一个例子。鉴于引力模型在预测国际贸易流动方面的成功以及强大的理论支持，其在贸易经济学家中很受欢迎。

本章所使用的引力方程建模紧跟 Head 和 Mayer（2014）的研究。一般引力模型可以表述如下：

$$X_{ni} = GS_i M_n \O_{ni} \tag{1}$$

其中 X_{ni} 表示从 i 到目的地市场 n 的贸易流量，S_i 表示国家 i 出口到所有目的地的能力，M_n 表示目的地市场 n 的所有特征，$\O_{ni}$ 表示双边贸易成本及对 n 和 i 贸易流量的影响，其中 $0 \leqslant \O_{ni} \leqslant 1$。$G$ 是常数，ε_{ni} 是误差项。

取等式（1）的对数时，得到如下等式：

$$\ln X_{ni} = \ln G + \ln S_i + \ln M_n + \ln \O_{ni} + \varepsilon_{ni} \tag{2}$$

传统上，出口国和进口国的国内生产总值（GDP）对数被用作代替 S_i 和 M_n。为了观察资本和劳动力禀赋对贸易流量的影响，人均 GDP 和人口的对数也被用来代替 GDP。然而，自 Anderson 和 van Wincoop（2003）做出极
有影响力的贡献以来，研究者们转而普遍使用进口商和出口商的固定效应， 249
我们沿用了这种做法。

关于货物和服务贸易的两个数据集包含大量的零项。在研究贸易的文献

中，我们发现了有关如何最优处理经验估计中零项的广泛讨论（Helpman et al.，2008）。近年来，最受欢迎的是 Santos Silva 和 Tenreyro（2006）提出的方法，他们指出，最合适的是使用（伪）泊松最大似然估计方法。该方法估计了引力方程的水平，并考虑了可能存在的异方差性。沿用此研究的思路，除了传统的普通最小二乘法，我们在计量经济学方法中还使用了泊松最大似然估计方法。

8.5 研究结果

表 8.3 列出了货物贸易的引力估算结果。第（1）栏至第（3）栏的估计采用传统的普通最小二乘法估计，忽略了可能的零交易流量。第（1）栏显示了我们运行标准引力方程的结果，排除了任何连通变量。

我们的第一个观察结果是距离系数显著高于一般情况。许多实证研究发现，货物贸易的距离系数为 -1.0 左右（Kimura and Lee，2006）。对于太平洋经济体，我们观察到了一个更高的距离系数（-1.36）。我们估计距离变量控制时，太平洋国家的地理距离作为控制变量。与其他实证贸易研究相比，我们得出的结果系数更大，似乎表明太平洋经济体面临着额外的贸易成本，使它们难以融入全球市场。其他双边控制变量也产生了几个有趣的结果。首先，共同的官方语言对贸易有积极的影响，而共同的其他语言似乎对太平洋贸易有消极的影响（两者的影响几乎相互抵消）。其次，太平洋经济体似乎向前宗主国相同的经济体有更多的出口。最后，R^2 的值表明，我们的模型预测了大约 60% 的出口流量。

在第（2）栏中，我们添加了虚拟变量来衡量我们是否观察到双边对中的直接连通。虚拟变量在水平为 1.52 时具有统计显著性。正如预期的那样，直接连通对各经济体的出口业绩极为重要。有趣的是，第（2）栏的距离系数为 -0.85，而第（1）栏的距离系数则为 -1.36。因此，直接连通性似乎能部分解释一些太平洋发展成员国的贸易成本高这一现象。在第（3）栏中，我们引入了测量连通频率的变量（考虑到直接连通的虚拟变量与频率之间的共线性，我们无法同时引入这两个变量）。这个系数再次具有统计显著性。航运频率更高增加了贸易，但效果不如直接联通性。距离系数为 -0.39且不具备统计学上的显著性。因此，航运频率似乎是决定贸易成本的另一个重要因素。

表 8.3　太平洋发展成员国出口引力估算结果（2011～2013 年平均） 250

变量	(1) Log（贸易）	(2) Log（贸易）	(3) Log（贸易）	(4) 贸易	(5) 贸易
Log（距离）	-1.36[a] (0.343)	-0.85[b] (0.350)	-0.39 (0.339)	-1.94[a] (0.616)	-1.46[b] (0.741)
共同的官方语言	0.73[c] (0.422)	0.75[c] (0.426)	0.61 (0.424)	0.08 (1.234)	0.05 (1.274)
共同的其他语言	-0.78[b] (0.355)	-0.81[b] (0.360)	-0.69[c] (0.355)	-0.35 (1.054)	-0.39 (1.079)
曾有过殖民关系	0.68 (0.535)	0.56 (0.545)	0.43 (0.522)	1.57[a] (0.347)	1.44[a] (0.340)
共同的殖民者	0.56[c] (0.302)	0.42 (0.300)	0.38 (0.294)	0.18 (0.475)	0.06 (0.468)
直接连通		1.52[a] (0.341)		0.37 (0.353)	
Log（频率）			1.11[a] (0.137)		0.33[b] (0.153)
观测值	1126	1126	1126	2520	2520
R^2	0.60	0.61	0.62	—	—
起点和终点 FE	是	是	是	是	是
估算技术	OLS	OLS	OLS	泊松	泊松

注：（　）= 稳健标准差，FE = 固定效应，OLS = 普通最小二乘法。[a] $p<0.01$，[b] $p<0.05$，[c] $p<0.1$。

资料来源：作者估算。

在第（4）栏和第（5）栏中，我们考虑了零贸易流量。距离系数分别 251
为 -1.94 和 -1.46。人们的经济直觉是，太平洋经济体的偏远性阻止了它们产生其他积极的贸易联系。泊松估计技术显示，贸易成本已成为国际贸易的更大障碍。测量直接连通性的虚拟变量系数降至 0.37，测量频率系数减小到 0.33。因为两个连通性变量都与距离相关，系数可能较小，特别是当我们包含了零贸易流量时。最后，泊松回归结果显示了殖民联系的重要作用。

总的来说，我们发现贸易成本在形成太平洋经济的贸易中起着关键作用。但是，由于几个太平洋经济体非常小，建立新的航运联系或增加现有联系的频率可能在经济上不可行或不可取。太平洋经济体要自觉投入区域一级的航运中心——辐射安排中。

8.6 稳健性检查

航运环节的存在不能假定为完全由外生决定。恰恰相反，经济的互联互通在大多数情况下是满足货物和服务运输需求的一个功能。为了控制内生性，我们应用了工具变量法，该方法是基于这样一种方法，即有一个附加变量与等式（2）中的误差项不相关，但和受内生性影响的变量部分相关。在我们的例子中，连通性变量（直接连通和频率）都受到内生性的影响。为了控制后者，我们建议使用直接连通和频率作为测量航运连通性的工具。这些工具产生的结果见表 8.4。

货物贸易方程式的稳健性检验证实了我们以前的结果。在第（1）栏中，代表直接连通的虚拟变量仍然保持很高的统计显著性，在数量上也有所增加。距离系数变为正值，这可能与直接飞行连通也是距离的函数有关，这对于工具变量法来说是次优的。工具变量估计的结果对频率产生非常相似的结果。测量船舶连通频率的系数同样具有很高的统计显著性，幅度也很大。第（1）栏和第（2）栏的内生性测试表明，内生性确实值得关注。

252 **表 8.4 使用工具变量法的引力估算结果**

变量	(1) Log(贸易)	(2) Log(贸易)
Log(距离)	1.22[a] (0.582)	0.39 (0.388)
共同的官方语言	0.77 (0.477)	0.59 (0.394)
共同的其他语言	-0.86[a] (0.418)	-0.69[a] (0.346)
曾经有过殖民关系	0.08 (0.609)	0.23 (0.495)
共同的殖民者	-0.16 (0.329)	0.19 (0.256)
直接连通	7.75[b] (1.456)	
Log(频率)		1.96[b] (0.310)

续表

变量	(1) Log(贸易)	(2) Log(贸易)
内生性测试	0.000	0.002
观测值	1126	1095
R^2	0.42	0.61
起点和终点 FE	是	是
估算技术	IV	IV

注：（　）= 稳健标准差，FE = 固定效应，IV = 工具变量。[a] $p<0.05$，[b] $p<0.01$。
资料来源：作者估算。

我们结果的稳定性也可以通过改变距离度量来测试。我们的模型通过地理距离衡量贸易伙伴之间的距离；然而，这只是一个近似值，特别是对于直接航运或航空连通较少的小型经济体而言，这些小型经济体依赖于它们与枢纽的连通。为了说明这一点，我们计算了基于连通结构的贸易伙伴之间的最小距离。例如，如果 A 仅通过 C 连通到 B，我们计算了从 A 到 C 和从 B 到 C 的地理距离之和。估计结果见表 8.5。

表 8.5　基于完整距离的贸易流量引力估算结果 253

变量	(1) Log(贸易)	(2) Log(贸易)	(3) Log(贸易)
Log(距离)	-1.79[a] (0.382)	-1.13[b] (0.487)	-0.25 (0.497)
共同的官方语言	2.06[b] (0.864)	2.28[b] (0.881)	2.16[b] (0.878)
共同的其他语言	-1.76[a] (0.557)	-1.86[a] (0.567)	-1.71[a] (0.535)
曾有过殖民关系	1.32[c] (0.680)	1.23[c] (0.686)	0.97[c] (0.582)
共同的殖民者	0.76[c] (0.432)	0.63 (0.421)	0.51 (0.399)
直接连通		0.92[b] (0.424)	
Log(频率)			0.97[a] (0.182)

续表

变量	(1) Log(贸易)	(2) Log(贸易)	(3) Log(贸易)
内生性测试			
观测值	338	338	338
R^2	0.68	0.69	0.71
起点和终点 FE	是	是	是
估算技术	OLS	OLS	OLS

注：（ ）=稳健标准差，FE =固定效应，OLS =普通最小二乘法。[a] $p<0.01$，[b] $p<0.05$，[c] $p<0.1$。

资料来源：作者估算。

货物贸易流动的样本量现在变得更小了，因为我们只包括了与太平洋有航运或航空连通的国家。然而，之前发现的结果（见表 8.4）非常稳定。正如预想的那样，距离系数显著增加。在其他列中，所有连通性变量都具有高度的统计显著性，其大小与前面的结果相似。综上所述，使用不同的距离测量确认了之前发现的结果（见表 8.4）。

254 ## 8.7 讨论和结论

8.7.1 讨论

本章重点介绍了太平洋发展成员国加强互联互通的潜力。不过，有几个值得注意的地方还是要适当提出来。

首先，我们在因变量方面面临一些数据限制。对于货物出口，最理想的估计是贸易总额（以吨为单位），而不是价值（以美元为单位），因为我们主要关心的是评估实体航运连通的影响。然而，在国际贸易统计中，除了货物的价值外，产品是用不同的单位来衡量的（例如，重量单位为公斤或升），因此很难估计双边贸易流量。双边贸易流量的价值常常是衡量贸易量的一个很好的指标。但是，在某些情况下，可能会高估或低估交易量。例如，某些太平洋发展成员国出口大量珍贵的原材料，如黄金，与其在贸易统计中的价值相比，它们的重量相对较低。

其次，应该提及我们计量经济学估计的一些注意事项。虽然我们已经试图控制内生性问题，但是到目前为止所使用的工具可能并不完美，在未来，研究人员应该更有效地控制这一问题。此外，我们的计量经济学模型估计平均边际效应，然而，并不是每一个新的连通或连通频率的提高都会具有这样的效应。

8.7.2　结论

在这一章中，我们列出了强有力的证据，证明互联互通是太平洋经济体融入世界经济的重要决定因素。将引力模型应用到货物流动中使我们得到了一些新的见解。首先，太平洋发展成员国的偏远程度（以其与贸易伙伴的地理距离来衡量）是其发展贸易的主要障碍。平均而言，太平洋发展成员国的贸易成本要比世界货物贸易的平均数高出许多。其次，引力方程表明，与贸易伙伴的直接运输联系超出贸易流量的两倍。最后，更高的运输频率是决定贸易绩效的另一个重要因素。

本章有以下几个方面的贡献。首先，我们首次利用了一个关于运输连通的数据库，并将其与国际贸易流量结合起来。这项测试的初步结果大有希望，我们现在更好地将太平洋航运网络与贸易网络进行了比较。在未 255
来，获取全面的历史航运数据将非常重要，这将使我们能够评估各种政策干预措施。例如，几个太平洋经济体目前正在升级港口的物理基础设施。我们可以利用数据库来衡量这些主要港口基础设施投资的影响。其次，研究哪些港口基础设施对该地区来说在经济上是最佳的，将非常有趣。考虑到许多太平洋经济体规模较小，并不是每个港口都能有效地作为一个枢纽，通过结合贸易和航运数据，可以计算出该地区的最佳枢纽安排。另一方面的应用将会是实时测量区域内和区域间的经济一体化。最后，与国际贸易数据相比，航运数据是实时记录的，因此也可以作为国际贸易波动的替代指标。

必须指出的是，除了升级物理基础设施之外，还需要做更多的工作来增加太平洋地区的互联互通。例如，引入和确保运输部门的竞争，或降低关系到互联互通的官僚主义或其他负担，可能会有所帮助。互联互通的改善能否促进中长期的经济增长，取决于太平洋发展成员国应对日益增长的需求的能力强弱。在理想的情况下，增加互联互通将与供需增长齐头并进。

参考文献

Anderson, J. 1979. A Theoretical Foundation for the Gravity Equation. *The American Economic Review* 69(1): 106–116.

Anderson, J. E., and E. van Wincoop. 2003. Gravity with Gravitas: A Solution to the Border Puzzle. *The American Economic Review* 93(1): 170–192.

Arvis, J. F., and B. Shepherd. 2011. The Air Connectivity Index. Measuring Integration in the Global Air Transport Network. World Bank Policy Research Working Paper 5722. Washington, DC: World Bank.

Athukorala, P. 2011. Production Networks and Trade Patterns in East Asia: Regionalization or Globalization? *Asian Economic Papers* 10(1): 65–95.

Chaney, T. 2008. Distorted Gravity: The Intensive and Extensive Margins of International Trade. *The American Economic Review* 98(4): 1707–1721.

Eaton, J., and S. Kortum. 2002. Technology, Geography, and Trade. *Econometrica* 70(5): 1741–1779.

Evans, C. L., and J. Harrigan. 2005. Distance, Time, and Specialization: Lean Retailing in General Equilibrium. *American Economic Review* 95(1): 292–313.

Fidrmuc, J. 2009. Gravity Models in Integrated Panels. *Empirical Economics* 37(2): 435–446.

Head, K., and T. Mayer. 2014. Gravity Equations: Workhorse, Toolkit and Cookbook. In *Handbook of International Economics, Volume 4*, edited by E. Helpman, K. Rogoff, and G. Gopinath. North Holland.

Head, K., and T. Mayer. 2000. Non-Europe: The Magnitude and Causes of Market Fragmentation in the EU. *Review of World Economics* 136(2): 284–314.

Head, K., T. Mayer, and J. Ries. 2010. The Erosion of Colonial Trade Linkages after Independence. *Journal of International Economics* 81(1): 1–14.

Helble, M., and P. Mutuc. 2014. The Importance of Flight Connectivity for Tourism in the Pacific. Asia Pathways Blog. September.

Helpman, E., M. Melitz, and Y. Rubinstein. 2008. Trading Partners and Trade Volumes. *Quarterly Journal of Economics* 123(2): 441–487.

Hummels, D. 2007. Transportation Costs and International Trade in the Second Era of Globalization. *Journal of Economic Perspectives* 21(3): 131–154.

Hummels, D., and A. Skiba. 2004. Shipping the Good Apples out: An Empirical Confirmation of the Alchian-Allen Conjecture. *Journal of Political Economy* 112: 1384–1402.

Kimura, F., and H.-H. Lee. 2006. The Gravity Equation in International Trade in Services. *Review of World Economics* 142(1): 92–121.

Marquez-Ramos, L., I. Martinez-Zarzoso, E. Perez-Garcia, and G. Wilmsmeier. 2011. Maritime Networks, Services Structure and Maritime Trade. *Network Spatial Economics* 11: 555–576.

McCallum, J. 1995. National Borders Matter: Canada–US Regional Trade Patterns. *The American Economic Review* 85(3): 615–623.

McCann, P. 2005. Transport Costs and New Economic Geography. *Journal of Economic Geography* 5(3): 305–318.

Melitz, M. 2003. The Impact of Trade on Intra-Industry Reallocations and Aggregate Industry Productivity. *Econometrica* 71(6): 1695–1725.

Rauch, J. E. 1999. Networks versus Markets in International Trade. *Journal of International Economics* 48(1): 7–35.

Santos Silva, J., and S. Tenreyro. 2006. Trading Partners and Trading Volumes: Implementing the Helpman-Melitz-Rubinstein Model Empirically. Center of Economic Performance Discussion Paper 935. London: London School of Economics and Political Science, Center of Economic Performance.

Tinbergen, J. 1962. *Shaping the World Economy: Suggestions for an International Economic Policy*. New York: Twentieth Century Fund.

Wilmsmeier, G., and T. Notteboom. 2009. Determinants of Liner Shipping Network Configuration: A Two Region Comparison. Proceedings of the 2009 International Association of Maritime Economists Conference. Copenhagen. 24–29 June.

Wilmsmeier, G., and J. Hoffmann. 2008. Liner Shipping Connectivity and Infrastructure as Determinants of Freight Rates in the Caribbean. *Maritime Economics and Logistics* 10: 130–151.

Winters, L. A., and P. Martins. 2004. When Comparative Advantage is not Enough: Business Costs in Small Remote Economies. *World Trade Review* 3(3): 347–383.

Woolridge, J. 2002. *Econometric Analysis of Cross Section and Panel Data*. Cambridge, MA: Massachusetts Institute of Technology Press.

Yilmazkuday, D., and H. Yilmazkuday. 2014. The Role of Direct Flights in Trade Costs. Federal Reserve Bank of Dallas Working Paper 179. Dallas, TX: Federal Reserve Bank of Dallas. http://www.dallasfed.org/assets/documents/institute/wpapers/2014/0179.

Zwinkels, R. C. J., and S. Beugelsdijk. 2010. Gravity Equations: Workhouse or Trojan Horse in Explaining Trade and FDI Patterns across Time and Space? *International Business Review* 19(1): 102–115.

附录

变量摘要

258

变量	单位	描述
进口	时值美元	在 t 年经济体 i 对经济体 j 进口
出口	时值美元	在 t 年经济体 i 对经济体 j 出口
距离	千米	两个经济体人口最多的城市之间的地理距离
偶然性	0;1	如果两个经济体共享一个陆地边界就是1,没有就是0
共同的官方语言	0;1	如果两个经济体有共同的官方语言就是1,没有就是0
共同的其他语言	0;1	如果两个经济体有至少9%的人说一种共同的其他语言就是1,没有就是0
曾有过殖民关系	0;1	如果两个经济体之间曾是殖民关系就是1,没有就是0
共同的殖民者	0;1	如果两个经济体殖民者相同就是1,没有就是0
航空联系	0;1	如果两个经济体之间有航班就是1,没有就是0
航班频率	0~7	两个经济体之间每周的航班数
航运联系	0;1	2013年,两个经济体之间如果至少有一艘船从其中一个经济体始发,终到另一个经济体,就是1,没有就是0
航运频率	航船的数量	2013年,两个经济体之间,从一个经济体始发,终到另一个经济体的航船总数

资料来源：作者整理。

第九章

基础设施对亚洲特定经济体贸易和经济增长的影响

诺玛兹·万娜·依斯迈尔　贾米拉·莫赫德·玛希丁

9.1　引言

亚洲许多经济体通过签署贸易一体化协议和降低关税壁垒来增加贸易，展现出一种从众效应。例如，东南亚国家联盟（ASEAN）成员国内部目前享受的进口关税率低至0，最近还扩大到包括中国、印度、日本和韩国。大量证据也表明，改善国际运输，例如通过关税自由化可以促进国际贸易（Andriamananjara et al.，2004；Baier and Bergstrand，2007）。贸易便利化对于降低贸易成本和提供市场准入非常必要。

在亚洲，贸易模式最近也从生产成品转向生产中间产品和加工产品。从事专业分工的经济体进口零部件注入附加值，将其加工组装成半成品或成品，再出口到全球供应链，最后才到达最终用户。

表9.1显示了2000年和2012年亚洲贸易情况。越南的农业出口率从2000年的1.9%增加到2012年的2.7%，增长了42%，泰国增长了49%，印度增长了54%，印度尼西亚增长了64%。从2003年到2013年，亚洲内部贸易增长了200%。

随着贸易的增加，贸易成本成为一个主要问题。Anderson 和 van Wincoop（2003）估计工业化经济体的贸易成本相当于170%的从价税。贸易成本的

260

261

表 9.1　2000 年和 2012 年亚洲贸易情况

	中国香港	印度	印度尼西亚	马来西亚	中国内地	菲律宾	韩国	新加坡	泰国	越南	东亚	经济合作与发展组织
2000 年												
农业出口占总出口的比例	0.4	1.3	3.6	2.6	1.1	0.6	1.0	0.5	3.3	1.9	1.7	1.9
农业进口占总进口的比例	1.2	3.5	7.2	1.3	4.8	1.4	3.2	0.4	3.0	2.9	4.2	2.0
商品与服务出口占 GDP 的比例	141.8	12.8	41.0	119.8	20.7	51.4	35.0	189.2	66.8	50.0	31.2	22.6
商品与服务进口占 GDP 的比例	137.4	13.7	30.5	100.6	18.7	53.4	32.9	176.9	58.1	53.3	27.6	23.2
制造业出口占 GDP 的比例	95.3	77.8	57.1	80.4	88.2	91.7	90.7	85.6	75.4	42.7	82.4	78.5
制造业进口占 GDP 的比例	90.5	46.7	60.9	84.8	75.1	78.0	62.2	81.8	76.7	72.7	75.3	73.4
2012 年												
农业出口占总出口的比例	3.4	2.0	5.9	2.4	0.5	0.8	1.1	0.3	4.9	2.7	1.6	1.6
农业进口占总进口的比例	0.6	1.8	2.6	2.5	3.9	0.6	1.6	0.4	1.8	3.3	3.2	1.3
商品与服务出口占 GDP 的比例	225.6	24.4	24.6	85.3	24.2	30.8	56.3	195.4	75.0	80.0	31.2	27.2
商品与服务进口占 GDP 的比例	224.4	31.1	25.0	73.7	21.5	33.9	53.5	172.8	73.8	76.5	28.7	27.8
制造业出口占 GDP 的比例	68.6	64.8	36.2	61.7	93.9	82.6	85.1	69.8	73.8	69.4	82.6	71.4
制造业进口占 GDP 的比例	89.8	43.2	62.4	69.0	55.2	63.9	50.0	60.2	68.7	73.7	59.8	64.9

资料来源：世界银行，世界发展指标。

主要类别是运输成本（占 21%）、边境贸易壁垒（占 44%）、零售和批发分 262
销成本（占 55%）。发展中国家的贸易成本甚至更高，其中许多在亚洲。因此，基础设施关系到贸易便利化，特别是在尽量减少贸易成本和进一步提高竞争力方面。

基础设施建设对经济发展至关重要，是实现经济快速稳定增长的关键。虽然亚洲大多数经济体已经发展了基础设施，但发展的重点通常是数量，而不是质量。根据世界经济论坛（2014），发达的基础设施不仅缩小了地区之间的距离，而且整合了国家市场，以低成本将它们与其他经济体连接起来。

贸易便利化除了被定义为海关程序和文件的系统化合理化，还包括影响整个国际供应链买卖双方之间货物流动的所有措施（ADB，2009；UNESCAP，2009）。贸易便利化包括硬基础设施和软基础设施（Portugal-Perez and Wilson，2012）。硬基础设施，通常称为物理基础设施，指公路、航空、港口和铁路；相关指标包括质量和数量。信息和通信技术部门也被视为物理基础设施，包括以下指标：信息和通信技术的使用、可用性、吸收和政府权限。

软基础设施是指与过境和运输效率有关的事项，该指标衡量的是出口和进口成本、所需文件以及时间所表示的海关效率和国内运输水平。它还包括商业和监管环境，指标包括监管、透明度、不定期付款、偏袒以及打击腐败的措施。

本研究考察了基础设施类型在促进贸易和经济增长方面是否发挥了重要作用①，旨在确定基础设施在降低贸易成本、提高贸易的数量和价值方面的作用。此外，本研究的目标是通过提供经验证据来确定基础设施质量对促进贸易和经济增长的重要性。

本研究的具体目标是：（i）研究硬基础设施及软基础设施对出口的影
响；（ii）研究硬、软基础设施是否对制造业和农业出口产生影响；（iii）研 263
究基础设施的质量和数量对经济增长的影响。

9.2　亚洲基础设施发展

表 9.2 显示了 2006 年、2010 年和 2013 年亚洲基础设施的整体表现分值

① 亚洲经济体样本包括中国内地、中国香港、印度、印度尼西亚、韩国、马来西亚、菲律宾、新加坡、泰国以及越南。

(1～7) 和排名。东南亚在分值和排名方面存在较大差距，但中国香港和新加坡除外。

从 2013 年全球竞争力指数报告的基础设施指数来看，中国香港和新加坡是全球表现最好的经济体之一。由于道路、铁路和交通基础设施的质量较高，韩国的这三项指标进入了前 15 名。然而，印度、菲律宾和越南的排名显示该区域的质量差距很大（见表 9.3）。

表 9.2　2006 年、2010 年、2013 年亚洲特定经济体的基础设施表现

	2006 年		2010 年		2013 年	
	分值	排名	分值	排名	分值	排名
中国内地	3.73	52	4.31	46	4.46	48
中国香港	6.22	4	6.54	2	6.72	1
印度	3.39	62	3.47	76	3.60	84
印度尼西亚	2.81	78	3.20	84	3.75	78
韩国	5.21	23	5.60	17	5.92	9
马来西亚	5.34	20	5.05	26	5.09	32
菲律宾	2.64	88	2.91	98	3.19	98
新加坡	6.35	3	6.35	4	6.50	2
泰国	4.68	29	4.57	40	4.62	46
越南	2.61	90	3.00	94	3.34	95
低收入地区	1.59		2.00		2.32	
中低收入地区	1.87		2.53		2.87	
中上收入地区	2.54		2.93		3.53	
高收入区域：OECD 国家	5.20		5.23		5.47	
高收入区域：非 OECD 国家	3.44		4.79		4.98	

注：OECD ＝经济合作与发展组织。

资料来源：世界经济论坛，全球竞争力指标，http：//www.weforum.org/reports（最后访问日期：2017 年 1 月 31 日）。

266 除了有形基础设施之外，信息和通信技术对贸易和经济的增长也至关重要。由于加大了对信息和通信技术基础设施的投资，亚洲的信息和通信技术成本一直在下降。表 9.4 显示，中国香港、韩国和新加坡在世界上信息和通信技术基础设施排名进入前 30 位，但印度和印度尼西亚的信息和通信技术发展不发达，尤其是在每百人固定宽带数量和互联网用户占比方面。

表 9.3　2013 年亚洲特定经济体基础设施指标的质量

系列	属性	中国内地	中国香港	印度	印度尼西亚	韩国	马来西亚	菲律宾	新加坡	泰国	越南
基础设施整体质量(1 ~7)	分值	4. 27	6. 55	3. 89	4. 00	5. 62	5. 52	3. 73	6. 36	4. 53	3. 41
	排名	74	2	85	82	23	25	98	5	61	110
公路质量(1 ~7)	分值	4. 50	6. 24	3. 65	3. 74	5. 82	5. 44	3. 56	6. 22	4. 88	3. 08
	排名	54	5	84	78	15	23	87	7	42	102
铁路基础设施质量(1 ~7)	分值	4. 70	6. 45	4. 76	3. 53	5. 68	4. 78	2. 06	5. 64	2. 55	2. 97
	排名	20	3	19	44	8	18	89	10	72	58
港口基础设施质量(1 ~7)	分值	4. 48	6. 59	4. 19	3. 88	5. 53	5. 42	3. 35	6. 75	4. 50	3. 68
	排名	59	3	70	89	21	24	116	2	56	98
航空基础设施质量(1 ~7)	分值	4. 54	6. 74	4. 76	4. 51	5. 75	5. 77	3. 54	6. 75	5. 53	4. 04
	排名	65	2	61	68	22	20	113	1	34	92
运输基础设施质量(1 ~7)	分值	4. 92	6. 60	4. 71	4. 44	5. 86	5. 40	3. 33	6. 45	4. 83	3. 35
	排名	26	2	34	40	9	15	84	3	30	81

注：“1”表示质量最差，“7”表示质量最好。

资料来源：世界经济论坛，全球竞争力指数，http：//www. weforum. org/reports（最后访问日期：2017 年 1 月 31 日）。

表 9.4 2013 年亚洲特定经济体信息和通信技术的基础设施表现

系列	属性	中国内地	中国香港	印度	印度尼西亚	韩国	马来西亚	菲律宾	新加坡	泰国	越南
每百人固定电话线	分值	20.6	60.6	2.5	15.5	61.9	15.7	4.1	37.8	9.1	11.4
	排名	58	5	118	82	2	79	109	29	96	88
每百人手机用户	分值	81.3	227.9	68.7	115.2	110.4	140.9	106.8	153.4	120.3	149.4
	排名	116	1	123	62	70	27	81	18	49	21
互联网用户占比(%)	分值	42	73	13	15	84	66	36	74	27	39
	排名	78	33	120	113	15	39	87	29	97	83
每百人固定宽带数量	分值	13.0	31.6	1.1	1.2	37.6	8.4	2.2	26.1	6.2	5.0
	排名	49	15	106	105	5	66	97	20	75	79
国际互联网宽带(每个用户每秒千字节)	分值	4.165	1239.000	5.200	17.200	26.000	16.400	14.300	391.100	25.000	13.500
	排名	118	2	113	74	60	77	85	4	62	87
每百人移动宽带用户	分值	17.24	73.48	4.90	31.86	106.04	13.52	3.82	123.29	0.14	18.99
	排名	71	10	99	53	4	79	104	1	131	69
信息和通信技术的使用	分值	2.34	6.22	1.36	2.26	5.76	2.85	2.01	6.06	2.17	2.41
	排名	79	8	124	84	16	71	93	11	89	78

资料来源：世界经济论坛，全球竞争力指数，http：//www.weforum.org/reports（最后访问日期：2017 年 1 月 31 日）。

9.3　文献综述

9.3.1　基础设施与贸易

衡量贸易便利化对贸易流动影响的一种方法是引力模型，它评估贸易便利化改革对双边贸易流动的影响。大量证据表明贸易便利化与贸易流动发展同步。例如，Wilson、Mann 和 Otsuki（2005）对 75 个经济体进行的一项研究指出，贸易便利化水平的提高可以使贸易增加 10%。本研究支持 Wilson、Mann 和 Otsuki（2003）有关亚洲和太平洋地区的早期研究结论，即贸易便利化程度的提高使亚太经合组织内部的贸易增加 21%。此外，Hertel 和 Mirza（2009）研究了贸易便利化改革对南亚的影响，发现改革导致区域内贸易增长 75%，与其他地区的贸易增长 22%。Shepherd 和 Wilson（2009）发现，由于实行贸易便利化改革，如提高港口质量，东南亚的贸易增长了 7.5%。

Portugal-Perez 和 Wilson（2012）评估了与贸易便利化相关的四个指标（物理基础设施、信息和通信技术、边境和运输效率、商业和监管环境）对 101 个发展中经济体出口的影响。与以往研究使用主成分分析不同，本研究使用因子分析来导出聚类指标，因而发现物理基础设施对出口的影响最大。此外，Hernandez 和 Taningco（2010）利用引力模型方法研究了影响东亚双边贸易流动的国内措施，如电信服务、港口基础设施质量、贸易延迟和信贷信息深度，指出其影响在各个部门或生产集群中各不相同。

其他应用引力模型的研究也强调了基础设施在贸易上的关键作用。Hoekman 和 Nicita（2008）发现东南亚的双边贸易流动受到运输基础设施的影响，主要包括港口及信息和通信技术。Hoekman 和 Nicita（2008）发现， 267
劣质的道路和港口、糟糕的海关机构和程序、薄弱的监管能力以及有限的金融和商业服务渠道影响了贸易发展。Wilson、Mann 和 Otsuki（2005）将引力模型扩展到贸易便利化措施和一个 75 个经济体的更大样本，发现港口效率和服务行业基础设施质量指标（如互联网的使用、速度和成本）显著影响了贸易流。Wilson、Mann 和 Otsuki（2003）还发现改善港口和机场效率可以对亚太经合组织内部贸易产生积极的影响。

Bougheas、Demetriades 和 Morgenroth（1999）发展了引力模型，通过分析基础设施对运输成本的影响来分析基础设施对贸易量的影响。他们发现，基础设施与贸易额之间有显著的正相关。因此，各经济体之间运输成本的差异可能会显示出它们在国际市场上竞争能力的差异。此外，基础设施的数量和质量的差异可能导致运输成本的差异，从而导致竞争力的差异。更好的运输服务和基础设施可以改善国际市场准入，提升贸易量。

Limao 和 Venables（2001）采用了类似 Bougheas、Demetriades 和 Morgenroth（1999）发展的引力模型，其中包含表示运输可能性的虚拟变量，测量基础设施的变量包括已铺好的路面和未铺好的路面、铁路和电话线。人们发现，基础设施是决定运输费用的一个重要因素，特别是内陆国家。Limao 和 Venables（2001）估计，基础设施差异占沿海国家运输成本的 40%，占内陆国家运输成本的 60%。

Nordås 和 Piermartini（2004）借鉴了 Limao 和 Venables（2001）的研究成果，研究了基础设施在服装、汽车和纺织行业贸易中的作用，指标包括机场、道路、港口和电信的质量，通关所需的时间以及合并的双边关税。他们的研究证明，基础设施质量特别是港口效率对贸易绩效有显著影响。及时性对服装部门的出口竞争力尤为重要，而电信接入在汽车部门则更为重要。此外，他们还认为，除去基础设施的质量之外，距离仍然是一个重要因素。

268 Djankov、Freund 和 Pham（2010）断定，基础设施通过影响所使用的运输类型和货物交付时间直接影响运输成本。他们使用进出口时间的数据估计延迟对贸易的影响，显示货物从仓库装船的时间每多出 1 天，贸易就会下降至少 1%，相当于一个经济体与贸易伙伴的距离增加了 70 千米。

Anderson 和 van Wincoop（2003）证明了工业化经济体的贸易成本相当于 170% 的从价税。他们估计，在这 170% 的总份额中，运输成本占 21%，而边境贸易壁垒占 44%，零售和批发分销成本占 55%。时间成本对易腐货物或其他时效性较强的货物的影响尤其显著。Hummels（2001）发现，美国进口货物过境 1 天的时间成本相当于 0.8% 的从价税，意味着平均 20 天的跨太平洋运输相应的税率为 16.0%。因此，改善基础设施服务，减少过境时间、过境手续或港口的延误，会影响一个经济体的贸易倾向。

有关信息和通信技术影响贸易流动的研究非常少。Fink 等人（2005）指出，打电话的高成本对双边贸易流动产生了显著的负面影响。此外，信息和通信技术对差异化产品贸易的影响要大于同质产品。Nicoletti 等人（2003）发现信息和通信技术对服务贸易尤其重要，因为不管是在出口型经济体还是进口经济体，服务贸易都高度依赖于发达的基础设施。

Francois 和 Manchin（2007）通过使用主要元素构建了基础设施和制度质量两大指标，他们发现，制度质量以及通信和运输基础设施，是决定一个经济体出口水平和未来出口的重要因素。这项研究的结果支持了这样一种理念，即出口绩效取决于制度质量以及通信和运输基础设施的获得。此外，Méon 和 Sekkat（2006）观察到不良的制度质量与低质量的制造业出口之间存在正相关。与政府效率或法治相比，控制腐败是与制造业出口相关的最重要的因素。Anderson 和 Marcoullier（2002）利用契约执行和腐败数据发现，较低的制度质量与贸易的负面影响有关。其他类似的经验证据也可以在 Depken 和 Sonora（2005）、Levchenko（2007）的研 269
究中发现。

一些研究强调了其他形式的制度质量的重要性，如合同执行程序、投资者保护和国际贸易的法治。Ranjan 和 Lee（2007）利用引力模型研究了贸易量与合同执行之间的联系，认为合同执行的效率影响了贸易量。这些发现与 Duval 和 Utoktham（2009）一致，他们指出，如果国内合同执行过程能够缩短和简化到经济合作与发展组织（OECD）成员国的平均水平，则可以提高 27% 的商品出口。Hur、Raj 和 Riyanto（2006）也研究了投资者保护对贸易的影响，他们指出，投资者保护改善可以积累更多的无形资产，刺激经济的出口和贸易平衡。

一些研究已经检验了海关管理和贸易政策透明度的效果。Helble、Shepherd 和 Wilson（2009）利用可预测性和简化的方法，开发了一种新的透明度衡量方法，对亚太经合组织成员国贸易环境透明度进行研究，得出的结论是，提高贸易政策透明度可以降低贸易成本，进而促进区域内贸易。Sadikov（2007）以 126 个经济体为样本，显示棘手的商业登记程序和出口签名要求可能对出口产生负面影响，对差异化产品的影响比同质产品更严重。

一些研究也考察了交易时间和贸易流动之间的联系，如前文阐述过的 Djankov、Freund 和 Pham（2010）。Duval 和 Utoktham（2009）的研究表明，交货成本与出口之间存在负相关，即将商品运送到最近港口的成本降低 5%，出口至少会增加 4%。

9.3.2 基础设施和经济增长

增长理论是基础设施对经济增长影响的理论分析基础。Arrow 和 Kurz (1970) 将基础设施纳入其增长理论文献中。在拉姆塞型外生增长模型的框架中，以公共资本衡量的基础设施被视为总生产函数的额外投入。Barro
270 (1990) 在内生增长模型框架下分析了公共资本的影响。Futagami、Morita 和 Shibata (1993) 对增加私人资本存量进行了扩展研究。

实证文献支持基础设施在促进增长方面的作用，如 Aschauer (1989)、Easterly 和 Rebelo (1993) 和 Word Bank (1994)。Word Bank (1994) 回顾了基础设施对生产率增长的重要性，并指出基础设施可能通过对经济增长、减轻贫困和环境的影响来影响经济发展。拥有足够多和有效的基础设施服务的经济体，其生产率增长高于那些拥有较少和无效的基础设施服务的经济体。此外，Canning (1998) 构建了 1950～1995 年 152 个经济体的基础设施存量数据集，包括公路、铺面道路、铁路、发电能力、手机用户和电话线路。该数据集对每年数据库中的物理基础设施进行了描述，发现手机用户和铺面道路对增长有显著的影响，而其他形式的基础设施则没有显著影响。

一些研究特别关注基础设施与东亚地区增长的相关性。Seethepalli、Bramati 和 Veredas (2008) 通过对东亚 16 个经济体进行标准增长回归，考察了能源、卫生、供水、交通和电信等基础设施次部门。通过控制投资和人力资本水平，该研究显示，在所有基础设施指标方面，基础设施与经济增长之间都存在显著的正相关。他们还考察了基础设施与经济增长之间的关系是否受到五个变量的影响：私人参与基础设施的程度、治理质量、基础设施准入的城乡不平等、收入水平和地理位置，发现只有电信和卫生设施支持先验假设，而道路则显示出矛盾的结果。

在一项类似的研究中，Straub (2008) 利用增长核算框架和跨国回归研究了基础设施投资对东亚经济增长的影响。此项研究的经济体范围与 Seethepalli、Bramati 和 Veredas (2008) 的研究相似，但结果显示，基础设施对经济增长没有显著影响，这与 Seethepalli、Bramati 和 Veredas (2008) 使用生产函数分析的结果相矛盾。尽管 Straub 使用跨国增长回归时使用了基础设施存量而不是流量来规避反向因果关系的问题，但是得到的结果比 Seethepalli、Bramati 和 Veredas (2008) 要弱得多。

271 Straub 和 Terada-Hagiwara (2011) 利用电信、能源、交通和水这四个领

域的物理基础设施指标扩展了这项研究。使用增长回归和增长核算，表明对大多数基础设施指标来说，股票的增长率对东亚、太平洋地区和南亚的经济增长率有积极和显著的影响。然而，经济增长核算的结果显示，在电信和能源指标方面，只有在中国、韩国和泰国才观察到基础设施对全要素生产率增长有积极和显著的影响。

Calderón 和 Chong（2009）利用电信、电力和运输部门的物理指标，全面评估了基础设施发展对非洲经济增长的影响。他们使用不重叠的 5 年期观测结果，对 136 个国家 1960～2005 年的数据进行了回归。他们采用了一种工具变量技术来解决经济计量问题，如未观察到的国家和时间的具体影响以及潜在的反向因果关系。这项研究评估了更快积累基础设施存量和提高基础设施服务质量对经济增长的影响，结果显示，快速积累的基础设施存量和优质的基础设施服务对经济增长产生了积极的影响。研究还发现，与改善现有基础设施的质量相比，扩大基础设施的存量能使非洲获得更多的收益。

Calderón 和 Servén（2008）评估了基础设施对经济增长和不平等的影响，特别关注撒哈拉以南的非洲地区。他们的实证结果基于一个基础设施数量和质量指标的数据集，涉及 1960～2005 年的 100 多个经济体。他们证实，基础设施存量的增加和基础设施质量的提高对经济长期增长产生了积极影响，对收入不平等产生消极影响。

9.4　实证策略

9.4.1　基础设施对贸易的影响

本研究的第一个目标是研究基础设施对亚洲特定经济体贸易流动的影响。我们在文献的基础上，使用增强的引力模型分析不同类型的基础设施对 272
亚洲双边贸易的影响。估计公式如下：

$$
\begin{aligned}
lnX_{ijt} = {} & \beta_0 + \beta_1 lnGDP_{it} + \beta_2 lnGDP_{jt} + \beta_3 lnEndow_{ijt} + \beta_4 lnDist_{ij} \\
& + \beta_5 Lang_{ij} + \beta_6 INFRA_{it} + \beta_7 INFRA_{jt} + \beta_8 HI_i + \beta_9 HI_j + \varepsilon_{ijt}
\end{aligned}
\tag{1}
$$

其中：

i 代表亚洲经济体；

j 代表亚洲的贸易伙伴（即亚洲是 20 个出口目的地之一）；

X_{ijt}代表经济体 i 在 t 年向经济体 j 的出口水平；

GDP_{it}代表出口方在 t 年的实际 GDP；

GDP_{jt}代表进口方在 t 年的实际 GDP；

$Dist_{ij}$代表经济体 i 和经济体 j 的首都之间的距离（千米）；

$Endow_{ijt}$代表经济体 i 和经济体 j 在 t 年的人均 GDP 绝对差异的相对禀赋；

$Lang_{ij}$代表共同语言的虚拟变量，当经济体 i 和经济体 j 使用同一种语言或者拥有同一语言遗产时，取值为 1；

$INFRA_{it}$代表出口方在 t 年的基础设施；

$INFRA_{jt}$代表进口方在 t 年的基础设施；

HI_i 代表出口方为高收入经济体的虚拟变量，当 i 为高收入经济体时，取值为 1；

HI_j 代表进口方为高收入经济体的虚拟变量，当 i 为高收入经济体时，取值为 1。

出口方和进口方的 GDP 是市场规模的代表，预计与出口正相关，因为市场规模越大，有更多贸易联系的可能性就越大。相对禀赋（relative endowment）是指出口方和进口方在人均 GDP 上的绝对差距，用来表示发展水平，预计结果会很不明确，因为样本经济是混合的。收入差距越接近，经
273 济体就越有可能与收入相近的经济体发展贸易，预计结果会为负。运输成本是通过两个经济体之间的距离来衡量的。这个距离与它们之间的贸易量负相关；更多的贸易会发生在距离较短的两个经济体之间。共同语言虚拟变量用来反映捕获信息成本，如果两个经济体使用同一种语言，那么其取值为 1，否则就为 0。

基础设施（*INFRA*）分为软、硬两种类型。硬基础设施包括：（i）运输基础设施（航空、公路、铁路和港口）；（ii）信息和通信技术（ICT）基础设施（电话线路、手机用户、固定宽带、互联网用户、互联网安全服务）。同时，软基础设施的变量包括所需文件、进出口成本和时间。为了更好地了解其影响，我们的结果会对进口方和出口方的基础设施类型进行测试。

该模型还包括一个高收入虚拟变量，如果出口方和进口方是高收入经济体，则取值为 1，反之则为 0。该变量用于控制混合样本经济体的偏差估计情形。虚拟变量在亚洲经济体的贸易中大有用武之地，因而会是正的且显著的结果。本研究还估计了硬基础设施和软基础设施对农业和制造业出口的影

响。相同的模型也适用于变量 AX（农业出口）和 MX（制造业出口）。农业本应影响交通基础设施，而非 ICT 基础设施，但这两个行业对软基础设施的影响应该是相同的。

在经济计量方面，我们使用了随机效应或固定效应模型。随机效应模型通过随机抽取的贸易伙伴样本（特别是来自较多人口数量的样本）来估计典型贸易流动，是一种更为适用的方法。然而，要估计预先选定的经济体之间的贸易，固定效应模型则是更好的选择（Egger，2000）。如果在可观察的误差项和特定面板的误差项之间不存在任何相关性，则首选随机效应模型。也就是说，固定效应模型假设所有解释变量都与未观察到的效应或特定的误差项相关，其中只有特定的误差项消除了转换中的这种相关性，而固定效应模型消除了所有时不变变量，如距离和语言。因此，为了便于距离和语言分别代表交易和信息成本，我们使用了随机效应模型。

数据来源 274

总体、农业和制造业的出口数据来源于联合国商品贸易统计数据库（United Nations Commodity Trade Statistics Database）2003 年至 2013 年 1 位数字编码的标准国际贸易分类 3（Standard International Trade Classification 3 at 1 Digit）①；距离和语言数据从国际信息展望研究中心（Centre d'Études Prospectives et d'Informations Internationales）的数据库②中提取。其他指标如 GDP 和人均 GDP 都来自世界银行的世界发展指标③。

9.4.2　基础设施对经济增长的影响

本研究的第二个目标是研究基础设施的质量和数量对经济增长的影响。我们使用增长模型进行混合平均群估计（PMGE），公式如下：

$$lnY_{it} = \alpha_0 + \alpha_1 lnPOPG_{it} + \alpha_2 lnK_{it} + \alpha_3 lnOPEN_{it} + \alpha_4 lnHC_{it} + \alpha_5 lnINFRA_{it} + \varepsilon_{it} \quad (2)$$

其中，

---

① 联合国商品贸易统计数据库，http：//comtrade. un. org/db/，最后访问日期：2017 年 1 月 31 日。

② 国际信息展望研究中心，http：//www. cepii. fr/CEPII/en/welcome. asp，最后访问日期：2017 年 1 月 31 日。

③ 世界银行，世界发展指标，http：//data. worldbank. org/data – catalog/world – development – indicators，最后访问日期：2017 年 1 月 31 日。

Y 代表实际人均 GDP［2000 年购买力平价（PPP）计算］；

POPG 代表人口增长；

K 代表实物资本，根据 GDP 信息中的固定资本总量来计算；

OPEN 代表贸易开放度（即进出口实际价值占国内生产总值的比重）；

HC 代表人力资本（即中学的入学率）；

INFRA 代表基础设施；

ln 代表对数。

275 所用的因变量是按不变条件计算的实际人均国内生产总值（GDP）*Y*。包括人口增长在内的一套标准控制变量预计与经济增长有负相关。资本 *K* 是用根据 GDP 信息计算的固定资本总额，预计对经济增长的影响为正。其他变量包括贸易开放度和人力资本的代表性指标，这些变量在 Barro 和 Lee（2010）中作为控制变量，预计对经济增长的影响为正。

沿用 Calderón 和 Chong（2009）以及 Sahoo、Dash 和 Nataraj（2010）的思路，用于衡量运输基础设施数量的指标有乘客空运、航空注册费数量和总公路网长度。衡量运输基础设施的质量用铺面道路作为代表性指标。衡量信息和通信技术基础设施的数量使用电话线路和手机用户的数量这两项指标，预计对经济增长的影响将为正。对于信息和通信技术基础设施的质量而言，互联网用户的数量被确定为测评指标之一，因为这个数字越大，连接的用户数量越多，其从信息和知识的传递中获益就越大，从而导致的生产率越高和经济增长越快。

最后，能源部门以人均能源消费为代表。能源消费可以增加产出的价值，因为能源是生产函数的投入资源之一。如果能源使用从低效率转向高效率，就能观察到其刺激经济增长的益处。因此，能源基础设施的质量，如（占总能源的）替代能源和核能以及（占总产量的）电力传输和分配损失，可以用来观察对经济增长的影响。电力传输和分配损失本应对经济增长产生负面影响，而替代能源和核能本应对经济增长产生正面影响。

就亚洲的长期发展而言，Pesaran、Shin 和 Smith（1999）开发的 PMGE 被认为是一种合适的方法，因为它允许短期系数的异质性，但规定所有经济体的长期系数相同。Hausman 检验（Hausman，1978）用于检验长期参数中同质性的零假设。估计的 PMGE 公式如下：

276
$$\Delta lny_{it} = -\O_i\left(lny_{i,t-1} - \theta_1 lnK_{i,t} - \theta_2 lHC_{i,t} + \theta_3 nPOPG_{i,t} - \sum_j^m \theta_j lnINFRA^j_{i,t}\right)$$

$$+ b_{1,i}\Delta lnK_{it} + b_{2,i}\Delta lnHC_{i,t} + b_{3,i}\Delta POPG_{i,t} + \sum_{i}^{m} b_{j,i}\Delta lnINFRA_{i,t}^{j} + \varepsilon_{i,t} \quad (3)$$

其中，$\emptyset_i$ 代表误差修正项系数，测量向长期均衡调整的速度。PMGE 方法允许短期内的系数、截距和误差方差在不同的国家和地区有所不同，但是规定所有 i 的长期系数必须相等。Pesaran、Shin 和 Smith（1999）通过假定干扰项呈正态分布，采用集合极大似然估计方法，对短期系数和一般长期系数进行了估计。

数据来源

实物基础设施指标的数据取自 Canning（1998），我们并通过使用 World Bank（2014）的数据进行了扩展。信息和通信技术数据来自国际电信联盟世界电信/ICT 指标数据库。其他变量，如人均 GDP、贸易开放度、人口增长和资本等均来自 World Bank（2014）。该数据集覆盖了 1971 年到 2013 年中国内地、中国香港、印度、印度尼西亚、韩国、马来西亚、菲律宾、新加坡、泰国的数据。

9.5　结果与讨论

9.5.1　运输基础设施和贸易流动

表 9.5 显示了运输基础设施对亚洲贸易的影响。这项研究使用了四种不同的指标来表示航空、港口、铁路和公路，分别为航空运输、集装箱港口运输、铁路运输和公路运输。

引力模型的基本线显示，出口方和进口方的市场规模系数均为正且具有统计显著性。这意味着，较大的市场规模能带来更多的贸易流量。相对禀赋系数为正，但不显著。正如预期的那样，距离对贸易流动产生了强烈的负面影响，与理论相符。距离越短，交易成本越低，交易量越大。高收入虚拟变量的系数同样为正且具有统计显著性，如果经济体是高收入经济体，出口方 279
贸易将增加 1.5 倍，进口方贸易将增加 1.3 倍①。

---

① 指数（0.425）＝1.5，指数（0.267）＝1.3。

表 9.5　运输基础设施对亚洲贸易的影响

	基本模型	航空基础设施		公路基础设施		铁路基础设施		港口基础设施		完整模型	
		(1)	(2)	(3)	(4)	(5)	(6)	(7)	(8)	(9)	(10)
出口方的 GDP	0.869^{c} (0.059)	0.640^{c} (0.027)	0.604^{c} (0.019)	0.563^{c} (0.023)	0.547^{c} (0.026)	0.836^{c} (0.033)	0.776^{c} (0.039)	0.56^{c} (0.20)	0.545^{c} (0.020)	0.715^{c} (0.029)	0.626^{c} (0.039)
进口方的 GDP	0.451^{c} (0.016)	0.462^{c} (0.017)	0.462^{c} (0.019)	0.455^{c} (0.022)	0.442^{c} (0.025)	0.490^{c} (0.021)	0.649^{c} (0.038)	0.475^{c} (0.019)	0.432^{c} (0.020)	0.447^{c} (0.020)	0.507^{c} (0.047)
禀赋	0.0006 (0.0067)	−0.0020 (0.0052)	−0.0040 (0.0063)	−0.005 (0.0086)	−0.0070 (0.010)	0.157^{c} (0.022)	0.136^{c} 0.026)	0.0020 (0.0080)	0.001 (0.072)	−0.0097 (0.0089)	−0.008 (0.010)
距离	−0.798^{c} (0.032)	−0.812^{c} (0.034)	−0.823^{c} (0.037)	−0.824^{c} (0.043)	−0.754^{c} (0.048)	−0.898^{c} (0.042)	−0.738^{c} (0.065)	−0.840^{c} (0.037)	−0.763^{c} (0.039)	−0.817^{c} (0.040)	−0.651^{c} (0.067)
语言	0.214^{c} (0.063)	0.262^{c} (0.064)	0.343^{c} (0.067)	0.398^{c} (0.075)	0.455^{c} (0.084)	0.035 (0.093)	−0.37^{c} (0.13)	0.288^{c} (0.066)	0.223^{c} (0.068)	0.333^{c} (0.071)	0.196^{a} (0.099)
出口方是高收入经济体	0.425^{a} (0.23)	0.431^{c} (0.075)	0.422^{c} (0.049)	0.271^{c} (0.060)	0.225^{c} (0.069)	−0.282^{c} (0.086)	−0.29^{c} (0.10)	0.409^{c} (0.052)	0.404^{c} 0.052)	−0.059 (0.069)	−0.091 (0.093)
进口方是高收入经济体	0.267^{c} (0.048)	0.273^{c} (0.052)	0.293^{c} (0.058)	0.310^{c} (0.066)	0.248^{c} (0.075)	−0.016 (0.077)	−0.55^{c} (0.12)	0.290^{c} (0.058)	0.266^{c} (0.059)	0.319^{c} (0.062)	−0.5 (1.2)
出口方的航空运输		0.0050 (0.0077)	0.0020 (0.0071)							0.033^{c} (0.010)	0.38^{c} (0.12)
进口方的航空运输			0.023^{b} (0.011)								0.059^{c} (0.019)

续表

	基本模型	航空基础设施		公路基础设施		铁路基础设施		港口基础设施		完整模型	
		(1)	(2)	(3)	(4)	(5)	(6)	(7)	(8)	(9)	(10)
出口方的公路密度				0.109[c] (0.022)	0.097[c] (0.026)					0.142[c] (0.014)	-0.126[c] (0.019)
进口方的公路密度					0.070[c] (0.023)						-0.009 (0.015)
出口方的铁路运输						-0.082[c] (0.015)	-0.089[c] (0.018)				Dropped
进口方的铁路运输							-0.007 (0.019)				0.0007 (0.025)
出口方的集装箱港口运输								0.145[c] (0.017)	0.154[c] (0.017)	0.158[c] (0.017)	0.173[c] (0.024)
进口方的集装箱港口运输									0.165[c] (0.021)		0.117[c] (0.029)
常数	-6.6[c] (1.6)	-0.73 (0.84)	0.13 (0.69)	1.17 (0.83)	1.200	-6.45[c] (0.91)	-10.0[c] (1.4)	-1.17[a] (0.70)	-3.03[c] (0.75)	-3.32[c] (0.88)	-6.6[c] (1.7)
Wald Chi^2	1342.66	1539.27	1539.27	1227.93	908.60	2065.12	1555.94	1956.41	2031.94	1569.85	1007.20
观察数量	1972	1972	1932	1472	1157	1112	726	1774	1670	1436	826

注：（　）= 标准差，GDP = 国内生产总值。[a]表示显著性水平为10%，[b]表示显著性水平为5%，[c]表示显著性水平为1%。标准差保留两个有效数字。

资料来源：作者编制。

航空运输被用作出口方的机场基础设施的指标，结果为正但不显著，而进口方的机场基础设施结果为正且显著。对于其他类型的基础设施，研究结果显示，公路和港口基础设施在出口和进口经济体的贸易中都扮演着重要的角色。例如，公路密度每增长10%能带来1%的贸易增长。正如许多文献所揭示的那样，港口基础设施在决定亚洲经济体的贸易量方面同样重要。

9.5.2 信息和通信技术基础设施和贸易流动

表9.6显示了信息和通信技术基础设施变量对贸易流量的估计结果。选择了五个指标代表信息和通信技术基础设施：电话线数、手机用户、固定宽带、互联网用户以及互联网安全服务。出口方和进口方的国内生产总值为正且具有显著性，出口方的预估系数从0.5到1.0不等，进口方从0.3到0.5不等。除第（7）栏所列出口方的互联网用户外，所有信息和通信技术基础设施变量均与贸易有统计上显著的正相关性；而对于进口方经济体，包括互联网用户在内的所有信息和通信技术基础设施变量结果都为正且具有显著性。

这些结果与Nicoletti等人（2003），Fink、Mattoo和Neagu（2005），Li和Wilson（2009），Shepherd和Wilson（2009）等研究发现一致。这些研究表明，信息和通信技术在国际贸易中发挥着重要作用，并证实了良好的信息和通信技术设施便于促进进出口双方的交流，有利于稳定双方的贸易伙伴关系。例如，手机用户数量每增加10%，将推动出口方的贸易增加约2.6%，进口方的贸易增加2.1%。尽管印度、印度尼西亚和越南等一些国家在互联网安全方面仍不发达，但这一结果显示出其对于出口方和进口方来说都具有积极意义，因为互联网安全每增加10%，将使出口方贸易增加0.65%和进口方贸易增加0.67%。第（9）栏和第（10）栏提供了一个包括等式中所有形式的基础设施在内的完整模型。结果证实，航空运输和港口设施，如集装箱的使用，对出口方和进口方都非常重要。

282 ### 9.5.3 软基础设施和贸易流动

表9.7显示了出口方和进口方的软基础设施对贸易的影响结果。软基础设施的三个指标是出口和进口的成本、所需文件以及时间。GDP和其他控制变量（即距离、语言虚拟变量）高收入经济体的结果与硬基础设施模型相似。进出口成本与贸易的系数为负，说明当进口方或出口方的经营成本较

表 9.6　信息和通信技术基础设施对亚洲贸易的影响

	电话线路		手机用户		固定宽带		互联网用户		互联网安全服务		完整模型	
	(1)	(2)	(3)	(4)	(5)	(6)	(7)	(8)	(9)	(10)	(11)	(12)
出口方的 GDP	0.651^{c}	0.608^{c}	0.593^{c}	0.620^{c}	0.570^{c}	0.562^{c}	0.930^{c}	0.599^{c}	0.627^{c}	0.605^{c}	0.5660^{c}	0.589^{c}
	(0.032)	(0.018)	(0.056)	(0.019)	(0.029)	(0.018)	(0.066)	(0.019)	(0.025)	(0.019)	(0.043)	(0.043)
进口方的 GDP	0.454^{c}	0.439^{c}	0.444^{c}	0.458^{c}	0.443^{c}	0.419^{c}	0.449^{c}	0.455^{c}	0.456^{c}	0.4490^{c}	0.4380^{c}	0.374^{c}
	(0.017)	(0.018)	(0.016)	(0.018)	(0.017)	(0.018)	(0.016)	(0.019)	(0.017)	(0.018)	(0.018)	(0.036)
禀赋	0.0050	0.0040	0.0080	0.0050	0.0100	0.0160^{c}	0.0010	0.0009	0.0003	-0.0005	0.0150^{c}	0.0100
	(0.0065)	(0.0057)	(0.0068)	(0.0068)	(0.0066)	(0.0068)	(0.0063)	(0.0069)	(0.0069)	(0.0069)	(0.0070)	(0.0071)
距离	-0.803^{c}	-0.792^{c}	-0.788^{c}	-0.768^{c}	-0.784^{c}	-0.758^{c}	-0.796^{c}	-0.805^{c}	-0.806^{c}	-0.821^{c}	-0.776^{c}	-0.779^{c}
	(0.033)	(0.036)	(0.032)	(0.036)	(0.033)	(0.035)	(0.032)	(0.037)	(-0.037)	(0.036)	(0.035)	(0.037)
语言	0.251^{c}	0.361^{c}	0.213^{c}	0.328^{c}	0.265^{c}	0.355^{c}	0.211^{c}	0.335^{c}	0.278^{c}	0.316^{c}	0.376^{c}	0.342^{c}
	(0.063)	(0.063)	(0.062)	(0.063)	(0.063)	(0.062)	(0.063)	(0.065)	(0.064)	(0.065)	(0.063)	(0.064)
出口方是高收入经济体	0.09	-0.12^{c}	0.26	0.214^{c}	0.022	-0.046	0.42	0.334^{c}	0.245^{c}	0.172^{c}	-0.062	-0.032
	(0.11)	(0.69)	(0.17)	(0.052)	(0.085)	(0.058)	(0.30)	(0.050)	(0.074)	(0.057)	(0.070)	(0.071)
进口方是高收入经济体	0.260^{c}	0.039	0.255^{c}	0.096	0.251^{c}	0.002	0.267^{c}	0.205^{c}	0.269^{c}	0.036	0.245^{c}	-0.012
	(0.051)	(0.069)	(0.049)	(0.062)	(0.050)	(0.050)	(0.049)	(0.059)	(0.052)	(0.064)	(0.054)	(0.078)
出口方的电话线路	0.249^{c}	0.396^{c}									0.215^{c}	0.263^{c}
	(0.048)	(0.032)									(0.041)	(0.042)
进口方的电话线路		0.189^{c}										0.017
		(0.037)										(0.049)
出口方的手机用户			0.231^{c}	0.266^{c}							0.132^{c}	0.111^{a}
			(0.031)	(0.028)							(0.058)	(0.058)

续表

	电话线路		手机用户		固定宽带		互联网用户		互联网安全服务		完整模型	
	(1)	(2)	(3)	(4)	(5)	(6)	(7)	(8)	(9)	(10)	(11)	(12)
进口方的手机用户				0.210[c]								0.121[c]
				(0.036)								(0.056)
出口方的固定宽带					0.153[c]	0.176[c]					0.052[b]	0.032
					(0.016)	(0.013)					(0.026)	(0.026)
进口方的固定宽带						0.107[c]						0.022
						(0.016)						(0.028)
出口方的互联网用户							0.0010	0.087[c]			0.066[c]	0.042[a]
							(0.0063)	(0.012)			(0.024)	(0.025)
进口方的互联网用户								0.066[c]				0.064[c]
								(0.017)				(0.027)
出口方的互联网安全服务									0.0480[c]	0.0650[c]	-0.010	-0.029
									(0.0084)	(0.0079)	(0.022)	(0.023)
进口方的互联网安全服务										0.067[c]		0.052[c]
										(0.010)		(0.022)
常数	-1.52	-0.97	-0.2	-2.41[c]	1.28	1.77[c]	-8.1[c]	0.02	0.351	0.35	-0.5	-0.3
	(0.93)	(0.66)	(1.5)	(0.68)	(0.87)	(0.65)	(4.7)	(0.63)	(0.78)	(0.66)	(1.0)	(1.3)
Wald Chi^2	1501.07	2159.36	1447.90	2208.24	1681.45	2378.20	1339.69	1992.92	1661.12	2094.86	2218.46	2289.17
观察数量	1954	1945	1972	1972	1972	1962	1972	1952	1972	1962	1954	1905

注：( ) = 标准差，GDP = 国内生产总值。[a]表示显著性水平为10%，[b]表示显著性水平为5%，[c]表示显著性水平为1%。标准差保留两个有效数字。

资料来源：作者编制。

表 9.7　软基础设施对亚洲贸易的影响

	进出口成本		进出口所需文件		进出口时间		出口完整模型	进口完整模型
	(1)	(2)	(3)	(4)	(5)	(6)	(7)	(8)
出口方的 GDP	0.658[b] (0.084)	0.722[b] (0.023)	0.704[b] (0.024)	0.691[b] (0.026)	0.674[b] (0.022)	0.709[b] (0.023)	0.7190[b] (0.026)	0.722[b] (0.024)
进口方的 GDP	0.440[b] (0.018)	0.47[b] (0.21)	0.454[b] (0.020)	0.449[b] (0.023)	0.452[b] (0.020)	0.498[b] (0.022)	0.442[b] (0.019)	0.438[b] (0.020)
禀赋	0.0070 (0.0091)	0.0040 (0.0093)	-0.0010 (0.0056)	-0.0040 (0.0095)	0.0060 (0.0091)	-0.013 (0.010)	0.009 (0.010)	0.006 (0.010)
距离	-0.791[b] (0.035)	-0.797[b] (0.043)	-0.83[b] (0.40)	-0.845[b] (0.042)	-0.823[b] (0.039)	-0.778[b] (0.042)	-0.808[b] (0.038)	-0.809[b] (0.038)
语言	0.189[b] (0.069)	0.098 (0.073)	0.321[b] (0.070)	0.281[b] (0.074)	0.258[b] (0.069)	0.119[a] (0.072)	0.156[b] (0.070)	0.162[b] (0.070)
出口方是高收入经济体	0.43 (0.32)	0.479[b] (0.053)	0.179 (0.067)	0.179[b] (0.070)	0.081 (0.072)	-0.024 (0.073)	0.314[b] (0.070)	0.310[b] (0.069)
进口方是高收入经济体	0.239[b] (0.054)	0.301[b] (0.064)	0.270[b] (0.062)	0.332[b] (0.070)	0.255[b] (0.061)	-0.165[b] (0.080)	0.261[b] (0.059)	0.265[b] (0.060)
出口成本	0.43[b] (0.17)	-1.290[b] (0.023)					-1.20[b] (0.10)	

续表

	进出口成本		进出口所需文件		进出口时间		出口完整模型	进口完整模型
	(1)	(2)	(3)	(4)	(5)	(6)	(7)	(8)
进口成本		-0.159^{b} (0.051)						-0.825^{b} (0.093)
出口所需文件			-0.617^{b} (0.094)	-0.58^{b} (0.10)			0.33^{b} (0.15)	
进口所需文件				0.125^{b} (0.057)				
出口时间					-0.515^{b} (0.066)	-0.508^{b} (0.069)	-0.413^{b} (0.089)	
进口时间						-0.486^{b} (0.057)		0.001 (0.082)
常数	-3.5 (2.1)	6.13^{b} (0.83)	-1.00 (0.74)	-0.62 (0.79)	0.13 (0.74)	-0.73 (0.77)		
Wald Chi^2	988.47	1743.81	1689.62	1522.50	1681.28	1739.21	1871.93	1807.19
观察数量	1597	1488	1648	1504	1647	1355	1596	1580

注：(　) = 标准差，GDP = 国内生产总值。^{a}表示显著性水平为10%，^{b}表示显著性水平为5%，^{c}表示显著性水平为1%。标准差保留两个有效数字。

资料来源：作者编制。

低时，潜在的贸易价值较高。这些结果与 Sadikov（2007），Duval 和 Utoktham（2009），Djankov、Freund 和 Pham（2010）的结果相似，他们也发现了出口成本与国际贸易之间的负相关关系。

软基础设施的另一项指标，即出口所需文件对贸易有负面且显著的影响。根据 World Bank（2013）的数据，在选定的亚洲经济体中，中国香港、韩国和新加坡的出口所需单据数量已经减少到 3 份，在中国内地为 8 份。进出口的时间是根据从过程开始到结束的天数计算的。这项研究的结果支持了这样一种假设：完成出口程序所需的时间越长，贸易下降就越多。具体地说，出口时间每增加 10%，将使贸易下降约 5%；而进口时间每增加 10%，将使贸易下降约 4.8%。这一结果支持了 Djankov、Freund 和 Pham（2010）的研究，他们也证实了时间和贸易之间的负相关关系。

9.5.4　基础设施对农业和制造业的出口影响

表 9.8 显示，航空运输、集装箱港口运输等指标对制造业出口的影响为正且具有显著性。总出口数据显示，航空运输和港口运输在亚洲经济体中同样重要。农业出口也有类似的结果。此外，公路密度对农业出口仍然很重要，因为大宗产品必须通过公路运输。

表 9.8　运输基础设施对农业出口和制造业出口的影响 285

	制造业出口		农业出口	
	(1)	(2)	(3)	(4) FEM
出口方 GDP	1.029[c] (0.029)	0.992[c] (0.031)	0.27[c] (0.10)	0.45 (0.32)
进口方 GDP	0.447[c] (0.020)	0.488[c] (0.025)	0.529[c] (0.038)	0.494[c] (0.059)
禀赋	0.0230[c] (0.0087)	0.0310[c] (0.0090)	-0.064[a] (0.034)	-0.351[c] (0.042)
距离	-1.070[c] (0.039)	-0.965[c] (0.043)	-1.117[c] (0.076)	
语言	-0.222[c] (0.070)	-0.158[c] (0.073)	0.30[c] (0.16)	
出口方是高收入经济体	-0.275[c] (0.068)	-0.340[c] (0.073)		

续表

	制造业出口		农业出口	
	(1)	(2)	(3)	(4)FEM
进口方是高收入经济体	-0.034 (0.061)	-0.243[c] (0.070)		
出口方的航空运输	0.048[c] (0.010)	0.038[c] (0.011)	0.099[c] (0.022)	-0.014 (0.041)
出口方的公路密度	-0.118[c] (0.014)	-0.121 (0.016)	0.39[c] (0.10)	-0.23 (0.42)
出口方的铁路运输	Dropped	Dropped	-0.063 (0.088)	-0.89 (0.55)
出口方的集装箱港口运输	0.102[c] (0.017)	0.109[c] (0.019)	-0.144[c] (0.032)	0.96 (0.51)
进口方的航空运输		0.055[c] (0.012)		0.098[c] (0.029)
进口方的公路密度		-0.0080 (0.0097)		0.044[b] (0.024)
进口方的铁路运输		Dropped		-0.104[c] (0.034)
进口方的集装箱港口运输		0.135[c] (0.023)		0.327[c] (0.046)
常数		-14.8[c] (1.0)	5.2[a] (3.0)	-12.2[a] (7.2)
Wald Chi^2	2770.25	2603.37	500.56	27.83
观察数量	1439	1105	899	508

注：（ ）=标准差，GDP=国内生产总值，FEM=固定效应模型。[a]表示显著性水平为10%，[b]表示显著性水平为5%，[c]表示显著性水平为1%。标准差保留两个有效数字。

资料来源：作者编制。

表9.9显示，电话线路和互联网安全服务指标对农业出口和制造业出口的影响也为正且具有显著性。信息和通信技术基础设施对企业很重要，因为它不仅便于沟通以最终确定合同，而且还确保了安全，特别是对于在全球开展交易的互联网银行来说。

287 表9.10呈现了软基础设施对农业出口和制造业出口的影响。出口成本与出口时间呈负相关，这意味着，如果成本降低，出口时间缩短，亚洲经济体将出口更多的制造业产品。出口所需文件数量系数为负，且不显著。实际上，农业比制造业需要的文件更多，因为一些农产品较敏感，需要提供化学检验单。

表 9.9　信息和通信技术基础设施对农业出口和制造业出口的影响 286

	制造业出口			农业出口	
	(1)	(2) FEM	(3)	(4)	(5)
出口方的 GDP	0.956[b]	0.04	0.956[b]	0.325[b]	0.345[b]
	(0.042)	(0.23)	(0.043)	(0.063)	(0.064)
进口方的 GDP	0.464[b]	0.135[b]	0.503[b]	0.569[b]	0.361[b]
	(0.017)	(0.017)	(0.034)	(0.027)	(0.054)
禀赋	0.0350[b]	-0.0035	0.0355[b]	0.045[b]	0.045[b]
	(0.0068)	(0.0088)	(0.0071)	(0.010)	(0.011)
距离	-1.080[b]		-1.042[b]	-1.000[b]	-0.988[b]
	(0.032)		(0.036)	(0.052)	(0.055)
语言	-0.201[b]		-0.177[b]	-0.073	-0.061
	(0.061)		(0.062)	(0.094)	(0.095)
出口方是高收入经济体	Dropped			-1.66[b]	-1.62[b]
				(0.10)	(0.11)
进口方是高收入经济体	Dropped			-0.521[b]	-0.39[b]
				(0.080)	(0.12)
出口方的电话线路	0.208[b]	-0.24[b]	0.239[b]	0.203[b]	0.266[b]
	(0.034)	(0.11)	(0.035)	(0.061)	(0.062)
出口方的手机用户	0.118[b]	-0.3	0.088	-0.042	-0.100
	(0.056)	(1.4)	(0.057)	(0.086)	(0.086)
出口方的固定宽带	0.007	0.116	0.003	0.057	0.046
	(0.025)	(0.072)	(0.025)	(0.038)	(0.038)
出口方的互联网用户	-0.008	0.166[b]	-0.017	0.049	0.026
	(0.024)	(0.062)	(0.024)	(0.036)	(0.036)
出口方的互联网安全服务	-0.033	0.155[b]	-0.040[a]	0.086[b]	0.054
	(0.020)	(0.039)	(0.021)	(0.033)	(0.034)
进口方的电话线路			-0.153[b]		-0.271[b]
			(0.042)		(0.072)
进口方的手机用户			0.211		-0.054
			(0.052)		(0.082)
进口方的固定宽带			0.006		0.222[b]
			(0.025)		(0.041)

续表

	制造业出口			农业出口	
	(1)	(2)FEM	(3)	(4)	(5)
进口方的互联网用户			-0.029 (0.025)		0.238[b] (0.039)
进口方的互联网安全服务			-0.021 (0.021)		-0.023 (0.032)
常数	-10.05[b] (0.99)	12.9[b] (2.4)	-11.7[b] (1.2)		4.7[b] (1.8)
Wald Chi^2	4044.41	34.18	4001.46	1288.77	1360.37
观察数量	1961	1961	1912	1958	1909

注：(　) = 标准差，GDP = 国内生产总值。[a]表示显著性水平为10%，[b]表示显著性水平为5%，[c]表示显著性水平为1%。标准差保留两个有效数字。

表 9.10　软基础设施对农业出口和制造业出口的影响

	制造业出口		农业出口	
	(1)	(2)	(3)	(4)
出口方的 GDP	1.012[c] (0.026)	0.976[c] (0.024)	0.625[c] (0.038)	0.511[c] (0.036)
进口方的 GDP	0.462[c] (0.020)	0.463 (0.020)	0.563 (0.029)	0.567[c] (0.029)
禀赋	0.026[c] (0.010)	0.029[c] (0.010)	0.021 (0.015)	0.039[c] (0.015)
距离	-1.045[c] (0.038)	-1.050[c] (0.039)	-0.985[c] (0.056)	-0.993[c] (0.057)
语言	-0.251[c] (0.071)	-0.275[c] (0.071)	-0.07 (0.10)	-0.17 (0.11)
出口方是高收入经济体	-0.043 (0.070)	0.038 (0.068)	-1.64[c] (0.10)	-1.37[c] (0.10)
进口方是高收入经济体	-0.118[b] (0.059)	-0.122[c] (0.061)	-0.512[c] (0.087)	-0.543[c] (0.089)
出口成本	-0.51[c] (0.10)		-0.05 (0.15)	
出口所需文件	-0.26 (0.14)		-1.48[c] (0.21)	
出口时间	-0.162[a] (0.089)		0.22 (0.13)	

续表

	制造业出口		农业出口	
	(1)	(2)	(3)	(4)
进口成本		-0.364[c] (0.094)		-0.26[b] (0.14)
进口所需文件		0.002 (0.10)		0.50[c] (0.18)
进口时间		-0.115 (0.083)		-0.44[c] (0.12)
常数	-6.55[c] (0.89)	-7.02[c] (0.81)	-1.4 (1.3)	1.3 (1.2)
WaldChi^2	3128.53	2987.73	1097.72	986.73
观察数量	1600	1584	1599	1583

注：(　) = 标准差；GDP = 国内生产总值。[a]表示显著性水平为10%，[b]表示显著性水平为5%，[c]表示显著性水平为1%。标准差保留两个有效数字。

资料来源：作者编制。

9.5.5　基础设施对经济增长的影响

本节讨论与增长量相关的基础设施的研究结果，并使用了 Pesaran、Shin 和 Smith（1999）开发的 PMGE 方法。在分析之前，我们对 PMGE 和均值组进行了回归分析，并用 Hausman 检验。因为 p 值大于 5%，所以更倾向于选择 PMGE。表 9.11 为运输基础设施对经济增长的影响，表 9.12 为 ICT 和能源基础设施对经济增长的影响。

我们对所有类型的运输基础设施进行了不同的回归估计。只有四种类型的基础设施为正且具有显著性。结果表明，所有与数量相关的运输基础设施（即总公路网、乘客空运和航空注册费）的指标至少在 5% 的显著性水平上都具有正的相关性。研究结果与许多强调基础设施发展的研究（如公路和航空运输）一致。绵长的公路网便于人们前往工作地点，从而可以提高生产率，促进经济增长。

第（2）栏报告了运输基础设施质量的结果，即铺面道路。铺面道路每增加 10%，经济就会增长 5% 以上。铺面道路的质量得到改善，可以降低车辆维护的成本，从而可以提高工人的生产率。该结果证实了基础设施的质量很重要，因为经济体在经济增长时期的基础设施绩效会更高。然而，亚洲基础设施的数量非常不足，它们主要集中在制造业。 289

表 9.11　运输基础设施对经济增长的影响

	总公路网	铺面道路（质量）	乘客空运	航空注册费	完整模型
	（1）	（2）	（3）	（4）	（5）
人口增长	-0.17 （0.13）	-0.005 （0.029）	-0.100[c] （0.043）	-0.121 （0.076）	-0.70[c] （0.16）
投资	1.77[c] （0.28）	-0.275[c] （0.069）	-0.015 （0.047）	-0.150 （0.094）	0.375[c] （0.074）
贸易开放度	0.526[c] （0.084）	1.039[c] （0.092）	0.530[c] （0.070）	0.76[c] （0.12）	0.129[c] （0.052）
总公路网	0.422[c] （0.077）				0.245[c] （0.071）
铺面道路		0.55[a] （0.31）			0.242[c] （0.088）
乘客空运			0.375[c] （0.030）		0.092[c] （0.033）
航空注册费				0.369c （0.066）	-0.121[c]
误差矫正项	-0.039[c] （0.016）	-0.054[c] （0.019）	-0.088[b] （0.039）	-0.045[b] （0.023）	（0.059）
观察数量	297	280	302	308	293

注：（　）＝标准差。[a]表示显著性水平为10%，[b]表示显著性水平为5%，[c]表示显著性水平为1%。标准差保留两个有效数字。

资料来源：作者编制。

290 **表 9.12　ICT 和能源基础设施对经济增长的影响**

	ICT 基础设施			能源基础设施		
	（1）	（2）	（3）	（4）	（5）	（6）
人口增长	0.017 （0.025）	-0.24 （0.15）	1.14 （0.74）	0.19 （0.26）	-0.50[a] （0.12）	-0.01 （0.10）
投资	-0.19 （0.15）	0.81[a] （0.19）	1.24[a] （0.57）	1.26[a] （0.60）	0.244[b] （0.130）	-1.41 （0.39）
贸易开放度	0.804[a] （0.069）	0.39[a] （0.13）	1.06[a] （0.48）	0.44[a] （0.20）	0.49[a] （0.11）	0.70 （0.18）
人力资本		0.77[a] （0.23）	1.03[a] （0.23）	-0.5 （4.8）		

续表

	ICT 基础设施			能源基础设施		
	(1)	(2)	(3)	(4)	(5)	(6)
电话线路	0.257[a] (0.029)					
手机用户		0.113[a] (0.025)				
互联网用户			0.218[a] (0.045)			
能源消费				0.75[a] (0.19)		
替代能源和核能					-0.014 (0.023)	
电能传输和分配流失						-1.12[a] (0.21)
误差矫正项	-0.038 (0.037)	-0.079[b] (0.042)	-0.013 (0.025)	-0.020 (0.024)	-0.108[a] (0.046)	0.002 (0.015)
观察数量	295	145	145	145	146	299

注：(　) = 标准差，GDP = 国内生产总值，ICT = 信息和通信技术。[a] 显著性水平 10%，[b] 显著性水平 5%，[c] 显著性水平 1%。标准差保留两个有效数字。

资料来源：作者编制。

关于信息和通信技术基础设施，从表 9.12 可以看出，电话线路和手机用户每增加 10%，其带来的经济增长分别约为 2.6% 和 1.1%。在经济全球化时代，信息通过互联网传播的速度更快。因此，高质量的信息和通信技术基础设施可以使消费者、生产者、企业和政治家获得知识和信息，这可以被称为增长扩张。从第（3）栏的结果来看，互联网用户每增加 10%，经济预计可增长约 2.2%。

第（4）、第（5）、第（6）栏报告了能源基础设施的结果。能源消费和
经济增长之间存在正关系。就数量而言，电能传输和分配流失为负也具有统 291
计显著性。每减少 1% 的电能传输和分配损失，经济将增长约 1%。自从 J. Kraft 和 A. Kraft（1978）发布相关研究结果以来，电力对经济增长的重要性被学者广泛讨论。可靠的电力供应对经济增长至关重要，因为电力是必不可少的投入要素，任何电力短缺或电力不足都会大大降低生产率。能源基础设施建设的另一项指标（如替代能源和核能）为负，但结果不具有显著性。

9.6 总结与探讨

贸易便利化不仅需要高效的硬基础设施，还需要软基础设施，如良好的商业和监管环境、透明度和海关管理。这项研究表明，所有运输基础设施部门的改善都有利于贸易流动。对于出口方和进口方而言，信息和通信技术基础设施在促进贸易方面发挥着重要作用。此外，尽管硬基础设施受到更多关注，但也必须研究软基础设施对贸易流动的关键影响。这项研究从总体贸易数据中抽离出农业和制造业的数据，揭示了航空运输、公路运输、集装箱港口运输对其出口的影响。对于信息和通信技术基础设施来说，电话线路和互联网安全服务非常重要。最后，减少所需文件的数量对农业出口很重要，降低出口成本和减少出口时间对促进制造业出口至关重要。

基础设施的质量和数量一样重要，因为基础设施不足或表现不佳可能会对经济体努力实现全部增长潜力造成障碍。研究结果证实，基础设施的数量对促进经济增长很重要；然而，高质量的基础设施通过提高生产力和产出效率创造了更多的效益，从而极大地影响了经济的可持续增长。随着市场的进一步整合，基础设施将发挥越来越重要的作用。在实物基础设施方面得分较低的经济体，应加大对公路密度、铁路和港口设施的投资力度，以促进商业活动。信息和通信技术基础设施，特别是电话线路、固定宽带和互联网安全服务等基本基础设施，也应得到重视，以提高通信效率，简化贸易伙伴之间的金融交易流程。

参考文献

Anderson, J. E., and D. Marcouiller. 2002. Insecurity and the Pattern of Trade: An Empirical Investigation. *Review of Economics and Statistics* 84(2): 342–352.

Anderson, J. E., and E. van Wincoop. 2003. Gravity with Gravitas: A Solution to the Border Puzzle. *The American Economic Review* 93(1): 170–192.

Andriamananjara, S., J. M. Dean, R. Feinberg, M. Ferrantino, R. Ludema, and M. Tsigas. 2004. The Effects of Non-Tariff Measures on Prices, Trade, and Welfare: CGE Implementation of Policy-Based Price Comparisons. United States International Trade Commission Economics Working Paper 2004-04-A. Washington, DC: United States International Trade Commission.

Arrow, K., and M. Kurz. 1970. *Public Investment, the Rate of Return and Optimal Fiscal Policy*. Baltimore, MD: The Johns Hopkins University Press.

Aschauer, D. A. 1989. Is Public Expenditure Productive? *Journal of Monetary Economics* 23: 177–200.

Asian Development Bank. 2009. *Elements of Governance: Understanding the Conditions Necessary for Good Governance*. Manila: Asian Development Bank.

Baier, S. L., and J. H. Bergstrand. 2007. Do Free Trade Agreements Actually Increase Members' International Trade? *Journal of International Economics* 71(1): 72–95.

Barro, R. J. 1990. Government Spending in a Simple Model of Exogenous Growth. *Journal of Political Economy* 98: 103–125.

Barro, R., and J. Lee. 2010. A New Data Set of Educational Attainment in the World, 1950–2010. *Journal of Development Economics* 104: 184–198.

Bougheas, S., P. O. Demetriades, and E. L. Morgenroth. 1999. Infrastructure, Transport Costs and Trade. *Journal of International Economics* 47(1): 169–189.

Calderón, C., and A. Chong. 2009. Labor Market Institutions and Income Inequality: An Empirical Exploration. *Public Choice* 138(1): 65–81.

Calderón, C., and L. Servén. 2008. Infrastructure and Economic Development in Sub-Saharan Africa. World Bank Policy Research Working Paper 4712. Washington, DC: World Bank.

Canning, D. 1998. A Database of World Infrastructure Stocks, 1950–1995. *World Bank Economic Review* 12: 529–547.

Centre d'Études Prospectives et d'Informations Internationales. CEPII Database. http://www.cepii.fr/CEPII/en/welcome.asp (accessed 10 April 2015).

Depken II, C. A., and R. J. Sonora. 2005. Asymmetric Effects of Economic Freedom on International Trade Flows. *International Journal of Business and Economics* 4(2): 141–155.

Djankov, S., C. Freund, and C. S. Pham. 2010. Trading on Time. *Review of Economics and Statistics* 92(1): 166–173.

Duval, Y., and C. Utoktham. 2009. Behind-the-Border Trade Facilitation in Asia- Pacific: Cost of Trade, Credit Information, Contract Enforcement and Regulatory Coherence. United Nations Economic and Social Commission for Asia and the Pacific (UNESCAP) Trade and Investment Division Staff Paper 2(09). Bangkok: UNESCAP.

Easterly, W., and S. Rebelo. 1993. Fiscal Policy and Economic Growth: An Empirical Investigation. *Journal of Monetary Economics* 32: 417–458.

Egger, P. 2000. A Note on the Proper Econometric Specification of the Gravity Equation. *Economics Letters* 66(1): 25–31.

Fink, C., A. Mattoo, and I. C. Neagu. 2005. Assessing the Impact of Telecommunication Costs on International Trade. *Journal of International Economics* 67(2): 428–445.

Francois, J., and M. Manchin. 2007. Institutions, Infrastructure, and Trade. World Bank Policy Research Working Paper 4152. Washington, DC: World Bank.

Futagami, K., Y. Morita, and A. Shibata. 1993. Dynamic Analysis of an Endogenous Growth Model with Public Capital. *Scandinavian Journal of Economics* 95: 607–625.

Hausman, J. A. 1978. Specification Tests in Economics. *Econometrica* 46: 1251–1270.

Helble, M., B. Shepherd, and J. S. Wilson. 2009. Transparency and Regional Integration in the Asia Pacific. *The World Economy* 32(3): 479–508.

Hernandez, J., and A. B. Taningco. 2010. Behind-the-Border Determinants of Bilateral Trade Flows in East Asia. Asia-Pacific Research and Training Network on Trade Working Paper 80. Bangkok: UNESCAP.

Hertel T., and T. Mirza. 2009. *The Role of Trade Facilitation in South Asian Economic Integration: Study on Intraregional Trade and Investment in South Asia*. Manila: Asian Development Bank.

Hoekman, B., and A. Nicita. 2008. Trade Policy, Trade Costs and Developing Country Trade. World Bank Policy Research Working Paper 4797. Washington, DC: World Bank.

Hummels, D. 2001. Time as a Trade Barrier. Unpublished.

Hur, J., M. Raj, and Y. Riyanto. 2006. Finance and Trade: A Cross-Country Empirical Analysis on the Impact of Financial Development and Asset Tangibility on International Trade. *World Development* 34(10): 1728–1741.

International Telecommunication Union. World Telecommunication/ ICT Indicators Database. http://www.itu.int/en/ITU-D/Statistics /Pages/publications/wtid.aspx (accessed 18 April 2015).

Kraft, J., and A. Kraft. 1978. On the Relationship between Energy and GNP. *Journal of Energy Development* 3: 401–403.

Levchenko, A. A. 2007. Institutional Quality and International Trade. *Review of Economic Studies* 74(3): 791–819.

Li, Y., and J. S. Wilson. 2009. Trade Facilitation and Expanding the Benefits of Trade: Evidence from Firm-Level Data. Asia-Pacific Research and Training Network on Trade Working Paper 71, June.

Limao, N., and A. J. Venables. 2001. Infrastructure, Geographical Disadvantage, Transport Costs and Trade. *The World Bank Economic Review* 15(3): 451–479.

Méon, P., and K. Sekkat. 2006. *Institutional Quality and Trade: Which Institutions? Which Trade?* Départment d'Économic Appliquée Working Paper 06-06. Brussels: Université Libre de Bruxelles.

Nicoletti, G., S. Golub, D. Hajkova, D. Mirza, and K. Y. Yoo. 2003. Policies and International Integration: Influences on Trade and Foreign Direct Investment. Organisation for Economic Co-operation and Development Economics Department Working Paper 359. Paris: Organisation for Economic Co-operation and Development.

Nordås, H. K. & Piermartini, R. 2004. Infrastructure and Trade. WTO Econ omic Research and Statistics Division, Staff Working Paper ERSD-2004-04. Geneva: World Trade Organization.

Pesaran, H., Y. Shin, and R. Smith. 1999. Pooled Mean Group Estimation of Dynamic Heterogeneous Panels. *Journal of the American Statistical Association* 94: 621–634.

Portugal-Perez, A., and J. S. Wilson. 2012. Export Performance and Trade Facilitation Reform: Hard and Soft Infrastructure. *World Development* 40(7): 1295–1307.

Ranjan, P., and J. Y. Lee. 2007. Contract Enforcement and International Trade. *Economics and Politics* 19(2): 191–218.

Sadikov, A. M. 2007. Border and Behind-the-Border Trade Barriers and Country Exports. International Monetary Fund Working Paper 1-32. Washington, DC: International Monetary Fund.

Sahoo, P., R. K. Dash, and G. Nataraj. 2010. Infrastructure Development and Economic Growth in China. Institute of Developing Economies Discussion Paper 261.

Seethepalli, K., M. C. Bramati, and D. Veredas. 2008. How Relevant Is Infrastructure to Growth in East Asia. World Bank Policy Research Working Paper 4597. Washington, DC: World Bank.

Shepherd, S. B., and J. S. Wilson. 2009. Trade Facilitation in ASEAN Member Countries: Measuring Progress and Assessing Priorities. *Journal of Asian Economics* 20: 367–383.

Straub, S. 2008. Infrastructure and Growth in Developing Countries: Recent Advances and Research Challenges. World Bank Policy Research Working Paper 4460. Washington, DC: World Bank.

Straub, S., and A. Terada-Hagiwara. 2011. Infrastructure and Growth in Developing Asia. *Asian Development Review* 28(1): 119–156.

United Nations. United Nations Commodity Trade Statistics Database. http://comtrade.un.org/db/ (accessed 15 April 2015).

UNESCAP. 2009. *Asia-Pacific Trade and Investment Review 2009.* Bangkok: UNESCAP.

Wilson, J. S., C. L. Mann, and T. Otsuki. 2003. Trade Facilitation and Economic Development: A New Approach to Measuring the Impact. *World Bank Economic Review* 17(3): 367–389.

____. 2005. Assessing the Benefits of Trade Facilitation: A Global Perspective. *The World Economy* 28(6): 841–871.

World Bank. 1994. *World Development Report: Infrastructure for Development*. Washington, DC: World Bank.

____. 2013. *Doing Business 2014: Understanding Regulations for Small and Medium-Size Enterprises.* Washington, DC: World Bank.

____. 2014. World Development Indicators. http://data.worldbank.org/data-catalog/world-development-indicators (accessed 20 April 2015).

World Economic Forum. 2014. Global Competitiveness Index. http://www.weforum.org/reports (accessed 16 April 2015).

第十章

跨境交通基础设施在大湄公河次区域的影响评估：三种方法

藤村信久

10.1 前言

大湄公河次区域（GMS）包括柬埔寨、老挝、缅甸、越南、泰国以 296
及中国的云南省和广西壮族自治区，在其经济走廊沿线的跨境交通基础设施建设上得到了显著的发展，其重要性在于，相比仅仅依靠国内投资项目，通过区域内贸易与投资，经济走廊能够发挥更大效用，促进区域经济增长。比起国内项目的评估，我们这项评估包括跨境基础设施建设项目的事前与事后评估，需要另加两个主要的分析性视角：国内基础设施项目的经济网络效应和其隐藏的收益成本分布（Fujimura and Adhikarhi, 2012）。

第一点，经济外部性的理论延伸。经济外部性意味着跨境基础设施工程带来了额外的经济利益与成本，而单一的国内工程就不会出现这种情况。正外部性包括扩大区域内贸易和跨境交易便利化（尤其是GMS内陆路口岸的海关与审查机关）带来的增长效应，这是各个国家凭自身努力所无法实现的。

负外部性包括因跨境运输成本降低而造成非法木材、违法药品、人
口、野生动物和军火贸易的兴起，以及随之而来的区域地下经济规模的 298

扩大，这些情况在区域内连通性没有提升时是不会出现的（Fujimura，2014）[①]。

第二点，收益成本分布，应该像分析国内工程时一样尽可能地透明，这对于跨境工程更为重要（Fujimura，2012）。做到成本收益分布视角下的透明，有利于明确哪些区域需要第三方（例如亚洲开发银行和日本政府）的帮助来填补缺口。尤其在 GMS 大环境下，在收益成本分布方面的分析结果，能够支撑若干 GMS 参与成员之间以及与外部参与者进行政策讨论，帮助各方取得双赢的结果。

本章就是建立在以上两点动因的基础上，通过展示三种不同的方法来量化 GEM 经济走廊的外部性和边境交通基础设施的发展。

10.2 大湄公河次区域经济走廊的收益成本率比较

笔者收集了跨境交通基础设施建设的可用公开数据和地方层面上的经济数据，对 GMS 经济走廊主要部分特定区块的收益成本率进行粗略比较。这项分析旨在对比经济走廊沿线 GDP 的累计增长值与交通基础设施发展的累计成本。

第一个评估的是南北走廊在中国云南省和老挝境内的区段（见表 10.1）。由于泰国境内交通基础设施建设成本数据的收集难度较大，故略过了该区段的分析。

299 **表 10.1 南北走廊收益成本对比**

单位：百万美元

行政单位	2008~2011 年 GDP 累计增长值	道路发展累计成本	收益成本率
中国云南区段			
昆明市	21216	4027	2.97
玉溪市	7438		（昆明除外）
普洱市	2773		
西双版纳地区	1732		

① 由于这些活动的非正规性，其消极的影响很难被量化评估，因此不在本章的讨论范围内。

续表

行政单位	2008～2011 年 GDP 累计增长值	道路发展累计成本	收益成本率
老挝区段			
琅南塔省	111	137	1.55
博胶省	102		

注：（1）GDP＝国内生产总值，老挝＝老挝人民民主共和国；（2）使用 12% 的复合比率（亚洲开发银行使用的标准贴现率）以及 2011 年的价格计算道路建设与维护成本和 GDP 增量的现值；（3）中国云南区段的成本数据来源于亚洲开发银行对玉溪—普洱高速公路建设提供支持的相关文件；（4）老挝区段的成本数据来源于亚洲开发银行对磨丁—会晒道路建设提供支持的相关文件。

资料来源：作者编制。

经济走廊的中国云南区段，尤其是云南省省会昆明市，在 21 世纪前 10 年后期收入加速增长。鉴于昆明的经济增长主要归功于多样化的城市投资（比如新机场、办公楼、住宅楼和地铁建设）而非经济走廊投资，昆明的 GDP 增长不计入收益统计。因此，经济走廊中国云南区段与老挝区段的发展有着正的净收益，同时中国云南区段有着较高的收益成本率。老挝区段不包含大型城市，聚集效应微弱。不过，由于老挝区段的道路建设有亚行优惠贷款以及中泰政府的资金支持，老挝的收益成本率要比表中显示的更高一些。道理就在于涉及两个国家以上的经济走廊会给所有参与国带来净收益，从而达到双赢。

然而，分析中存在的一些不足使得该项分析不是很准确。第一，此项分析忽略了 2011 年之后的收入增长、经济走廊所经区域的溢出效应和交通运输便利化带来的如教育与医疗等方面的其他外部收益。这些收益越大，该项分析就会越低估收益成本率。第二，该项分析忽略了除经济走廊投资之外许 300
多对于收入增长有贡献的因素，以至于最后因为这些变量的缺失，高估了收益成本率。第三，道路建设成本是项目完成后的估算值。因为实际的道路维护成本通常会超出其估算值，考虑到这个趋势，该项分析高估了收益成本率。

第四座跨湄公河友谊大桥于 2013 年 12 月建成，坐落于老挝和泰国之间，有望提升经济走廊交通运输的速度。因此，其给经济走廊带来的影响，包括给三国带来贸易与投资上的收益，相比于大桥的成本，在未来需要重新评估。

接下来评估的是东西走廊在越南与老挝的区段（见表 10.2）。由于泰国境内交通基础设施建设与维护成本可靠数据的收集难度较大，故略过了该区段的分析。因为老挝和中国云南区段道路建设数据不完整，该项分析将不区分这两国的收益与成本。

经济走廊的影响成本主要来自岘港（越南）和穆达汉府（泰国）之间的道路开发，沙湾拿吉（老挝）与穆达汉府之间的第二座跨湄公河友谊大桥，以及海云隧道（越南）和岘港港口（越南）的升级改善。因为很难将各个部分的基础设施所带来的经济增长都归因于特定的地理区域，所以，我们将对收益成本率进行三种不同的估计：非常保守、适度保守和适度乐观。因为越南的岘港和顺化是大型经济项目，其发展受到许多除经济走廊发展之外的因素影响，其 GDP 增长也将不计入收益统计。

非常保守的估计包含上述提到的所有基础设施成本，得到收益成本率是 0.69，即净收益为负。适度保守的估计排除岘港港口升级的成本，得到收益成本率是 1.46。在此基础上再将海云隧道建设排除在外，进行适度乐观估算，得到收益成本率是 2.44。

因为该经济走廊没有连接像曼谷和胡志明市这样的大型城市，初步预计其主要的影响是缓解走廊沿线低收入地区的贫困状况，这在本项分析中得到一定程度的证实。然而，该项分析的缺点包括：（i）可能低估了以下三方面
302 的收益，即 2011 年后收入增长、直接路线以外的溢出效应和其他外部收益；（ii）可能高估了不能归因于经济走廊发展的收益。

301 **表 10.2　东西走廊收益成本对比**

单位：百万美元

行政单位	2008～2011 年 GDP 累计增长值	备注
越南区段		
岘港市	808.20	岘港是一个港口城市
承天顺化省	437.10	以海云岭为界划分顺化市与岘港市
广治省	233.40	通过 NR9 道路与老挝接壤
老挝区段		
沙湾拿吉	274.10	通过 NR9 道路与越南接壤
累计成本		
NR1 越南段，NR9 越南和老挝段道路发展	135.10	越南段由 JICA 提供支持，老挝段由 ADB 与 JICA 共同支持
NR9 老挝段道路维护	39.90	由 JICA 提供支持（不包括 O&M 成本）
第二座跨湄公河友谊大桥	73.30	由 JICA 提供支持
海云隧道建设	139.20	由 JICA 提供支持

续表

行政单位	2008～2011 年 GDP 累计增长值	备注
岘港港口升级	87.10	由 JICA 提供支持(不包括 O&M 成本)
收益成本率(岘港市与顺化市收益除外)		
计入所有项目成本	0.69	非常保守估计
除去岘港港口升级成本	1.46	适度保守估计
除去岘港港口升级和海云隧道建设成本	2.44	适度乐观估计

注：（1） ADB = 亚洲开发银行，JICA = 日本国际协力机构，老挝 = 老挝人民民主共和国，O&M = 运营与维护。（2）用 12% 的复合比率（亚洲开发银行使用的标准贴现率）以及 2011 年的价格计算道路建设与维护成本和 GDP 增量的现值。（3） 道路发展分为三个路段：岘港—东河（NR1）、东河—菲因（NR9）和菲因—沙湾拿吉（NR9）。该项经济成本由 ADB 数据和 JICA 贷款文件粗略估算得出。（4） 第二座跨湄公河友谊大桥和海云隧道的成本数据来源于 JICA 后评估文件。

资料来源：作者编制。

接下来评估的是南部走廊在柬埔寨与越南的区段（见表 10.3）。再次说
明，由于泰国境内交通基础设施建设与维护成本可靠数据的收集难度较大， 303
该项分析没有将经济走廊的泰国区段考虑在内。因为以上两区段的道路建设
数据均不足，故该项分析不区分这两国的收益与成本。

表 10.3　南部走廊收益成本对比

单位：百万美元

行政单位	2008～2011 年 GDP 累计增长值	备注
柬埔寨区段		
班迭棉吉省	242.1	西面与泰国接壤
马德望省	363.8	洞里萨湖南部由 NRS 运营
菩萨省	128.7	
磅清扬省	160.9	
金边	817.5	有一个河道港口
干丹省	207.5	乃良大桥于 2015 年开通但是该项分析没有包含其成本,已完成
波萝勉省	264.4	
柴桢省	134.4	东南面与越南接壤

续表

行政单位	2008～2011 年 GDP 累计增长值	备注
越南区段		
西宁省	423.2	西北面与柬埔寨接壤
胡志明市	5529.8	盖梅港目前正在胡志明市与头顿港之间扩建，但是排除在该项分析之外
巴地头顿省	519.2	不含 O&M 成本
道路开发累计成本		
波贝—诗梳风	16.5	
诗梳风—乃良	41.0	该路段的善后工作忽略了沉没成本，因此总成本统计值偏低
乃良—胡志明市	475.5	不含湄公河轮渡的时间成本
收益成本率总计	4.1	适度乐观估计

注：（1）GDP = 国内生产总值，O&M = 运营与维护。（2）用 12% 的复合比率（亚洲开发银行使用的标准贴现率）及 2011 年的价格计算道路建设与维护成本和 GDP 增量的现值。（3）受分析路段的成本由三个亚行扶持工程相关文件中的数据近似计算得到，分别为金边—胡志明市公路、波贝—暹粒公路的开发和柬埔寨国家道路网络的开发。

资料来源：作者编制。

经济走廊的成本影响评估基于阿兰亚普托多（泰国）—波贝（柬埔寨）边境线与胡志明市（越南）之间经金边（柬埔寨）的道路发展相关的可用数据。由于金边、胡志明市和巴地头顿省是基于港口的大型经济体，除经济走廊的发展之外，它们的经济发展还得益于许多其他因素，故不将其 GDP 增长计入收益统计。

结果，收益成本率总计为 4.1，显示了走廊强大的经济可行性。然而，分析的缺点包括：（i）可能低估了以下三方面的收益，即 2011 年后收入增长、直接路线以外的溢出效应和其他外部收益；（ii）可能高估了不能归因于经济走廊发展的收益。

柬埔寨新湄公河大桥（在乃良）于 2015 年 4 月完工，将提升经济走廊交通运输的速度，走廊的影响在未来应重新评估。

正如上面的分析所表明的，收益成本率揭示了 GMS 经济走廊的影响。不过，分析中存在严重的制约因素，包括：缺乏公开的成本综合数据，难以明确走廊沿线各地区受益于走廊的那部分经济增长（严谨的分析需要多国和多区域经济建模，这超出了本章的内容范围），以及难以评估与实际结果进行比较的反事实情境。虽然这些制约因素在国内基础设施项目的分析中也存在，但对跨境项目分析的影响更明显。因此，上述结果应被理解为最初的粗略尝试，在能够获取更多可靠数据（尤其是每个国家的国内公共投资）后应重新进行评估。

10.3　国家地方层面的面板数据分析

与上述方法不同，本节通过使用计量经济模型来量化 GMS 经济走廊的影响，该模型包含影响走廊沿线地区生活水平的主要变量。从新古典增长核算框架延伸出来，因变量是每个行政单位人均 GDP 增长率，而解释变量则 304
包括人口增长率、物资资本增长率、人力资本增长率及代表运输相关变量和经济走廊的各种虚拟变量。

基本估计模型如下：

$$(pcgdpgrowth)_{it} = c + \alpha(popgrowth)_{it} + \beta(capitalgrowth)_{it} + \gamma(edugrowth)_{it} + \varepsilon_{it} \quad (1)$$

其中，对于在 t 年的行政单位 i，c 是一个常数，$(pcgdpgrowth)_{it}$为实际人均 GDP 增长率，$(popgrowth)_{it}$为人口增长率，$(capitalgrowth)_{it}$为物质资本增长率，$(edugrowth)_{it}$为人力资本增长率，ε_{it}是一个误差项。原则上，人力资本应包括与健康有关的变量；然而，由于 GMS 成员国可获得的各类健康相关数据存在较大差异，数据库中只采用与教育有关的变量。该模型通过加入公路部门与运输有关的变量进行扩展，以客运和货运（公共汽车和卡车）的所有权或运输费用为代表，如下所示：

$$\begin{aligned}(pcgdpgrowth)_{it} = {} & c + \alpha(popgrowth)_{it} + \beta(capitalgrowth)_{it} + \gamma(edugrowth)_{it} \\ & + \delta1(passvgrowth)_{it} + \delta2(comvgrowth)_{it} + \varepsilon_{it}\end{aligned} \quad (2)$$

其中，对于在 t 年的行政单位 i，$(passvgrowth)_{it}$代表客运道路的增长率（以每人乘坐的千米数计算），$(comvgrowth)_{it}$代表货运道路的增长率（以每吨货物的运输千米数计算）。

该模型通过加入分别代表经济走廊、国际港口（空港、河港和海港）和陆路边境（国际和当地）的虚拟变量进行进一步扩展，如下所示：

$$\begin{aligned}(pcgdpgrowth)_{it} = {} & c + \alpha(popgrowth)_{it} + \beta(capitalgrowth)_{it} + \gamma(edugrowth)_{it} \\ & + \delta1(passvgrowth)_{it} + \delta2(comvgrowth)_{it} + \theta1(crrdr\_all)_{it} \\ & + \theta2(cross\_intl)i + \theta3(cross\_local)_{i} + \theta4(port\_air)_{i} \\ & + \theta5(port\_river)_{i} + \theta6(port\_sea)_{i} + \varepsilon_{it}\end{aligned} \quad (3)$$

其中，对于在 t 年的行政单位 i，$(crrdr\_all)_{it}$ 代表任何经济走廊的存在，$(cross\_intl)_i$ 代表国际陆路边境（第三国国民可以跨越）的存在，$(cross\_$
305 $local)_i$ 代表地方陆路边境（只有邻国国民可以跨越）的存在，$(port\_air)_i$ 代表国际空港的存在，$(port\_river)_i$ 代表国际河港的存在，而 $(port\_sea)_i$ 代表国际海港的存在。

在国家地方层面创建面板数据集，包括柬埔寨 24 个行政单位，中国广西壮族自治区 14 个，老挝 17 个，缅甸 14 个，泰国 76 个，越南 63 个，中国云南省 16 个（总共 224 个行政单位）。2001～2012 年的数据集由每个国家、省和/或地区年鉴记录的数据汇编而成，笔者又补充了一些经济数据缺失的信息，特别是柬埔寨、老挝和缅甸。表 10.4 总结了创建数据集时面临的数据制约因素和调整情况，表 10.5 总结了经济走廊的位置和每个经济走廊的虚拟变量使用的准则，表 10.6 列出了各行政单位不同虚拟变量的分配情况。

表 10.4　创建数据集时面临的限制和所做的调整

地区	GDP	人口	物资资本	人力资本	道路运输指标
柬埔寨	各省数据不可用	只有个别人口普查数据可用，缺失年份的数据为后期添加	各省数据不可用	使用普通教育教师人数的 3 年移动平均值	各省数据不可用
老挝	使用 2006～2010 年 M. Ishida 在 IDE-JETRO 采集的数据	各省数据不完整，仅使用了 2007～2011 年的数据	各省数据不可用	省内无可用的合适数据	各省数据不可用
缅甸	国家政府或部分部门数据不可用	2010 年之后的数据被删减故不采用	国家政府或部分部门数据不可用	使用高中学生人数的 3 年移动平均值	使用公路货运费用拖车的 3 年移动平均值
越南	由于各省 GDP 数据多年来缺失，省级收入已被取代	可用数据完整	使用企业界固定资产的 3 年移动平均值	使用大学生人数的 3 年移动平均值	使用公路货运费用拖车的 3 年移动平均值
泰国	2009 年之后的数据被删减故不采用	2004 年数据混乱故不采用	采用工业部注册企业投资的 3 年移动平均值	省内无可用的合适数据	使用登记乘客和商用交通工具数据。2004 年前数据被删减故不采用

306

续表

地区	GDP	人口	物资资本	人力资本	道路运输指标
中国云南省	各市相关数据完整	2004 ~ 2007 年的数据被删减，插入前后年份的数据	使用固定资本形成数据，但是2008 年后数据缺失	使用科学家人数的 3 年移动平均值	使用登记乘客和商用交通工具数据。2001 ~ 2003 年和 2006 年数据被删减故不采用
中国广西壮族自治区	各市相关数据完整	2010 年数据被删减故不采用	使用固定资本形成数据	使用高中学生人数的 3 年移动平均值	使用登记乘客和商用交通工具数据

注：GDP ＝国内生产总值，IDE-JETRO＝发展中经济体研究所和日本对外贸易组织，老挝＝老挝人民民主共和国。

资料来源：作者汇编自柬埔寨、老挝、缅甸、越南、泰国、中国云南省和广西壮族自治区的年度统计报告。

表 10.5　经济走廊位置与分配虚拟值的标准

走廊	所经路线和虚拟值分配标准
中央走廊 1(C1)	穿越老挝首都万象，连接中国云南省昆明市与泰国萨塔西普港。2001 ~ 2012 年无明显可见变化，在该时间段内走廊沿线所有行政单位赋值 1 307
中央走廊 2(C2)	通过 NR13 老挝段和 NR7、NR4 柬埔寨段连接昆明和柬埔寨西哈努克。NR13 老挝段于 2001 年投入使用，NR7 于 2007 年前铺设完毕，在该时间段后走廊沿线所有行政单位赋值 1
东部走廊 1(E1)	通过河口边境连接中国昆明和越南河内。2008 年云南省内高速公路建成，云南省内走廊沿线所有行政单位赋值 1(昆明与河口间新铁路于 2013 年完工，河口与河内间新公路于 2016 年开通，但此事件不在数据集范围内)
东部走廊 2(E2)	通过越南友谊关连接广西南宁和河内。南宁—友谊关高速公路于 2005 年开通。2005 年后云南省内走廊沿线所有行政单位赋值 1
东部走廊 3(E3)	通过东兴—芒街边境连接河内和广西防城港。下龙湾白桥于 2006 年开通。2006 年后越南境内走廊沿线所有行政单位赋值 1
南北走廊(NS)	通过老挝西北部连接昆明和曼谷。昆明—普洱高速公路于 2004 年开通，景洪与莫汉－博滕边界之间的道路于 2008 年修缮升级，老挝西北部地区的 NR3 于 2009 年前完成修缮升级。该时间段后走廊沿线各行政单位赋值 1
北部走廊(N)	通过掸邦、昆明和南宁连接缅甸曼德勒和中国广西防城港。2005 年瑞丽—缪斯边境贸易区成立，曼德勒—缪斯和瑞丽—昆明公路计划于 2005 年前开始运作。2005 年后走廊沿线各行政单位赋值 1
东西走廊(EW)	通过老挝南部和泰国中部连接越南岘港和缅甸毛淡棉。2006 年海云隧道开通，岘港港口改善工程竣工，2008 年在沙湾拿吉穆达汉边界第二座跨湄公河友谊桥开通。该时间段后走廊沿线各行政单位赋值 1

续表

走廊	所经路线和虚拟值分配标准
南部走廊(S)	通过金边连接曼谷和胡志明市。金边—胡志明市道路于 2005 年铺设并升级。2005 年后走廊沿线各行政单位赋值 1[2015 年在柬埔寨乃良的"Tsubas 大桥"(乃良大桥)开通,但此事件不在数据集范围内]
南部沿海走廊(SC)	通过泰国东部沿海地区与柬埔寨和越南沿海连接曼谷和金瓯。达叻(泰国)、国公(柬埔寨)和西哈努克城之间的沿海公路于 2008 年以前已经升级。2008 年后柬埔寨境内走廊沿线各个行政单位赋值 1(达叻、国公和西哈努克城于 2016 年升级,但此事件不在数据集范围内)

注：老挝 = 老挝人民民主共和国。

资料来源：2005 ~ 2012 年亚行和日本国际协力机构网站上的项目文件以及作者在该领域的观察研究。

表 10.6　每个行政单位虚拟变量赋值所依据的信息

308

地区	国际港口	陆路边境	经济走廊
柬埔寨			
1. 金边	空港,河港		C2,S
2. 干丹省		当地	C2,S
3. 磅湛省			C2
4. 柴桢省		国际,当地	S
5. 波萝勉		当地	S
6. 茶胶		当地	
7. 班迭棉吉		国际	S
8. 马德望			S
9. 磅清扬			S
10. 磅同			
11. 暹粒	空港		
12. 奥多棉吉		当地	
13. 拜林		国际	
14. 菩萨			S
15. 贡布		国际	SC
16. 国公		国际	SC
17. 白马			SC
18. 西哈努克城	海港		C2,SC
19. 磅士卑			C2
20. 桔井			C2

续表

地区	国际港口	陆路边境	经济走廊
21. 蒙多基里		当地	
22. 柏威夏		当地	
23. 拉达那基里		国际	
24. 上丁		国际	C2
老挝			
1. 万象市	空港	国际	NS,C1,C2
2. 丰沙里		国际,当地	
3. 琅南塔		国际,当地	NS,C1,C2
4. 乌多姆赛			C1,C2
5. 波乔	河港	国际,当地	NS
6. 琅勃拉邦	空港,河港		C1,C2	309
7. 华潘		国际	
8. 沙耶武里	河港	当地	
9. 川圹			
10. 万象(省)			C1,C2
11. 波里坎赛	河港	国际	C2
12. 甘蒙	河港	国际	C2
13. 沙湾拿吉	空港,河港	国际	C2,EW
14. 沙拉湾			C2
15. 色贡			
16. 占巴塞		国际	C2
17. 阿速坡		国际	
缅甸			
1. 克钦邦		当地	
2. 克耶邦		当地	
3. 克伦邦		国际	EW
4. 钦邦			
5. 实皆省		国际	N
6. 德林达依省	海港	国际	S
7. 勃固省			
8. 马圭省			
9. 曼德勒省			N
10. 孟邦			EW
11. 若开邦		当地	
12. 仰光省	空港,海港		
13. 掸邦		国际,当地	N,NS
14. 伊洛瓦底省			

续表

地区	国际港口	陆路边境	经济走廊
越南			
1. 河内市	空港		E1,E2,E3
2. 永富			E1
3. 北宁			E2
4. 广宁		国际	E3
5. 海阳			E3
310 6. 海防市	空港,海港		E3
7. 兴安			
8. 太平			
9. 河南			
10. 南定			
11. 宁平			
12. 河江		当地	
13. 高平		当地	
14. 北浒			
15. 宣光			
16. 老街		国际,当地	E1
17. 安沛			E1
18. 太原			
19. 谅山		国际,当地	E2
20. 北江			E2
21. 富寿			E1
22. 奠边		国际	
23. 莱州		当地	
24. 山罗		当地	
25. 和平			
26. 清化		当地	
27. 义安		当地	
28. 河静		国际	
29. 广平		国际,当地	
30. 广治		国际,当地	EW
31. 承天顺化市			EW
32. 岘港市	空港,海港		EW
33. 广南			
34. 广义			
35. 平定			
36. 富安			

311

续表

地区	国际港口	陆路边境	经济走廊
37. 庆和			
38. 宁顺			
39. 平顺			
40. 昆嵩		当地	
41. 嘉莱		国际	
42. 得乐		当地	
43. 得农		当地	
44. 林同			
45. 平福		当地	
46. 西宁		国际,当地	S
47. 平阳			
48. 同奈			
49. 巴地头顿	海港		S
50. 胡志明市	空港,河港		S
51. 隆安		当地	
52. 前江			
53. 槟椥			
54. 茶荣			
55. 永隆			
56. 同塔		当地	
57. 安江		国际,当地	
58. 坚江		国际	SC
59. 芹苴			
60. 后江			
61. 朔庄			
62. 薄辽			
63. 金瓯			SC
泰国			
1. 曼谷市	空港,河港		NS,S,SC
2. 北榄			SC
3. 暖武里			S
4. 巴吞他尼			NS
5. 佛统			S
6. 龙仔厝			
7. 大城			NS
8. 红统			NS

续表

地区	国际港口	陆路边境	经济走廊
312 9. 华富里			
10. 信武里			NS
11. 猜纳			
12. 沙拉武里			
13. 春武里	海港		C1,SC
14. 罗勇			SC
15. 尖竹汶			SC
16. 达叻		国际	SC
17. 北柳			C1,S,SC
18. 巴真武里			C1,S
19. 那空那育			S
20. 沙缴		国际,当地	S
21. 叻武里			
22. 北碧		国际	S
23. 素攀			
24. 沙没颂堪			
25. 碧武里			
26. 巴蜀		当地	
27. 清迈	空港		
28. 南奔			
29. 南邦			
30. 乌达腊迪			NS
31. 帕府			NS
32. 难府		当地	
33. 帕尧			NS
34. 清莱	空港,河港	国际	NS
35. 夜丰颂			
36. 那空沙旺			NS
37. 乌泰他尼			
38. 甘烹碧			
39. 达府		国际	EW,NS
40. 素可泰			EW
41. 彭世洛			EW,NS
313 42. 披集			NS
43. 碧差汶			EW
44. 呵叻			C1

续表

地区	国际港口	陆路边境	经济走廊
45. 武里南		当地	
46. 素林		当地	
47. 四色菊		当地	
48. 乌汶叻差他尼		国际,当地	C2
49. 益梭通			
50. 猜也蓬			
51. 安纳乍能			
52. 廊磨喃蒲			
53. 孔敬			C1,EW
54. 乌隆			C1
55. 黎		当地	
56. 廊开	河港	国际,当地	C1
57. 马哈沙拉堪			
58. 黎逸			
59. 加拉信			EW
60. 沙功那空			
61. 那空拍侬	河港	国际	C2
62. 穆达汉	河港	国际	EW
63. 洛坤			
64. 甲米			
65. 攀牙			
66. 普吉	空港		
67. 素叻他尼			
68. 拉廊	海港	国际	
69. 春蓬			
70. 宋卡	空港	国际,当地	
71. 沙敦		当地	
72. 董里			
73. 博达伦			
74. 北大年			
75. 也拉		当地	
76. 陶公		国际	
中国云南省			
1. 昆明市	空港		E1,NS,N
2. 曲靖市			E1,NS
3. 玉溪市			N

314

续表

地区	国际港口	陆路边境	经济走廊
4. 保山市			
5. 昭通市			
6. 丽江市			
7. 普洱市	河港		NS
8. 临沧市		当地	
9. 楚雄市			N
10. 红河哈尼族彝族自治州		国际	E1,N
11. 文山壮族苗族自治州		当地	N
12. 西双版纳傣族自治州	河港	国际,当地	NS
13. 大理白族自治州			N
14. 德宏傣族景颇族自治州		国际	N
15. 怒江傈僳族自治州		当地	
16. 迪庆藏族自治州			
中国广西壮族自治区			
1. 南宁市	空港		E2,N
2. 柳州市			
3. 桂林市			
4. 梧州市			
5. 北海市	海港		
6. 防城港市	海港	国际,当地	E3,N
7. 钦州市			N
8. 贵港市			
9. 玉林市			
10. 百色市		当地	N
11. 贺州市			
315 12. 河池市			
13. 来宾市			
14. 崇左市		国际,当地	E2

注：(1) C1 = 中央走廊 1，C2 = 中央走廊 2，E1 = 东部走廊 1，E2 = 东部走廊 2，E3 = 东部走廊 3，EW = 东西走廊，N = 北部走廊，NW = 西北走廊，S = 南部走廊，SC = 南部沿海走廊，老挝 = 老挝人民民主共和国。(2) 在第二列中，“空港” 表示在该行政区域内有一个国际机场，“海港” 表示在该行政区域内有一个海港，“河港” 表示在该行政区域内有一个内河港口。在第三列中，“国际” 表示在该行政区域内有国际过境点，“当地” 表示在该行政区域内有当地过境点。第四列表明哪一个经济走廊穿过该行政单位。

资料来源：2005 ~ 2012 年亚行和日本国际协力机构网站上的项目文件以及作者在该领域的观察研究。

表 10.7 汇总了估计结果。估算模型从 Hausman 测试结果中选择，在表 10.7 第二列有显示。

模型（1）中的系数在很大程度上符合预期：人口增长为负，物质资本增长为正，人力资本增长为正且有统计显著性。由于部分信息缺失，数据集严重失衡（尤其是柬埔寨、老挝和越南），这个结果意味着可以将此基本模型作为出发点，解释大湄公河次区域国家地方层面上生活水平的变化。

模型（2）包括与道路交通运输有关的变量，代表客运和货运交通的两个变量系数为正且具有统计显著性，意味着国家地方层面上交通运输的发展会提升大湄公河次区域的生活水平。通过模型 2 中解释变量之间的关联分析得出最大系数小于 0.3，表明多重共线性问题出现的可能性很小。

模型（3）包括跨境交通基础设施的多种虚拟变量，在道路交通相关变量以及两个统计显著系数方面取得了类似的结果。第一个为 GMS 内经济走廊全段虚拟值的系数为正。虚拟值（1 或 0）根据作者对走廊各个独立段发展情况的长期观察而定。这个结果表明，GMS 内经济走廊的发展整体上对地区人民生活质量的提升起着积极的作用。第二个是国际机场虚拟变量的系数为负。尽管该结果可以有各种解读，有人说建有国际机场的行政区域在 2000 年前人民生活质量本应达到更高的标准，但是在其他条件都相同的情况下，发展相对较慢。如果是这样的话，该结果可以证明 GMS 一些聚集效应。因为数据集受限且失衡，经济走廊各个独立区段的发展效应不能通过基本模型的多种扩展来估计。所以，我们对经济走廊各个独立区段的虚拟值做了一个简单的回归，如模型 4 所示。尽管不具备理论上的严谨性，但至少阐明了这些走廊区段对它们自身的影响。结果中的 4 个走廊系数都具有统计显著性。北部走廊和南北走廊的系数均为正。

这两个走廊在数据周期内似乎已经产生了积极的经济效应。相反，东部
走廊 1 和南部沿海走廊的系数均为负。根据作者的观察，2012 年老街—河 318
内公路在老街的恶劣条件和越南、柬埔寨境内沿海线路相对较小的运输量可能对这些结果产生了影响。

316 **表 10.7　次国家层面面板数据分析估算结果（因变量 = 人均 GDP 增长）**

自变量	模型 1	模型 2	模型 3	模型 4
	截面固定效应	截面随机效应	截面随机效应	周期随机效应
常数	0.0773 ***	0.0419 ***	0.0383 ***	0.0778 ***
人口增长	-0.2768	-0.2731	-0.1051	
物质资本增长	0.0057	0.0068	0.0052	
人力资本增长	0.0418 *	0.0309 *	0.0322 *	
客运道路交通发展		0.1478 ***	0.1482 ***	
货运道路交通发展		0.0709 **	0.0794 **	
国际陆路边境虚拟变量			-0.0084	
当地陆路边境虚拟变量			0.0046	
国际空港虚拟变量			-0.0363 **	
国际河港虚拟变量			-0.0061	
国际海港虚拟变量			0.0054	
所有经济走廊虚拟变量			0.0150 *	
C1 走廊虚拟变量				0.0055
C2 走廊虚拟变量				-0.0108
E1 走廊虚拟变量				-0.0263 *
E2 走廊虚拟变量				0.0124
E3 走廊虚拟变量				0.0084
317 EW 走廊虚拟变量				-0.0026
N 走廊虚拟变量				0.0636 ***
NS 走廊虚拟变量				0.0359 ***
S 走廊虚拟变量				-0.0092
SC 走廊虚拟变量				-0.0254 **
样本容量	490	369	369	1743
R^2	0.2931	0.0927	0.1131	0.0519

注：C1 = 中部走廊 1，C2 = 中部走廊 2，E1 = 东部走廊 1，E2 = 东部走廊 2，E3 = 东部走廊 3，EW = 东西走廊，N = 北部走廊，NS = 南北走廊，S = 南部走廊，SC = 南部沿海走廊。*** 表示显著性水平为 1%，** 表示显著性水平为 5%，* 表示显著性水平为 10%。

资料来源：作者估算结果。

尽管数据受限，以上分析还是证明了 GMS 经济走廊整体上的外部性，得到的结果也很有意思，意味着在聚集效应之后产生了离散效应。然而，因为数据严重受限，区分并明确各个独立区段产生的影响已无可能。面板数据研究有其优势，如增加观察次数和提高变量间因果关系的可靠性，然而，不可否认，有限的数据集限制了该项研究的范围，尤其估计模型虽然包含了经济走廊虚拟值，但不能得到行政单位或周期内的固定效应，因此也不能对地理和时间因素做出详细解释。这些问题在此先做保留，待日后研究。

10.4　大湄公河次区域内部贸易的引力模型分析

量化 GMS 跨境交通基础设施建设影响的第三种方法是运用引力模型来衡量其对地区内贸易的额外影响。Edmonds 和 Fujimura（2008）将 1981 ~ 2003 年数据运用到 GMS 内部贸易，发现跨境公路基础设施的提升（用道路密度衡量）对通过陆路边境进行的区域内贸易有额外的累增效应。相反，Taguchi（2013）使用泰国与贸易伙伴在 1980 ~ 2010 年的面板数据，发现泰国与湄公河区域内合作伙伴的贸易往来与区域外相比没那么紧密，意味着服务联络成本在区域内仍然比在区域外高。

在 Ono 和 Fujimura（2015）最近的一项研究中，评估了交通基础设施发展 319
对 GMS 区域内贸易的影响。在该项研究的基础上，我们集中关注 GMS 区域内的电器和运输工具贸易，因为制造业相关的贸易降低了服务联络成本，反映了跨境的垂直一体化。该类贸易被分为产成品贸易和半成品交易两类，以便确定后者的增长是否会超过前者，因此可以更加清晰地显示服务联络成本的降低。

在应用引力模型分析之前，有必要先考虑 GMS 内部贸易的大体趋势。表 10.8 展示了 2000 年、2006 年和 2012 年 GMS 区域内的贸易情况，这三年 GMS 每一个成员对内部贸易的依赖都有大幅提升。尽管中国广西、缅甸、中国云南三地 2012 年数据的缺失使得我们无法清晰地看到近期趋势，但据推测，这些成员间的区域贸易自 2012 年地理距离缩短和缅甸经济开放以来已经有了飞速增长。如果有充足的贸易数据，GMS 内部贸易增长速度会大于表 10.7 显示的数据。（如果能有 2012 年缅甸与中国云南间的贸易数据，正如此两地在 2000 年和 2006 年 GMS 所占的比重分别为 39% 和 14%，那么 2012 年此项数据会更大。）

表 10.8　大湄公河次区域内部贸易发展趋势

单位：百万美元

		进口方									
	2000 年	柬埔寨	老挝	缅甸	越南	泰国	中国云南	中国广西	GMS 总和	总出口额	GMS 占比
出口方	柬埔寨	×	3	0	19	23	0	NA	45	1123	4%
	老挝	0	×	NA	96	69	6	NA	171	330	52%
	缅甸	0	NA	×	3	233	70	NA	306	1646	19%
	越南	142	71	6	×	372	8	69	668	14483	5%
	泰国	347	381	504	838	×	8	22	2100	68963	3%
	中国云南	1	13	293	93	24	×	NA	424	1175	36%
	中国广西	NA	NA	NA	222	23	NA	×	245	1493	16%
	GMS 总和	490	468	803	1271	744	92	91	3959	89213	4%

		进口方									
	2006 年	柬埔寨	老挝	缅甸	越南	泰国	中国云南	中国广西	GMS 总和	总出口额	GMS 占比
出口方	柬埔寨	×	0	0	75	15	0	NA	90	3562	3%
	老挝	1	×	NA	107	455	13	NA	576	882	65%
	缅甸	0	NA	×	51	2135	224	NA	2410	45000	54%
	越南	245	83	15	NA	822	53	717	1935	39605	5%
	泰国	1235	1025	761	3098	×	16	30	6165	130790	5%
	中国云南	1	65	541	208	96	×	NA	911	1342	68%
	中国广西	NA	NA	NA	750	51	NA	×	801	3599	22%
	GMS 总和	1482	1173	1317	4289	3574	306	747	12888	184280	7%

续表

		进口方									
	2012 年	柬埔寨	老挝	缅甸	越南	泰国	中国云南	中国广西	GMS 总和	总出口额	GMS 占比
出口方	柬埔寨	×	1	NA	442	228	NA	NA	671	8200	8%
	老挝	2	×	NA	404	1131	195	NA	1732	2400	72%
	缅甸	0	NA	×	100	3363	NA	NA	3463	8877	39%
	越南	2831	421	118	×	2832	217	146	6565	115458	6%
	泰国	3761	3567	3108	6443	×	NA	8	17149	228178	8%
	中国云南	7	152	NA	829	439	×	NA	1427	10018	14%
	中国广西	NA	NA	NA	827	226	NA	×	1053	9722	11%
	GMS 总和	6601	4141	3226	9045	8219	674	154	32060	382853	8%

注：GMS = 大湄公河次区域，中国广西 = 中国广西壮族自治区，老挝 = 老挝人民民主共和国，NA = 不适用，中国云南 = 中国云南省。

资料来源：《国际货币基金组织柬埔寨、老挝、缅甸、泰国和越南贸易指南》；云南和广西数据年鉴。

图 10.1 显示了 GMS 区域内电器和运输工具贸易的变化趋势（分为半成品贸易和产成品贸易）。我们从联合国国际贸易统计数据库收集了成对贸易数据，利用日本经济、贸易和工业研究院（Research Institute of Economy, Trade and Industry, Japan）设计的产成品及半成品分类条目进行归类。在单独研究广西和云南时，由于数据受限（它们的统计年鉴没有包括商品分类的合作伙伴贸易），我们使用了中国及其他五个国家的贸易增长数据。

图 10.1 表明 GMS 区域内四种类型的贸易均有增长，其中电器半成品的贸易增长速度最快。这似乎意味着电器行业在 GMS 跨国境的垂直一体化方面有了较大发展，并且已有产成品出口到 GMS 之外的市场。相反，运输工具半成品主要从 GMS 之外的日本和德国等国家进口，然后在中国、泰国、越南（主要生产摩托车）等几个主要制造国家组装，最终进入 GMS 市场销售。

322

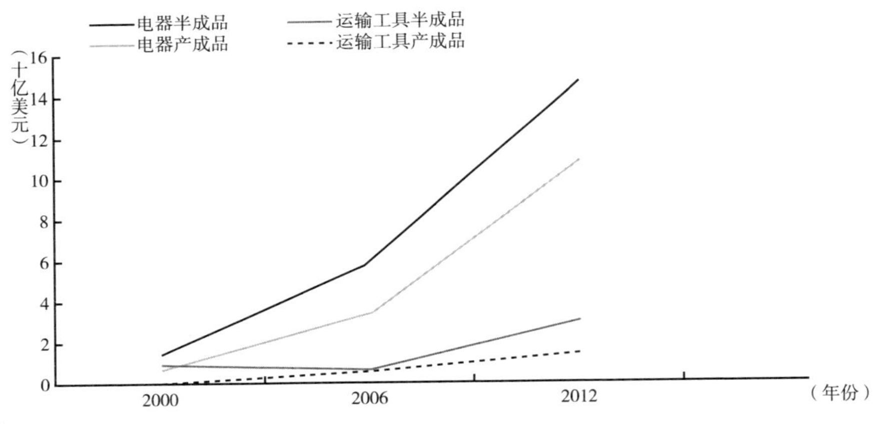

图 10.1　大湄公河次区域内部电器与运输工具贸易

资料来源：日本经济、贸易和工业研究院，日本贸易工业数据库，2012。

引力模型用于调查跨境交通基础设施对 GMS 内部贸易增长的贡献程度。引力模型的思路自 20 世纪 90 年代以来非常流行，许多贸易经济学家将其作为分析工具。该模型借鉴了牛顿的万有引力定律，指出任何两个物体之间的吸引力等于两物体质量的乘积除以两物体间距离的平方，再整体乘以一个常数。在将该定律运用到贸易时，两个经济体之间的贸易量与其 GDP 的乘积成正比，与它们之间的距离成反比：

$$T_{ij} = A\frac{Y_iY_j}{D_{ij}} \tag{4}$$

此时，T_{ij}是经济体 i 与经济体 j 之间的贸易量，A 为常数，Y_i是经济体 i
的 GDP，Y_j是经济体 j 的 GDP，D_{ij}是两者之间的距离。根据估计模型取等式 323
（4）的对数得出：

$$\log T_{ij} = \alpha + \beta_1\log(Y_i) + \beta_2\log(Y_j) + \beta_3\log(D_{ij}) + \varepsilon_{ij} \tag{5}$$

这是引力模型的最简单形式，许多贸易经济学家对此进行了扩展。Anderson 和 van Wincoop（2003）增加了额外的自变量，包括语言、自由贸易协定、价格水平和（或）实际汇率。我们的分析包括代表 GMS 中跨境基础设施发展的变量。我们修改了基本公式，增加贸易伙伴国家的人均 GDP，以区分各个 GMS 成员不同的收入水平产生的影响。人均 GDP 还作为衡量资本密集程度的一个指标，对于机械制造业贸易也是一个重要的决定因素。

$$\begin{aligned}\text{In}M_{ijt} = {} & \alpha + \beta_1(\text{In}GDP_{it}) + \beta_2(\text{In}GDP_{jt}) + \beta_3(\text{In}GDP\ percapita_{it}) \\ & + \beta_4(\text{In}\ GDP\ percapita_{jt}) + \beta_5(\text{In}\ Distance_{ij}) + \varepsilon_{ijt}\end{aligned} \tag{6}$$

M_{ijt}是 t 年国家 i 从国家 j 的进口贸易量，GDP_{it}和GDP_{jt}分别是国家 i 和国家 j 在 t 年的 GDP，$GDPpercapita_{it}$和$GDPpercapita_{jt}$分别是国家 i 和国家 j 在 t 年的人均 GDP，$Distance_{ij}$是两个国家之间的距离。ε_{ijt}是一个误差项。

我们可以再增加一个虚拟变量（记为 *INFRA*），代表能够反映 GMS 内跨境交通基础设施发展的事件集合，以下公式对此做了总结。

$$\begin{aligned}\text{In}M_{ijt} = {} & \alpha + \beta_1(\text{In}\ GDP_{it}) + \beta_2(\text{In}\ GDP_{jt}) + \beta_3(\text{In}GDP\ percapita_{it}) \\ & + \beta_4(\text{In}GDP\ percapita_{jt}) + \beta_5(\text{In}\ Distance_{ij}) + \beta_6 INFRA + \varepsilon_{ijt}\end{aligned} \tag{7}$$

接着，我们可以构建一个估算模型，包含一些虚拟变量，代表反映跨境交通基础设施发展的个别事件，如下所示。

$$\begin{aligned}\text{In}M_{ijt} = {} & \alpha + \beta_1(\text{In}\ GDP_{it}) + \beta_2(\text{In}\ GDP_{jt}) + \beta_3(\text{In}GDP\ percapita_{it}) \\ & + \beta_4(\text{In}\ GDP\ percapita_{jt}) + \beta_5(\text{In}\ Distance_{ij}) + \beta_6 CA_{V2006} \\ & + \beta_7 CH_{L2009+\beta_8 CH_{V2006}} + \beta_9 L_{V2006} + \beta_{10} L_{T2008} \\ & + \beta_{11} river2012 + \beta_{12} tradezone2005 + \varepsilon_{ijt}\end{aligned} \tag{8}$$

CA_V2006 是代表 2006 年金边（柬埔寨）和胡志明市（越南）间南部
走廊沿线公路升级的虚拟变量。*CH_L2009* 是 2009 年昆明（中国）和会晒
（老挝）间南北走廊沿线公路升级的虚拟变量。*CH_V2006* 是 2012 年越南友 324

谊关口与南宁之间东部走廊 2 沿线高速公路建成的虚拟变量。*L_V2006* 是 2006 年东西走廊沿线海云隧道开通和岘港港口升级的虚拟变量。*L_T2008* 是 2008 年东西走廊沿线沙湾拿吉（老挝）与穆达汉府（泰国）交界处第二座跨湄公河友谊大桥建成的虚拟变量。另外，*river2012* 是一个虚拟变量，代表 2012 年第二清盛港（泰国）开通对南北走廊沿线中泰边境贸易做出的贡献；*tradezone2005* 也是一个虚拟变量，代表 2005 年北部走廊沿线瑞丽（云南）和木姐（缅甸）交界处边境贸易区建成。这些虚拟变量的值以表 10.5 为标准。

我们创建了 GMS 6 个国家在 2000～2012 年的面板数据（数据集因柬埔寨、老挝和缅甸数据缺失而受限）。我们面临的广西壮族自治区、云南省的合作伙伴贸易数据不充分的问题，至少在其统计年鉴中有所反映。因此，我们用中国的贸易数据来代替，然后将这个数据与 7 个 GMS 经济体的数据进行对比分析，产生的结果解释起来会有些困难。表 10.9 提供了数据集的描述性统计（不包括虚拟变量）。

表 10.9 描述性统计

变量	样本	平均数	中间数	最大值	最小值	标准差
X_GDP	390	10.81	10.46	15.94	7.42	2.31
M_GDP	390	10.81	10.46	15.94	7.42	2.31
X_PGDP	390	6.83	6.78	8.71	5.01	0.96
M_PDGP	390	6.83	6.78	8.71	5.01	0.96
距离	390	7.04	6.91	8.12	6.18	0.71
EL_INT	284	14.88	15.30	22.46	4.56	4.03
EL_FIN	284	14.66	15.29	22.38	3.66	4.15
TR_INT	253	13.79	14.92	20.30	3.00	3.87
TR_FIN	277	14.61	15.51	20.70	2.08	3.67

资料来源：Ono and Fujimura（2015）。

尽管数据上受到很大的限制，我们的研究还是取得了一些合理的成果（见表 10.10）。估计模型在 Hausman 测试结果的基础上进行选择。因此，电器半成品贸易适用周期固定效应模型，其他的适用周期随机效应模型。

几乎所有变量都获得了与预期一致的统计显著系数：GDP 为正系数，人均 GDP 为负系数，距离为负系数。只有运输工具产成品贸易中进口国的 GDP 统计显著系数在意料之外，为负系数。这可以看作一些“中国（作为

表 10.10　模型（6）估算结果（因变量 = 成对进口值） 325

自变量	电器		运输工具	
	半成品	产成品	半成品	产成品
X_GDP	1.061 ***	1.424 ***	0.990 ***	1.050 ***
M_GDP	0.437 ***	0.373 ***	0.343 ***	-0.218 *
X_PGDP	1.563 ***	1.074 ***	1.594 ***	1.187 ***
M_PDGP	0.638 ***	0.730 ***	0.316	0.652 ***
距离	-0.457	-0.922 ***	-0.748 *	-1.370 ***
样本容量	284	284	253	277
R^2	0.628	0.617	0.568	0.626

注：*** 表示显著性水平为 1%，** 表示显著性水平为 5%，* 表示显著性水平为 10%。
资料来源：Ono and Fujimura（2015）。

一个庞大的经济体）倾向”的表现。我们的面板数据采用了整个中国而不是南部两省的贸易值，这可能导致了这种反常现象，因为柬埔寨、老挝和缅甸主要从中国进口电器产成品，反过来中国却没有。如果有单独两个省份而不是整个中国的成对贸易数据，结果可能会有所不同。

在 GMS 整体或 INFRA 中增加代表所有经济走廊发展的虚拟变量之后，得到如表 10.11 所示的结果。使用的估算模型与表 10.9 相同。同样的，几乎所有的系数都被证明与预期一致且具有统计显著性。INFRA 虚拟变量对于所有贸易类型都为正且具有统计显著性，表明经济走廊的发展整体上促进了 GMS 内部贸易。另外，电器半成品的 INFRA 变量的系数大于产成品，但是运输工具产品的情况完全相反。这似乎强化了这样一个概念：由于通过经济走廊开发降低了服务联络成本，GMS 跨国界的垂直一体化在电器行业比在运输工具行业更为发达。

最后，由于自变量数量增加，缺失相关的样本容量，我们无法对估计模型（8）进行回归——这需要在将来数据集得到改进时完成。

有必要重申以上分析中存在的一些老问题。首先，柬埔寨、老挝和缅甸的成对贸易数据缺失严重。研究人员经常使用联合国国际贸易统计数据库来进行实证研究，通过使用其贸易伙伴的数据来弥补数据缺失的不足，并进行一些调整。就目前而言，任何一个类似的 GMS 内部贸易分析都会面临同样的问题。本分析还存在云南和广西壮族自治区合作伙伴贸易数据不足的问
题。用中国的贸易数据代替缺失的数据会使分析结果难以解释。未来的研究 327
应该收集这两个地区合作伙伴贸易详细数据以改善分析。

326 **表 10.11　模型（7）估算结果（因变量 = 成对进口值）**

自变量	电器		运输工具	
	半成品	产成品	半成品	产成品
X_GDP	1.297 ***	1.458 ***	0.976 ***	1.030 ***
M_GDP	0.607 ***	0.390 ***	0.306 ***	-0.262 **
X_PGDP	1.461 ***	1.059 ***	1.604 ***	1.166 ***
M_PDGP	0.637 ***	0.709 ***	0.330	0.638 ***
距离	-0.923	-0.965 ***	-0.637 *	-1.241 ***
IFRTA	1.063 ***	0.818 ***	0.867 ***	1.035 ***
样本容量	284	284	253	277
R^2	0.655	0.624	0.591	0.653

注：*** 表示显著性水平为 1%，** 表示显著性水平为 5%，* 表示显著性水平为 10%。

资料来源：Ono and Fujimura（2015）。

10.5　结论

本章通过三种方法评估了 GMS 中的跨境交通基础设施。首先，尝试计算出南北、东西和南部走廊的收益成本率。估算值表明，经济可行性程度按照南北走廊、东西走廊和南部走廊的顺序依次降低。南部走廊的结果与引力模型框架非常吻合，因为走廊沿线 900 千米（相对较短）有三大经济地区——曼谷、胡志明市和金边。相反，全长约 1450 千米的东西走廊沿线无大型经济地区（除岘港外）。东西走廊的建设目的大概是长期获益，在 10～20 年内实现。这些走廊沿线正在进行大量的基础设施开发，如大型桥梁和港口升级。未来重新评估的工作应将新的发展与更长期、更全面的数据结合起来开展。

其次，本章就经济走廊的发展对国家地方层面上生活水平的影响进行了一个面板数据分析。结果表明，GMS 经济走廊整体上产生了额外的净积极影响。值得注意的是，经济走廊的影响可能已经从“分散”阶段转移到“集聚”阶段。

再次，本章运用了引力模型分析，通过假设降低服务联络成本考察经济走廊对 GMS 内贸易的影响。结果表明，经济走廊的发展对中间产品尤其是 GMS 的电器贸易产生了积极的影响。这意味着 GMS 的跨境交通基础设施有助于降低服务联络成本，且有助于该行业的跨境垂直一体化。

不可否认，第二项和第三项分析的数据都不完整，但希望这些尝试能够使在相似领域工作的研究人员和从业人员得益。

本章所有的分析数据都基于交通基础设施的实际物质方面，并未纳入交
通便利化的“软”方面，例如简化货物和人员的跨境通行以及跨境车辆和 328
驾驶执照。这些方面需根据 GMS 的跨境运输协议进行改进。虽然无法系统地量化，但如果能够将其纳入本章所述的分析中，相信它们将进一步彰显跨境交通基础设施发展的积极影响。

参考文献

Anderson, J. E., and E. van Wincoop. 2003. Gravity with Gravitas: A Solution to the Border Puzzle. *American Economic Review* 93(1): 170–192.

Asian Development Bank (ADB). 2012. *GMS Economic Cooperation Program: Overview*. Manila: Asian Development Bank.

Edmonds, C., and M. Fujimura. 2008. Impact of Cross-Border Road Infrastructure on Trade and Investment in the Greater Mekong Subregion. *Integration and Trade* 28: 267–296.

Fujimura, M., and R. Adhikari. 2012. Evaluation of Regional Infrastructure. In *Infrastructure for Asian Connectivity*, edited by B. N. Battacharyay, M. Kawai, and R. M. Nag. Cheltenham: Asian Development Bank Institute with Edward Elgar.

Fujimura, M. 2012. Projects and MDGs: Estimating Poverty Impact. In *Current Issues in Project Analysis for Development*, edited D. Potts and J. Weiss. Cheltenham and Northampton, MA: Edward Elgar.

Fujimura, M. 2014. Regional Integration and Illicit Economy in Fragile Nations: Perspectives from Afghanistan and Myanmar. In *Sustainable Economic Development: Resources, Environment and Institutions*, edited by A. Balisacan et al. Amsterdam: Elsevier.

Taguchi, H. 2013. Trade Integration of Thailand with Mekong Region: An Assessment Using Gravity Trade Model. *International Journal of Development Issues* 12(2): 175–187.

Ono, N., and M. Fujimura. 2015. Trade Effects of Transport Infrastructure Development in GMS (in Japanese). Mimeo. Tokyo: Aoyama Gakuin University.

第四部分

基础设施融资

第十一章

从过去到未来：基础设施私人融资创新的启示性特征

吉野直行　格兰特 B. 斯蒂尔曼

“仅仅回顾历史，我们就能明白那些在世界各地寻找商机的商人们 333
有多重要……将私人资金用于基础设施，比如横滨的煤气灯，并不是一件新鲜事。在 19 世纪，多数铁路是由私人公司投资建设的。”①

——亚洲开发银行行长　中尾武彦

11.1　引言

基础设施融资并不是最近才出现的政策挑战。过去，许多令人畏惧的工程得以成功完成，大都是依靠富有想象力和创新的方法吸引私人资金进入大型公益项目。虽然本书提出的核心思想新颖且还未实践，但我们能从被遗忘的经验和被忽视的原型中汲取有用的元素，从而建构其主要的实用特性。因
此，我们开始这一历史研究时要牢记，在过去的几个世纪里，美国和日本的 334

---

① 中尾武彦：《商人的力量：横滨的一家瑞士公司和日本商人的传奇故事》，《商业世界》，2017 年 11 月 20 日。（翻译自刊登于 2017 年 9 月出版的《孝谦杂志》上的一篇日语文章。）

私有铁路公司主要通过出售或发展有前景的房地产行业来支付所欠的巨额债务。这些房地产要么与铁路毗邻，要么构成其路权的一部分。

11.2 首条横贯北美大陆的铁路

直到19世纪中叶，金融家才发现新铁路可以将土地价值提高4倍。例如，当时世界上最长的线路伊利诺斯中央铁路周边的地价在1853年就从每英亩（约4047平方米，下同）1.25美元上涨到每英亩6美元，等到1856年线路完成时，已经飙升到每英亩25美元（Ambrose，2005：32）。美国国会和各州迅速做出决策鼓励投资者，准许那些即将建造铁路的私人公司利用规划路线上的公用土地。正如历史学家史蒂芬·E. 安布罗斯（Stephen E. Ambrose）曾敏锐地察觉到："出让土地非但没有让政府付出任何成本，反而意味着随着铁路的发展和最终连接，政府保留的地块将大大增值。"（Ambrose，2005：80）

土地周边的收入也成为政府财政依赖的辅助性来源，其中包括在土地转让中发现的煤矿和铁矿的开采权，建筑公司通过开发可以快速获利（Ambrose，2005：95）。在此方面，它们会发现，从高速公路沿线的现代广告牌中获取特许经营收入与之类似。市、县、州政府直接投资私有铁路公司的股票和债券，而在这些公司能够赚取客运和货运费用之前，维持股价和支付成本的即时收入的主要渠道来自直接出售或者质押受赠的土地。但必须承认的是，并非每块土地都具有价值或者容易出售，特别是沙漠地区或是铁路建成之前的地区（Ambrose，2005：238）。在内布拉斯加州更好的土地上，联合太平洋公司将普拉特河谷地段的土地出售给定居者，价格为每英亩25美元至250美元，条款规定三分之一为现金，在两年内付清；此外他们还必须种树遮阴（Ambrose，2005：188）。[①]

在南北战争期间，美国人将聪明才智发挥到了极致。美国政府于1862年推出了《联合太平洋法案》（Union Pacific Act），鼓励两家私人公司在中
335 部地区展开竞争。两年后，美国政府修订了这项创新融资计划，其主要组成部分见表11.1。

---

① 就连铁路勘测师也乘机投机，在尚未建设的城镇里为自己买地，价格低至每英亩2.5美元，5天后再以每英亩25.00美元的价格转售（Ambrose，2005：264）。

表 11.1　首条横贯大陆铁路的融资计划条款

特征描述	1862 年的初始版本	1864 年修订后的最终版本
公有土地的路权	线路两边各为 60.96 米	无变动
出让土地（与政府保留的其他地块呈棋盘格局）	线路每边每 1.6 千米 5 个间隔的地块（以平方千米计算），或者是每 1.6 千米 25.9 平方千米	线路每边每 1.6 千米翻倍至 10 个间隔的地块，或每 1.6 千米 51.8 平方千米
材料用于铺设铁轨并/或向第三方转售	土地和路权范围内的泥土、石头和木材	增加了煤炭、铁矿以及其他在土地上发现的矿物的开采权
政府发行“6”太平洋铁路债券，贷款给参与的私营铁路公司	平原地区每 1.6 千米 1.6 万美元，丘陵地区每 1.6 千米 3.2 万美元，山区每 1.6 千米 4.8 万美元	在山区，在轨道铺设和完成之前，三分之二的补贴债券可以在路线分级时提前赎回[a]
债券转让的时间表和条件	经政府检查人员批准，轨道每完成 64.37 千米后即可移交一次	减少至轨道每完成 32.19 千米即可移交一次
债务人每半年需要支付 6% 的利息	政府可在线路运营期限内偿还，但私营公司必须在 30 年或更短时间内偿还	无变动
债券的证券化	政府给予第一笔抵押贷款，用于私人公司建造轨道、修缮和购置所有其他资产	政府优先考虑公司发行同样数量债券的权利，方便其可以获得可靠的支持并易于出售
为政府服务超过 30 年	可以发送邮件、运输军队和政府用品，费用从公司最后偿还的本金中扣除	无变动

注：[a]为了加快私营企业在最后几年的竞争，1866 年通过一项修正案，允许在铺设了连续倾斜轨道 483 千米之后进行评级（地面准备），以及每完成 32.19 千米之后可以部分赎回债券（Ambrose，2005：254－255，305）。

资料来源：Stillman（2017）［引自 Ambros（2005：80，81，84，and 95）］；Cox（2015）。

美国政府利用自有的票据发行债券，并无偿贷款①给铁路公司。这种债 336
券被称为“美国政府 6”或“货币 6”，具有高度流通性，可分配给供应方和卖方（“6”是指政府每 6 个月向债券持有人保证和支付 6% 的年息）。此外，这些公司不必支付利息，因为它们当时几乎没有或根本没有收入来源，只有账单和支出。从这个意义上说，它们可以被正确地描述为补贴债券，这是美国最高法

① 由于铁轨铺设后才发放证书，因此人们也可以将购买公司的债券视为购买其提供的铁路建设服务。

院在其后来的意见中使用的术语（US Supreme Court，1896：429，433）。

一旦收到贷款，这些公司就可以在公开市场上出售债券［公司如果再次借款的话，则可以按票面价值或者折价出售（Ambrose，2005：245）］，以换取现金头寸，或者考虑向其建筑供应商出售债券（大多数工人宁愿在发薪日领取黄金，尽管这种情形还从来没有出现过）[①]。不过，补贴只是浅尝辄止，政府期望这些公司能够偿还政府铁路债券的全部本金，以及在轨道建成后 30 年（或更短）内政府所支付的全部利息。总的来说，正如 1898 ~ 1899 年最终结算的估计所示（见表 11.2），这笔交易对政府有利。

重要的是，由于这些公司本身负有债务，私人铁路公司的富裕股东和发起人一般不会被迫保证用个人财富偿还政府债务，而只有在持有股权的范围内才有该责任。

一旦这些公司有了铺设轨道、营业净利润和建造或拥有的资产和设备的记录之后，它们就能够销售自己的 30 年期首次抵押公司债券，这些债券的规模和基本条款与政府债券相似（Ambrose，2005：226）。为了帮助推广，联合太平洋公司以原始发行折扣价（90%）向主要在东海岸的投资者出售了有限的首次公开发行股（IPO），但保留了自行决定提价的权利。由于利息是按照贵金属现行的溢价率以黄金支付的，所以这些债券可以有效地获取相对于购买成本 9% 的年利息。另一个卖点是，合理的预期情况将是，在横贯大陆的铁路顺利建成后，政府债券以及公司发行债券的交易价格远高于面值。在西部，中央太平洋铁路公司在销售自己的公司证券时经历了一段非常困难的时期，最终不得不依靠加利福尼亚州为其首次发行证券提供 7% 的利息担保，才使得 150 万美元的债券为市场所接受，交易价格甚至降低到票面价格的一半（Ambrose，2005：121，124）。

337 **表 11.2　政府债券最终结算估计**

太平洋铁路债券描述	总金额(美元历史价)
美国政府通过债券向铁路公司提供的初始贷款	64623512
铁路公司向政府偿还的本金	63023512
加上铁路公司支付的利息	104722978
总结算时铁路公司偿还政府的全部款项	167746490

资料来源：Stillman（2017），引自 Ambros（2005：377）。

① 由于经常现金短缺，中央太平洋铁路公司大量举债，金额已经超出了其所期望从政府债券转移支付的周期性资金；因此，这些资金往往是在支付给公司账户之前就承付出去了，而且通常无法满足即将进行的建设所需的支出（Ambrose，2005：149，165）。

值得注意的是，这些计划的一些推动者始终认为获得回报的最佳机会是建设阶段（来自政府可用性支付），而另一些人则认为该项目按原计划完成即可获利（Ambrose，2005：212，227）。这些利益往往不一致，导致一种为了立即获利而优先选择迅速开发项目（有时以低价或欺诈手段）的趋势的产生，从而忽视了更高质量的长期持续高效运营①。就这方面而言，使用专业建筑公司和运营公司，以满足不同的期望和收入来源，可能比使用中标后自建自营的单一实体更可取，因为后者可能会受到偷工减料的诱惑。

再举一例。加拿大太平洋铁路公司（Canadian Pacific Railway，简称 338
CPR）是一家私人公司，于 1881～1885 年建成了加拿大第一条跨洲铁路，这条铁路将位于安大略省的线路与太平洋沿岸连接起来。CPR 与加拿大政府签订了建造铁路的合同。与美国一样，加拿大修建这条铁路部分带有政治和地缘战略的意图。不列颠哥伦比亚省 1871 年加入加拿大时，承诺将建设一条连接东部其他省份的运输路线（即货车路）。这条路线后来升级为铁路。政府试图利用铁路连接国家的两端，将草原开发成既能宜居又能发展农业的地区。这样一项国家建设的基本尝试，旨在抵制因铁路与美国相连而受制于人。

虽然 CPR 是一家私营铁路公司，但它获得了相当多的公众支持，包括 2500 万加元的信贷（相当于现在的 6.25 亿加元）和 80.93 平方千米的赠予土地。政府还将现有的公用建筑和耗资数百万加元的自有线路移交给 CPR，为该公司节省了大量的建设成本。有趣的是，政府还慷慨地豁免了该公司 20 年的财产税。然而，在后期的建设阶段，该公司面临破产，如果没有最后一分钟的政府贷款担保以及通过伦敦的巴林银行发行债券（Berton，1974），该公司就会关门大吉。

11.3 苏伊士运河建设中的融资利益

在 19 世纪中叶苏伊士运河的 10 年开发过程中，人们使用了一些有趣的混合手段。作为 1854 年 11 月商定的最初 99 年特许权的一部分，埃

---

① 例如，在一条线路上增加更多和不必要的里程将增加债券和土地出让的数量（对建造者有利），但降低铁路的直通性（对运营商和货运客户不利）（Ambrose，2005：271）。

及当局愿意并允许免费出让建造运河所需的土地（Baer，1956：365）。它们还规定了利益相关者之间公平分配未来的利润，包括（当时）做出令人惊讶的决定，即允许建筑商/运营商的普通员工参与后端活动（见表11.3）[①]。

339 **表 11.3　苏伊士运河第一期工程项目的利益相关者对未来利益的分配**

利益相关者	利润分配的百分比	股东股份的进一步细分
埃及政府	15%	
私人股东	75%	其中 5% 的分配：3% 分配给管理层，2% 分配给雇员
公司创始人	10%	

资料来源：Baer（1956：365）。

一家总部设在巴黎的埃及公司刚成立时是一家社会企业，最初被称为苏伊士运河海事公司（简称“苏伊士公司”）。由于英法之间的地缘政治竞争，法国政府不得不放弃对这项雄心勃勃的工程提供援助。这样一来，许多人认为这个工程已不可能完成，因为成本高昂，项目完全无法盈利或几乎无法支付其运营成本（Baer，1956：367）。发起人费迪南德·德莱塞普斯（Ferdinand De Lesseps）对按惯例向罗斯柴尔德男爵收取 5% 的常规费用犹豫不决，最终勇敢地选择亲自筹集项目的成本——最初估计为 1.6 亿法郎（历史价）（Baer，1956：367，372）。

1858 年 11 月，欧洲的主要国家和美国开始向公众发出认购运河公司股票的国际呼吁。总筹集资本为 2 亿法郎，分成 40 万股，每股 500 法郎。虽然今天我们会认为这种风险投资不应确定任何红利，也可能完全亏损，但是按照当时欧洲的做法，要使投机性投资更有吸引力，必须向所有股东承诺从发行之日起每年支付 5% 的利息，到期偿本。这样一来，必须筹集到 4000 万法郎才能满足建筑期间支付利息的迫切需要（Baer，1956：373）。当时就有一位评论员批评了这种做法，理由是股票实际上是股东共同拥有的，又不是债务证券，而且在项目完成之前，建筑成本没必要与预期实现利润挂钩

① 有一件有趣的历史类似事件可追溯到 17 世纪的日本，上枝河（Hozu River）两岸以及连接丹波（Tamba）农田和京都之间的运河水道的驳船运输所获取的部分利润，被定期储备下来用于维护、运营和修缮水道，剩余部分则被发起方、经营者和德川幕府瓜分。感谢中尾行长提供这样一个互利公私伙伴关系的早期例子，引起我们的思考（Nakao，2017）。

（Block，1870，引自 Baer，1956：377）。

即使有这种未来回报的保证和低于面值的原始发行折扣，该股票也未能在法国以外的地方吸引市场足够的兴趣。因为很明显收购欧洲其他地区、俄 340
罗斯和美国的投资者持有的股票还存在巨大的障碍，埃及政府只能兑现其作为承销商的担保，购买了将近 45% 的股票（Baer，1956：374，375）。股票所有者主要是资产阶级的小农户，它们持有的股份大多少于 100 股[①]，这些股本可在整个项目过程中分期收回（见表 11.4）。

表 11.4　苏伊士公司股票首次公开募集的实收资本表

面值	截止日期	总金额（法郎历史价）
每股面值 500 法郎	初次资助的时间	50 法郎
第二轮支付	1859 年 1 月 1 日	50 法郎
第二轮之后的支付	1859 年 7 月 1 日	50 法郎
	1860 年 1 月 1 日	50 法郎
第三轮之后的最终支付	1862 年、1864 年以及 1866 年的 7 月	面值余额减去原始发行折扣

资料来源：Baer（1956：376）。

为了追求建筑费用的最小化，施工方令人遗憾地使用了法老式做法，即从根本上压迫体力劳动者（不支付报酬或者零星地支付一点报酬给工人，以公用事业为名不缴纳税款或罚款），以避免在早期阶段增加资本（Karabell，2003：113，169－180）。所有筹集的资本也没有都投入固定股中，以保持足够的流动性，这是在防止突发意外的情况时所需做出的商业决策。在这种情况下，疾病的流行（后来也会困扰巴拿马运河的开掘）、机械的技术升级、分包商的重新谈判和政治变革都使项目费用的初步估计数增加了一倍，项目的完成日期也推迟了 4 年[②]。此外，埃及国家元首的更 341
迭导致特许权协议的许多最初优惠条款遭到撤销或中止，比如土地出让和免费劳动。在股东资本最后一次分期付款后，苏伊士公司试图销售其首次发行的债券（见表 11.5），但遭遇失败。

① 根据 De Lesseps 的记录，只有两个认购者个人购买了超过 550 份股票（Baer，1956：374）。

② 不得不指出，在历史上、现代或后现代，如果没有出现一些环境的根本变化，任何重大或开拓性的工程事业的成本都会超支。工程师和金融家总是开始抱着最好的意愿来制订计划，但条件总在变化，意外事件总会发生。

表 11.5 苏伊士公司 1867 年 11 月发行的 1 亿法郎（历史价）债券的关键条款和最终结果

关键条款和最终结果	单位和金额
债券数量	333333 只
面值	300 法郎
每年承担的利息	每张债券 25 法郎
到期日	1882 年 11 月
认购数额	3000 万法郎

资料来源：Baer（1956：376）。

由于该公司的声誉受到质疑，这些债券未能引起市场的强烈兴趣，运河的完工日期一再推迟。为了弥补 7000 万法郎的短缺，德莱塞普斯说服已经放弃官方援助或其他帮助的法国政府于 1868 年 7 月 4 日通过一项特别法律，允许该公司发行全国性彩票。在 3 天的时间里，普通公众以 300 法郎的发行价购买了这些面值为 500 法郎的债券。同样，每张债券的年息为 25 法郎（Baer，1956：378）。

尽管不同时期的跨国比较在这些分析中的价值有限，但值得注意的是，在近乎绝望的最后几年里，要完成这样的大型项目，联合太平洋公司、CPR 和苏伊士公司必须呼吁政府救助，以完成私人融资计划[①]。这种可能难以避免的结果，原因是综合性的，包括市场对长期项目的厌倦、市场活力下降、最初的投机活动结束后利润率下降以及对私营公司在没有政府支持和背书的情况下完成项目的能力或承诺失去信心。

342

11.4 东京都市圈铁路网和加快交通导向型发展

在 20 世纪，特大城市东京实现了前所未有的以交通为导向的发展，因为私营铁路公司在沿着大都市和通勤线路建设线路和扩大城市方面发挥了重要作用。这些公司的成功得益于一种商业模式，在这种模式下，城镇发展盈利为铁路建设提供内生资金（Yajima et al.，2014：44）。例如，东京的私营公司将从其房地产持有和开发中获得的任何资本收益进行重新分配，为其铁

① 这份名单应该包括欧洲隧道，它需要 65 年的经营特许权来偿还重组后的贷款和债务，并产生股息回报。

路运营提供资金（Suzuki et al.，2015）。

从历史上看，东京的私营公司在铁路业务方面有两大主要战略。首先，它们垄断了日本铁路最繁忙、最便捷的线路之一山手环形线（Yamanote）的运营权，将其各车站开发成为转乘站。私营公司将主干线和车站辐射到开发区，在车站上方或高架轨道下的拱廊中建立购物中心，从而在发展城镇经济的同时，对铁路建设进行可持续的管理①。其次，开发土地，使铁路业务与城镇开发业务相互促进。大多数来自郊区的上班族早上前往市中心的办公区域，晚上返回郊区，这使得铁路业务的效率低下，因为早上乘坐铁路从市中心到郊区，晚上又从郊区回到市中心的人数特别少。

为了解决这些效率低下的问题，铁路公司动员工厂、研究机构、大学以及住宅开发商前往郊区，以扩大从市中心到郊区的通勤需求。结果，私人铁路公司获得的房地产业务收入高得出奇。据估计，东京一半以上的铁路公司的总收入中有30%～50%来自运营铁路以外的业务（Yajima et al.，2014：48）。

20世纪日本私营铁路的发展可总结为四个阶段（见表11.6）。

表11.6　20世纪日本私营铁路的发展阶段 343

城市化之前:20世纪20年代 • 一些铁路公司合并,铁路系统扩大 • 铁路公司专注于铁路业务
第一次城市化(轻工业):1930～1944年 • 继续兼并和进一步扩张 • 铁路公司还没有在车站上方开发百货公司业务
第二次城市化(重工业):1945～1979年 • 铁路公司开始开发沿线城镇,在农村发展百货商店和游乐园业务 • 一些公司还开始进军酒店业务
第三次城市化(高科技产业和服务业):20世纪80年代至今 • 开始关闭一些游乐园和酒店 • 百货商店的服务对象面向年轻人或老年人

资料来源：Yajima et al.，2014：44－55；Nakao，2017；Yoshino，2017。

① 在美国和其他发达国家，建立和出售开发权（主要用于车站上方的购物空间，偶尔也在车站和其他运输设施的下方）是一种被称为航空权的价值挖掘形式。与一般土地价值挖掘（见第11.6节）和外溢原则一样，商业—运输混合设施有望发挥房地产增值的杠杆作用，使公众、运输公司、开发商和店主受益。

日本政府在交通导向型发展中发挥了两大关键性作用。首先，它允许每个私营铁路公司垄断性运营盈利线路。其次，它试图在郊区完成城镇开发和铁路建设，以防止市区人口集中。除东京外，大阪、名古屋和福冈等其他人口密集的城市依靠私营部门特许公司来建立它们的初期网络和主干线（Nakao，2017）。

第二次世界大战后，大量人口迅速流入大都市地区，导致土地价格大幅上涨，大多数家庭无能力购房。因此，政府推动郊区新城的开发，同时鼓励铁路公司在新兴城镇沿线建设线路。目前，中央政府和地方政府分别支付新兴城镇沿线线路的建设费用的 12%。另外，地方政府持有任何建设新线路的专门公司 10% 的股份资本（Yajima et al.，2014：55）。

在许多国家，随着婴儿潮一代的郊区居民衰老且退休，他们不再倾向于消费、购物或乘坐火车往返。因此，在日本农村地区可以观察到，早年建成的郊区开始“变空”。因此，东京百货公司和旅客票价的强劲而可靠的收入来源开始减弱（Yoshino，2017）。

344 对于东京铁路和零售业集团而言，一个可能的应对之策是，继续沿线路创建新的混合用途的增长区域以维持目前的模式（参见森大厦株式会社的商业模式，即在东京有意继续保持开发的公开区域，持续建造更大、更安全、综合性更强的多功能摩天大楼）。

11.5 加利福尼亚州重建区内的税收增量逆转

1952 年，加利福尼亚州启动了一项具有里程碑意义的地方政府融资试验。同时，在被称为州宪法修正案 18 号提案之后，它重新启动了 1945 年的《社区重建法案》（Community Redevelopment Act），并增加了一项新的特色——税收增量融资（Tax-Increment Financing，TIF）。一旦一个城市或县划定了一个破旧的（即不发达的）地区作为重建区的边界，它就可以将该地区主要的房地产（有时是销售）增长的税收收入，重新用于对破旧的基础设施和贫民窟建筑进行合格的改造项目。这些地方重建机构（RDA）甚至在战后繁荣时期动用了通常指定用于学校的税收（Blount et al.，2014：1）。税收增量融资在其他州和城市也被广泛使用，最著名的是芝加哥（Ko and Rosenblatt，2013）。

这些地方重建机构的税收增量方案与我们提交的双重差分论文之间

有一些重要的区别。地方重建机构方案主要依靠的是每年房产税收稳步提高的基准线，这一基准线后来被限制在不超过1%的增幅。相反，双重差分项目将设法获得更丰富的指定税种，还可允许增加（例如，见附录中的表 A.2），由于受控制区之外的溢出影响，所有这些税种都可以科学地显示，数量也可以精确地增加。此外，每个地方重建机构实体通常会将税收增量融资收入中的全部份额，集中到通用的重建账户中，这些账户可以像通用的开放式生存缺口基金一样用于支持多个项目和随后的项目——而不仅仅是吸引了大部分税收增长的最初项目。这些留置权优先问题和日益增长的收入流稀释问题，可以通过本章中提出的单独信托基金来缓解，这些基金的作用是可以作为甄别基础设施创造财富的安全的、独立的密码箱（更多内容见图 11.2 和附录）。最后，地方重建机构基准线预测一般在该地区内自成体系，双重差分法在项目以外的地区与 345
控制区进行了比较，能够得到更精确的跨地区税收增加和国内生产总值的计算结果。

虽然地方重建机构项目从理论上值得赞扬，但在实践上可能因为以下几个方面受到批评。分区分界有时会使地产所有者因离改善工程太远而无法参与和受益。此外，整个加州的区域发展援助逐步增加，意味着财产税收中通常用于学校的预期资金转移到其他项目和优先事项上。例如，财产税收转移到发展项目的比例从 1983 年的 4% 增加到 2011 年的 12%（Legislative Analyst's Office，2011：1）。

最后，很多地方重建机构及控制它们的地方政府只是将资金积累在计息的大型战争基金中，而不是将它们用于在完成重建区内必要的低收入住房项目上（Blount et al.，2014：3）。从本质上讲，该计划只是将可预测的税收收入预先附加到任何其他有效的支出选择的一种方法。从这个意义上说，它更接近于一种“收入分离”形式，而不像“公路信托基金”（见第 11.7 节）这类的普通基金（Rybeck，2013）。当然，每个城市和县都可以轻而易举地得到授权，决定这些年度开发支出，而无须通过授权一项立法计划来鼓励投资州政府优先考虑发展的市区重建项目。此外，这笔钱基本上留在地方和省级政府部门，直到实际上支付给私人承包商或开发商。与此相反，经计算后的双重差分税收份额，预期将通过受托人和转让代理人的郑重承诺转移到贷款或债券证券的外部发行者手中，从而明显超出政府及其各征税机构的内部控制。

尽管立法分析办公室没有披露其公开报告中采用的评估方法，但地方重建机构能够改善全州范围内整体经济发展这一观点是无法让人信服的：

> 没有可靠的证据表明重建项目吸引企业到加州投资，或是促进加州的整体经济发展。重建区域的存在可能会将发展从一个地区带到另一个地区，但并不会显著增加全州的经济活动（Legislative Analyst's Office, 2011：3）。

根据这一评估，加利福尼亚州州长杰瑞·布朗认为，即使没有地方重建机构项目的效益，项目区域内也会产生新兴私人发展活动。因此，所发生的
346 仅仅是在同一个州内将企业和项目从一个地方转移到另一个地方（Blount et al.，2014：4）。

由于加利福尼亚州总体预算的困境以及在政治上对某些项目过度行为的反对，截至2011年底，除了其中一些组成部分延续下来，地方重建机构计划被完全废除，取而代之的是经过修订后更有针对性的计划，用于资助“加强地区基础设施融资”项目（Enhanced Infrastructure Financing in Districts，EIFDs）（类似的社区设施）。原则上，财产税再次成为主要资金来源；然而，用于学校和社区大学学区的资金不再被附加或挪用，其他征税实体也不得不同意将一定比例的税收增加额转移到具有资金流和业务计划可证明以及经过授权的基础设施项目中（Day，2016）。至关重要的是，如果任何“加强地区基础设施融资”实体没有得到可能受项目影响的当地财产持有人的投票授权，则其无权发行由未来增量收入资助的税收配置债券。

现在，“加强地区基础设施融资”项目必须在各市、县和特殊区域（水、卫生或防洪）以更加合作的方式，作为独立的、准自治的政府实体形成，同时完全征税实体或收费方同意自愿承诺其一定比例的税费，确保足够的税收增量和公用事业费组合最终流向项目发展的债券。

加利福尼亚州社区经济发展协会（California Community Economic Development Association）认为，“加强地区基础设施融资”计划将主要惠及那些需要复杂财务分层的项目。用他们的话来说，就是希望“在今后锁定‘今天的美元’”以用于未来的长期投资（Amador，2016：8）（见表11.7）。从

“加强地区基础设施融资”项目融资和演变的成功案例或该方案的变体[①]中吸取的教训，将对我们的双重差分分析方法和后端税收参与模型非常有益。

表 11.7 加利福尼亚州“加强地区基础设施融资”计划的主要授权项目和功能 347

资助以下类型的基础设施工程,包括传统的公共工程：
• 道路、公路和桥梁 • 污水和水设施 • 防洪和排水 • 固体废物处理 • 停车设施和中转站 • 公园和图书馆 • 儿童保育机构
也用于资助购买、建造、改进和改造物业,包括：
• 缓解环境 • 经济适用房 • 以交通为导向的发展项目 • 私人工业建筑 • 褐地恢复

资料来源：Amador（2016：2，3）。

11.6 “新千年计划”中的土地价值挖掘经验

“土地价值挖掘”（LVC）是一项前景光明的社区基础设施融资方法，可以对邻近公共基础设施或更普遍的公共服务产生的部分或全部价值（例如土地价格上涨）进行开发或升级。它建立在一种共识或者普遍认识，即基础设施特别是交通和公共设施基础设施会产生超过成本（即经济正外部性）的经济利益的基础之上，而且受益人（通常是现有土地所有者和特定

① 一种新颖的替代方案是，市政当局发行“税收增量融资”项目或“加强地区基础设施融资”项目支持的债券，全部或大部分由项目开发商承销。这样，一级市场上的配售基本上可以得到保障，利息和承销费也最低，开发商可以展示其在项目的信心和可靠性。一旦“税收增量融资”项目建立起收入流，市政发行人就可以更容易地将这些债券进行市场化，相当于向取代最初开发商的新投资者给予税收豁免（Greifer，2005：34）。还可以考虑通过美国交通部和相关工具的扩大计划来发行免税债券，为与基础设施相关的合格私人活动提供融资。

户主或开发商）愿意支付服务良好的商业和住宅物业溢价，提供此类基础设施所需的成本或抵消任何负面影响的一些费用。

例如，靠近高容量的交通站点——通常是新增的地铁站或线路——可能
348 会带来土地特别高的溢价[①]。地方当局通常通过收取开发商一次性支付的交通发展影响费或地块特别评估的额外税收，来实现所谓的捕获或更准确的成本回收，分担新开发的成本（Ko and Rosenblatt，2013）。然而，这些是对现有纳税人征收的额外的、更高的税收或进一步的改善费用，而不是双重差分论文中预测的真正的、新的税收增长来源。

LVC 融资技术的一个主要优势是，它引入私人投资者而不会对政府和一般纳税人增加额外的税收负担，使得基础设施项目的建设更有可能进行。虽然接受 LVC 作为贷款担保可能有风险，但是开罗和伊斯坦布尔等一些大城市的大型案例已经取得了一些合理结果。

自 21 世纪初以来，亚洲其他几个少数国家和经济区已经成功地使用了各种 LVC 技术。在这些案例中，东道国政府基本上将已经拥有或公平收购的土地以各种方式出售、出租或交易[②]，从而为项目提供资金（ADB，2017a：60，专栏 5.4）。虽然这些传统形式的 LVC 仍然主要依靠公共部门鼓励和启动项目——尽管旨在实现公私合作伙伴关系——但政府仍必须为其筹措支付资金，而不是利用税收或赤字融资来开发当地的土地价值[③]。

例如，在过去的十年中，工业发展商向中国缴纳的土地转让金已经转化为财政收入，为当地和省级当局的需求提供约三分之一的资金（ADB，2017b）。中国香港已经通过以低于市场价值的价格将公共土地出售给运输管理部门来改善公共交通系统，并允许当局在新线路建成后通过未来转售重
349 新获得增值[④]。1997 年，韩国通过了一项法律，要求适当的土地价值用于资

---

① 细分开发商向购房者承诺，在摩拉宾（Moorabbin）和本特利（Bentleigh）车站之间的弗兰克斯顿（Frankston）线上增加一个步行距离内的新火车站后，他们的地块价值“将很容易翻番”。笔者持有澳大利亚维多利亚市格雷沃尔（Grewar）地产公司尾盘销售的拍卖人通知。

② 在许多国家，完全免费或过于慷慨的土地转让不再可能或者流行。据报道，2017 年上半年，泰国拒绝了中国承包商关于一条规划好的铁路沿线土地开发权的谈判请求（Ono and Kotani，2017）。

③ 本节依然不讨论一系列复杂问题，包括土地的公平使用，农村—城市重新划分程序以及避免不当得利或欺诈性内幕计划。

④ 中国香港的地铁系统被誉为世界上为数不多的大型地下运输铁路之一，其利润足以支付所有建设和运营成本，而不依赖政府补贴。

助解决规模较大或人口密度高的新开发项目的交通问题（ADB，2017a：61，专栏5.4）。据报道，印度正考虑采用类似的国家机制框架（Saxena，2017）。

这些以土地为中心的历史成功案例的主要教训是，早期的公共和私人项目的规划者充分认识到，纯粹的票价和收费流量永远不足以用来促进和完成过去几个世纪复杂和昂贵的基础设施项目。政府和金融家曾经预计，融资组合应包括以免费土地（包括矿权和木材销售）为形式的额外激励，私人建筑商和投资者可能将这些变成急需的即时现金或作为抵押贷款的担保。这些有时成为抵押贷款支持证券的早期先行者，例如“土地赠与债券”，就是将未出售的土地打包发行的债券（Cox，2015）。如果公司资历浅，或者仅仅专注于建设铁路并且缺乏其他的收入来源（例如，完成项目所得的收入），这种方式就常用于在项目完成之前或者客户开始创造利润之前，对债券和借款的利息服务成本提供交叉补贴。

然而，当政府进入重大项目倡议和实施业务时，它们遗忘了这些教训。19世纪后期，跨西伯利亚铁路只能完全成为沙皇政府的事业，有时候利用囚徒和无偿劳工。政府独享低成本印钞票或以低价格借钱的权力，它可以轻松地对昂贵的公共工程进行交叉补贴，直到它们返还未来的利润。任何损失都可以被政府成功的投资组合抵消，政府的投资组合会一直给予帮助，甚至等到该项目理所当然地成为一种历史遗产，例如伦敦市的下水道系统。

这些项目是一些最早的案例，债券依靠联邦政府和州政府的更深入、更可靠的资金库获得定期利息，分期付款得到补贴或扩张。事实上，在利用公共财政和预期的未来利润支付当前的项目债务方面，各国政府基本上遵循了与我们在这里提出的依靠未来税收收入来源相同的理念。在撒切尔夫人和里根私有化革命时期，战后的钟摆转了回来，政府对私人部门凭空创造基础设施的能力抱有不切实际的殷切期望。除了公共部门偶然成功实现的“皇冠上的宝石”、可靠且有利可图的褐地资产或者像电信行业这样万无一失的部 350
门之外[①]，它们忘记了返还隐秘的却必要的意外收获（或者只是出于贪婪而选择自己独占）。

除非洲未开发的部分（即没有环境保护的公园或自然保护区）或中亚

① 直到20世纪80年代，大部分机场收入仍然来自传统的着陆和乘客处理费；然而，现在世界各地的机场以所谓的“非航空收入”的形式，从商店、食品和饮料、机场停车场和租车费以及广告和财产收入中赚取了约2/5的收入（The Economist，2007a）。

腹地某些荒芜的地区外，极少数国家现在拥有可用的、未开发的公共土地——那些土地的管理权不在传统业主或游牧民族手中，或者像美国和日本那样可以赠予建造商和投资者所用。因此，比起赠予、共享（置换）或者以折扣出售实际土地，最好的方式是寻求该土地的经济成果或利润，其形式是因交通铁路和公路而增加的财产、商业和收入所得税①。

11.7 美国公路信托基金和专用费用“锁箱”

1956 年的《联邦援助公路法案》（Federal Aid Highway Act）具有里程碑意义，它建立了公路信托基金，成为战后州际公路系统发展的基础。美国
351 早期公路项目从“财政部一般基金”中获得的资金支持都不可靠，当时汽车燃料和汽车产品的税收并没有用于公路的融资。1956 年的《公路收入法》（Highway Revenue Act）提高了现有的用户税并创设了新税种用于增加州际公路建设的资金。1972 年，根据这项法令征收的税款被用于资助信托基金。后续的立法将信托基金的期限延长了几次，从而延长了征税的时间和将税款转移到信托基金以及资金偿还支付的时间。

公路信托基金的资金来源于向公路用户征收的税款，税收结构经历了多次改变。1982 年的《地面交通援助法》（Surface Transportation Assistance Act）和 1984 年的《削减赤字法》（Deficit Reduction Act）增加了汽车燃料税。随后，1990 年的《综合预算调节法》（Omnibus Budget Reconciliation Act）将每加仑（约 3.8 升，下同）的汽油税提高了 0.05 美元，但是一半的税收收入在 1995 年该法案废除之前直接划拨给了财政部一般基金。1997 年的《纳税人减免法》（Taxpayer Relief Act）将根据先前《和解法》增加的

① 本章的范围不包含处理从私人所有者手中获取土地所涉及的复杂的社会和法律问题。当然，我们认为，对被征用或强制征用的土地给予公平、迅速、充分和有效的补偿以及合理的上诉和自愿搬迁渠道至关重要。我们希望通过提供更有吸引力的土地转让激励措施，例如保留占有权、租回土地，或获得更多的即时收益或未来参与份额来鼓励早期卖方或第一批迁居者，而不是给那些延缓项目或者后来同意的人一纸法院强制命令。这可以通过使用一个分级购买计划来实现，这个计划可以奖励早期和自愿的卖家，还必须为不情愿的土地所有者和持反对意见的代表创造适当的渠道，在地方基础设施和发展协会或家乡信托机构内潜在消化，之后才向独立监察员申诉。为确保效率，立法机构应给予法定当局或由政府控制的委员会一些合理的权力，以获得必要的土地，其做法包括通过协议或者在代表国家强制征收时执行由该国独立仲裁员确定的土地补偿标准。然而，收购委员会不应因实际的、即将发生或预期的任何支出而增加土地的合理收购价或进行任何改动。

0.04 美元的普通基金税调整到信托基金之中。21 世纪的《交通资产法》增加了信托基金税，从而延长了信托基金的财政“寿命”。信托基金还拥有额外的收入来源：自 1984 年 10 月以来，因违反汽车运输安全要求缴纳的罚款已被存入信托基金的公路账户。

划拨给信托基金的大部分税款由一些生产商和出口商支付给国内税收局，这些生产商和出口商所在的几个州也是许多大型石油公司的总部所在地。用户税收通过财政部普通基金按月存入信托基金。信托基金中超过经常支出的资金用于公共债务证券投资。由于公路使用不均衡，一些州的用户税收入不敷出。因此，《运输公平法》（Transportation Equity Act）包括了一项所谓的最低保证金规定，用于向这些州分配额外的资金。

《伯德修正案》（Byrd Amendment）将公路信托基金设立为现收现付基金，以确保账户内超过可用数额的未付承付款要低于未来 24 个月的预期收入。如果资金短缺，那么该财年的所有公路项目资金将按比例减少。信托基金包括公路账户和公共交通账户，目前是大多数公路发展项目的主要资金来源。信托基金的大部分收入来自汽车燃油税。为保证信托财产到 2020 财年结束时一直拥有偿付能力，《修复美国地面运输法案》（Fixing America's Surface Transportation Act）提出了资金转移措施，该法案将重型车辆使用税延长至 2023 年。

在加州，每加仑汽油征税 0.18 美元，每加仑柴油征税 0.24 美元；这项 352
收入中的 85% 存入信托基金公路账户，15% 存入公交账户。此外，截至 2014 年 7 月，加州收取每加仑汽油 0.36 美元、每加仑柴油 0.11 美元的消费税，每年产生约 30 亿美元税收收入。汽油消费税包括两种：州基本消费税为每加仑 0.18 美元，价格消费税为每加仑 0.18 美元。在州基础消费税收入中，36% 分给市县，64% 分给州。价格消费税收入首先用于回填已经分配给普通基金的重量收费，其余资金分配给当地公路（44%）、新建筑项目（全州交通改善方案，44%）和公路维护与运营（国家公路运营和保护方案，12%）。

公路信托基金被证明是一种有效的方法，因为天然气销售税收入的一部分可以用于未来州际公路系统的修复和维护，不会存在财政部以其他目的挪用资金的风险。同样，可以建立一个用于分享未来税收的“锁盒”信托基金，向私人投资者重申政府将履行其后端参与的承诺，特别是在税收参与债券的发行人不一定隶属于政府部门的时候。

11.8 从政府部门到成为私人发行者的历史进程

在这一点上，我们可以从一些观察到的现象中得到启发，即政府部门如何逐步剥离专门公共工程职能的法定机构，或在项目融资借款时拥有不同程度自主权和独立性的国有企业。政府举办的企业拥有免于政治控制的经营利益和特权，并且根据其组成章程，在其财务方面行使某种程度的自主权，政府的赞助水平则允许其进行这样的会计处理①。虽然强大的、主要的私人财
353 团和公司一直引领着铁路、运河和道路基础设施的发展，但从历史上看，一些发达国家的电力和电信部门在公共部门占主导地位的时期增长幅度最大，这一时期为20世纪初到20世纪80年代中期②。

在20世纪有两大主要国有电力供应商：一个是田纳西流域管理局（Tennessee Valley Authority，TVA），旨在寻求整合区域内发电和管理州际资源的途径；另一个是维多利亚国家电力委员会（State Electricity Commission of Victoria，S. E. C.），其面临着将丰富而湿润的褐煤储量作为基础燃料来源的问题。二者都是通过有关法案创立的，它们的借贷能力受到严格控制（该控制会随着财政部门的同意而逐渐放松，但随着它们获得经验和市场声誉，立法机构会增强这一控制），最终成为独立的实体机构（见图11.1）。

在这两家企业的不同历史时期，除了电力收费为它们提供了盈利丰厚且可以预见的收入保障之外，它们的贷款由政府定期提供担保，并且法律确认州或全国的受托人都可以投资于其证券（S. E. C.，1949：128）。今天，无论是TVA还是S. E. C，私有化拆分后的接手人都不能直接获得州或全国的资金，并且必须只能通过自己的能源销售、贷款和债券工具获得运营资金。

此外，有关纪律还规定，如果在任意时间点超出了未偿债务上限（例如，美国国会设置TVA未尝债务不得超过3000万美元），在发电机组能力设置的范围内，根据足以偿还债务（TVA）的水平来计算电费率。

发展中国家和新兴发电大国，应重点关注审慎地使用政府担保，以及如何依靠成功的国有实体或法人使其不再依靠这些担保。如果宣称无担保的实

---

① 维多利亚省长T. T. Holloway所做的序（S. E. C.，1949）。

② 当然，1880~1900年，私营公司经常作为电力照明和牵引项目的试点，一直延续到第一次世界大战结束之前的重叠期。由于牵涉到创新性和风险性，许多这样的公司存活的时间不长，或被更大规模的公司接管。供应的安全和服务的普惠性决定了政府最终进入这些行业。

354

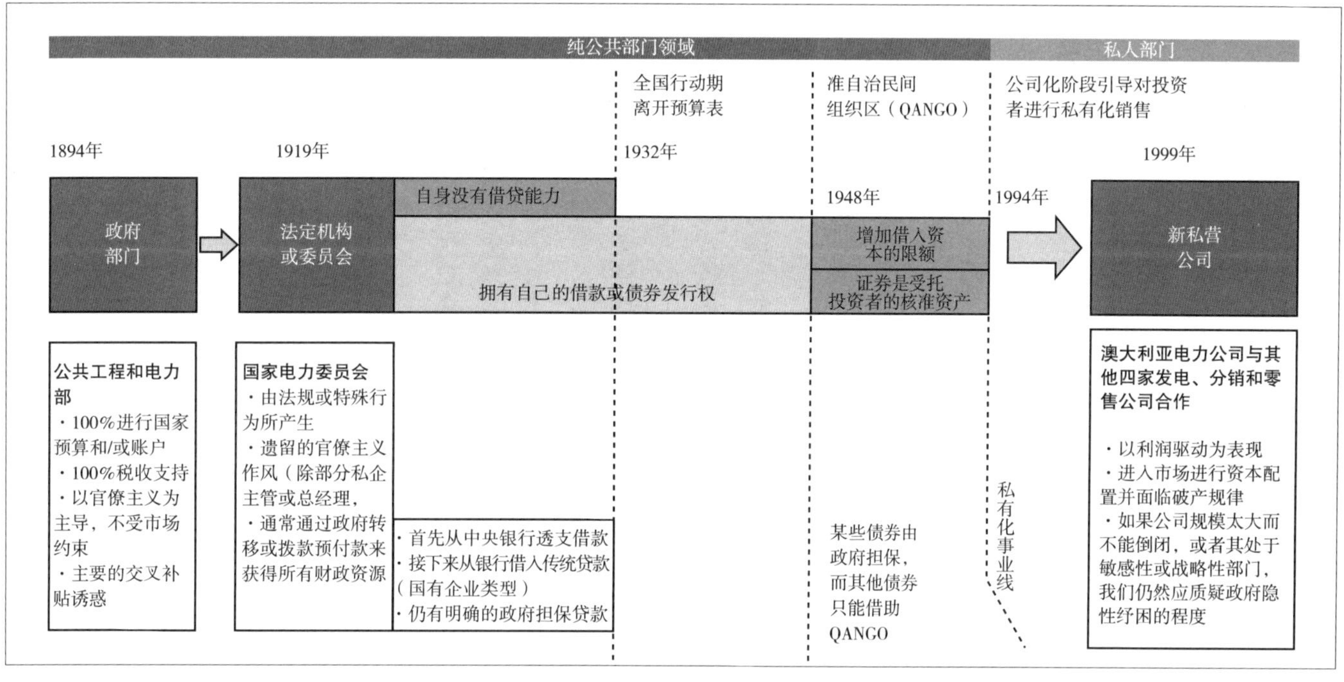

图 11.1　从政府部门到私人发行人的典型进展

资料来源：维多利亚州电力委员会的作者（1949：18，22，36，121，128）。

体机构债券符合投资级有很强的合理性，那么颁布的国有实体法规或公司章
355 程也可以明确规定，它们的证券在法律上符合推荐水平，适用于只能投资于高级别债券的养老基金和其他基金①。

11.9 建设美国补贴债券

作为全球金融危机后当地基础设施紧急再投资组合的一部分，两种创新型的美国建设债券（BABs）尝试对发行人欠投资者的利息进行补贴，并为债券持有人提供可退还的税收抵免。

根据 2009 年《美国复苏与再投资法案》（American Recovery and Reinvestment Act），联邦政府实施了一项名为“建设美国补贴债券”（Build America Subsidy Bonds，BAB）的公共基础设施专项融资计划。BAB 发行人获得的补贴占其利息总额的 35%。在计划期间（2009 ~ 2010 年），一共发行了 2275 个 BAB，为建设急需的学校、桥梁和医院筹集了超过 1810 亿美元的资金。该项重要的刺激计划媲美大萧条时期的罗斯福新政公共工程计划。

美国的每个州都出售 BAB，因为它们的价格比普通的免税债券要便宜。按照现值计算，与那些正常免税债券相比，州、市政府在 30 年期的补贴 BAB 上就节省了 200 亿美元。事实上，美国财政部得出结论，永久实施 BAB 计划对于公共基础设施项目可能更有效率，甚至可能比免税债券更能降低政府交易成本（US Departmert of the Treasury，2011）。

如上所述，对土地、债券、利息、赋税优惠期、信贷和刺激措施提供公共补贴在历史上一直有效，而且对希望立即获得应有成果的政府来说，仍不失为明智的选择。例如，2017 年 8 月，艾奥瓦州经济发展管理局和当地的市议会同意在未来 20 年内对 71% 的财产税进行减免，价值达到 1.88 亿美元，这是吸引苹果公司在艾奥瓦州购买土地，从而建立价值 13 亿美元的数据中心的一揽子计划的一部分（Nellis，2017）。

不过，直接补贴和税收抵免这两种措施都有两个主要弱点。它们可能会受到质疑，因为目前在两类纳税人之间的转移支付是通过政府法令进行的，

---

① 除了这里所示的发展路径之外，政府也可以将一个成功的经营当局转变为一家公司，而不是把它出售给公众，办法就是根据一般的政府公司法进行重组，2001 年大雪山发电有限公司（Snowy Hydro Limited）的做法就是其中一个案例。在这种情况下，政府通常保留多数股权，直到它向公众或私人买家出售。

而代价是其他有价值的优先支出。此外，在本财政年度，大部分政府预算必 356
须予以确认或根据官方承诺予以执行。欧洲的一项创新巧妙地解决了在国民账户上延迟记录未来付款的问题，代表了一种新的预算中性技术，正如这里提出的在未来税收增长中的后端参与。

11.10 疫苗联盟和未来有条件支付

为了实现千年发展目标中的主要卫生目标，在国际金融机构（International Finance Facility，IFF）的运作之下成立了一个基金。捐助国为国际金融机构在国际市场上出售这份基金债券提供支持。2003 年，英国财政大臣戈登·布朗批准了对国际金融机构的前期支持，立即向借款人提供资金。起初，对这类纳入法律的政府质押进行最合适的会计处理引发了一些新的质疑；不过，欧洲统计局的最终裁决确定，在某种程度上，最好视这种付款是有条件的。因此，可以在今后每一次分期付款时予以记录，而不是在首次认捐时，立即将全部数额作为严格的支出承诺记录在捐助国单一年度的国家预算中（Standard & Poor，2017：6）。

国际免疫融资机构是国际金融机构的主要慈善项目，其资产来自巴西、法国、意大利、挪威、南非、西班牙、瑞典和英国等国履行强制性付款义务的可靠捐款。重要的是，这些国家没有立即将债务担保记为政府债务，这意味着这些债券可以在中期内被合法地保留在预算之外。

2006 年，国际免疫融资机构发行了价值 10 亿美元的第一笔债券，年收益率为 5.019%，比 5 年期美国国债的基准高 31 个基点。这个计划的新想法就是出售这些债券，在 10 年内以政府担保而不是抵押品筹集到 40 亿美元。这些投资将通过疫苗联盟（以前称为“全球疫苗和免疫联盟”）为全球免疫事业提供资金。疫苗联盟估计，这种抵押债券价值可 10 年内防止 500 万名儿童和 500 万名成年人的死亡（Brookings Institution，2016）。

在欧洲，疫苗联盟证明，可能会对未来预期的政府现金流进行估算和货
币化，并将其作为当前的资本，建立一个庞大而重要的社会项目，而不必 357
在国家资产负债表上将其作为必须立即确认的政府债务。政府在 20 年内承诺的捐款为这些 5 年期免疫债券提供背书，确保收益率至少比同期限的美国国债高出 30 个基点，从而可以立即使用从市场筹集的新资金（Wood，2010）。

在不同的国家，要对一个政府分享未来税收收入（现在还不存在，如果项目做得不好就永远不会支付）的偶然承诺进行预算处理和会计方法定位，对于在未来的税收增长中有效地理解和长期地接受后端参与是非常重要的。

11.11　结论

根据这些过去的经验，我们转而讨论未来如何为基础设施获取更多的私人融资。正如历史记录所示，公共基础设施的私人融资是可取且可实现的，其范围不限于亚洲，而是全世界。然而，如上所述，金融家和建筑商通常需要“交易甜味剂”式的额外帮助，这种要求无可厚非，尤其是在项目可以获得可靠和健康的运营收入来源之前的最初几年。这些帮助的形式包括土地赠与、优惠权利以及通过商业地产开发或次要业务（例如销售广告空间）获得辅助收入机会。

除了那些前途光明的最幸运的项目之外，一些公共部门支持、对筹集或提高融资方案的成本进行补贴似乎是难以避免的。通常的形式包括免税期、税收激励、慷慨的信贷、有利的利润分享、政府提前支付建设期间到期的利息、实物转移以及各种担保（包括隐含的）贷款和债券债务。在项目的最后几年里，当拖延和成本超支可能使最初的融资计划吃紧时，政府和市场既要实事求是又要抱有同情心地推出特殊照顾政策，甚至出手相助。

参与基础设施项目的私人融资机构也可以分享未来的税收收入。我们的双重差分论文提出了一种科学的方法，证明了基础设施的合理水平与增加指定税收的收入之间是因果关系。沿着运输路线设置经济走廊，可以很方便地扩大到经济特区和保税区，从而获取日益增长的邻近财富、增加商业活动和
358 未来的税收。这一区域的经济边界不一定总是对应地理疆界、政治边界或者一国之内的省、市、州的界线（Day，2016）。在本书的结论中，提出了一些关于这些区域的治理和发展的想法。

一个负责任的征税当局可以在贷款中加入协议好的特别分享条款，或者在特定项目信托基金里加入与新税种挂钩的公司债券，从而向后端参与者保证其资金在利息到期时是安全锁定的。在中央和各级地方政府[①]之间，或在

---

① 最近对政府间财政关系所涉问题和机会的全面分析，一般参见 Yoshino 和 Morgan（2017）。

特别设立的地区或发展机构之间，有许多分享税收安排的模式和方法。在未来，我们甚至可能看到跨越国际边界的公平分享税收安排。在某些情况下，可能需要修订或更新税法，以允许这种创新安排①。

然后，信托基金的收益可以用来弥补项目的生存能力和盈利能力的不足，并帮助这些项目获取资金，或者将新的收入单独用于资助政府在项目特许权中商定的任何支付项，这些款项也可以根据经济增长（或通货膨胀）进行指数化②。允许私人投资者后段参与项目影响地区的未来税收收入，这对他们很有吸引力（见图 11.2）。后端分享可以简单地通过支票（例如俄勒冈州著名的“回扣”支票）或银行电汇等基本方式转移给受益人，也可以通过在当前和未来的纳税申报表中补偿税收抵免、扣减或退还等形式实现。结构性金融项目或传统的银行贷款项目财团可以很容易地在已知的和较少的缔约方之间的定制文件中完成此类转让，而且在许多不同的交易、商业部门和法律管辖范围内已经一直在悄悄地这样处理。但值得一提的是，在项目所在的管辖区内，不在当地纳税的海外融资机构或当地子公司可能无法适用任何税收抵免或退税机制。

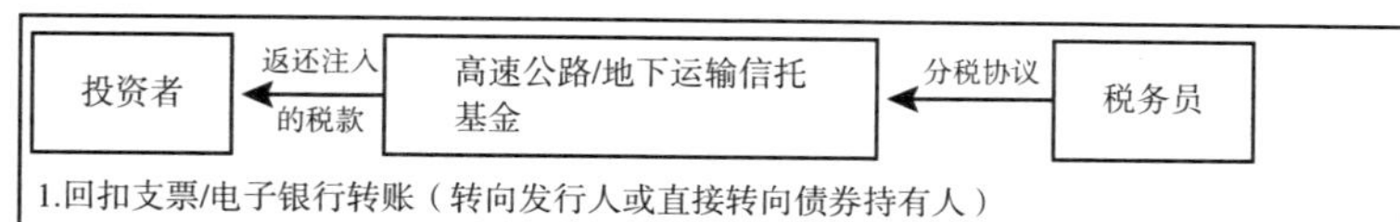

359

1.回扣支票/电子银行转账（转向发行人或直接转向债券持有人）
2.支持任何（国内生产总值指数）可用性付款的独立收入（不受约束或受一定程度的限制）
3.为一般用途注入开放式可行性缺口基金的税收（但存在一些风险，如效果的降低、带有其他目的的掠夺行为以及资金不足）
4.基础设施开发商对未来年度纳税申报的扣除或税收抵免（对于非东道国纳税人的海外投资者而言可能没有用）
5.“税优”（后端未来税收参与）债券

图 11.2　将后端税收参与转移给原始投资者的潜在方式

资料来源：Stillman（2017），修订版。

借鉴现有的增税收入债券和社会或发展影响金融债券（这些债券的支付取决于可实现的目标）的原型，我们还可以设想一种更复杂的具有证券

① 在可能的情况下，可以通过彻底修正或使用通过普通基金和可替代付款的代理信贷来克服法定或宪法上分享内部收入的障碍，这些付款与计算的应交税款直接相关（进一步见附录中关于放弃的收入和合同信贷的讨论）。

② 在许多管辖区，政府、公共当局甚至私人项目的金融家已将证券与通货膨胀或消费价格上涨挂钩。例如，悉尼港隧道公司发行了自己的指数型债券（Deacon et al.，2004：99）。

化、注册和流通能力的全球标准工具，将其归类为基础设施的“税优”债券（Yoshino and Stilman，2017b）。如果植入的项目在长期内取得一定的成功，带来的地区增长高于GDP，这些“税优”债券就能够提供比传统收入债券（和收费债券）或（可获得支付的）项目债券更高的回报率。

从理论上说，“税优”债券应该可以向各个层级的任何实体发行——假设具备发行证券的法律能力或立法支持——包括中央和地方政府、地区性开发区、公共当局、国有企业，甚至是大型和信誉良好的私人建筑公司。辅助性原则将要求发行人尽可能远离中央主权，而不必总是依赖自动担保。尽管如此，无论发行人是谁，政府都必须做好准备，在必要时为稳定市场做好债券发行的背书，或成为新的或备受瞩目的基础设施债券销售的兜底买家。

360 在本书的附录中，我们尝试性地解释了这种工具如何在实践中应用［对Stillman（2017）的初始版本进行了更新和扩展］。随后的附件为这项新工具提供了一个可能的示范条款表，说明其主要特点，包括双重分档、信托基金“锁箱”、参与费用的独立证明人以及担保。其中许多条款受到本章所述历史创新的启发（见附录及其附件）。

最后，我们希望后端税收参与不会被看作当前的转移支付或信贷，如有可能，将其视为预算中性，且不能立即记录在年度国家资产负债表中。这样应该能够引起世界各地一些政府的兴趣，因为它们希望将现有的债务负担最小化以便鼓励所需的基础设施建设融资。

参考文献

Amador, C. 2016. *Enhancing Infrastructure Financing Districts: Resource Guide to EIFDs*. California Community Economic Development Association.

Ambrose, S. E. 2005. *Nothing Like it in the World: The Men Who Built the Railway that United America*. Sydney: Simon & Schuster UK.

Asian Development Bank (ADB). 2014. *Midterm Review of Strategy 2020: Meeting the Challenges of a Transforming Asia and the Pacific*. Manila.

———. 2017a. *Meeting Asia's Infrastructure Needs*. Manila.

———. 2017b. How Can Asia Finance the Infrastructure It Needs? News release. 28 June. https://www.adb.org/news/features/how-can-asia-finance-instrastructure-it-needs.

———. 2017c. ADB Sells Dual-Tranche $750 Million 5-Year and $500 Million 10-Year Global Green Bonds to Spur Climate Financing. News release. 2 August. https://www.adb.org/news/adb-dual-tranche-global-green-bonds-spur-climate-financing.

Baer, W. 1956. The Promoting and the Financing of the Suez Canal. *The Business History Review* 30(4): 361–381.

Berton, P. 1974. *The National Dream/The Last Spike*. Toronto: McClelland and Stewart.

Block, M. 1870. Der Kanal von Suez. Vierteljahrschrift fur Volkswirtschaft und Kulturegetchichte. Berlin: 65–70 (cited in Baer 1956).

Blount, C., W. Ip, I. Nakano, and E. Ng. 2014. Redevelopment Agencies in California: History, Benefits, Excesses, and Closure. Economic Market Analysis Working Paper EMAD-2014-01. Washington, DC: United States Department of Housing and Urban Development.

Brookings Institution. 2016. Global Health Financing Initiative: Snapshot Series. International Finance Facility for Immunization. https://www.brookings.edu/wp-content/uploads/2016/07/iffim.pdf.

California Department of Transportation. http://www.dot.ca.gov.

Cox, T. 2015. Railroad Land Grants. COXRAIL.com. 25 October. www.coxrail.com/land-grants.asp.

Curran, E., J. Rodrigues, and K. Salna. 2017. Philippines, Indonesia and India Have Got a Fed Problem. *Bloomberg Markets*. 23 August. https://www.bloomberg.com/news/articles/2017-08-22/yellen-risks-exposing-old-vulnerabilities-in-emerging-asia.

Day, L. 2016. A New Financing Tool for California: Enhanced Infrastructure Finance Districts. 31 August blog. www.planetizen.com.

Deacon, M., A. Derry, and D. Mirfendereski. 2004. *Inflation-Indexed Securities: Bonds, Swaps and Other Derivatives*. Chichester: Wiley.

Ernst & Young. 2009. Land Value Capture as a Funding Source for Urban Investment: The Warsaw Metro System. Better Government Program. London: University College London, Qaser Lab.

Fujimura, M. 2017. Evaluating Impacts of Cross-Border Transport Infrastructure in the Greater Mekong Subregion: Three Approaches. Asian Development Bank Institute (ADBI) Working Paper 771. Tokyo: ADBI. https://www.adb.org/publications/evaluating -impacts-cross-border-transport-infrastructure-gms.

Greifer, N. 2005. *An Elected Official's Guide to Tax Increment Financing*. Chicago, IL: Government Finance Officers Association.

Kaga, R. 2017. Asia Faces Challenges Attracting Infrastructure Investment. *Nikkei Asian Review* 15 June.

Karabell, Z. 2003. *Parting the Desert: The Creation of the Suez Canal*. New York, NY: Random House.

Ko, K., and B. Rosenblatt. 2013. Land Value Capture 101: How to Fund Infrastructure with Increased Property Values. Tri-State Transportation Campaign blog post. 19 August. http://blog.tstc.org/2013/08/19/land-value-capture-101-how-to-fund-infrastructure-with-increased-property-values.

Legislative Analyst's Office. 2011. Governor's Redevelopment Proposal. 18 January. Sacramento, CA.

Nakao, T. 2017. The Power of Merchants: Tales of a Swiss Company in Yokohama and Japanese Merchants. *BusinessWorld*, 20 November 2017 (translated from the original Japanese article appearing in Koken Magazine, September 2017).

Nakahigashi, M. 2015. Aging and Productivity Effect of Public Capital (in Japanese). In *Issues and Desirable Courses of Japanese Economy*, edited by N. Yoshino, K. Kameda, M. Nakahigashi, and M. Nakata. Tokyo: Keio University Press Inc. 99–108.

Nakahigashi, M., and N. Yoshino. 2016. Changes in Economic Effect of Infrastructure and Financing Methods. *Public Policy Review* 12(1): 47–68. Tokyo: Ministry of Finance, Policy Research Institute.

Nellis, S. 2017. Apple to Build Iowa Data center, Get $207.8 Million in Incentives. *Reuters Technology News*. 25 August. https://www.reuters.com/article/us-apple-iowa-idUSKCN1B422L.

Norton Rose Fulbright. 2015. A New Solution for Funding Infrastructure. http://www.nortonrosefulbright.com/knowledge/publications/publications/127571

Office of the California State Treasurer. Frequently Asked Questions. http://www.buycaliforniabonds.com/faq.asp (accessed 10 July 2017).

Ono, Y., and H. Kotani. 2017. [Peoples' Republic of] China and Japan Set for Another High-Speed Railway Fight. *Nikkei Asian*

Review. 6 February. https://asia.nikkei.com/Politics-Economy/International-Relations/Thailand-Malaysia-to-start-talks-for-high-speed-railway.

Oregon Department of Revenue. 2015. 2015 Kicker Credit. Fact Sheet. http://www.oregon.gov/DOR/press/Documents/kicker_fact_sheet.pdf.

Reconnecting Asia. Competing Visions. https://reconnectingasia.csis.org/analysis/competing-visions/.

Regan, M. 2017. Infrastructure Financing Modalities in Asia and the Pacific Region: Strengths and Limitations. ADBI Working Paper 721. Tokyo: ADBI.

Rybeck, R. 2013. Comment on Land Value Capture 101 blog post. 26 August. http://blog.tstc.org/2013/08/19/land-value-capture-101-how-to-fund-infrastructure-with-increased-property-values

Saxena, S. 2017. Transforming Cities with Land Value Capture. Asian Development Blog. 4 August. https://blogs.adb.org/blog/transforming-cities-land-value-capture.

Standard & Poor. 2017. International Finance Facility for Immunisation. Standard & Poor's rating report. May 2017 http://www.iffim.org/Bonds/Rating-reports/.

State Electricity Commission of Victoria. 1949. Three Decades: The Story of the State Electricity Commission of Victoria from its Inception to December 1948. March 1949. Melbourne: Hutchinson & Company.

Stillman, G. B. 2017. Introducing the Tax-Kicker Bond: Budget-Neutral Financing of Private Infrastructure by Back-End Participation in Future Tax Revenue Growth. ADBI Policy Brief 2017-3. Tokyo: ADBI. https://www.adb.org/publications/tax-kicker-bond-budget-neutral-financing-private-infrastructure.

Suzuki, H., J. Murakami, Y-H. Hong, and B. Tamayose. 2015. Financing Transit-Oriented Development with Land Values: Adapting Land Value Capture in Developing Countries. Washington, DC: World Bank.

Tennessee Valley Authority. Definitions & Examples. InvestingAnswers. http://www.investinganswers.com/financial-dictionary/businesses-corporations/tennessee-valley-authority.

The Economist. 2017a. Losing Altitude. London. 12 August.

——. 2017b. How to Build More Efficiently. London. 19 August.

The News International. 2017. ADB Exploring New Economic Corridors in Pakistan. 1 June.

The Planning Report—Insider's Guide to Planning & Infrastructure. 2016. Kosmont [interview]: EIFDs Are a New Local "Economic Development 2.0" Tool. April. www.planningreport.com.

US Department of the Treasury. 2011. Treasury Analysis of Build Am erica Bonds Issuance and Savings. 16 May. https://www. treasury. gov/initiatives/recovery/Documents/BABs%20Report.pdf.

US Department of Transportation. Federal Highway Administration. https://www.fhwa.dot.gov.

US Supreme Court. United States v. Stanford, 161 U.S. 412 (1896).

——. United States v. Union Pacific Railroad Company, 91 U.S. 72 (1875).

Wood, A. 2010. New Legal Structures to Address the Social Capital Famine. *Vermont Law Review* 35: 45–52.

World Bank. 2016. Utilizing World Bank Partial Guarantees in Support of Sovereign or Sub-Sovereign Commercial Debt Financings. Washington, DC. http://documents.worldbank.org/curated/en/293331492579395041/Utilizing-World-Bank-partial-guarantees-in-support-of-sovereign-or-sub-sovereign-commercial-debt-financings.

——. 2017. Utilizing WB Partial Guarantees to Support Sovereign or Sub-Sovereign Commercial Debt Financing. News release. 23 May.

Yajima, T., H. Ieda, T. Yamazaki, M. Ota, H. Okuma, T. Nakano, and H. Suzuki. 2014. *Transit Oriented Development in Tokyo*. Tokyo: The Institute of Behavioral Sciences.

Yoshino, N. 2010. Financing Transport Infrastructure Investment. In *Southeast Asian Economic Outlook 2010*, edited by the Organisation for Economic Co-operation and Development (OECD). Paris: OECD Publishing.

——. 2012. Global Imbalances and the Development of Capital Flows among Asian Countries. *OECD Journal: Financial Market Trends* 2012(1): 81–112.

——. 2017. How Demographics Affected the Fortunes of Japan's Private Railways—ADBI Dean. Asia's Developing Future Podcast 2017. 10 October. ADBI. https://soundcloud.com/adbinstitute/how-demographics-affected-the-fortunes-of-japans-private-railways-adbi-dean.

Yoshino, N., and P. Morgan (eds). 2017. Central and Local Government Relations in Asia: Achieving Fiscal Sustainability. ADBI Series on Asian Economic Integration and Cooperation. Cheltenham: Edward Elgar.

Yoshino, N., and M. Nakahigashi. 2004. The Role of Infrastructure in Economic Development. *The ICFAI Journal of Managerial Economics* 11(2): 7–24.

Yoshino, N., M. Nakahigashi, and V. Pontines. 2017. Attract Private Financing to Infrastructure Investment by Injecting Spillover Tax Revenues. *Nomura Journal of Asian Capital Markets* 1(2): 4–9.

Yoshino, N., and U. Abidhadjaev. 2016. Explicit and Implicit Analysis of Infrastructure Investment: Theoretical Framework and Empirical Evidence. *American Journal of Economics* 6(4). DOI: 10.5923/j.economics.20160604.02.

———. 2017. An Impact Evaluation of Investment in Infrastructure: The Case of a Railway Connection in Uzbekistan. *Journal of Asian Economics* 49(1): 1–11.

Yoshino, N., and V. Pontines. 2015a. Asia-Pacific Infrastructure Investments in Collaboration—The Economic Effect of Infrastructure Investment: Case of the Highway in the Philippines. GIE/AAA Special Kick-Off Edition. GIE Network Publishing.

———. 2015b. The Highway Effect on Public Finance: Case of the STAR Highway in the Philippines. ADBI Working Paper 549. Tokyo: ADBI.

Yoshino, N., and G. B. Stillman. 2017a. Kick-Start Private Infrastructure with Future Tax-Sharing Bonds. Asia Pathways blog post. 25 May. www.asiapathways-adbi.org/2017/05/kick-start-private-infrastructure-with-future-tax-sharing-bonds/.

———. 2017b. Could Kicker Bonds Spur Private Investment in Infrastructure? *Development Finance*. London. October 2017.

Zhang, W. 2017. *A Sneak Peek at CAREC's New Strategy*. Manila: ADB.

第十二章

亚太地区基础设施融资模式：优势和局限

迈克尔·里根

12.1　引言

自 2002 年以来，亚太地区一直是世界上增长最快的区域，吸收的外国
366 直接投资超过全球的三分之一（ADB，2016；UNESCAP，2016：3）。经济
和社会基础设施投资的增加，给区域的持续增长和发展以及各国之间经济的
更多参与带来了巨大的挑战。充足且有效的国家基础设施是经济运转良好和
高速增长的根本要求。基础设施提供资产和服务，促进经济内部的贸易和交
换，提升产出能力，提高生产效率，减少拥堵，降低公共和私人交易成本。
然而，世界各国政府正在努力维持满足当前和未来需求所需的投资率，造成
亚太地区基础设施缺口较大。未来，亚太地区每年的资金需求约为 8000 亿
美元（Moore and Kerr，2014）。在全球已完成工业化的经济体中，基础设施
投资平均约占国内生产总值（GDP）的 3.9%。这一比例在亚太地区发达国
家会更高：马来西亚为 10.5%，澳大利亚和加拿大为 6.0%，日本和新西兰
为 5.0%，韩国为 4.0%。在正在进行工业化的国家中，人口增长和快速城
市化等需求驱动因素正在刺激更高水平的投资，特别是在能源部门（电力、
石油和天然气）、道路、港口、铁路和城市交通、水和卫生服务等方面。在
367 亚太地区基础设施投资占 GDP 的比重方面，印度尼西亚为 29.0% 左右，泰
国为 21.0%，越南为 19.0%，菲律宾为 15.0%，中国为 8.5%，印度为
4.7%（Chong and Poole，2013；McKinsey Global Institute，2013；Seneviratne

and Sun，2013）。已完成工业化的经济体的基础设施资本存量的平均年限要大于正在进行工业化的经济体。其中，折旧占到已完成工业化的经济体所有新投资的一半左右，几乎是正在进行工业化国家的两倍（Mackenzie，2013；Australian Bureau of Statistics，2014）。

尽管 2012 年以来的财政和公共债务约束意味着近期的投资率在中期内不太可能持续，但政府提供的大多数基础设施是公共产品。据估计，2010 年的基础设施投资占到 GDP 的 3%，难以在缩小基础设施缺口方面取得重大进展（Standard and Poor's，2014）。该区域还受到 2007～2008 年全球金融危机的影响。尽管没有预期的那么严重，但由于欧洲和北美的银行撤出，以及地区贷款人更多参与，项目融资供给发生了变化，结果 2009 年的项目资金流量下降，私营债券融资迅速减少。巴塞尔协议Ⅲ改革带来的变化给未来为该地区基础设施项目提供长期、有限追索权的银行贷款制造了障碍，因此，挑战依然存在（Asian Bankers Association，2010）。

基础设施是资本密集型和高度网络化的资产类别，是复杂供应链的组成部分。这类资产通常占据一定的场地，具有特殊的用途，沉没成本较高，并且需要细致、先进的规划和较长的准备时间。自 2003 年以来，在设计和施工方法、新技术和有效管理方面的创新对投资经济学非常重要，并对传统的采购实践提出了挑战。除了供给问题之外，各国政府还面临着鼓励大量私人投资、确保基础设施的可持续使用和管理的挑战。作为一种资产类别，基础设施还具有几个显著的特点：回报率与其他资产类别和主要经济变量（如利率、投资、就业、经济增长和汇率变量）之间的相关性很低（Regan，2004），依赖公共机构的质量和政策框架的效率，例如合同的可执行性以及有效的监管和外国投资规则。

自 2003 年以来，大多数基础设施投资用于电信、能源和交通部门，占亚太地区未来投资需求的 65%（ADB and ADBI，2009）。公私伙伴关系约占投资的 10%，主要用于经济基础设施的互联。在大多数情况下，对电信和 368
能源的投资依赖于用户付费的收入，并可能受到政府监管机构的内部和/或外部监管。对公路和铁路运输、社会基础设施和供水项目的投资依赖于从政府的可得性支付和/或用户支付机制中获得的收入。这类资产类别的投资特点、国家机构的成熟程度以及宏观经济管理的质量会对亚太地区基础设施的融资方式产生重大影响。

本章介绍了亚太地区基础设施融资的当前模式、优势和弱点，检验了

11 种基础设施融资方式，包括支持投资可行性和加强私营融资公共项目信贷资产的金融支持机制。这些研究结果旨在为亚太地区未来的基础设施政策的发展提供支撑。

12.2 基础设施融资模式

全球基础设施融资正在经历后金融危机时代市场环境的转变。2014 年，项目融资恢复到创纪录水平。养老基金和主权财富基金（SWF）发出了更强的投资意向信号，对替代融资方案重新产生兴趣。公私伙伴关系采购模式的演变，改进了风险分担和增强信贷的备选方案。本章还回顾了继续占基础设施支出约 70% 的公共采购备选方案，以及多边开发银行在支持转型期国家的能力建设和提供贷款、补贴和非商业保险以提高该地区公共和私营项目的银行的可担保性方面发挥的重要作用。

12.2.1 政府提供

传统上，政府从综合收入中拿出大部分用于基础设施建设，并将服务作为一种公共产品提供给社会。自 2000 年以来，各国政府采取了多种方法，如用户收费和资产改良收费来支付新的基础设施的成本，从而创造了一种新
369 的具有排他性要素的准公共产品[①]。虽然这些方法可以提供额外的资金来源，但用户收费对城市交通、港口、废物管理和回收服务的运营成本来说可谓杯水车薪。在低收入工业化国家，用户收费的负担能力以及农业、渔业和林业等低利润率部门的额外交易成本又是一个难题。

一般而言，政府提供大约 50% 的基础设施建设资金，国有企业提供 30%，私人企业提供约 20%（尽管各国之间的差异较大）（Chan et al.，2009）。政府资金主要用于卫生、教育、交通和公用事业服务，优先满足经济发展过程中产业转型、城市化率提高和日益拥挤的基本需求（PricewaterhouseCoopers and Oxford Economics，2014：11）。相反，私人投资者大多投资于能源、资源和交通运输部门，这意味着私人参与基础设施与资产类别的基本经济因素以及资本的可获性有关。

---

① 准公共产品意味着为使用政府提供的设施或服务设置一定的限制，例如用户收费，这可能将无法支付费用的社会成员排除在外。

在亚太地区，各国政府在努力满足基础设施新需求和私人参与基础设施供给等方面面临许多挑战。对于亚太地区大多数政府以及多边发展机构而言，首先是管理问题（Moore and Kerr，2014）。主要的困难在于亟待开发的基础设施新项目与大多数私人投资对国家补贴的需求之间存在巨大的缺口。亚太地区的大多数国家对新的和替代性的基础设施的需求超出了大多数政府的财政能力，特别是在交易成本高、港口基础设施不足和城镇运输基础设施亟须升级的发展中国家。如下所述，各国政府将会用以下几种方式来支付新基础设施的成本。

重新安排预算拨款

一般预算拨款是各国政府为公共基础设施提供资金最常见的方法。各国政府可以提前进行测算，重新安排拨款，以满足当前的投资需求（Chong and Poole，2013；Productivity Commission，2014）。公共投资极不稳定，中期迷你预算，议会开支审查委员会的预算审查，对财政赤字的担忧，以及政 370
府换届导致资金频繁削减和拖延。纵向财政不平衡也可能导致地区之间不稳定，在这些地区，许多项目是由省和地方政府机构发起或管理的。

尽管大多数政府会根据 3 年或 5 年计划或设置前瞻性测算来安排公共开支，但各国的会计和报告程序以及治理方式差异较大。预算拨款的资金大多来自一般税收或公共借款，两者都可能引起不同程度的成本负担过重。拨款的优势包括可提高政府财政管理的透明度和实行问责制，但其缺点是在项目选择和评价方面违背市场规律（Chan et al.，2009：228）。同时，突然改变优先事项会造成投资冲击，降低资本生产率（IMF，2015：17），这方面的教训多被证实。

加征税收

合并收入是绝大多数国家为基础设施支出拨款的基础，可采取以下形式：（i）在整个经济领域内加征直接和间接税；（ii）仅在省级或地方政府范围内加税或者收费；（iii）对特定的投资目标征收专项税（如为公路建设和维修征收燃油税，另见吉野直行和斯蒂尔曼撰写的第 11.7 节）；（iv）征收使用费。为基础设施融资而加征新税对于一个经济体来说存在几个不利因素。首先，税收的征收和管理成本很高，并会产生诸如避税行为等引致效应。从经济学角度来看，税收会造成巨大的成本负担，可能超出新税收的净收益（Regan，2009：27）。其次，增加税收已被证明会对该地区的储蓄和经济增长造成负面影响，可能会扭曲经济决策，并产生负面的激励（Chan et al.，2009：53）。其程度取决于税收的用途以及该税收是否适用于消费或收入（Helms，1985）。最后，对特定社区或用户的歧视性征税会面临帕累托最优问题，引发有关公平和福利的若干问题（Regan，2009：26－27）。

私有化、IPO 和并购资产的资本回收

20 世纪 80 年代，出售现有国营企业的股票、通过股权交易出售资产以
371 及在证券交易所进行 IPO 是亚太地区许多国家的做法。第一轮私有化周期发生在已经完成工业化的经济体中，包括完成重组的经营企业（褐地项目），其交易历史相对容易出售给私人投资者。在亚太地区的许多国家，早期的私有化覆盖了国有银行、机场、保险公司、电信服务公司、铁路、港口以及包括发电、输电和资产重组在内的能源供应链（Megginson，2005：14－21）。20 世纪 90 年代的第二轮私有化周期主要围绕股权交易和少数 IPO 项目，尤其是在南亚和东亚正在进行工业化的国家。到 2001 年，私有化为全球各国政府筹集了 1.5 万亿美元，而便于出售的资产越来越少（Megginson，2005：21－25）。

第三轮私有化或资产循环周期正在进行中。政府通过长期租赁或出售成熟的、能够创收的基础设施来资助新资产的建设。这些资产必须在财政上可行，可能还需要补贴或其他形式的持续资助。回收的资产包括收费公路、机场、发电厂、输电公司、国防设施、港口和商业财产组合。与之前的企业私有化不同，资产回收是筹集更多投资资本的可持续方式（Government of Australia，2014）。

公共借款和预算赤字

为应对 2007～2008 年的全球金融危机，各国政府采取扩张性和创造流动性的政策，因而财政赤字和公共债务在 2008～2012 年大幅增加。2008 年以后，亚太地区各国的财政赤字持续上升，2014 年的赤字高于 2002～2007 年的平均水平（World Bank，2014：7）。经济复苏需要对财政进行整顿，迫使该地区的各国政府将赤字降至长期基准水平以下，对于南亚和东南亚许多国家而言，要在发展优先事项和财政可持续性之间寻找平衡，确实存在困难（UNESCAP，2016：20）。这些国家的问题部分可以通过扩大

税基和将财政赤字恢复到长期水平的上限来解决。除澳大利亚、印度和日本外，亚太地区的大多数国家有一定的财政空间，可以采取以发展为导向的财政政策。

尽管已完成工业化的经济体的公共债务在 2008～2014 年有所增加，但东亚和东南亚国家的公共债务仍保持稳定，占国内生产总值的 42%，略高于 2002～2007 年的平均债务水平（UNESCAP，2016：19）。不过，自 2008 年以来，该地区大多数经济体的企业和家庭债务持续增长，加重了其在利率 372
上升时的脆弱性，也给未来的货币政策管理带来了挑战。

公共债务也是投资的主要来源，可以采取一般公共借款、海外发展援助贷款和出售传统债券、指数型债券或税收优惠债券的形式。亚太地区许多国家为本国投资者发行公共债券提供免税优惠。但是公共债务有一定的成本负担，会导致信贷配给错位，“挤出”私人债务，造成利率压力，并将资本从收益率较高的私人投资中转移出去（Regan，2009：31－32）。2014 年，按国内生产总值计算，许多国家的平均公共债务水平已经超过了其 2007～2014 年外债平均水平（IMF，2014a，2014b）。尽管与其他区域相比，亚太地区的预算赤字和公共债务增长幅度不大，但它确实影响到长期的主权信用评级，在政府基础设施中期支出方案中受到一定的限制。

免税型债券

免税型债券是政府为特定国家利益项目或一般基础设施而发行的有息可赎回债券；是政府用于基础设施支出的资本预算的一部分，被视为政府债务的一种（Marlowe，2009；Ang，Bhansali and Xing，2010）。在美国，地方政府发行的债券可以享受联邦税收豁免。免税型债券将在第 12.2.3 节中做更详细的审视。

收入型债券

亚太地区各国政府必须寻求其他方式，为大多数部门的国家基础设施提供资金，尤其是新的“大额”资产，如港口、国家公路、能源生产、废物管理、机场和铁路运输。在财政约束环境下，发行特定项目的收入型债券是政府的一种可选方案。收入型债券可用于为公共或私人管理的基础设施提供融资，在设计时要满足投资者在货币、到期日和利率风险等方面的偏好。收入型债券可由国营企业、特定项目或私人募资者在有限追索权基础上发行，政府提供全部或部分担保。用债券融资的项目可以在当地证券交易所上市，该债券也可以在亚洲债券市场的本土交易所上市。根据遵守国际公共会计准则的程度，不需要政府全额或部分赎回的债券可能不用计入该国的公共部门
373 借款限额内。不过，出于会计的要求，政府资产负债表上可能需要报告由政府担保或其他形式支持的债券。

国营企业

传统上，国营企业也会为特定部门的基础设施投资提供资金，例如能源、交通运输和水资源。国营企业是独立的法人实体，有自己的董事会，其借款不被视为政府的公共债务。国营企业以留存收益、预算拨款（通常作为权益或为其承担社会服务责任而支付）和借款为其活动提供资金。这些实体也可以在资本市场上借贷或发行债券，因其举债活动而获得主权信用评级。在亚太地区的许多国家中，国营企业在基础设施方面的支出通常高于国家和地方各级政府机构（Wihardja，2013）。国营企业的债务可以由政府全额或部分担保。如果能够降低资金成本，财政部门会代表国营企业进行借贷或发行债券（Chan et al.，2009：93－94）。

对于政府来说，选择国营企业的优势在于有机会从用户收费中获得收入，专业化地实施项目，国营企业的债务不用受到公共部门借款额度的限制。国营企业可以解决市场失灵的问题，交叉补贴服务可以缓解特定的项目风险，而无须国家用担保、补贴和可行性缺口补贴（VGF）等形式提供支持。与私营企业相比，国营企业还可以提供更好的治理、问责制度和有更高的透明度，而借款可以根据管理会计准则不进入政府的资产负债表。

国营企业也有一定的弱点，包括要兼顾社会和经济目标，贷款准则弱化以及企业经常容易受到政府的干预，无论是在任命管理层、提取累积收益作为股息还是以股本代替债务资本方面。政府做出投资决策可能是为了应对短期的优先事项，而非基于项目的可行性。国营企业在投资高风险边际项目的规避程度上不如私营企业，而这些项目并不具备良好的、风险调整的经济回报率。研究还表明，由于人浮于事、债务水平高、创新水平低和官僚化管理风格，国营企业的效率通常比较低下。国营企业不适应竞争性市场环境的冲击，采用新技术和技术更新的速度缓慢（Megginson，2005）。受制于政府干预的一时之需和低效率运作，国营企业长期在基础设施上投融资并不能作为

可持续的备选方案。

2007～2008年全球金融危机表明，为国营企业提供破产、不良投资 374
和运营决策的赔偿是危险的。对于国营企业管理层来说，在财务或业务上完成高于政府规定标准的绩效方面缺乏激励。长期研究表明，国营企业的收益率水平难以超过政府债券收益率，这就意味着国营企业效率低下，社会目标和经济目标往往还存在相互竞争的关系（Productivity Commission, 2008）。

12.2.2 银行贷款和项目融资

从历史上看，政府提供了全球基础设施投资所需资本的70%～80%；然而，随着项目融资、公司和项目债券目前在投资中所占份额的提高（Project Finance International, 2015），这一状况正在发生变化。最近的数据表明，私人资本在亚太地区提供了高达40%的基础设施投资[①]。全球金融危机和随后的巴塞尔协议Ⅲ改革对全球资本市场产生了长期影响，因此长期项目融资对银行的吸引力减弱。2007～2010年，贷款期限和杠杆水平下降，风险重新定价导致利差增加，贷款条件更加苛刻（Reviglio, 2012; Seijas, 2013）。这些变化并没有减弱市场对项目融资的兴趣，2010～2014年，贷款水平保持良好（Project Finance International, 2015）。20世纪60年代以来，银行提供了全球大多数项目融资，财团项目融资仍然是亚太地区基础设施投资私人融资最常见的方式。2014年，全球项目融资贷款达到2600亿美元，为10年来的最高水平。同年，亚太地区项目融资为720亿美元（27.7%），在全球市场中所占份额最大（见表12.1）。

2004～2014年，全球大部分贷款主要用于电力（39.0%）、交输（24.0%）、石油和天然气（21.2%）以及房地产（5.4%）部门。在亚太地区，大部分贷款用于电力（34%）、交输（23%）、石油和天然气（15%）以及通信部门（6%）（见图12.1）。

银行向基础设施的贷款一般采取项目融资的形式，其特点包括追索权担保有限、期限长、贷款人治理水平更高以及杠杆高于传统企业融资方式。项目融资依赖于未来的现金流来满足偿债要求，贷款人通常会进行更高水平的

---

① 例如，在澳大利亚，2013年私人债务和股权投资占基础设施投资的58%，高于1993年的33%（Productivity Commission, 2014）。

尽职调查和治理，在更大范围内使用信用评级，在贷款期间内满足财务合规标准①。

375 **表 12.1 2004～2014 年全球和亚太地区的项目融资情况**

单位：十亿美元，%

	2004 年	2005 年	2006 年	2007 年	2008 年	2009 年	2010 年	2011 年	2012 年	2013 年	2014 年
全球	145	166	210	247	250	147	228	214	199	204	260
亚太地区	36	25	39	45	71	57	99	92	92	64	72
占比	24.8	15.1	18.6	18.2	28.4	38.8	43.4	43.0	46.2	31.4	27.7

资料来源：作者根据 Project Finance International（2015）整理。

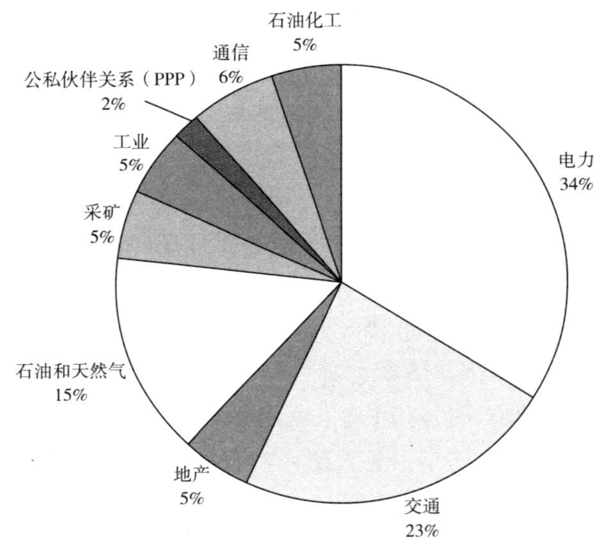

图 12.1 2004～2014 年亚太地区的项目融资占比（按部门划分）

资料来源：作者根据 Project Finance International（2004～2015）中的数据绘制。

376 2008～2012 年，尽管债券融资规模降至 10%，但仍然占到亚太地区项目融资交易的 20% 左右。债券融资下降要归因于 2008～2009 年大多数违约担保人的评级下调和基准违约风险债券的重新定价，在许多情况下，这些债

① 通常情况下，这些合同条款包括贷款资产价值和债务偿还率、现金流分配优先权，以及符合偿债准备金和现金流量分配条款的要求。

券已经处于标准普尔的 BBB - 或更低的评级水平（Debelle，2008：78 - 79）。

自全球金融危机以来，亚太地区项目融资市场呈现出一些显著特点，包括银行的重要性上升，银行贷款份额更多地分配给所在国的项目，这些项目主要以本国货币计价（Project Finance International，2015）。因苏格兰皇家银行、法国农业信贷银行、爱尔兰银行、法国巴黎银行和桑坦德银行从亚太地区市场撤出而带来的供应缺口，通过该地区贷款的增长以及几家欧洲银行的资产并购和业务的开展得以弥补，例如三菱 - UFJ 资产组合并购，及苏格兰皇家银行（RBS）于 2012 年开展的业务。2010 ~ 2014 年，亚太地区的当地银行取代了欧洲银行，成为该地区的机构主力和资金来源（见表 12.2）。

项目融资贷款主要用于为私人公司提供股本资本和管理、运营和维护基础设施项目融资。这些项目包括能源生产、港口和机场、终点货运铁路服务和收费公路等经济基础设施项目。在澳大利亚、韩国和日本，项目融资也以建造大学、医院和公共建筑的形式用于社会基础设施建设。社会基础设施的 377
市场风险由国家承担，项目收入来自国家获得的收费。

表 12.2　2004 ~ 2014 年亚太地区项目融资的来源

	2004 年	2005 年	2006 年	2007 年	2008 年	2009 年	2010 年	2011 年	2012 年	2013 年	2014 年
1	英国	英国	美国	美国	西班牙	印度	印度	印度	澳大利亚	美国	美国
2	英国	西班牙	法国	英国	美国	澳大利亚	西班牙	澳大利亚	印度	澳大利亚	澳大利亚
3	澳大利亚	卡塔尔	沙特阿拉伯	澳大利亚	英国	西班牙	澳大利亚	美国	美国	英国	英国
4	韩国	美国	英国	西班牙	澳大利亚	美国	美国	俄罗斯	英国	印度	印度
5	卡塔尔	意大利	西班牙	阿联酋	印度	英国	英国	法国	法国	韩国	巴西

资料来源：作者根据 Project Finance International（2004 ~ 2015）中的数据整理。

银行基础设施贷款的优点

项目融资的一大特点就是，放款人能够发挥重要的治理作用，更加积极地参与资产和绩效管理，确保借款人遵守贷款条件、交易合同和贷款有效期内适用的财务契约。银行还发挥着重要的中介作用，为借款人对冲再融资、货币和利率风险提供更多的风险管理工具。多边机构还能提供补贴，用于早期可行性研究、环境影响和管理战略、贷款和包括政治风险保险在内的金融服务。

亚太地区的许多项目融资交易采用 PPP 形式，确保项目选择、评价和执行的高度严格性。最近对该地区 PPP 政策的一项调查表明，2011 ~2014 年，亚太地区 19 个国家的 PPP 政策及相关的支持体系得到了显著的改善（Economist Intelligence Unit，2011，2014）。

贷款机构、地区政府及其机构以及借款人都很清楚银行贷款作为项目融资来源的优势。项目经济期限内的债务服务必须与项目的现金流和长期基础设施投资的财务经济要求相匹配。项目融资是亚太地区基础设施供给的主要来源；2008 ~2012 年该地区的基础设施供给增加，表明银行为基础设施项目融资具有持续可行性。

银行基础设施贷款的缺点

项目融资的缺点包括缺乏灵活性和借款人管理变革的空间有限。贷款提前退出或再融资会受到处罚，也几乎没有转换的可选方。利率可能与浮动利率指标挂钩，这就意味着如果没有套期保值，借款人在贷款期限内将会面临利率风险。

项目融资的一个显著特点是期限很长，允许项目的投资特性、服务协议期限与长期债务服务要求相匹配。短期融资或项目融资期限的减少会给借款人带来再融资风险，尤其是在利率波动时期。

378 #### 银行基础设施贷款的挑战

全球资本市场风云莫测，易受系统风险和全球外部因素的影响。亚太地区的许多贷款机构倾向于以本币向国内市场放贷，意味着该地区跨境交易在未来存在融资缺口。银行基础设施贷款的可持续性面临着交易流量的挑战。基础设施投资者和贷款人都认为，银行贷款交易流量的稳定有助于项目承包商创建和维持熟练的项目团队，加强与当地顾问的合作，降低投标成本（Preqin，2015a：4）。

12.2.3 债券融资

债券是政府或企业发行的金融工具，要求发行人定期支付利息，并到期偿还本金。债券是中间信贷和股权融资的替代性资本来源（Hack

And Close，2013）。债券的形式多样，被政府、公司和项目发起人广泛用于基础设施项目融资。债券提供了许多可供选择的结构方案，例如，利息支付可以是固定利率或浮动利率，单一发行的部分可能以不同货币发行，期限不等，利息支付可以由发行人、政府或银行等第三方进行指数化或担保。

在1997～1998年亚洲金融危机之后，企业债券市场被视为可能解决当时导致亚洲货币贬值和经济衰退的资本流动问题的途径。亚洲债券市场在这次危机之后的几年间经历了强劲增长，这要归功于监管框架、清算和结算机制的改善。2015年，“亚洲新兴市场”（不包括日本）的企业债券发行额为8.78万亿美元（约占该地区GDP的61%），其中大部分以当地货币发行（ADB，2015）。

基础设施债券通常进行信用评级。在2007～2008年全球金融危机之前，违约担保人（单一保险公司）会为大量债券投保，并向标准普尔评级为BBB及以下的项目提供AAA级信用担保（Debelle，2008：78－79）。这种做法降低了基础设施债券发行者的债务成本，许多保险公司在2008年后经历了评级下调，实际上不再允许在债券市场进行融资。2009～2010年，债券在亚太地区项目融资安排中下降到10%以下，2014年这一比例约为20%。

亚太地区债券的平均期限约为6年，某些国家特别是印度尼西亚、菲律 379
宾和泰国（ADB，2015）期限会更长一些。该地区最大的债券市场在中国内地、中国香港、韩国、马来西亚和新加坡（Hack and Close，2013）。大多数债券被评为投资级，信用风险和违约率较低（Ehler，Packer and Remolona，2014）。

免税型债券

免税型债券由政府发行，投资者的利息收入可以全部或部分免税。需要缴纳较高边际所得税的投资者对免税型债券的需求很大，这降低了免税型债券在低收入和中等收入国家中的吸引力，意味着资本担保型或指数型债券对许多投资者来说更具吸引力。免税型债券可以由中央政府机构发行，也可以像美国那样，由享有国家所得税豁免的市政机构发行。根据发行条件的不同，债券可以在官方市场交易，也可以通过中介和二级市场进行非正式交易。

税收激励给政府出了一个难题[①]。从税收义务中扣除的款项是国家向私人投资者明确的转移支付，由额外的公共物品中的福利和个人利益抵消[②]。免税型债券的风险较低，购买者认为其税后真实的回报和税收优惠后的调整价格较低，因而这种债券的定价也会低于市场上的其他国家债券。免税型债券的补贴效应可能非常显著。美国的一项研究显示，私营企业的借贷成本下降200个基点（2%）后，给2006年的收入造成了约270亿美元的损失（Ang，Bhansali and Xing，2010）。最近一项关于上限扣除型债券的研究表明，10年期债券和30年期债券的隐性补贴分别达到310亿美元和1120亿美元（Scott，2012）。免税债券也可能在资本市场产业扭曲和“挤出”效应。

包括中国和马来西亚在内的许多亚洲国家自动豁免本国居民购买国家发
380 行债券的所得税。而其他一些国家，受国际税收条约和自由贸易协定的约束，只为非本国居民豁免全部或部分的交易税，包括资本利得和代扣所得税。

收益债券

收益债券是政府为“绿地”基础设施筹资而发行的债券，或者是由项目的私人发起人根据“项目带项目”（project-by-project）或者投资组合来提高投资人资本量而发行的债券。债券以资产和融资合同的价值为担保。发行人可以折价或指数化证券的形式发行部分或全部债券，在这种情况下，可以从散户投资者的收益率利差（或利息）中获得折扣。发行指数型债券有一个好处就是证券的定价通常低于市场上常规发行的债券（Chan et al.，2009：84）。

企业债券

企业债券在全球基础设施融资中所占比例不到5%。亚太地区的企业基础设施债券发行量占全球基础设施债券发行量的20%，在全球范围内水平较低[③]。与亚洲债券市场的强劲增长相比，实在令人吃惊，因为2015年11月亚洲债券市场约占该地区GDP的61%。这可能要归咎于发行公司在发生

---

① 在美国，收入型债券可以由联邦以下的各级政府发行，并由联邦政府担保，这样会造成税收收入减少。这种安排表明，需要控制国家以下各级政府发行这类债券，以尽量减少成本负担过重以及纵向财政不平衡的各种影响。

② Abelson，2003：404－418；Hillman，2003：131－138.

③ 与之形成对比的是美国（41%）和欧洲（21%）（Ehlers，Packer and Remolona，2014：72）。

项目违约时有赎回债券的责任。在亚太地区发行的基础设施债券中，约94%的债券为投资级信用级别，相比之下，全球债券中达到这一信用等级的债券占比为75%。基础设施债券的信用级别和流动性通常比一般企业债券更稳定（Ehler，Packer and Remolona，2014：72）。

亚洲债券市场

亚洲债券市场为弥合亚太地区国内储蓄高企与基础设施资本短缺之间的鸿沟提供了机会，尽管有证据表明，这种情况并没有大规模出现。2013年，国际清算银行和亚太地区的11个中央银行设立了亚洲债券基金（Asian Bond Fund），投资于8个亚洲市场（中国、印度尼西亚、韩国、马来西亚、菲律宾、新加坡、泰国和越南）的本币债券，促进了资本市场自由化、经济增长和成员国资本市场的协调。2005年，第二只基金成立，资本金达到20亿美元，旨在方便长期发行本币债券，提供包括衍生品和回购协议交易在内的服务。2004～2014年全球债券和贷款项目融资见图12.2。

381

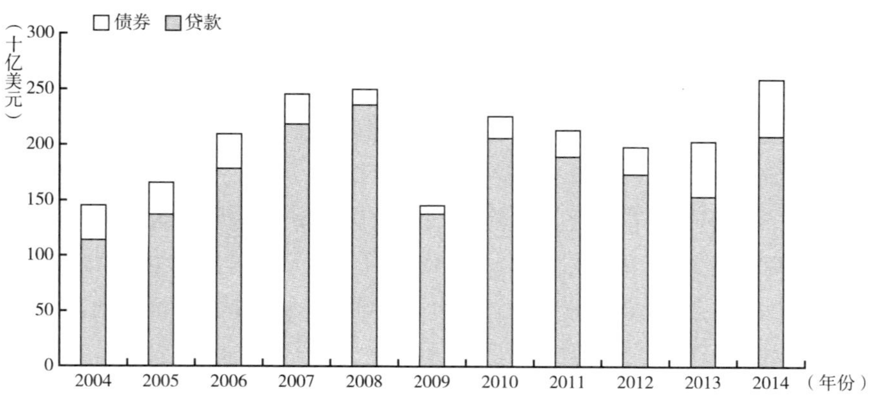

图12.2　2004～2014年全球债券和贷款项目融资

资料来源：Project Finance International（2015）。

2005年，"东盟+3"和亚洲开发银行提出了"亚洲债券市场倡议"（Asian Bond Market Initiative），以支持和整合地区债券市场发行公共和私人债券。2014年12月，在9个市场——中国内地（占市场份额的63%）、中国香港、印度尼西亚、韩国、马来西亚、菲律宾、新加坡、泰国和越南——发行了8.88万亿美元的债券。其中，政府债券占61%，非政府债券占 39%（较 2007 年的 29% 有所增长）（Zen and Regan，2014）。

在中国内地、印度尼西亚、菲律宾、泰国和越南等市场中，政府发行的债券占大多数；在中国香港、马来西亚、韩国和新加坡等市场中，企业发行的债券占 40% 或以上（ADB，2015：10）。33.7% 的政府债券发行期限为 3 年或 3 年以下，19.8% 的政府债券发行期限为 3～5 年，24.6% 的政府债券发行期限为 5～10 年，21.8% 的政府债券发行期限为 10 年。印度尼西亚和菲律宾的政府债券发行时间最长（10 年或以上）。大多数其他基金的发行期限为 5 年或以下。绝大多数企业债券的发行期限为 3～10 年，只有 11% 的企业发行 10 年期债券（ADB，2015）。

亚洲债券基金和亚洲债券市场倡议是该地区为投资者提供流动性、多样
382 化和风险分散机会的重要发展成果。尽管该地区的监管更加协调一致，但大多数当地货币债券由少数国内机构投资者持有，可能限制了市场的流动。

基础设施债券的优点

作为一种金融证券化工具，债券对于被动机构投资者而言是一种有吸引力的投资，可以被信用评级，并为投资者提供流动性和多样化。债券发行的配置可以多种多样，包括不同的发行期限、货币和证券化方案。债券可由发行机构、银行或政府全部或部分担保，以指数化支付、可兑换期权或贴现方式发行。债券还可以在证券交易所上市，根据市场指数来评价绩效。最近的研究证实，与企业债券相比，该地区基础设施债券的信用评级总体上要好得多，违约风险也较低（Ehler，Packer and Remolona，2014）。债券融资为长期项目提供了一种灵活的融资方式，并能够满足被动投资者对基础设施融资的要求。

基础设施债券的局限

基础设施债券无法满足借款人在借款期间内有效参与项目融资的治理，对绩效标准提出要求并进行监控的需求。债券投资者一般都是被动的，对基础设施的知识理解有限，也不了解项目的潜在经济性。虽然基础设施债券的风险并不比企业债券复杂，但其主要风险来自主权和政治方面（Ehlers，Packer and Remolona，2014）。

从历史来看，债券在项目融资中的作用很重要，但也并没有占据统治地位。投资者对“绿地”风险和投资级信用评级的偏好表明，债券交易可能

对未来的基础设施融资渠道起到的作用有限。然而，这些特征并不排除未上市的债券会在未来基础设施项目中发挥更大的作用。预计到21世纪头20年，由专门从事基础设施的投资银行管理的投资基金将会大规模进入场外市场。

12.2.4　多边开发银行

亚洲开发银行和世界银行等多边开发银行在促进亚太地区基础设施发展方面发挥着关键作用。2012年，世界银行为基础设施相关项目提供了255亿美元，亚行提供了75亿美元，占其贷款总额的64%（Moore and Kerr， 383
2014）。多边开发银行提供的服务包括多币种贷款、补贴、股本、担保、技术援助（TA）方案，以及与其他多边开发银行、多边发展机构及公共和私人组织共同融资。多边开发银行提供的贷款比私营银行期限更长、利率更低，并在设计偿债要求方面具有更大的灵活性（ADF，2014）。亚洲开发银行提供的贷款和其他金融工具的平均信用评级为投资级（ADB，2014）。

亚行还通过信贷担保和投资融资机制为杠杆化的基础设施项目提供违约赔偿，降低基础设施项目的成本，提高投资信用等级。多边开发银行向低收入国家和发展中国家提供援助和优惠贷款（Chong and Poole，2013），并通过以下方式发挥中介作用：（i）带动其他金融机构参与交易；（ii）组织债务联合和赞助；（iii）提供针对非商业风险（主权、政治和货币不可兑换风险）的保险；（iv）管理像亚洲发展基金这样的捐赠项目（Moore and Kerr，2014）。多边开发银行还通过编制技术出版物、国家和项目案例研究、调查和报告等活动，在提供信息方面发挥重要的作用。亚洲开发银行赞助经济学人智库编写“亚洲基础设施展望”（Economist Intelligence Unit，2011，2014），并每年出版亚太地区的关键指标（ADB，2016）和亚洲债券监测季刊（ADB，2015）。

多边开发银行参与的优点

多边开发银行是亚太地区基础设施融资的主要促进者和提供者，是该地区政治、经济和社会发展的推动者，是各类项目技术援助、财务和非财务支持的提供者。多边开发银行可以提供弹性中介服务，在缩小基础设施项目潜在的经济性与金融可交易性之间存在的缺口中发挥重要作用。多边开发银行还可以提供优惠条件的补贴、资产和债务，并通过引入合作贷款方和第三方援助融资项目，在亚洲低收入国家的项目中扮演中介角色。

384 **多边开发银行参与的局限**

尽管世界银行对基础设施的贷款约占其贷款的50%，亚行的贷款约占65%，但是多边开发银行用于满足亚太地区基础设施融资需求的资源十分有限。2015年3月，20国集团（G20）承诺将亚洲开发银行的资本增加1000亿美元，这意味着该机构将在下一个十年继续在亚太地区发挥主导作用。

12.2.5 国际发展机构

国际发展机构也是亚太地区基础设施项目贷款、补助、金融服务和技术援助的重要来源。多边开发银行和国际发展机构经常需要提供贷款和赠款，以弥补私人投资在发展中经济体和某些产业部门的许多基础设施项目中存在的生存能力缺口[1]。

国际发展机构对基础设施的支持可采取官方发展援助的形式。2015年，大约40个国家机构、31个非政府机构和26个国际机构提供这种发展援助。通常，官方发展援助的形式包括贷款、补贴，以及用于培训、发展规划、资助研究团队和专家及提供装备的技术合作协定等。2013年，日本国际协力机构的全球发展援助涵盖贷款援助（72%）、技术合作（17%）和补贴援助（11%）（Japan International Cooperation Agency，2014）。贷款援助大多为长期发展贷款，利率低于商业贷款。在亚太地区，由亚洲开发银行管理的亚洲发展基金还向该地区的低收入经济体提供低息贷款和补贴。2013年，亚洲发展基金的资产约为210亿美元，其中亚洲开发银行出资约为140亿美元，共同融资伙伴出资约为70亿美元（ADB，2014）。

国际发展机构还向亚太地区国家提供技术援助。基础设施是一种资本密集型资产，需要进行长期规划，并作为网络供应链的一部分在非竞争性市场
385 条件下运行。当私人公司以建设—运营—交付和PPP合同的形式进行投融

---

① 水资源、公共交通、道路和道路维修等产业部门一般要求对私人投资者实行高水平的国家补贴或可用的投资支付制度。通过国际发展机构的低息贷款和补贴，可以提高私人投资者的生存能力，同时减少国家政府提供的补贴资助或担保（Estache，2010；Wihardja，2013）。

资时，基础设施的这些特征就显得尤为重要。政府面临的一个挑战是确保承担这些项目的机构具备必要的技术、金融和商业技能，以便与经验丰富的国际投资者、运营商和金融家围绕长期和不完整的合同展开谈判。国际发展机构在多个层面向发展中国家提供技术援助：项目分析和研究；提供咨询服务和向专家提供报酬，以协助项目选择、评估、治理和融资；帮助国家和地方各级政府职能机构进行能力建设。

国际发展援助可通过进出口机构提供贷款，通过世界银行的国际金融公司、国际开发协会和多边投资担保机构等国际机构扩大信贷规模。

12.2.6　养老基金

全球养老基金是重要的全球投资者，资产估计达到64万亿美元，其中33.8万亿美元由经济合作与发展组织（OECD）出版的《2014年全球养老金资产研究》中排前300位的基金所持有，2010～2014年旗下的基金年化增长率为7.3%（Towers Watson，2014）。主权和公共基金占养老基金旗下资产的67%，私人公司基金占19%，私人独立基金占14%。约64%的基金设在亚太国家[①]。

在亚太地区受调查的养老基金资产中，待遇确定型（DB型）养老金基金占到70%以上。这一点很重要，因为DB型基金允许基金经理投资于长期资产，不受季度市场业绩指标压力的影响，也不需要保持更高的流动性比率。累积型基金更加强调基金管理者积极买卖证券及维持具竞争力的收益表现的能力，特别是法律法规允许参保人员可以在基金管理者之间自由转移其账户。

全球养老基金经理配置资产的实践做法千差万别。例如，在澳大利亚、
智利和英国的养老基金通常持有40%或更多的证券资产。在亚太地区，证 386
券在中国香港（65%）、澳大利亚（50%）和日本（30%）等地的养老基金资产中也占有较大的比例，但在中国内地（20%）和韩国（5%）的养老基金资产中占比较小，意味着成熟的证券市场可能是配置证券资产的一个因素。在韩国，固定利息投资占养老基金的90%；在中国内地，固定利息投

① 美国（36%）、日本（13%）、加拿大（6%）、澳大利亚（3%）、韩国（3%）、中国（1%）、马来西亚（1%）和新加坡（1%）等国的养老基金占到养老基金旗下资产的90%（Towers Watson，2014）。

资占养老基金的80%。亚太地区的基金管理者投资地产或者其他资产类型的不多（Mercer，2014）。OECD 的研究发现，以加权平均数计算，证券占养老基金资产的41.2%，债券占44.9%，现金及替代物占13.9%。养老基金对基础设施投资有几种形式：直接股权投资、债务和专业基础设施基金的间接投资。OECD 出版的《2014 年 104 家大型养老基金年度调查报告》预计，平均配置到基础设施上的投资在1%左右[①]（Inderst，2014；OECD，2014：51）。基础设施投资配置占养老基金的比例在澳大利亚大约为6%，在加拿大为5%（Inderst and Della Croce，2013）。在全球养老基金对基础设施的投资中，债务工具被认为相对不是那么重要。

养老基金贷款的优点

作为一种债务担保，基础设施投资与养老基金的长期负债曲线和收益偏好非常匹配。由于证券、直接和间接地产项目、债券等投资组合多样化，经济指标（短期和长期债券利率、收入、就业、通胀、利率、汇率和投资水平）向好，基础设施债务的调整风险回报率高于平均水平（Peng and Newell，2007）。基础设施的收入流稳定且能够指数化，有长期服务合同作为保障，价格弹性低，并且具有竞争有限的优势。

养老基金贷款的局限

养老基金偏好参与未上市基础设施的债权和股权投资，这类基础设施占到养老基金资产配置的56%。基金管理者很难找到稳健的投资和贷款机会。基础设施贷款的交易成本较高，尽管33%的机构投资者认为流动性是一个问题，26%的机构投资者认为投资业绩值得关注（Preqin，2015b）。

387 养老基金更热衷“绿地”项目，不喜欢为建设提供贷款。作为被动的贷款人，基金管理者不具备治理这类资产的贷款人所需具备的能力。澳大利亚、加拿大和美国的养老基金更喜欢收入稳定的、可预测的、成熟的项目。无论是在全球还是在亚太地区，养老基金都不是基础设施的重要贷款人，可获得的数据无法支撑投资组合向基础设施债券配置，养老基金的其他债务证券也配置给了上市股票。

---

① Preqin（2015a）估计，在全球600多只基金中，平均配置到基础设施的基金占其管理资金的3.3%，占所有机构投资者的4.4%（Preqin，2015b）。

养老基金对基础设施的贷款基本上是被动的，难以获得项目融资者所提供的技术知识，无法充当治理者的角色。养老基金和机构投资者面临着与这些项目相关的监管和政治风险，预计对未来基础设施融资的贡献有限。

12.2.7　主权财富基金

主权财富基金（SWF）是各国政府在国际经济不稳定时为了金融安全和稳定而创造的特殊工具。Clark、Dixon 和 Ashby（2013：4）将主权财富基金视为一种政策工具，认为主权财富基金的崛起是各国寻找远离传统资本市场的投资平台机会。虽然主权财富基金自 20 世纪 50 年代末以来就已经存在，但在 1997～1998 年亚洲金融危机之后，这类基金数量从 8 个增至 21 个，在全球范围内地位突出，并在 2007～2008 年全球金融危机期间助力亚太地区许多国家的稳定。

2015 年 4 月，主权财富基金控制了 7.1 万亿美元的多元化投资组合，这些资产一般配置在国内外有息证券、房地产和包括基础设施资产在内的替代性投资上。在全球十大主权财富基金中，亚太地区占了 5 只，管理的资产达到 2.2 万亿美元。该地区最大规模的主权财富基金在中国内地（1.5 万亿美元）、中国香港（4000 亿美元）和新加坡（3000 亿美元）（Sovereign Wealth Fund Institute，2015）。主权财富基金在全球投资界的影响力日益增强，当前正在推动全球资本市场和财政架构的重塑和去中心化。

主权财富基金融资的优缺点

基础设施作为一类资产需要进行长期股权和债务投资，主权财富基金拥
有其所需的资本。基础设施证券化后的投资特性，受到组合投资者普遍的青 388
睐。主权财富基金几乎没有负债，可以灵活地、直接参与基础设施行业。基础设施对证券投资者的吸引力在于其显著的多元化特征，这一点养老基金深有体会。研究表明，与绝大多数主要经济变量不同的是，基础设施与其他资产类别的相关性较低，且价格回报表现稳定（Peng and Newell，2007）。也有人可能认为，主权财富基金资金的设计就是为了支持国家利益，并保持投资组合对国内基础设施项目的大规模配置，尽管对特定资产类别的投资组合配额的任何讨论都会引起目标冲突的问题。换句话说，主权财富基金具有金融目的，而不是发展目的，需要高流动性和与特定风险偏好相称的回报。对国内基础设施的配置较少将涉及对主权财富基金决策过程的政治干预，并威

胁到基金管理者的独立性，2008～2009 年有关养老基金强制投资基础设施的程度问题被广泛讨论和否决（Regan，2009：47－50）。

与银行不同，主权财富基金是投资组合管理者，缺乏发行或交易债券、年金或衍生品的零售机构，也无法行使贷款方传统的信用评估和治理职能。在基础设施融资中，贷款方的治理尤为重要，因为基础设施融资要求贷款方设计、监督和执行关于贷款协议下借款方履约的契约。这份契约可以涵盖现金和运营管理、债务担保比率的遵守、偿债基金要求的一致性以及债务偿还覆盖率。

这些约束限制了主权财富基金作为国内基础设施项目触手可及的债务融资提供者的能力，主权财富基金只能以平均 4.5%～4.8% 这样相对低的份额配置给基础设施这类资产（S&P，2014：4）。

12.2.8　首次公开发行（IPO）

20 世纪 80 年代，金融机构利用证券交易所的证券买卖和 IPO，为私有化募集了股权资本。最近几个私人融资的基础设施项目也是采用类似的方式，通过多个实体证券打包发行的形式实现了证券化，其中一个将股份“贷给”同一集团中的其他公司。1997～2011 年，澳大利亚的四条高速公路（希尔斯高速、东方快线、克莱姆 7 号公路和机场快线）采用了 IPO，但是在所有案例中，总体业绩回报都很差，项目因而被摘牌，资产被出售。在具
389 有成熟资本市场的国家可以使用 IPO 交易，而在资金量匮乏的发展中国家，其可行性则会大打折扣。尽管项目上市可以在证券交易所采取证券打包发行、债券或者其他债券工具等形式，但是在大多数情况下，IPO 方案被用来为私人投资的基础设施项目筹集股本。

IPO 方案的优点

IPO 提供了债务资本的额外来源。公司可以用证券打包的形式发债，也可以在证券交易所发行债券。证券打包为发行人提供了在公司集团结构中分割股权和债务证券化的机会。上市债券带来了流动性，可以选择以多种票面和期限配置发行债券，以减少大部分项目融资的风险。

IPO 方案的局限

基础设施项目上市的市场仅限于单一资产基础设施项目。债务融资选择

包括债券市场上市，在这些市场中，基础设施证券表现出强劲的信贷和业绩特征。IPO 暗含“绿地”项目风险，加拿大和澳大利亚的市场数据显示，近期的交易导致贷款方股权损失和资产减记严重，因而 IPO 的失败率很高（Regan，Smith and Love，2015）。

IPO 的另一个限制是机构的支持力度小。组合投资者倾向于事先承诺或参与分承销，折价发行打包证券化的债务和股票，这是小型组合投资者和零售市场不可及的一种选择。鉴于机构投资者在整个地区资本市场的主导地位，与其他部门的 IPO 相比，基础设施 IPO 市场可吸引的投资者数量十分有限。

12.2.9 公私伙伴关系（PPP）

政府授予私人提供和管理公共物品方面的特许权可以追溯到古罗马时代。进入 21 世纪后，PPP 在全球经济中得到广泛应用。PPP 是基础设施服务的供给和管理的长期合同，其中私营公司负责提供资金，建造工程，并在合同期限内承担大部分的开发和运营风险。通过用户收费或政府可得性付款，私营公司以获得足够的收入作为对投资的合理回报。在项目的早期阶
段，由于股权支付受到了限制，必须由现金流来支撑债务。短期建设的贷款 390
可以规避一些建设风险，在建设完成后进行再融资。然而，一些由私人团队运作的市场风险项目，完全依赖用户收费，因而很难融资。最近的交易证据表明，这些项目失败的概率很高（Regan，Smith and Love，2015）。

PPP 在债券发行或项目融资时通常采用很高的杠杆。PPP 按照合同规定交付服务，由独立的监管机构进行监管，并且合同结束后将资产交给国家。为了保证交易支付可行，最新项目的贷款人被要求必须从核心业务支付中偿还债务，这样就不会受到绩效下降的影响。这些谈判条款和“照付不议”（take or pay）合同有效地以主权风险替代了运营商绩效风险，大大降低了贷款方的风险。

在亚太平洋地区，PPP 是基础设施资金的重要来源，广泛用于经济基础设施供给，包括高速公路和公路、发电站、港口和机场、铁路基建和城市交通（Zen and Regan，2014）。大多数 PPP 的杠杆比率很高，通过项目融资或债券进行融资。PPP 交付遵循政策框架，与采购过程保持一致。PPP 可能得到信贷增级的支持，例如，2013 年，富美 BOT 电力公司完成一桩燃气能源交易，这是越南的首例 PPP。富美项目是一个高风险、有限追索权的“绿地”项目，得到了主权和政治风险保险的支持，交易是由亚行和多边投资

担保机构负责设计完成的（Cooper，2004）。

PPP 并不适合所有的基础设施。只有当项目能够提供规模经济、转移重大风险（包括生命周期成本和操作风险）以及具备资本市场融资能力时，PPP 才能够提供最佳回报率，因此 PPP 不适用于小型的、传统的项目，因为它们的交易成本很高，如果它们需要在项目生命周期内获得支付、资本捐助、补贴或担保支持，则政府无法负担。

PPP 的优点

PPP 是根据采购政策来交付的，这项政策使得项目选择、投标和实施过程具备某种一致性。大多数基础设施要使用项目融资，其中债券在最近的交易中占 12% 左右（Project Finance International，2015）。对贷款人而言，PPP
391 的一个重要方面是替代性的争议解决机制，可以迅速解决合同双方在有效期内可能出现的争端。PPP 的失败率要低于由传统企业贷款融资的项目。自 2001 年以来，有证据表明，PPP 带来了设计和建设方面的创新，实现了政府重大风险的转移，提供的服务要好于传统的采购方法［National Audit Office（United Kingdom），2001，2003；Infrastructure Partnerships Australia，2007；Regan，2009］。

PPP 的局限

当项目实现了规模经济效应并将重大风险转移给私人投资者时，PPP 无疑为国家带来最佳的性价比结果，因而需要创新性的设计和建筑解决方案，以及熟练的、激励性的管理。PPP 涉及所有缔约方较长的周转时间和较高的交易成本，必须能够在资本市场上融资。债务通常是共同分担的，要追求可持续性，就需要一个强有力和有效的治理框架。PPP 不适合 5000 万美元以下的项目，如果融资期限低于 10 年，则很容易受到再融资风险的影响。PPP 的另一个缺点是合同不完备，合同期限为 20 年、30 年和 40 年，这意味着缺乏灵活性，而且政府也缺乏在如此长的运作期间管理规划和变化的能力。

12.2.10 证券化

对收入来源是成熟基础设施的资产实行联合经营和/或证券化是政府机构和私人投资者的一种融资选择。成熟的基础设施资产的投资特点包括竞争有限、关税管制、收入流稳定且经常指数化、可变成本低、高杠杆带来高股本回报率以及需求弹性低。在混合资产组合中，基础设施资产是投资组合多样化的一种选择（DellaCroce and Gatti，2014）。

证券化已被用于发行信贷增强型债券来为社会和经济基础设施项目融资，例如废物管理、医院和学校项目，以及供应水、电、气服务的公用事业部门（Dexia，2007）。2012 年，独立债务资本市场集团（Independent Debt Capital Markets Group）为英国的太阳能项目发行了一种消费者价格指数票据，在欧洲、俄罗斯、亚太地区的资源行业中完成了交易（Project Finance International，2015）。

证券化方案的局限 392

2007 年之前，证券化被广泛用于与抵押和应收贷款类似的收入来源，随后成为金融危机的早期受害者。证券化是贷款人将贷款循环到更广泛的机构投资者市场的一个机会。然而，证券化需要一个成熟的资本市场，庞大的机构能够将证券供给打包并提供担保，还要承担所需的中介和分销服务。亚太地区的主要金融机构并不把证券化视为一种中期选择，因为在这一地区，债券市场提供了一种流动性更强、更灵活的资金循环和多样化选择。证券化仅在稳定的利率环境下适用于具有较高信用地位的资产。

12.2.11　融资支持机制

20 世纪 90 年代中期，随着“绿地”项目的早期私有化，许多部门的基础设施项目的信贷质量下降，部分原因是私有化后，盈利能力更强的能源、港口、运输和机场项目已被供水和卫生、城市交通运输、道路和公路维修以及铁路服务等部门的一系列项目所取代，其中许多项目在亚太地区。当前项目的可行性问题要比 21 世纪初更加普遍。为此，各国政府和多边开发银行安排了增强型信贷，以改善基础设施项目的信贷状况和提高盈利能力。在这些增强型措施中，有许多已在上文讨论过，有几项需要进一步研究：可行性缺口补贴（VGF）、欧洲投资银行（EIB）夹层债券融资项目，以及作为最后贷款人的国家。

可行性缺口补贴

如果基础设施项目产生的收入不足以应付企业承担的债务水平，那么该项目对私人投资者来说可能不具有可行性。当用户收费产生的收入不足以支付偿债义务、产出定价受制于国家相应的法律或价格上限时，或者私人投资者承受的风险水平不被贷款方接受时，以上情况就会发生。作为回应，世界各国政府都采用了可行性缺口补贴政策，以取代特事特办的临时项目资助。

可行性缺口补贴是国家对私人基础设施项目融资的财政援助，以支持其盈利能力。在整个亚太地区，无论是正规的还是非正规的外包、建设—
393 运营—交付和 PPP 交易，都普遍实行了可行性缺口补贴政策，确保私人融资项目不会因有限的可行性而失败。可行性缺口补贴有效地内化了基础设施市场中的外部因素（Irwin，2006），政府可使用这种形式的补助来降低项目成本，确保及时交付，或为长时间提供可持续的服务奠定基础（Regan，2009）。可行性缺口补贴可以采取预先出资、提供债务、在项目运行期间支付补贴和/或针对特定交易风险的担保等形式。可行性缺口补贴政策是一项政策，因而在许多情况下，规定了拨款“上限”，要求在拨款之前私人股本和债务必须全额缴清，并在项目立项时直接拨给项目贷款人。可行性缺口补贴通常记作实缴资本中的预算拨款，或作为补贴或担保中的或有负债。

欧洲投资银行夹层债券融资项目

欧洲投资银行夹层债券融资试点项目于 2010 年推出，目标是提高高级债券持有人私人融资的信贷水平与基础设施项目的合格率。欧洲投资银行提供标准普尔 AAA 评级的次级夹层债券，或 20% 的高级债务担保，以满足基础设施项目早期运营阶段建筑成本超支或偿债能力不足等问题。政府或诸如欧洲投资银行或欧洲中央银行等多边发展机构提供资金或担保。夹层债券融资项目重新调整了项目风险，信贷风险的改善降低了项目的资本成本，允许更高的债务 - 股本比率（受杠杆限制）（EIB，2012），使高级贷款人受益。

最后贷款人

受到全球金融危机之后不确定性的影响，贷款人削减了向联合项目融资贷款的债务额度。这一点在澳大利亚和加拿大的大型 PPP 项目中表现得最为明显，需要政府迅速做出反应。在 2009 年金融危机最严重的时候，价值 35 亿澳元的维多利亚淡化项目投放市场后，维多利亚市政府收到了两个财团的投标，但这两个财团都没有达到全部债务要求。为了应对这种情况，政府在谈判后宣布了最终谈判的中标者，同时也为这两个财团做了贷款人承诺。政府站在最后贷款人的立场，在预先承诺的基础上，尽量减少用水量

（工厂的基础负荷），从而努力降低项目的财务风险。这样，中标人就能够 394
从市场上发行全部债务，不需要依赖国家贷款（EIB，2012）。

由国家承担高级债务的最后贷款人机制赋予了投资者信心，并为投标和资本市场提供了更多的确定性。然而，与以前的信贷担保一样，2008～2010年在澳大利亚和英国试行的金融项目中，国家的金融参与可能会造成债务上限和到期日等事项的僵化，限制再融资、杠杆和资本结构，普遍推高项目的资本成本（McKenzie，2008）。

12.3　结论

在多边发展机构的协助下，亚太地区各国政府提供了大部分基础设施融资。在中期内继续规划和提供大部分基础设施，仅靠国家政府的资源可能不足以弥补经济高速增长、城市化和要素驱动经济体中的快速工业化所造成的基础设施缺口。进入21世纪以来，私人基础设施融资在项目融资、债券、建设—运营—交付和PPP采购等方面发挥了更为重要的作用。除了作为额外的资金来源，私人管理基础设施还能提高生产率，为国家降低高风险的生命周期成本。然而，私人资本确实有其局限性，包括对能源、运输和电信部门等行业的项目偏好，以及对运输项目市场风险的厌恶。另一个局限在于许多基础设施交易的边际盈利能力不强。如果没有国家的信贷支持，这些交易可能很难融资，而且成本很高。作为应对措施，多边发展机构增加了信贷增强方案，引入了可行性缺口补贴政策，为改善交易的可行性和提高盈利能力提供了一套系统方案。这种模式经过修改后，在长期的资产服务管理合同中加入资产供给的可支付方案，可以规避收费公路和铁路项目等项目的市场风险。基础设施项目设计方式的创新，风险配置的变化，以及项目选择和风险管理方法的改进，都将改善未来的采购模式，提高基础设施对私人融资的吸引力和盈利能力。

在全球或亚太地区，养老基金和主权财富基金并未被广泛用于基础设施 395
项目融资，不过，这些基金大多数计划在中期内提高股权参与。国际发展机构、亚洲债券市场和专门的基础设施投资基金是基础设施建设债务未来的潜在来源，但是基础设施项目资源受限，被动的投资并不总是最优的。虽然债券融资对基础设施交易贡献良多，但就上市而言，它们可能不适用于贷款人需要为交易的设计和治理带来经验和技能的项目。

Bhattacharyay（2011，2012）概括了亚太地区的资本市场政策目标，这里不需要进一步解释。亚太地区政府面临的挑战包括财政修复，国家各级政府或有负债的确认，筹资机制、PPP 的完善以及政策框架的外包，以期采用共同的政策原则，促进地区连通性和简化跨境交易。东盟国家在这方面取得了相当大的进展，这一模式可以推广到整个亚太地区。

参考文献

Abelson, P. 2003. *Public Economics, Principles and Practice*. Sydney: Applied Economics.

Ang, A., V. Bhansali, and Y. Xing. 2010. Taxes on Tax-Exempt Bonds. *Journal of Finance* 65(2): 565–601.

Asian Bankers Association. 2010. *Basel III and its Implications for Asian Banks*. Position paper presented at the 25th Asian Bankers Association General Meeting and Conference. 1–2 November. Taipei,China. www.aba.org.tw/images/upload/files/psages53-75.pfd (accessed 21 August 2016).

Asian Development Bank (ADB) and Asian Development Bank Institute (ADBI). 2009. *Infrastructure for a Seamless Asia*. Tokyo: Asian Development Bank Institute.

ADB. 2014. *Annual Report*. Manila: Asian Development Bank.

——. 2015. *Asian Bank Monitor*. March and November. http://asianbondsonline.adb.org/documents/abm_mar_2015.pdf (accessed 20 March 2016).

——. 2016. *Asian Economic Integration Report 2016*. Manila: Asian Development Bank.

Asian Development Fund. 2014. *Statement of the Asian Development Bank's Operations in 2013*. Manila: Asian Development Bank.

Australian Bureau of Statistics. 2014. *Managed Funds*. Cat. No. 5655.0, December. Canberra: Australian Bureau of Statistics.

Bhattacharyay, B. N. 2011. *Financing Infrastructure for Connectivity: Policy Implications for Asia*. ADBI Policy Brief 33, July.

——. 2012. Modes of Asian Financial Integration: Financing Infrastructure. In *Infrastructure for Connectivity*, edited by B. N. Bhattacharyay, M. Kawai, and R. M. Nag. Cheltenham: ADBI and Edward Elgar.

Chan, C., D. Forwood, H. Roper, and C. Sayers. 2009. *Public Infrastructure Financing—An International Perspective*. Productivity Commission Staff Working Paper, March.

Chong, S., and E. Poole. 2013. *Financing Infrastructure: A Spectrum of Country Approaches*, Reserve Bank of Australia Bulletin, September Quarter: 65–76.

Clark, G. L., A. D. Dixon, and H. B. Ashby. 2013. *Sovereign Wealth Funds, Legitimacy, Governance and Global Power*. Princeton, NJ: Princeton University Press.

Cooper, B. 2004. Project—Financing a Vietnam Power Project. *Journal of Project and Structured Finance* Spring: 34–38.

Debelle, G. 2008. Recent Market Developments. *Reserve Bank of Australia Bulletin* August: 71–79.

Della Croce, R., and S. Gatti. 2014. Financing Infrastructure—International Trends. *Organisation for Economic Co-operation and Development (OECD) Journal: Financial Market Trends* 2014(1): 123–138.

Dexia. 2007. *Sale of Dexia Banque Private France to BNP Paribas*. Press Release 19, February. Brussels: Dexia.

Economist Intelligence Unit. 2011. *Evaluating the Environment for PPPs in the Asia-Pacific, The 2011 Infrascope*. Hong Kong, China.

____. 2014. *Evaluating the Environment for PPPs in the Asia-Pacific, The 2014 Infrascope*. Singapore.

European Investment Bank (EIB). 2012. *An Outline to Project Bonds Credit Enhancement and the Project Bond Initiative*. Luxembourg: EIB. December. http://www.eib.org/infocentre/publications/all/an-outline-guide-to-project-bonds-credit-enhancement-and-the-pbi.htm (accessed 28 January 2017).

Ehlers, T., F. Packer, and E. Remolona. 2014. *Infrastructure and Corporate Bond Markets in Asia*. Paper presented at a Reserve Bank of Australia conference Financial Flows and Infrastructure Financing. Sydney, 20–21 March 2014. http://www.rba.gov.au/publications/confs/2014/ (accessed 10 November 2014).

Estache, A. 2010. Infrastructure Finance in Developing Countries: An Overview. *EIB Papers* 15(2): 60–88.

Government of Australia. 2014. *The Asset Recycling Initiative, Helping State Unlock their Balance Sheets*. http://www.budget.gov.au/2014-15/content/glossy/infrastructure/download/Infrastructure.pdf (accessed 20 October 2016).

Hack, M., and C. Close. 2013. *East Asian Corporate Bond Markets*. Reserve Bank of Australia Bulletin, September Quarter: 55–63.

Helms, L. J. 1985. The Effect of State and Local Taxes on Economic Growth: A Time Series-Cross Section Approach. *The Review of Economics and Statistics* 67(4): 574–582.

Hillman, A. L. 2003. *Public Finance and Public Policy, Responsibilities and Limitations of Government*. London: Cambridge University Press.

Inderst, G. 2014. Institutional Investment in Infrastructure. *Institutional Investment in Infrastructure* 7(5): 20–23.

Inderst, G., and R. Della Croce. 2013. *Pension Fund Investment in Infrastructure: A Comparison Between Australia and Canada*. OECD Working Paper in Finance, Insurance, and Private Pensions 32. Paris: OECD Publishing.

Infrastructure Partnerships Australia. 2007. *Performance of PPPs and Traditional Procurement in Australia*. Sydney: Infrastructure Partnerships Australia.

International Monetary Fund (IMF). 2014a. *World Economic Outlook, Legacies, Clouds, Uncertainties*. Washington. DC: IMF. October.

——. 2014b. *Regional Economic Outlook, Asia and the Pacific*. Sustaining the Momentum, Vigilance and Reforms. Washington, DC: IMF. April.

——. 2015. *Making Public Investment More Efficient*. Staff Report, Washington. DC: IMF. June.

Irwin, T. 2006. *Public Risk in Private Infrastructure*. Paper presented at a high-level seminar: Realizing the Potential for Profitable Investment in Africa, organized by the IMF Institute and the Joint Africa Institute. Tunis, 28 February–1 March.

Japan International Cooperation Agency. 2014. *Annual Report*. Tokyo: Japan International Cooperation Agency. http://www.jica.go.jp /english/publications/reports/annual/2014/index.html (accessed 12 March 2015).

Mackenzie, H. 2013. *Canada's Infrastructure Gap, Where It Came From and Why It Will Cost So Much to Close*. Alternative Federal Budget Technical Paper. Montreal: Canadian Centre for Policy Alternatives.

Marlowe, J. 2009. *Method of Sale, Price Volatility and Borrowing Costs on New Issue Municipal Bonds*. Research Paper. Seattle, WA: University of Washington.

McKenzie, R. 2008. Strategies to Improve Value for Money in Financing PPPs. *Public Infrastructure Bulletin* 7: 5–16. December.

McKinsey Global Institute. 2013. *Infrastructure Productivity: How to Save $1 Trillion a Year*. New York, NY: McKinsey Global Institute. January.

Megginson, W. L. 2005. *The Financial Economics of Privatization*. Oxford and New York, NY: Oxford University Press.

Mercer. 2014. *Asset Allocation of Pension Funds Around the World*. Melbourne: Melbourne Mercer Global Pension Index. February.

Moore, R., and S. Kerr. 2014. On a Highway to Help: Multilateral Development Bank Financing and Support for Infrastructure. *Economic Roundup* 2014(1). Canberra: Australian Government Treasury.

National Audit Office (NAO) (United Kingdom). 2001. Modernizing Construction. Report by the Comptroller and Auditor-General. HC 87, Session 2002–2003. London: NAO. January.

——. 2003. PFI Construction Performance. Report by the Comptroller and Auditor-General. HC 371, Session 2002–2003. London: NAO. February.

OECD. 2014. Annual Survey of Large Pension Funds and Public Pension Reserve Funds, Report on Pension Funds' Long-Term Investments. Paris: OECD.

Peng, H. W., and G. Newell. 2007. *The Significance of Infrastructure in Investment Portfolios*. Paper delivered at the Pacific Rim Real Estate Society conference. Fremantle, Western Australia, 21–24 January. 1–26.

Preqin. 2015a. *Global Infrastructure Report*. New York, NY: Preqin.

____. 2015b. *Spotlight*. March. https://www.preqin.com/docs/newsletters/inf/Preqin-Infrastructure-Spotlight-March-2015.pdf (accessed 28 January 2017).

PricewaterhouseCoopers and Oxford Economics. 2014. *Capital Project and Infrastructure Spending: Outlook to 2025*. London.

Productivity Commission. 2008. *Financial Performance of Government Trading Enterprises 2004–05 to 2006–07*. Commission Research Paper. Canberra. July.

____. 2014. *Public Infrastructure*. Inquiry Report 71(1). Canberra. May.

Project Finance International. 2015. *League Tables 2004–2014*. London: Thomson-Reuters. http://www.ifre.com/?&m=0&src=http://www.ifre.com/hybrid.asp?typeCode=68&pubCode=1&navcode=386 (accessed 10 April 2015).

Regan, M. 2004. *Infrastructure: A New Asset Class in Australia*. Adelaide: Gilberton Press. http://espace.library.uq.edu.au/view/UQ:107180 (accessed 16 October 2015).

____. 2009. *A Survey of Alternative Financing Mechanisms for Public-Private Partnerships*. Research Report 110. Infrastructure Association of Queensland and Bond University. August.

Regan, M., J. Smith, and P. E. D. Love. 2015. *Financing of Public-Private Partnerships: Transactional Evidence from Australian Toll Roads*. Working Paper 226. Robina, Gold Coast: Bond University, Faculty of Society and Design, December.

Reviglio, E. 2012. *Global Perspectives for Project Financing*. Proceedings of a Conference Financing Future Infrastructure, EU 2020 and Long Term Financing, Regulatory Aspects, held by the Joint European Commission-EIB/ European Public–Private Partnership Expertise Centre Private Sector Forum. Brussels, 6 June.

Scott, M. A. 2012. *The Build America Bonds Program: Savings Opportunities and Efficiency Improvements from Subsidizing Taxable Municipal Debt*. Working Paper. Palo Alto, CA: Stanford University, Department of Economics. 7 May.

Seijas, J. G. 2013. *Global Trends in PPP and Project Finance Markets*. Singapore: Ernst and Young.

Seneviratne, D., and Y. Sun. 2013. *Infrastructure and Income Distribution in ASEAN-5: What Are the Links?* IMF Working Paper 13/41. Washington, DC: IMF. February.

Sovereign Wealth Fund Institute. 2015. Largest Sovereign Wealth Funds by Assets under Management. Singapore: Sovereign Wealth Fund Institute. http://www.swfinstitute.org/sovereign-wealth-fund-rankings/ (accessed 12 November 2015).

Standard and Poor's. 2014. *Global Infrastructure: How to Fill A $500 Billion Hole* New York, NY: Ratings Direct. January.

Towers Watson. 2014. *Pensions & Investments, Towers Watson 3000 Analysis*. Arlington, VA: Towers Watson. September.

United Nations Economic and Social Commission for Asia and the Pacific. 2016. *Economic and Social Survey of Asia and the Pacific 2016: Year-End Update*. Bangkok: United Nations Economic and Social Commission for Asia and the Pacific.

Wihardja, M. M. 2013. *Looking at the G20 Initiatives on Infrastructure Investment from a Developing Country's Perspective: Indonesia*. Presentation to the Regional Think20 Meeting, Lowy Institute. 23 May.

World Bank. 2014. *Asia and Pacific Economic Outlook*. October 2014 Update, Asia and Pacific Department. Washington, DC: World Bank.

Zen, F., and M. Regan, eds. 2014. *Financing ASEAN Connectivity*. Jakarta: Economic Research Institute for ASEAN and East Asia. December.

第十三章

基础设施、私人融资和机构投资者：全球视角下的亚洲

乔治·因德斯特

13.1 绪论

401 良好的基础设施是经济增长以及社会和生态发展的关键。从全球范围内来看，基础设施投资需求巨大，发展中经济体尤其如此。许多国家的发展因基础设施投资长期不足和现有基础设施维护不善而受阻。不过，纳税人的钱也可能会被过度投资于基础设施。由于公共部门的预算往往捉襟见肘，需要私营部门在基础设施融资方面发挥更大的作用。

本研究从全球视角来评估亚洲的基础设施投资和金融，概述了全球和亚洲的基础设施需求和各种私人融资来源。机构投资者被广泛视为一种充满希望的融资新来源，但其潜在的贡献尚不明晰。越来越多的养老基金、保险公司、主权财富基金和其他投资者正在寻找这一领域的投资机会，但经验大多十分匮乏。此外，由于这些投资者的目标和约束各不相同，他们并不是一个同质的群体。

虽然这些问题非常重要，但是人们对它们的了解似乎少得令人惊讶。通常，信息非常稀缺，“基础设施”的定义也千差万别。尽管如此，考察基础设施资金供需的“宏大图景”十分重要。本章将可用的信息纳入一个简单
402 的框架，即占国内生产总值（GDP）的比例，以便更好地理解这一领域的“数量级”。在特定领域将会进一步地研究更多的细节。

13.2　基础设施融资需求

13.2.1 历史视角

我们以基础设施支出的历史为起点。在过去20年中，世界国内生产总值的3.8%用于基础设施，即每年约2.4万亿美元（以2010年全球国内生产总值为参照）。美国和欧盟的基础设施支出占到国内生产总值的2.6%；东亚的这一比例要高得多（日本为5.0%，中国为8.5%）（见图13.1）（McKinsey，2013）[①]。发达国家的基础设施支出呈下降趋势，已从1980年的3.6%下降到2008年的2.8%，但新兴经济体从3.5%增长到5.7%。这一增长主要是由东亚推动的，拉丁美洲则拖了后腿。

403

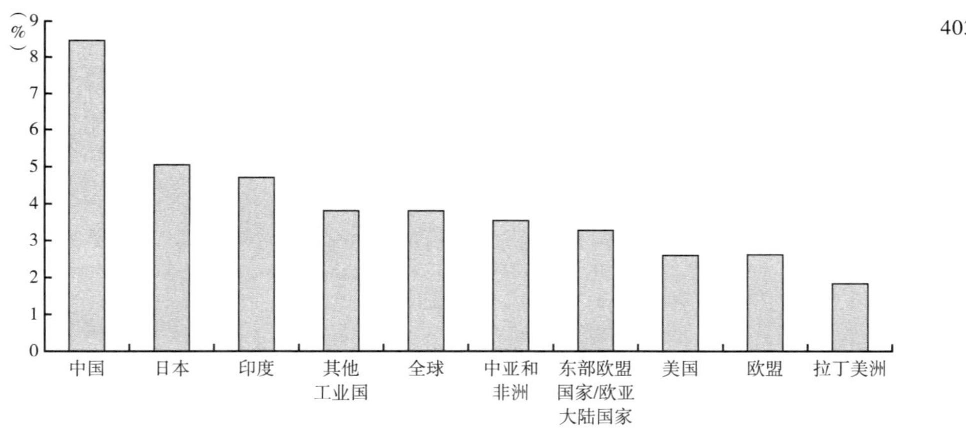

图13.1　1992～2011年基础设施支出占GDP的比例

资料来源：McKinsey（2013）。

世界银行的研究（Fay et al.，2011）估计，2008年发展中国家的基础设施支出为8000亿～9000亿美元，其中6000亿～6500亿美元来自公共部门，500亿～1000亿美元来自官方开发援助，私人参与基础设施达到1380

① 本章涵盖7个经济基础设施部门（公路、铁路、港口、机场、电力、水和电信），合并了来自不同来源的数据："国际交通运输论坛""IHS全球能源（包括发电）和通信洞察力"以及"全球水情报"（有关水的数据）。

亿美元。基础设施支出占 GDP 的比例，全球为4.2%，东亚和太平洋地区为6.8%，南亚为4.2%，撒哈拉以南非洲为7.1%，中东和北非为6.9%，拉丁美洲、欧洲和中亚为1.2%①。

基础设施投资模式不仅在各地区之间，而且在地区和国家内部也有很大差异。例如，东盟国家的基础设施支出比中国低得多——印度尼西亚的基础设施支出约占 GDP 的 1.5%，泰国和菲律宾约占 2.0%，马来西亚约占 3.5%（Goldman Sachs，2013）。韩国处在中档水平，基础设施支出占 4.3%。Andrés、Biller 和 Herrera Dappe（2014）的报告显示，在南亚地区，基础设施支出占 GDP 的比例从 1973 年的 4.7% 增加到 2009 年的 6.9%，这种增长主要是由发电带来的。

不幸的是，找不到全球或亚洲社会基础设施投资的数据。例如，Wagenvoort、De Nicola 和 Kappeler（2010）的计算显示，在欧洲，卫生（0.6%）和教育（0.4%）部门的支出占 GDP 的 1%。

总体而言，长期经济基础设施支出占 GDP 的比重，在西方发达国家中约为 2.6%，在全球则为 3.8%。新兴市场和发展中经济体之间存在很大的差距。东亚的发达国家和发展中国家之间差距较小，而在许多其他亚洲国家，基础设施支出水平则要低得多。

13.2.2 未来需求的测算

许多地方显然存在基础设施投资的瓶颈。更多的投资需求，不仅是建设新项目，而且是维护现有的基础设施。本章主要关注基础设施财务方面的问题，忽略物理方面的问题。未来的投资需求不容易量化，融资缺口（即所需资本与可得资本之间的差距）的量化更加困难。本项研究主要考察基础设施财务方面的一些主要测算。

全球测算

早在 20 世纪中期，经济合作与发展组织（OECD，2006，2007，2012）就推出了一些行业分析的基础性成果。到 2030 年，关键经济部门的基础设

---

① 发展中国家组根据世界银行（2015a）界定。可以作为简单参考：2012 年全球 GDP 约为 72.0 万亿美元，其中亚洲为 21.0 万亿美元（29.2%），东亚和太平洋为 18.5 万亿美元（25.7%），南亚为 2.5 万亿美元（3.5%），亚洲新兴国家和地区为 13.0 万亿美元（18.1%）。亚洲拥有近60%的世界人口。

施需求总计超过80万亿美元，即每年约3万亿美元，占全球GDP的4%以上（见表13.1）。自上而下的测算方法也得出类似的结果[①]。根据这些数字，世界经济论坛（WEF，2012）计算出每年全球基础设施融资缺口约为1万亿美元（占国内生产总值的1.25%）。

表13.1　到2030年全球基础设施投资需求占全球GDP的比例

单位：%

水		1.3	404
通信		0.5	
交通运输		0.9	
公路	0.3		
铁路	0.3		
机场	0.2		
港口	0.1		
能源		1.5	
电力输送和分配	0.2		
发电	0.7		
其他能源	0.4		
石油和天然气的输送和分配	0.2		
合计		4.2	

资料来源：OECD（2006，2007，2012）；WEF（2012）；Inderst（2013）。

大多数的测算集中在与“常态”经济和人口增长保持同步所需的基础 405
设施上，而不是任何“社会最优”[②]。为缓解和适应气候变化或实现低碳目标而进行的投资需要更多的资源。在考虑其他社会和人类发展目标时，情况也是如此。例如，通过增加“绿色基础设施”需求，估计全球每年可能要增加3.5万亿～5万亿美元（占国内生产总值的5%～7%）（WEF，2013）。

---

① 有两种基本的测算方法：自上而下和自下而上。第一种是以宏观统计的发展为基础，如GDP、资本存量和投资。第二种是以微观经济信息为基础，如地区和行业案例研究、地方当局的规划文件和专家评估。

② 普华永道（2014年）预计，未来十年，全球资本项目和基础设施支出将从每年约4万亿美元增至9万亿美元。亚太地区将以平均每年7%～8%的速度增长，到2025年达到每年约5万亿美元，占全球总量的60%左右。普华永道和牛津研究经济报告使用了基础设施的广义定义，包括初级产品经济活动（如石油、天然气、煤炭、金属和其他资源的开采）、关键制造业部门的经济活动（支撑运输和公用事业部门发展和运营）以及社会基础设施。

基础设施资本存量和生产率

良好的基础设施政策和管理似乎在一定程度上可以取代资本投资。更好地利用现有基础设施和选择新项目可以缩小资金缺口（Andrés, Biller and Herrera Dappe, 2014）。例如，McKinsey（2013）估计，如果基础设施生产率潜能提高60%，将为全球每年节省1万亿美元的支出。此外，一些国家从过去的投资中积累了较高的总体基础设施资本存量，但其质量可能很差，某些部门产能过剩，或许还包含一些“白象”级的基础设施（即维护费用高昂或难以处置的基础设施）。

McKinsey（2013）估计，大多数主要国家的基础设施存量约占国内生产总值的70%，这一数字也被认为是全球平均水平。日本则比高水平国家还要超出一大截，其基础设施存量占GDP的179%，这尤其要归因于公路基础设施的驱动。这一比例在中国为76%，在印度为58%，而在东南亚国家为30%～50%（IMF, 2014）。值得注意的是，就亚洲而言，过去一些地方的“过度投资”可能会导致未来支出下降。

新兴市场和亚洲

新兴市场和发展中经济体的基础设施投资需求要高于发达市场经济体。世界银行的专家利用自上而下的多部门模型，测算出发展中经济体这
406 类需求为占GDP的平均水平6.6%，其中新投资占2.6%，运营和维护费用占4.0%。不过，低收入国家（12.5%）、中等偏下收入国家（8.2%）和中等偏上收入国家（2.3%）之间存在非常大的差距。2008年的实际投资水平在低收入国家估计为5.0%，在中等偏下收入国家为3.3%，在中等偏上收入国家为1.0%（Estache, 2010; Fay et al., 2011）。

根据Bhattacharya、Romania和Stern（2012）的研究，为了跟上快速城市化和经济增长的需要，到2020年前，发展中经济体必须将支出从目前每年8000亿～9000亿美元增加到1.8万亿～2.3万亿美元，或从占GDP的3%增加到占GDP的6%～8%[①]，因此，预计发展中经济体每年的支出缺口约为1万亿美元。东亚和太平洋地区的这一比例最高（35%～50%），其次是

① 其中包括每年为减缓和适应气候变化的投资额2000亿～3000亿美元。

南亚（20% ~25%）。就行业而言，电力占的比例最大（45% ~60%）[①]。

一些研究还测算了地区未来的基础设施投资需求和缺口。Bhattacharyay（2012）在为亚洲开发银行工作时发现，2011 ~2020 年，亚洲 32 个发展中经济体将需要 8.2 万亿美元（按 2008 年价格计算）的基础设施投资[②]，其中约一半用于能源，约 1/3 用于交通运输（主要是公路），其余用于电信、供水和卫生。2/3 用于新的产能，1/3 用于维持和更换现有的资产。

在以上估算的资金量中，中国需要一半以上，印度需要 1/4 以上，随后是印度尼西亚（5.0%）。然而，与国内生产总值相比，南亚（特别是公路）的基础设施需求非常高，占国内生产总值的 11.0%，而亚洲地区平均水平为 6.5%（见表 13.2）。其他一些亚洲国家（阿富汗、柬埔寨、吉尔吉斯斯坦、老挝、蒙古国、塔吉克斯坦、乌兹别克斯坦和越南）的占比也超过 8.0%。

表 13.2 2010 ~2020 年基础设施投资需求占 GDP 的比例 407

单位：%

	能源	交通运输	通信	供水和卫生设备	所有部门
东亚和东南亚	3.2	1.6	0.5	0.2	5.5
南亚	3.0	5.6	2.0	0.4	11.0
中亚	3.0	1.9	1.4	0.4	6.7
太平洋岛国	0	2.6	0.7	0.3	3.6
亚洲地区平均水平	3.2	2.3	0.8	0.2	6.5

资料来源：Bhattacharyay（2012）。

Andrés、Biller 和 Herrera Dappe（2014）发现，南亚每年的投资需求为 1400 亿 ~2100 亿美元（按 2010 年价格计算），占 GDP 的 6.6% ~9.9%。在对 4 个东南亚联盟国家的分析中，高盛（2013）得出，到 2020 年这一数字为 5500 亿美元，大大高于过去的支出和政府估计数（4270 亿美元）[③]。

---

① 苏格兰皇家银行（2011）的另一项研究预计，到 2030 年，新兴市场的基础设施需求将增长至 19.22 万亿美元，其中亚洲需求量最大，达到 15.8 万亿美元。在过去的 20 年里，基础设施支出估计为 7.4 万亿美元，其中亚洲为 5.1 万亿美元（其中，中国 2.9 万亿美元，印度 1.3 万亿美元，韩国 3000 亿美元）。

② 这一数字细分为每年 7760 亿美元的国家投资（采用自上而下的方法估计），以及每年 290 亿美元的区域基础设施投资（采用自下而上的方法估计）。

③ 这一数字在印度尼西亚为 2400 亿美元（2011 ~2025 年经济总体规划），马来西亚为 450 亿美元（2011 ~2015 年第十个规划中的基础设施公共支出），菲律宾为 700 亿美元（2011 ~2016 年），泰国为 720 亿美元（2012 ~2020 年）。

总体看来，全球经济基础设施的未来投资需求要略高于过去的支出（占GDP的4%以上）。预计发展中国家要更高，平均水平达到6% ~8%。在亚洲内部，主要的估算值为6.5%，各经济体之间的差距很大。一些国家需要在较长的时期内大幅增加基础设施投资，而另一些国家的资本存量已经很高。

对社会基础设施和实现绿色目标或发展目标（如联合国千年发展目标）的投资将需要额外的资源，但对这些投资的必要规模我们还知之甚少。另外，在基础设施的使用和建造方面可能要大大提高效率。这是在今后的研究中值得给予更多关注的一个领域。

13.3 资本供给

408 接下来，有必要考察一下基础设施融资、私人资本供给和投资工具的构成。图13.2概述了其主要类别，包括以下内容：

（i）公共或私人融资来源。公共资金来自中央、地区、地方和其他政府机构，以及国家开发银行和多边开发银行，如世界银行、亚洲开发银行或伊斯兰开发银行；

（ii）私人融资主要有两种形式：企业融资（由基础设施公司资产负债表上的自有资金提供）和项目融资（基础设施的一种合同化融资安排，使用范围更广）①；

（iii）企业融资可以分为公共（上市）企业和私营（非上市）企业。项
409 目融资可以分为公私伙伴关系（PPP）和非公私伙伴关系②；

（iv）基础设施企业可以在受管制或不受管制的部门经营；

（v）股权融资和债务融资通常混合使用。基础设施，特别是公私伙伴关系项目，杠杆往往很高。

---

① 项目融资是长期基础设施、工业、采掘、环境和其他项目（包括社会、体育和娱乐的公私伙伴关系）的融资，其基础是有限追索权融资结构，即项目融资的项目债务和股本从项目产生的现金流中偿还，通常是一种特殊目的工具。

② 公私伙伴关系是公共部门和私营部门之间为提供传统上由公共部门提供的项目或服务而做出的安排。私营部门联营集团通常采用一种特定目标的融资工具，用于在合同期间资产的开发、建造、维护和运营。风险分担取决于具体的合同。

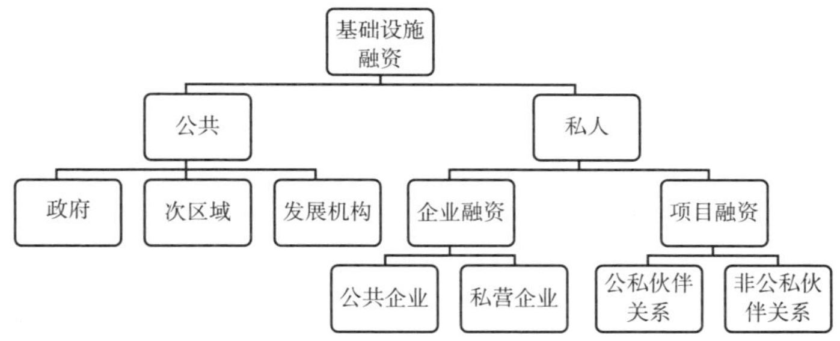

图 13.2　基础设施融资渠道

资料来源：作者绘制。

13.3.1　基础设施融资渠道

公共和私人融资

自第二次世界大战以来，公共部门在基础设施服务的所有权、融资和供给方面发挥着核心作用。20 世纪 80 年代以来的私有化，以及 20 世纪 90 年代开始的公私伙伴关系计划，促进了一些国家的私人参与。如今，除日本外，大多数发达国家在基础设施中的私人融资份额高于发展中国家。例如，欧盟老成员国的公共融资与私人融资的比例约为 1∶2，新成员国为1∶1（Wagenvoort、De Nicola and Kappeler，2010）。英国的经济性基础设施约有 70% 来自私人融资（Her Majesty's Treasury，2014）。

根据世界银行的估计，在新兴市场和发展中经济体中，公共资金约占基础设施总支出的 70%，大约 20% 的资金来自私人融资，其余资金由开发银行和机构提供（J. Delmon and V. Delmon，2011）。Bhattacharya、Romania 和 Stern（2012）的研究采用了类似的数据（见表 13.3）。

公共融资一般在亚洲新兴经济体中占主导地位，特别是在中国。在东盟国家中，根据高盛（2013）估算，政府融资占基础设施总支出的比例，菲律宾为 90%，泰国为 80%，印度尼西亚为 65%，马来西亚为 50%。目前各国正在努力改变这一局面。例如，印度计划将“第十一个五年计划”（2007～2012 年）时 2∶1 的比例格局调整为“第十二个五年计划”（2012～2017 年）的1∶1（Sengupta，Mukherjee and Gupta，2015）。

2013 年，对亚洲基础设施部门的官方发展援助增加到 120 亿美元左右

410 **表 13.3　新兴市场和发展中经济体基础设施融资渠道**

单位：美元

融资渠道	金额
政府预算	5000 亿 ~ 5500 亿
私人融资	1500 亿 ~ 2500 亿
国家开发银行	700 亿 ~ 1000 亿
官方发展援助/多边开发银行	400 亿 ~ 600 亿
其他	小于 200 亿

资料来源：Bhattacharya，Romania and Stern（2012）。

（Llanto，Navarro and Ortiz，2015）。国家开发银行和多边开发银行历来在亚洲发挥着重要作用，为基础设施发展提供贷款、担保和咨询，并促进私营部门融资。新的亚洲基础设施投资银行和金砖国家新开发银行（由巴西、俄罗斯、印度、中国和南非组建）旨在提供更多资金。

贷款融资和资本市场

除了北美洲，私人资本投资包括基础设施和项目融资，在大多数国家历来高度依赖银行贷款。金融危机以来，银行资本重组和更加严格的监管（如巴塞尔协议Ⅲ）产生了深远的影响，尤其是对欧洲银行。不过，日益宽松的货币政策推动了近期的复苏。此外，一些非欧洲银行（如日本和亚洲其他银行）已经更加愿意发放长期贷款。在亚洲，银行贷款仍
411 然主导着基础设施项目融资，其中国有银行扮演着重要角色，尤其是在中国。

尽管亚洲的储蓄率处于历史高位，但它面临着短期银行存款与长期项目融资在到期时的大规模错配问题（Yoshino，2012）。在某种程度上，银行贷款可能会被两种方式取代。首先，非银行金融机构，如养老基金、保险公司或投资基金，可以直接提供长期贷款。不过，亚洲银行的低信贷标准和低资金成本造成的流动性强往往会将非传统银行和外国银行挤出市场（Greer，2015）。

其次，证券化和资本市场可以更有力地支持基础设施融资。20 世纪 80 年代和 90 年代，一些亚洲国家大力发展国内资本市场。韩国、马来西亚和

泰国等国是基础设施债券、公司债券和上市股票的早期用户（Kumar et al.，1997；Park，1998；Walsh，Park and Yu，2011）。然而，在资本市场的深度和结构方面，例如使用国家担保，这些国家存在很大的差异。

与其他区域相比，亚洲债券市场仍有进一步发展的空间（Ehlers，2014；ADB，2015；Burger，Warnock and Cacdac Warnock，2015）。此外，一些市场比其他市场对外国投资者更开放[1]。

概念和数据问题

基础设施投资终于在世界范围内受到了公众的高度关注。然而，相对于基础设施投资对经济和社会的重要性，现有研究仍有很多不足之处，这确实令人惊讶。

关于基础设施资金的供需问题的讨论遇到几个主要的概念问题。本章将涉及其中一些问题，例如估算基础设施投资需求和融资缺口方面。

一个关键问题是基础设施的定义。政界、商界和金融界使用的概念非常不同，大致包括如下定义：

（i）物理特征（如道路、桥梁、管道和电缆）； 412

（ii）部门（包括交通、能源、供水和废物处理等经济基础设施部门，有时还包括教育和卫生等社会基础设施）；

（iii）公共和私人基础设施（新项目与现有项目的维护）；

（iv）经济特征（如垄断、网络、规模和进入壁垒）；

（v）监管制度（如公用事业和机场）；

（vi）合同方式（如项目融资、公私伙伴关系和特许权）；

（vii）投资特点（如长期稳定的现金流量、通货膨胀保护、与其他资产类别的相关性较低以及相对较低的违约率）。

在实践中，基础设施的隐含和明确定义差别很大，存在许多灰色和有争议的领域（Beeferman and Wain，2012；Inderst，2013）。

还有一些与数据有关的重大问题，即数据通常分散在各处，数据不完整，也不一定具有充分的代表性。数据方面的问题包括：

---

① 例如，Ray（2015）编制了一份有关五个亚洲国家外国直接投资约束的表格。国际证监会组织（2012）将外国直接投资的价值与股票市场资本进行比较。二者的比例在韩国、马来西亚和中国台湾这样的经济体中约为30%，而在中国内地只有1%。

(i) 统计来源的范围和方法非常不同（如国民账户、金融交易、基金报表、资产配置数据和投资者调查）；

(ii)“基础设施”“投资”“部门”“项目”“机构投资者”及“公共和私人”的基本定义可能都不明确；

(iii) 讨论中使用的数字通常只是部分陈述，抽样问题存在许多空白和重叠；

(iv) 数据往往是专有的，透明度低。商业数据对于研究人员来说可能是昂贵的或难以获得的；

(v) 数据时点往往不一致，数据过时；

(vi) 地理定义各不相同，特别是有关亚洲、亚太地区和亚洲新兴经济体；

(vii) 数据中似乎存在“发展偏见”，较小和较贫穷的国家在统计和研究方面的代表性往往不足。

显然，这需要非常仔细地解读基础设施统计数据。国家和国际组织可以
413 通过帮助改进统计资料，为公共产品做出重大贡献。而且，必须考虑建构可用的数据，同时牢记之前的分类和警示。

13.3.2 投资工具

本章主要讨论私人融资。从投资者的角度来看，这会是一个多维的投资世界，包括：

(i) 股权和债务（债券和贷款）投资；

(ii) 上市和未上市的投资工具；

(iii) 直接和间接投资途径（通过投资基金）；

(iv) 商业基金，或由政府、国家或国际发展机构赞助的基金①。

例如，投资者可以通过向特定项目提供贷款、购买项目债券或投资组合工具来促进基础设施债务融资。表 13.4 概括了主要的投资工具。在发达市场，投资工具的范围往往更大，新兴市场和发展中经济体使用不同工具的实例也很多（Inderst and Stewart，2014）。

---

① 商业基金有许多例子，特别是在韩国和印度。政府基金或者政府支持的基金包括亚洲基础设施基金、东盟基础设施基金、亚洲基础设施合作基金、菲律宾基础设施投资基金联盟、基础设施发展金融有限公司的印度基础设施基金和中国丝绸之路基金。

表 13.4　基础设施投资工具

		直接	间接	
股权	上市	• 交通、能源、供水、公用事业以及其他基础设施公司的股份	• 上市基础设施基金	
		• 业主有限合伙、YieldCos	• 信托投资	
	股权	• 私营企业的直接投资或者项目	• 指数化、交易所交易基金、衍生金融产品	
		• 联合投资		
		• 投资者平台、联盟		
债权	债券	• 企业债券	• 基础设施债券基金	414
		• 项目债券、PPP 债券、政府基础设施债券、伊斯兰债券(sukuk)	• 信托结构	
		• 次主权、地方债券	• 债券指数化	
	贷款	• 私营基础设施债权	• 基础设施债券基金	
		• 项目贷款、PPP 贷款	• 混合或夹层基金	
		• 银团贷款		

资料来源：作者编制。

基础设施上市公司

企业融资是私人基础设施融资的关键要素。在交易所公开上市的公司在基础设施资产所有者中占有相当大的比重，其资本支出为许多国家基础设施投资做出了重要的贡献。这些公司扮演了项目的提供者、开发者和基础设施服务的运营者等角色，企业集团也因此更加多元化。

由于电力、天然气、水、电信和其他公用事业公司的私有化，基础设施已成为股票市场的一个重要元素。一些国家还将交通运输资产私有化，如机场、港口、收费公路、桥梁和隧道。2013～2014 年，亚洲私有化占全球总量的 22%（Fondazione Eni Enrico Mattei，2014）①。RREEF（2011）发现，“基础设施股权世界”（infrastructure equity universe）里已有 535 家公司，市

① 1988～2014 年，全球资产私有化的收入约为 3 万亿美元。在 2013～2014 年各国政府筹集的 3570 亿美元中，近 800 亿美元在亚洲：其中中国为 410 亿美元，印度为 110 亿美元，日本为 80 亿美元，新加坡为 50 亿美元，马来西亚为 40 亿美元，韩国为 30 亿美元，印度尼西亚为 20 亿美元，菲律宾为 10 亿美元（Eni Enrico Mattei，2014）。

415 值达到3.25万亿美元，大约占全球股票估值的6%。这一数字接近标准普尔（S&P）（2007）的估算。

随着20世纪中期基础设施投资主题的出现，所有主要的指数提供者都开始编制专门的基础设施权益指数。这些指数在所涵盖的国家和部门、股票的数量和规模以及特定的指数方法方面[①]，存在巨大的差异。地区和国家的权重差别很大，其中亚洲（包括日本）的权重通常在10%～20%[②]。一些指数已经揭示了这些市场的相关性和结构。

全球新兴市场基础设施指数通常由亚洲公司主导，其次是拉丁美洲。例如，亚洲在道琼斯布鲁克菲尔德新兴市场指数（中国内地占27%，中国香港占14%，印度占10%）和标准普尔新兴市场基础设施指数（中国占40%，马来西亚占8%，韩国占7%）中的权重约为71%。

亚洲地区专属基础设施指数的变化也很大。由摩根士丹利资本国际（MSCI）编制的全亚洲（除日本外）基础设施指数共有64个成分股，总市值为3650亿美元。各经济体权重见图13.3。就行业而言，电信公司占了相当大的比例（61%）；仅中国移动就拥有23%的权重。电力行业占该指数的17%，燃气行业占10%。标准普尔亚洲基础设施指数（S&P Asia Infrastructure Index）由该地区30家最大的基础设施上市公司组成，总市值约为2500亿美元。这个指数包括日本，但没有纳入电信股[③]。道琼斯布鲁克菲尔德亚太基础设施指数（DowJones Brookfield Asia/Pacific Infrastructure Index）有23个成分股（其中约35%来自澳大拉西亚），总市值约为1000亿

① 其中一个主要问题涉及这些指数中包含或排除的部门和分部门，特别是电信、工业、石油和天然气、建筑、服务或多元化公司。一些指数的极端案例包含超过80%的公用事业股。

② 例如，英国金融时报股票交易所全球基础设施指数（Financial Times Stock Exchange Global Infrastructure Index）有839个成分股，总市值为2.1万亿美元。其中291家在亚洲，111家在日本，59家在中国内地，34家在中国台湾。亚洲的市值权重约为17%（日本占11%，中国内地占2%，中国香港占2%）。“基础设施机会”指数的定义更为广泛，总市值为4.2万亿美元。亚洲的权重约为20%。标准普尔全球基础设施指数（S&P Global Infrastructure Index）追踪了75家公司，总市值约为1.2万亿美元，亚洲的比重约为12%（中国内地约占5%，日本占4%，新加坡占3%，中国香港占0.4%）（截至2015年3月）。

③ 就行业而言，包括工业（47%）、公用事业（43%）和能源股（10%）。在经济体方面，包括日本（28%）、中国内地（23%）、中国香港（17%）、新加坡（9%）、马来西亚（8%）、泰国（5%）、韩国（4%）、印度尼西亚（3%）和菲律宾（3%）。

416

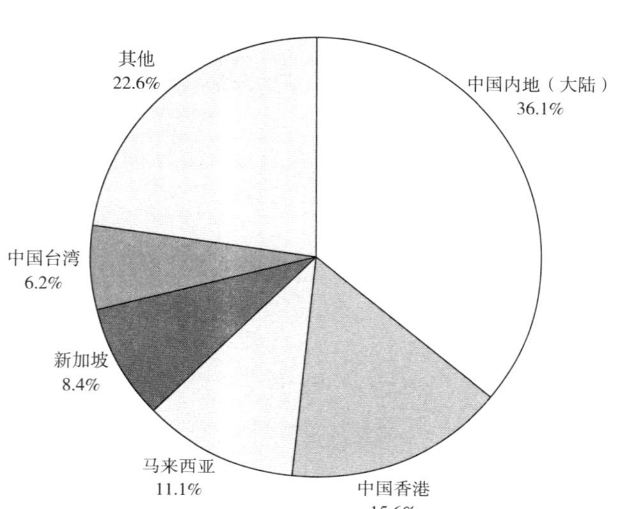

图 13.3　亚洲基础设施指数的经济体权重

资料来源：MSCI（2015）。

美元。其中，石油和天然气股票占一半以上[①]。

最后，还有几个独立的国家基础设施指数。由摩根士丹利资本国际编制的日本基础设施指数包含 18 只股票，总市值约为 2200 亿美元。有关印度的指数有标准普尔孟买证券交易所印度基础设施指数（30 只股票，市值约 1400 亿美元）和英国金融时报证券交易所基础设施发展金融有限公司印度基础设施指数（包含 69 只股票，总市值 600 亿美元）。Indxx 中国基础设施指数包含 30 个成分股（分别在中国香港、美国和欧盟上市），总市值为 4700 亿美元；上海证券交易所基础设施指数总市值约为 2000 亿美元，其中 417
750 亿美元是可交易的。

总体而言，基础设施和公用事业上市公司在全球股市中所占比例为 5% ~6%，约占 GDP 的 4%。亚洲在全球基础设施指数中的权重为 10% ~20%。亚洲地区指数在市场中的差异很大，总市值高达 5000 亿美元的基础设施公司，占亚洲 GDP 的 2.0% ~2.5%，超过全球比例的一半。

---

① 在行业方面，石油和天然气储存和运输占 51%，收费公路占 17%，机场占 12%，港口占 10%，电力输配占 4%，供水占 3%，多元化公司占 3%。在经济体方面，澳大利亚占 31%，中国内地占 23%，日本占 20%，中国香港占 19%，新加坡占 4%，新西兰占 3%。

值得注意的是，上市公司并非完全“私营企业”，因为公共部门实体企业也持有股份。展望未来，分析上市公司的股东结构和投资行为，以及中小企业的贡献，具有十分重要的意义。

私营或未上市的基础设施投资受到高度关注，尤其是基础设施股权基金，不过债务基金也越来越多。一些投资者开始直接参与基础设施项目，或提供私人贷款。

基础设施基金

专门的基础设施基金于20世纪90年代首次在澳大利亚创建，一般都是上市基金。自金融危机以来，澳大利亚的机构投资者大多转向了开放式基金结构。20世纪中期以来，在欧洲、美国和其他地区，私人股权封闭式基础设施基金的数量一直在增长。

接下来，我们将考察这些基金筹集的资本、产生的交易数量以及亚洲的基础设施管理者和投资者。咨询公司 Towers Watson（2014）发现，直接基础设施基金的资产为3050亿美元，其中22%（671亿美元）投资于亚洲[①]。根据数据提供商 Preqin 的数据，2004～2014年，全球约有400个基础设施基金成立，总金额约为3000亿美元。这一数字每年波动都很大，2007年最高，达450亿美元；2009年最低，为110亿美元。

大多数基础设施基金是股权导向型的。从1998年至2013年，只有39个债权基金是封闭式的，总金额约300亿美元，约占筹资总额的10%。不
418 过，基础设施债权正在引起越来越多的兴趣：31只债务和（或）夹层基金目前“正在路上”，力求再从投资者那里筹集230亿美元。这些活动主要集中在欧洲债务市场（Preqin，2015a）。

Preqin（2014）报告了73个专注于亚洲的基础设施私人基金，筹集到的总资本为270亿美元。另有16只基金目前“正在路上”，试图再融资100亿美元。在大约80家亚洲资产管理公司中，总部主要设在印度（21%）或新加坡（18%），其次是中国香港、美国和中国内地（各占9%）。

在世界范围内，基础设施基金每年约进行700笔交易，交易总金额约为

① 这是一项对589名“另类”基金（即传统股权和债券资产以外的基金）管理者的调查，其管理的资产为5.7万亿美元。在这一领域中，基础设施的比重约为5%，远远落后于房地产、私人股权和对冲基金。

3000 亿美元，占全球 GDP 的 0.4%。自 2008 年以来，Preqin（2015b）每年登记在亚洲的交易约 100 笔，年交易价值为 200 亿～300 亿美元，不到全球交易额的 10%，占亚洲 GDP 的 0.1%～0.2%。印度和中国在 Preqin 数据库中公布的交易数量最多（见图 13.4）。

就部门而言，在亚洲完成的交易中，能源占 44%，公用事业占 22%，交通运输占 16%，通信占 3%。社会基础设施占 13%（教育 5%、医疗 5%、政府大楼 3%），其他占 2%。在所有有案可查的亚洲交易中，39% 是“绿地”开发，10% 处在“褐地”阶段，51% 在二级市场。

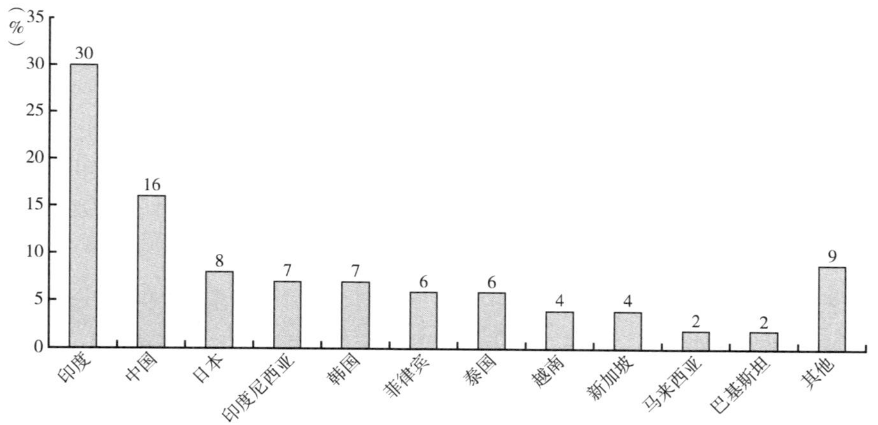

图 13.4　2010～2015 年亚洲各国的基础设施交易占比

资料来源：Preqin（2015b）。

展望未来，基础设施投资者似乎仍然需要关注欧洲和北美的传统市场。 419
在全球范围内，约有 150 个新基金正在进一步寻求筹集 950 亿美元的资本；尽管全球基金对亚洲地区感兴趣，但只有 22 个基金特别专注亚洲。

直接投资

近几年来，一些投资者决定进行“溯源”资产管理。在这一过程中，基础设施项目和公司的直接股权投资已受到机构投资者的欢迎，例如大型养老基金，尤其是在加拿大、澳大利亚和北欧。此外，一些（亚洲和其他）主权财富基金以及其他金融和工业公司也增加了对基础设施资产的兴趣。

保险公司，尤其是欧洲的保险公司，越来越多地以直接贷款的方式来承担基础设施债务。它们要么从银行获得贷款，要么向可再生能源项目提供长期直接贷款。不过，这需要足够的资源来进行信贷分析和风险管理，而许多资产所有者传统上缺乏这些资源。一些较大的投资者已经开始建立这样的内部专家团队。

总之，进入 21 世纪以来，基础设施私人投资，无论是直接投资还是通过基金的形式，在全球范围内一直在增长。相对于欧洲和北美，亚洲的基础设施基金或以亚洲为目标的基金较少。据报道，基础设施基金每年在亚洲约产生 100 笔交易，规模在 200 亿 ~ 300 亿美元，相当于 GDP 的 0.1% ~ 0.2%，低于全球平均水平 0.4%。

13.3.3 项目融资

传统上，项目融资既用于私人基础设施，也用于公共基础设施。项目融资统计数据经常用于表示基础设施中私人融资的发展情况。应当指出，项目融资的范围超出了基础设施部门（如石油、采矿和工业部门），而基础设施投资远远超过项目融资（特别是企业融资）。

根据数据提供商 Dealogic（2015）的数据，2014 年全球的项目融资总金额（股权和债权）为 4080 亿美元，低于 2013 年创纪录的 4370 亿美元。2014 年的交易约为 1100 笔。自 2011 年以来，交易量每年增长大约 4000 亿美元，相当于 GDP 的 0.5%。地区和各国之间的比重差别很大。项目融资通常采用高杠杆。2014 年，12% 的资金来自股权，9% 的资金来自债券，79% 的资金来自贷款。

2014 年，亚洲（不包括印度次大陆）的交易金额为 430 亿美元。最近几年，这一数字每年从 400 亿美元到 600 亿美元不等，占国内生产总值的 0.2% ~0.3%，全球市场份额为 10% ~15%。2014 年，印度次大陆的交易额为 460 亿美元，2007 年曾为几十亿美元，2010 ~2011 年达到 800 亿美元（见表 13.5），波动很大（占 GDP 的 5% 以下）。这两个亚洲地区在全球市场的比重从 2009 年的 35% 左右降至 2011 年的 22%。就国家而言，印度一直是世界上第二大项目融资市场（仅次于美国）①。

① 排名前 15 位的其他亚洲国家的排名每年都在变化。2014 年，印度尼西亚以 82 亿美元的数额排在第 11 位，韩国排在第 14 位（77 亿美元）。2013 年，越南（110 亿美元）名列第 11 位。2012 年，马来西亚排在第 8 位，中国排在第 9 位，韩国排在第 11 位，印度尼西亚排在第 14 位。2011 年，中国排在第 11 位，新加坡排在第 14 位。

表 13.5　各地区项目融资金额

单位：十亿美元

420

地区	2009 年	2010 年	2011 年	2012 年	2013 年	2014 年
北美	31	43	47	51	72	89
拉美	34	19	30	42	48	57
西欧	54	75	74	55	77	68
东欧	11	20	28	8	9	12
中东/非洲	40	49	49	35	88	52
澳大拉西亚	17	19	37	83	38	43
亚洲(印度除外)	50	48	52	63	46	43
印度次大陆	54	81	88	45	41	46
合计	291	355	406	382	418	408

资料来源：Dealogic（2015）。

项目融资贷款

项目融资债权市场一度受到金融危机的影响，但此后有所恢复。作为可用的数据来源，Thomson Reuters（2015）专注于项目融资贷款。2014 年全球贷款总额达到创纪录的 2580 亿美元，比 2013 年增长 26%。2014 年，亚洲有记录的交易是 150 笔，贷款总额为 330 亿美元，低于 2013 年的 410 亿美元。在这个占全球市场份额 13%（低于 2013 年的 20%）的地区中，北亚、南亚和东南亚的市场份额相当平均。根据该数据库，印度已经成为最大的市场之一，2014 年的交易量为 110 亿美元（约占国内生产总值的 0.5%），2010 年达到峰值 550 亿美元（占国内生产总值的 3%）（见图 13.5）。

就基础设施部门而言，在亚太地区（包括澳大拉西亚），32% 的贷款量用于交通运输，26% 用于电力，但只有 1% 用于通信业，0.4% 用于供水和污水、废物的回收利用。在其他部门中，2014 年，石油和天然气占 19%，采矿业占 12%。

基础设施和项目债券

“基础设施债券”一词通常有不同的含义。首先，值得注意的是，一些主权债券已被指定用于基础设施建设，例如在肯尼亚（Inderst and Stewart,

421

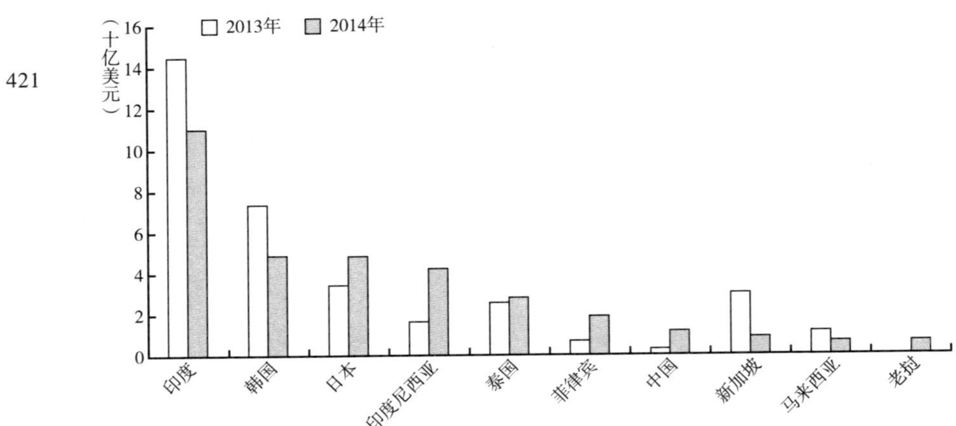

图 13.5 亚太地区各国项目融资贷款规模

资料来源：Thomson Reuters（2015）。

422 2014）。次级主权债券也被用于基础设施投资①。市政债券是基础设施融资的主要来源，特别是在美国。

其次，公用事业和基础设施公司也经常发行公司债券。这类债券可能是公司指数债券的一部分，而主要的专用基础设施债券指数还不普及（加拿大除外）。

再次，1994～2012 年，狭义的项目债券约占全球长期项目债务的 10%②。随着金融危机的爆发，单一险种的保险公司纷纷倒闭，加剧了项目债券融资的受挫程度。然而，之后的市场已经复苏。2013 年的资金总额为 360 亿美元，占项目资金的 9%。过去几年，交易量和份额波动幅度较大（4%～13%），但总成交量很小（不到全球 GDP 的 0.1%）（Dealogic，2015）。

历史上，北美的项目债券比欧洲更常见。例如，加拿大拥有完善的项目债券市场，保险公司作为长期投资者有着长期的经验。在过去 3～4 年里，

---

① Platz（2009）发现，2000～2007 年，亚洲次级主权债券的交易量相对较低，约为 30 亿美元（只有 43 只债券），低于 20 世纪 90 年代的 80 亿美元（20 世纪 90 年代只有 13 只）。Yoshino（2012）提议，亚洲政府发行“亚洲基础设施收入债券”（本币）。

② 项目债券是由项目融资公司发行的债务工具。它们通常可以在二级市场交易，但也可以是私人配售。债券的后盾是项目产生的现金流，而公司债券的后盾则是公司的支付能力。

欧盟项目债券市场有所复苏。尽管新兴市场和亚洲也有过基础设施债务证券化的历史，但水平一直很低。例如，汤森路透和项目金融国际数据库记录的亚洲项目债券发行量自 2010 年以来一直为 10 亿 ~ 30 亿美元（Kitano, 2015）。

Dailami 和 Hauswald（2003）采用更广泛的定义，分析了 1993 ~ 2002 年在 20 个新兴市场发行的、以美元计价的 105 个“基础设施债券”（主要是为基础设施项目融资的公司债券）。其中包括 43 只亚洲债券（其中 13 只来自马来西亚，11 只来自中国内地，10 只来自菲律宾，3 只来自泰国，2 只来自中国香港，2 只来自印度，1 只来自韩国和 1 只来自印度尼西亚），总金额达 140 亿元。

Ehlers、Packer 和 Remolona（2014）统计了全球范围内 1625 种与基础设施相关的债务证券，近几年每年平均发行约 500 亿美元[①]。2009 ~ 2013 年，亚洲新兴经济体发行了 551 种基础设施债券，价值 1680 亿美元。中国大陆市场首先发行了 340 只债券，总价值为 1420 亿美元，紧随其后的是马来西 423
亚发行了 76 只债券（760 亿美元），中国台湾发行了 64 只债券（640 亿美元）[②]。除中国大陆以外，新兴市场的成交量仍然很低。亚洲新兴经济体（不包括中国）平均每年的成交量只有 50 亿美元，不到国内生产总值的 0.1%，即使算上中国在内，也只占国内生产总值的 0.4% 左右。

笔者认为，亚洲基础设施债券市场缺乏深度和流动性，特别是较长期限的债券。与北美洲（以及部分拉丁美洲）相比，98% 的亚洲债券以本币发行，发行往往是周期性的，平均期限（9 年）相对较短。相比之下，2009 ~ 2013 年，亚洲新兴经济体（不包括中国）基础设施银团贷款融资总额约为 2100 亿美元，这意味着债券与银团贷款的比为 1∶8。亚洲的基础设施融资与欧洲一样，以贷款为主[③]。

---

① 就部门而言，它们的定义相对较广。它包括与基础设施相关的公司和项目债券，也包括国家和多边开发银行的项目债券。

② 在这份报告中，中国大陆似乎是一个特例，它的高发行量（自 2009 年以来）完全是由政府担保的国有企业形成的。传统上，国有商业银行持有约 80% 的基础设施贷款投资组合（Walsh, Park and Yu, 2011）。

③ 在新兴市场中，日益重要的一个融资来源是出口信贷机构，尤其是为了防范货币和政治风险。出口信贷机构参与了银团贷款，特别是用于大型基础设施项目的贷款，2009 ~ 2013 年，这类贷款的价值在中国约为 400 亿美元，在亚洲新兴国家（不包括中国）约为 100 亿美元（Ehlers, 2014）。

伊斯兰债券市场近年来强劲增长，发行金额每年超过 1000 亿美元（Rasameel，2014）[①]。大多数伊斯兰债券（62%）由主权发行人来发行，迄今为止最大的发行人是马来西亚。伊斯兰开发银行（Islamic Development Bank）等开发银行也发行伊斯兰债券。企业发行的债券比例较小，包括在基础设施行业（电力和公用事业占发行总量的 9.4%，交通运输业占 7.2%，通信业占 3.1%）。“基础设施伊斯兰债券”正在形成新兴市场。

总之，全球项目融资市场已从金融危机中复苏。在亚洲（不包括印度），每年的项目融资总量占 GDP 的 0.2% ~0.3%，大约为全球平均水平的一半。近年来，印度一直是世界上最大的市场之一。银行贷款仍然占据亚洲基础设施项目融资的主导地位，而项目债券市场规模仍然很小（除中国以外，其他国家项目融资总量占国内生产总值的比例不到 0.1%）。

424 13.3.4 公私伙伴关系（PPP）

公私伙伴关系已日益成为在公共基础设施投资中政府或（私有化）基础设施公司支出的一种替代方案。一般认为，公私伙伴关系在英国和澳大利亚最为成熟，占两国基础设施公共投资的比例分别为 10%（英国）和 5%（澳大利亚）（OECD，2014a）。此后，许多国家实施了各种公私伙伴关系的模式和形式（Nataraj，2007；Zen and Regan，2014；Gatti，2014；Engel，Fischer and Galetovic，2014；Kitano，2015）。

根据 Dealogic 全球数据库（2015），自 2009 年以来，全球公私伙伴关系总规模在 600 亿 ~1000 亿美元（约占 GDP 的 0.1%）。2014 年，全球公私伙伴关系总规模为 720 亿美元，低于 2013 年的 950 亿美元，约占全球 GDP 的 0.1%。2014 年，全球公私伙伴关系在项目融资中的份额为 18%，这一比例传统上为 16% ~25%。其中，交通和社会基础设施占全球公私伙伴关系总量的 69%。

亚洲（除印度以外）每年的公私伙伴关系交易量不到 100 亿美元，远低于全球平均水平。据报道，印度次大陆的交易量相对较高，但波动很大。2011 年，印度次大陆的公私伙伴关系交易量达到峰值，此后在2013年下降到约 50 亿美元（约占国内生产总值的 0.2%）（见图 13.6）。

---

① 伊斯兰债券可以定义为授予投资者一份资产份额的所有权证书，以及与之相应的现金流和风险。

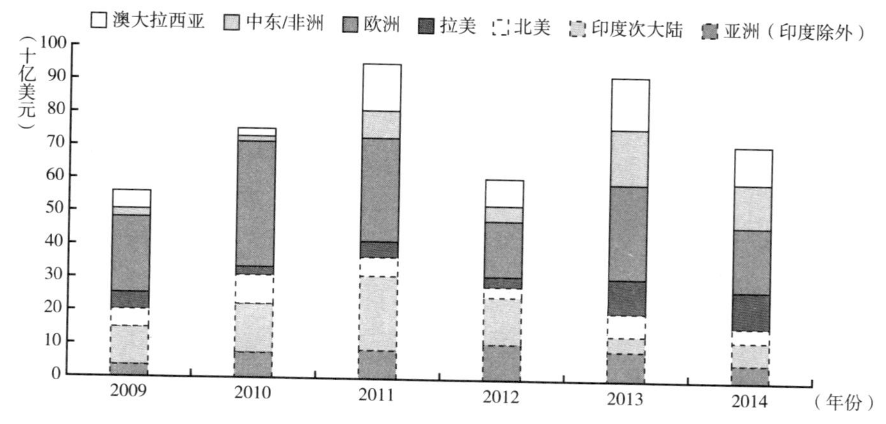

图 13.6　各地区公私伙伴关系交易量

资料来源：Dealogic（2015）。

新兴市场的私人参与 425

发展中经济体的政府对吸引私人资本进入基础设施投资越来越感兴趣。“公私基础设施咨询服务公司”（The Public-Private Infrastructure Advisory Facility，PPIAF）收录了中低收入国家“私人参与基础设施”的情况①，其中包括公私伙伴关系项目、私有化和其他形式的私人参与。

自 2007 年以来，“公私基础设施咨询服务公司”每年收录的项目有 250～400 个，总预算为 1500 亿～2000 亿美元（PPIAF，2014），占 GDP 的 0.6%～0.8%②。2013 年，该项目的规模为 291 个项目，总金额为 1500 亿美元，比前几年有所下降，特别是在巴西和印度。图 13.7 显示了按区域分列的 PPI 细目。拉丁美洲传统上一直占据着最大的份额。

自 21 世纪头 10 年中期以来，东亚和太平洋地区的项目总量为 150 亿～220 亿美元，占国内生产总值的 0.1%～0.2%。2014 年，中国的私人融资

---

① 如果私营公司或投资者对经营成本和相关风险至少负有部分责任，则被视为私人参与该项目。PPIAF 跟踪的项目至少有 25% 的私人股本，或者在剥离的情况下，至少有 5% 的私人股本。该数据库将私人基础设施项目分为四类：管理和租赁合同、特许权、“绿地”项目和剥离（私有化）。

② PPI 数据库重点关注的四个部门：能源（不包括石油和天然气开采，但包括天然气输送和配给）、交通运输、供水和排污项目以及通信服务。PPIAF（2015）的数据库较小，因为“基础设施”的新定义不包括通信。

426

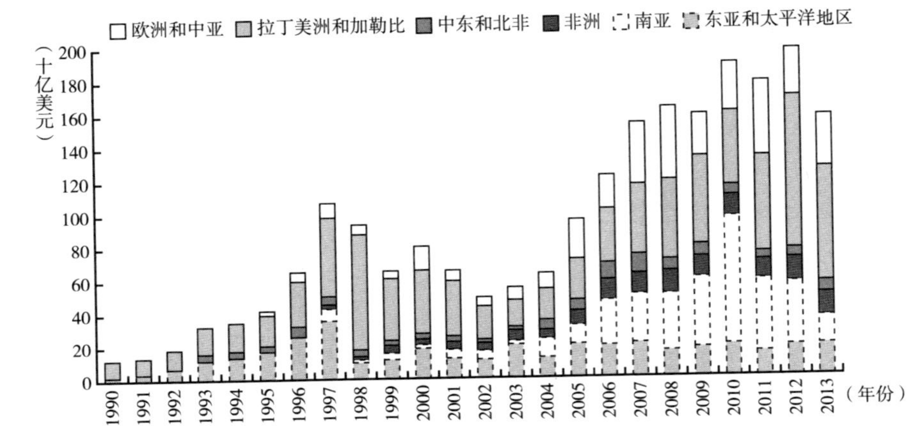

图 13.7　新兴市场和发展中经济体基础设施的私人投资

资料来源：PPIAF（PPI project database，March，2015）；作者绘制。

增长速度大幅度放缓，这是因为地方政府融资渠道出现困难，影响了新的项目融资（PPIAF，2015；Reuters，2015）。

进入 21 世纪以后，南亚的私人投资强劲增长，2010 年达到 770 亿美元的峰值，但此后有所回落，2013 年的投资额为 150 亿美元（约占 GDP 的 0.6%）。印度模式出现了收紧的迹象①。

在 1990 ~ 2014 年这一较长的时期内，巴西（4680 亿美元）和印度（3300 亿美元）的交易量最高。中国以 1310 亿美元排在第五位；印度尼西亚排在第八位，达到 650 亿美元；菲律宾排在第九位，达到 610 亿美元；马来西亚排在第十位，总金额为 600 亿美元。

PPIAF 数据库收录了东亚和太平洋地区的 1819 个项目，总金额为 3890 亿美元——40% 的项目用于能源，28% 用于通信，23% 用于交通运输，8% 用于供水和污水处理。其中，67% 是绿地项目，13% 是特许权项目，20% 是剥离项目。南亚有 1090 个项目，总金额为 3830 亿美元（其中印度约占 86%，巴基斯坦占 9%，孟加拉国占 3%，斯里兰卡占 2%）。按部门细分，

---

① 私人开发商“在很大程度上依赖国有银行的项目融资贷款。由于高杠杆结构以及市场力量和政策不确定因素的综合作用，该部门负债沉重，有几个项目在履行偿债义务方面面临压力。随着信贷质量不断恶化，风险敞口达到顶峰，大多数银行不愿参与该行业的进一步信贷扩张”（Ray，2015：7）。

约 42% 是能源项目，约 33% 是电信项目，约 25% 是交通运输项目，供水和污水处理的项目很少。其中，76% 是“绿地”项目、19% 是特许权项目，5% 是剥离项目①。

总之，新兴市场中的私人参与基础设施多年来一直在增加。在东亚和太平洋地区，基础设施的私人参与只占国内生产总值的 0.1% ~0.2%，远远低于全球平均水平。南亚的周期性波动非常强，2010 年达到峰值。虽然公私伙伴关系已成为一些地方的替代性融资机制，但许多国家仍然很少或根本没有采用公私伙伴关系。除印度外，亚洲的公私伙伴关系规模在绝对量和相对量两方面仍然很小。

13.4　作为融资者的机构投资者 427

近年来，对基础设施的机构投资已成为一个备受讨论的话题，也事关公共政策。各国政府经常呼吁让资产所有者更多地参与基础设施项目的融资②。

许多投资者出于自己的原因对基础设施作为一种“资产类别”产生了兴趣（Inderst，2010）。在主要市场利率较低的环境下，他们正在寻找其他收入来源以及实现更好的多元化。

基础设施投资可能与养老基金和保险公司年金型负债的特征（通常与通胀挂钩）相匹配。这些资产通常被认为具有长期、可预测的收入流，对商业周期的敏感性较低以及与其他资产类别的相关性较低。与公司债务相比，项目融资债务的违约率相对较低，而回收率较高（Moody's，2015）。最后，资产所有者也在重新发现“长期投资”，试图从基础设施资产中获取“非流动性风险溢价”。

近年来，机构资产增长强劲。OECD 对 2013 年机构资产的估值为 92 万亿美元，其中 34.9 万亿美元为投资基金，24.7 万亿美元为养老基金，26.1 万亿美元为保险公司，5.1 万亿美元为公共养老储备基金，

① Andrés、Biller 和 Herrera Dappe（2014）注意到南亚地区各部门之间有着明显的分工：私有化是通信和能源部门的首选方案，而公私伙伴关系则是交通运输、供水和污水处理以及部分电力输送部门的首选方案。

② 值得注意的是，机构投资者参与了新兴市场基础设施的“第一波”浪潮，包括 20 世纪 90 年代拉丁美洲和亚洲的一些社会保障和公共养老基金（Ferreira and Khatami，1996）。

1.8 万亿美元为其他（见图 13.8）。图 13.8 未列出的主权财富基金有 7.4 万亿美元（SWFI，2015）[①]。

428

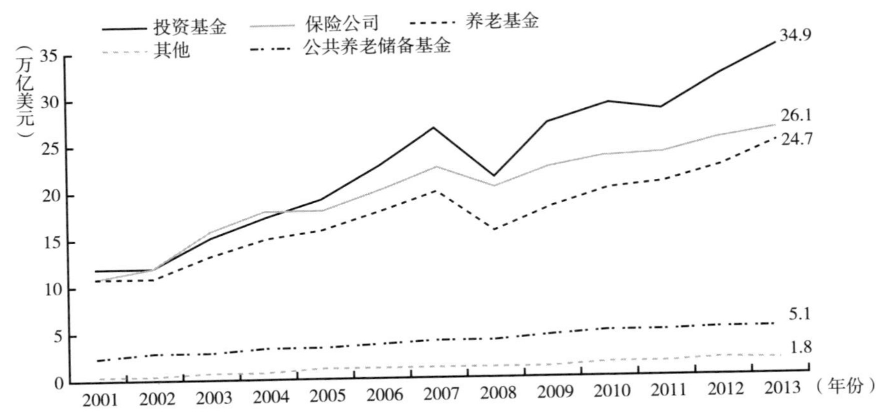

图 13.8　机构投资者资产

资料来源：OECD（2014b）。

13.4.1　亚洲养老金、社会保障和保险资产

新兴市场的机构资产规模相对较小，但增长迅速。McKinsey（2011）估计，2010 年，发展中国家养老基金管理的资产为 2.3 万亿美元，约占全球资产的 8%。在全球范围内，保险行业的规模为 2.3 万亿美元，约占全球该类资产总额的 10%。相比之下，主权财富基金大多不在 OECD 国家。

2010 年，亚洲的养老金和保险资产约为 10 万亿美元，占全球资产的 18%左右。亚洲的养老基金持有 4.4 万亿美元资产，其中日本独占鳌头，持有 3.3 万亿美元，中国持有 0.5 万亿美元。与此类似，亚洲的保险公司持有 5.1 万亿美元，其中 3.5 万亿美元在日本，0.6 万亿美元在中国。就保险资产而言，亚洲发达国家（保险资产占 GDP 的 50% ~70%）与亚洲发展中国家（占 GDP 的 20%以下）之间存在巨大差距。

① 这些数字不包括银行、非金融公司、中央银行或其他政府机构持有的资产。值得注意的是，家庭也拥有大量的私人财富。波士顿咨询集团（2014）报告了 2013 年全球共计 152 万亿美元的私人金融财富，其中 15 万亿美元在日本，亚洲其他国家（不包括日本）为 37 万亿美元。亚洲的财富有望迅速增长。随着时间的推移，一些非机构资本也可用于基础设施投资，但这需要适当的投资管理能力和工具。

据 OECD（2014b）报告，亚洲共有1.8万亿美元（自治）养老金计划资产，约占全球总额的7%①。其中，日本的规模最大，为13310亿美元；中国香港为1030亿美元；中国内地为990亿美元；韩国为820亿美元；泰 429
国为230亿美元。按养老金资产占本地生产总值的百分比计算，日本为29%，中国香港为38%，中国内地为1%，韩国为7%，泰国为6%。即便是亚洲最大的养老金体系，也远低于占 GDP 84%的 OECD 平均水平，遑论亚洲发展中国家的比例还不到5%了。

亚洲有几个相当规模的社会保障和公共养老金储备计划，总计约25亿美元。规模较大的基金包括日本政府养老金投资基金（约1.2万亿美元）、韩国国家养老金服务基金（4000亿美元）、中国全国社会保障基金（2000亿美元）、新加坡中央公积金（1900亿美元）、马来西亚雇员公积金（1800亿美元）和印度雇员公积金（1160亿美元）（OECD，2014c）。

就基金规模占国内生产总值的比例而言，新加坡约为60%，马来西亚为50%，日本为27%，韩国为22%，斯里兰卡为16%，其他一些国家不到10%（Musalem and Souto，2012）。传统上，这些计划大多采用保守的投资政策，将大量资金用于国内政府债券和银行存款（Blanc-Brude，Cocquemas and Georgieva，2013）。

亚洲养老金体系在质量评估方面也相对薄弱。例如，在墨尔本美世全球养老金指数（Melbourne Mercer Global Pension Index）（Mercer，2014）排名中，新加坡高于平均水平（B级），但中国、印度尼西亚、日本和韩国都在D级区间②。亚洲的基金管理行业（包括共同基金、单位信托基金、交易所交易基金和私人股权基金）也相对较小，主要集中在较发达经济体。ADB（2015）估计，“东盟+3”（即东盟加上中国、日本和韩国）管理的资产约为4万亿美元。

总体而言，亚洲的机构投资者有一些鲜明的特征。私人养老金和保险资产相对较少，而且相当集中。然而，该地区几个公共养老金储备和社会保障基金的规模都很大，亚洲主权财富基金的资产非常可观。此外，包括中央银行在内的其他机构拥有的资本也颇具规模，其中大部分是公共机构。

---

① 不同的数据提供者测算的养老金数据有一些差异，这取决于（私人和公共）养老基金的定义是否包括社会保障基金，投资基金，非基金积累计划（如账面储备）以及其他因素。

② 评级从A（最好）到E（最差）。评级D意味着“这个系统有一些可取之处，但也存在重大弱点和（或）遗漏亟须解决”（Mercer，2014：7）。

430

13.4.2 基础设施投资者

大多数资产所有者传统上是投资基础设施证券的投资者，例如，充当在公开证券交易所上市的基础设施公司的股东，参与私有化的公用事业公司的首次公开发行，或购买公司债券或市政债券。这种现象不仅存在于OECD国家，近几十年来在一系列亚洲和其他新兴市场经济体发展资本市场的过程中也是如此。

对于未上市的基础设施投资，情况则有所不同。从主要国家来看，未上市（或私人）基础设施的平均资产配置分别占澳大利亚和加拿大养老基金资产的5%～6%（Inderst and Della Croce，2014）。OECD（2014c）对世界范围内大型养老基金的调查显示，未上市的基础设施股权投资达到700亿美元，基础设施债券为100亿美元。在该调查中，基础设施投资仅占整个投资者集团资产配置的1%左右[①]。

保险公司传统上几乎不对未上市的基础设施资产进行任何投资。然而，近年来，一些保险公司及其资产管理子公司开始变得活跃，尤其是在基础设施债权方面。

Preqin（2015b）跟踪了295名亚太地区投资基础设施投资者，占其全球投资者总数的13%。这些投资者的类别分布广泛，保险公司和银行是最大的群体，而与其他类别相比，养老基金、基金会和慈善基金的地位则并不突出（见图13.9）。

在亚洲基础设施的前100位投资者中，资产配置约计650亿美元，占其20万亿美元总资产的0.3%。在这前100位投资者中，有88位投资于私人投资工具，62位进行直接投资；有30位来自日本，20位来自韩国，13位来自澳大利亚，11位来自中国，10位来自印度。亚洲大型金融机构在全球范围内增长显著，在全球基础设施前100位投资者中占15席，高于2012年时的5席。

据报告，一些亚洲保险公司对基础设施（包括上市的和未上市的）进行了大量投资，特别是在日本、印度、韩国和中国台湾。日本养老基金是亚洲投资者大军的重要组成部分。世界上最大的养老金计划——日本政府养老金投资基金——于2014年修改了投资战略，计划投资于包括基础设施在内的其他资产。

综上所述，机构投资者，特别是较大的机构投资者，近几年来一直在增加未上市的基础设施投资。而许多较小的投资者，也包括一些较大的亚洲储

---

① 令人遗憾的是，在被调查的五只亚洲养老基金中，没有一只投资于基础设施。

431

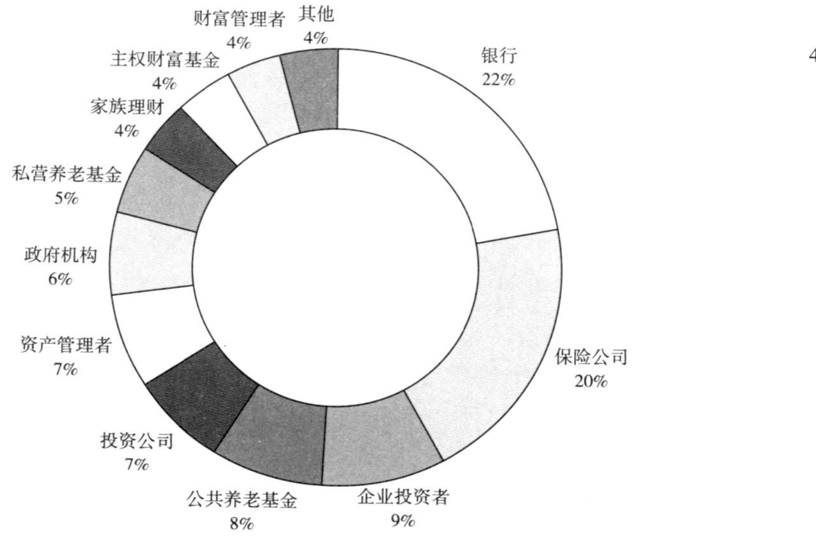

图 13.9 2015 年亚洲基础设施投资者占比情况

资料来源：Preqin（2015b）。

备基金，几乎没有涉足这一领域。就平均而言，基础设施的资产配置总体上仍然很小（占全球资产 1% ~2%，在亚洲似乎更低）。

13.4.3 主权财富基金

主权财富基金的资产已超过 7 万亿美元，其中 40% 在亚洲，37% 在中东（SWFI，2015）。主权财富基金具有非常多元的资金来源（如大宗商品）、投资目标（如稳定性和养老基金）和投资政策（从风险回报标准到经济和政治影响）（Gelb et al.，2014）。

一些主权财富基金大量配置于基础设施，而另一些则没有。在 Preqin 数据库中，2014 年，60% 的全球主权财富基金投资于基础设施，其中 44% 投资于中东/北非，29% 投资于亚洲（见图 13. 10）[①]。35% 的

---

① 投资于基础设施的大型亚洲主权财富基金，包括中国的中投公司和国家外汇管理局，新加坡政府投资公司（GIC）和淡马锡控股公司，香港金融管理局，韩国政府投资公司，哈萨克斯坦国家福利基金公司（Samruk Kazyna），马来西亚国库控股公司（Khazanah Nasional），文莱投资局，阿塞拜疆国家石油基金和东帝汶石油基金。此外，在越南、印度尼西亚、蒙古国和土库曼斯坦等地也有较小的（但一直在增长的）主权财富基金。

主权财富基金仅直接投资于基础设施，50%的基金直接或通过基金进行投资。

432

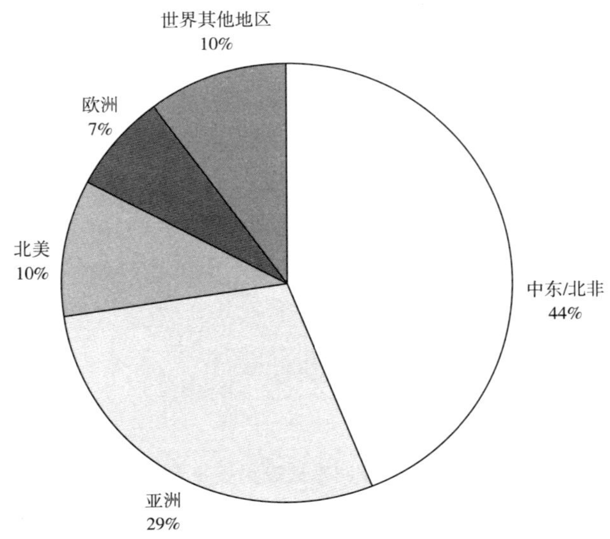

图 13.10　各地区投资于基础设施的主权财富基金占比

资料来源：Preqin（2013）。

据估计，主权财富基金的直接投资约占资产的10%。2005～2012年的直接投资约为5000亿美元，其中约550亿美元用于交通运输基础设施，600亿美元用于能源，约200亿美元用于通信部门（TheCityUK，2013）。合计起来，意味着基础设施中资产配置比例约为2%（仍属适度）。

2013年和2014年，直接投资有所增加，数额分别为1660亿美元和
433 1170亿美元。美国和英国是最大的接受国，各占16%左右。其他受欢迎的目的地包括其他欧盟国家和中国。主权财富基金的大部分直接投资似乎投向了金融服务和房地产领域。现有资产比“绿地”项目更受青睐，从而推动了估值的上升（TheCityUK，2015）。

尽管如此，一些主权财富基金一直在新兴市场和发展中经济体中寻找机会，比如中国的基金在非洲达成“资源基础设施”项目的交易。根据基金管理公司Invesco（2015）的一项调查，17%的主权财富基金在新兴市场投资基础设施。假设在基础设施上平均配置2%的资产，这将意味着约2400亿美元，从而引出了一个有趣的问题，即主权财富基金是否会在这些市场上

挤占本地和地区其他投资者的机会。

总之，亚洲的主权财富基金占有很大的比例，它们正在扩大资产规模，并越来越多地参与基础设施建设。据估计，平均资产配置为2%，其中一些资金已经直接持有基础设施资产，大部分是在成熟市场。令人遗憾的是，主权财富基金投资的透明度一般很低。

13.5　障碍和风险

机构投资者能否为基础设施的融资做出更多贡献值得探讨。有两个条件：第一，在讨论中，人们常常忽视养老基金、保险公司和其他投资者长期以来一直热衷于购买的公开上市的基础设施股票和债券；第二，对未上市基础设施的投资是一个持续不断的过程，因为对投资者意向的调查表明，它们对基础设施的兴趣依旧。

关于机构投资者在基础设施投资方面遇到的实际障碍和人为障碍方面已经有人做过研究（Inderst，2009；Della Croce，2011）。这方面的约束体现在供给方面（如缺乏适当的项目、不良的采购程序、项目规模）、需求方面（如投资者的资源和能力、投资组合集中风险）以及中介过程和市场结构方面（如投资工具不合理且价格高昂，缺乏二级市场，资本市场脆弱）（见表13.6）。

表13.6　基础设施机构投资者的障碍 434

政府对基础设施项目的支持问题	• 缺乏长期的政治承诺 • 缺乏基础设施项目渠道 • 各级政府之间的市场分割 • 监管不力 • 投标成本高
投资者能力缺失问题	• 缺乏基础设施行业的专业知识 • 养老基金规模问题 • 监管障碍 • 投资者短期主义
投资环境问题	• 对基础设施投资价值的负面看法 • 基础设施部门缺乏透明度 • 基础设施基金和养老基金之间的利益失调 • 基础设施项目数据不足

资料来源：OECD（2014a）。

以往对回报率低、经济价值不大的项目投资的案例及时给人警示。大多数投资者在基础设施交易和资产管理方面的经验很少，基础设施情况各异，因而要做到这一点并不太容易。

从投资者的角度来看，不仅基础设施项目和企业存在固有风险，投资工具和投资组合也存在风险，包括：

(i)（“绿地”）项目的建设和发展风险；

(ii) 运营、需求和市场风险（如交易数量的变化）；

(iii) 金融和利率风险（如杠杆和再融资）；

(iv) 治理标准（如利益冲突、官僚作风和腐败）；

(v) 法律、社会和声誉风险（如拖延、失灵和环境问题）；

(vi) 监管风险（如监管变化、补贴削减和投资者监管）；

(vii) 政治不确定性（如政府或基础设施政策的变化，以及征用风险）。

外国投资者很难越过其中一些障碍，特别是在新兴市场中，对冲流动性
435 和货币风险的难度很大。必须认真评估风险缓解机制（Schwartz，Ruiz-Nuñez and Chelsky，2014），这就需要通过良好的信用分析和货币管理方法了解当地的实践做法，寻找可靠的当地伙伴，而首先是对法律和政治制度的信任。

13.5.1 投资者监管

投资者监管往往是主要障碍。从投资者来看，与基础设施投资密切相关的法规主要有三种：偿付能力法规、会计准则和投资规则。

不同地区的机构投资者或多或少都会受到监管制度的严格约束。保险公司和养老基金投资基础设施的潜在障碍在于风险偿付能力的法规和公允价值国际财务报告准则，因为它们可能导致再生风险和周期性投资行为（Severinson and Yermo，2012）。例如，在欧洲偿付能力Ⅱ制度中，流动性较低的资产和期限较长、信用评级较低的债券，资本交易费用更高。因此，欧盟正在对风险较低的基础设施资产降低资本交易收费。

在许多国家，特别是在新兴市场，投资者必须遵守相关（数量上和/或质量上的）限制，这可能妨碍基础设施投资（Vives，1999；City of London，2011；OECD，2014d）。在对32个国家的调查中，IOPS（2011）列举了许多替代投资受到监管限制的案例，这些限制影响了基础设施的直接和间接投资。

在被报告的管辖区中，有一半左右对未上市或不透明的投资实行质量限制。这些限制的案例包括：

(i) 对股票或公司债券投资的限制；

(ii) 对未上市的基础设施公司的投资（包括中国香港、韩国和日本）；

(iii) 对项目的直接投资（包括泰国）；

(iv) 基础设施基金或投资（包括中国）；

(v) 替代性投资（包括巴基斯坦）；

(vi) 债券的最低评级；

(vii) 对杠杆和使用衍生工具的限制；

(viii) 禁止或限制外国风险（包括印度）。

对基础设施和其他投资的这种法律限制往往有充分的理由，例如缺乏透明度、控制过度风险和流动性要求。一些国家对基础设施投资实行了特别的 436
“积极”规则。例如，印度对基础设施债券的担保人设定了最低限额。然而，监管机构应该根据其对长期业绩（如缺乏投资机会和多样化）和经济的影响来审查投资法规。

13.5.2　机构投资者的潜力

由于获取数据的能力不佳，对机构投资者潜力的估计尤其具有投机性。此外，机构投资者的目标（包括养老金、盈利能力、社会和政治）有很大的差异，政策各有不同，在基础设施方面也是如此。投资行为不仅受到法律和法规的影响，而且受到多元化、流动性、负债状况、规模和“投资文化”等因素的影响。

对未来参与的预期需要理性地面对发达市场，对新兴市场和发展中经济体更是如此。以下是一个简单的计算：亚洲机构投资者在 10 年内将主要资产配置（假设资产为 20 万亿美元）的 3% ~5% 转移到基础设施上，这意味着每年平均的流量为 600 亿 ~1000 亿美元，相当于亚洲 GDP 的 0.3% ~0.5%。这种（乐观的）情况使大量私人资金流入基础设施。尽管如此，它仍然不到预计投资需求的 10%。

在讨论未来的潜力时，有几个方面的因素需要考虑。

(i) 需要有足够多的适当的、可投资的基础设施资产供给。

(ii) 考虑到基础设施融资典型的杠杆作用，影响还将取决于融资类型（股权或债券）和银行贷款的可得性。

（iii）计算潜力还取决于私人资产的增长，特别是投资者监管方面的变化。机构资产（即使是个人储蓄）需要适当的投资管理能力和工具。

（iv）鉴于亚洲许多大型公共储备基金和主权财富基金的资产相对集中，它们的具体行为具有决定性影响。

（v）对“基础设施资本余额”可以做什么假设？目前，亚洲许多资本
437 似乎正流向西方市场，而亚洲基础设施对国际投资者的吸引力似乎仍然不足。

13.6　结论

本研究从全球的角度评估亚洲的基础设施投资和融资，使用占国内生产总值的百分比这一简单的框架，勾勒出基础设施的资本需求和供给的“宏图”。在这一领域存在重大的概念和数据问题，需要仔细解释基础设施统计数据。当然，亚洲是一个高度异质性的大陆，但是利用现有的数据，从全球比较中可以发现一些有趣的特征。

从历史上看，基础设施支出在各地区和国家的分布存在很大的差异。经济基础设施的未来投资需求估计占全球国内生产总值的4.0%，其中，新兴市场的需求占6.0%～8.0%，亚洲的需求占6.5%。虽然一些（东亚）地区的资本存量已经很高，但大多数国家仍然需要大幅增加基础设施投资。

基础设施私人融资的比重在发达国家要高于在发展中国家（公共和私人融资的比重大致是1∶2与2∶1）。这个比重在亚洲有很大的差别。银行贷款主导了亚洲基础设施项目融资，这意味着短期银行存款和长期项目融资之间存在很大的期限错配。亚洲资本市场的结构和开放性也存在很大差异，进一步发展证券化还有一定的空间。

公司融资是私人基础设施融资的主力军。上市的基础设施公司约占全球股市的6%，占全球GDP的4%。亚洲在全球基础设施指数中的权重为10%～20%。亚洲基础设施指数的市值高达5000亿美元，约占GDP的2.5%。

未上市的基础设施投资，无论是直接投资还是通过基金进行的投资，都是近几年的焦点，这是因为从20世纪末以来，基础设施投资一直在增长。据报道，亚洲基础设施基金的交易额每年在200亿～300亿美元，占GDP的0.1%～0.2%，还不到全球平均水平的一半。

全球项目融资市场已从金融危机中恢复过来。亚洲（不包括印度）每年项目融资的价值为 GDP 的 0.2% ~0.3%，大概是全球平均水平的一半。 438
近年来，印度一直是世界上最大（但是波动不定）的市场之一。项目债券市场仍然很小（不到除中国以外的亚洲 GDP 的 0.1%）。

在东亚和太平洋地区，私人参与基础设施只占 GDP 的 0.1% ~0.2%，远远低于新兴市场和发展中经济体的平均水平。南亚表现出强烈的周期性波动，在 2010 年达到峰值。除印度外，亚洲公私伙伴关系的总量仍然很小，许多国家仍然很少或根本没有使用公私伙伴关系。

基础设施的机构投资是目前讨论的一个话题。亚洲的机构投资者有一些鲜明的特征，私人养老金和保险资产相对较少。然而，该地区有几个非常庞大的公共养老金储备和社会保障基金。亚洲主权财富基金的资产也很庞大，其他的外汇储备基金和其他公共基金也有着重要的地位。

世界各地的资产所有者一直是上市的公用事业和基础设施股票和债券的传统买家。自 20 世纪头 10 年中期以来，他们对未上市金融工具的兴趣一直在上升，尤其是基础设施基金。然而，资产配置总体上仍然很少（占全球资产的 1% ~2%，而在亚洲则更低）。一些大型投资者已开始大量直接投资于基础设施项目，大部分资本流入了成熟的市场。

基础设施给投资者带来了特殊的风险，需要妥善管理，更大程度上需要解决障碍和风险问题，投资者监管往往是主要障碍。对（国内和国外）机构投资者未来潜力的期望必须是理性的。特别是在亚洲，这在很大程度上取决于大型公共基金的具体行为，以及对国际投资者的吸引力（仍然很低）。

教训和建议

总体而言，私营部门在亚洲的作用仍然相对较弱。上市和未上市的项目融资和公私伙伴关系的数量远远低于全球平均水平（也有一些例外），与未来的投资需求相比仍然很小。

机构投资者参与基础设施融资供给的情况随着时间的推移而发生变化。对上市基础设施的投资通常是按照证券投资的一般路线进行的。未上市的基础设施作为“替代投资”，与私人股权和/或房地产关系更为密切。大多数投资者的经验（如果有的话）仍然非常有限。尽管如此，还是可以吸取一些有益的经验教训。

（i）基础设施资产的异质性非常强，体现在许多方面，比如地理位置；

439 行业；属于“绿地”项目、“褐土”项目还是二级市场；受监管和不受监管的；公私伙伴关系和非公私伙伴关系；特许权；通货膨胀保护程度；资金最终来源（使用费或可得性付款）。

（ii）基础设施投资，特别是直接投资，需要适当的规模、资源和良好的治理。特别是对公共（养老、社会保障和主权财富）基金而言，存在政治动机和干预的风险。因此，明确的财务目标和良好的治理至关重要。

（iii）资产估值有一个主要周期，包括“交易过多、资产太少”的时期。

（iv）金融危机暴露了各种风险：项目风险（如过度杠杆率和乐观的需求预测）、资金风险（治理、利益冲突和收费）、资产管理风险（集中风险和缺乏理解）。

（v）基础设施投资本质上是政治性的，在很大程度上取决于对国家当局的信任。

基础设施市场跌宕起伏，但在一些方面获得了发展。这些新的发展包括：

（i）对项目和投资工具的深入审查；

（ii）领域更加广阔，包括新的地区市场、行业、专项基金；

（iii）基金更加开放、廉价、透明；

（iv）更多的直接投资；

（v）更多的基础设施债务投资；

（vi）联合投资者、银团以及养老基金（也许有公共资本的参与）的资本池投资平台；

（vii）提高对气候变化和“绿色”基础设施的认识（Inderst，Kaminker，and Stewart，2012；OECD，2015；ADB，2017b）。

对于决策者来说，也有一些重要的教训。

（i）政府希望私人资本参与新项目，但大多数机构投资者更喜欢低风险资产，这意味着风险偏好错配。这个中介问题非常关键，不容易解决。例如，澳大利亚就有一场关于“资产更快循环”的争论，即通过出售可运营的公共资产来建设新的基础设施。

（ii）许多国家正在寻求发展资本市场（如项目债券），但新的市场需要时间和信任才能得到发展。

440 （iii）法治、政治问责和连续性对投资者至关重要。投资者需要连贯一致的基础设施政策（如改进采购流程、项目管道稳定以及与行业和投资者的良好沟通）。

（iv）可追溯的变化对监管和合同尤其有害（通常是对私人投资者不利）。

（v）基础设施服务的费用最终不应由融资方支付，而应该由用户或纳税人支付。

（vi）将国内（如当地知识）和国外投资者规则（如外部准则和国际标准）有机地结合起来会大有裨益。

就如何加强私人融资和机构投资者在基础设施方面的作用，G20、OECD和多边开发银行等组织和专家们向决策者提出了大量的建议，其中关于亚洲更加具体的建议已经包含在本书中[①]。

许多国家设立了专门的基础设施或公私伙伴关系机构、国家基础设施银行或绿色银行，这类机构有助于指导机构投资者的参与。国际组织也提出了一系列新倡议，如世界银行的“全球基础设施融资机制”（World Bank's Global Infrastructure Facility）、20国集团的“全球基础设施中心”（Group of 20 Global Infrastructure Hub）或T20的“基础设施工作组”等。

各国政府可以采取各种方式促进和激励私人基础设施投资（世界银行，2015b）：

（i）金融杠杆工具，如担保、保险政策和信贷增强（如欧洲项目债券倡议）；

（ii）公共部门可以设立或共同投资于基金工具，如国家或地区基础设施基金；

（iii）补贴、免税、参与—分享机制（见附录）以及其他财政激励措施等。

这些工具的长期成本和风险需要认真进行评估。多边开发银行可以以各种方式（如项目设计、政策咨询、共同投资者、保险、试点和示范等）发挥私人投资催化剂的重要作用。私人投资者往往很赞赏多边开发银行在新型风险投资中的专业知识和“政治影响力”。

政府、基础设施企业、投资者、金融行业和学术界都需要在各个方面开 441

① Bhattacharyay, Kawai and Nag (2012), Basu Das and James (2013), Sheng (2014), Zen and Regan (2014), Ray (2015), and ADB (2015, 2017a and 2017b)。

展工作。亚洲各国政府尤其需要增加基础设施对私人投资的吸引力。本章强调的政策建议包括：

（i）基础设施政策要明确，行业要稳定，要对公私伙伴关系进行监管，政府的法律法规要有效率，不同部门之间的政策要协调一致；

（ii）加强治理，扩大私营、长期储蓄机构的作用（如养老基金自治和资产管理）；

（iii）审查投资者监管法规（和监管机构），特别是其对基础设施投资的影响方面；

（iv）审查行业监管（能源、交通等方面），特别是对私人投资的潜在障碍；

（v）增加和扩大地方和地区资本市场的深度和广度（如项目债券、地方收入债券及基建基金）；

（vi）检讨贷款市场的竞争情况，特别是公营银行的地位；

（vii）向地区及国际基础设施投资者开放市场；

（viii）完善基建投资的统计资料；

（ix）提高投资工具的透明度，披露基建项目的资料。

参考文献

Asian Development Bank (ADB). 2015. *Local Currency Bonds and Infrastructure Finance in ASEAN+3*. Manila: ADB.

——. 2017a. Meeting Asia's Infrastructure Needs. Manila: ADB.

——. 2017b. Catalyzing Green Finance: A Concept of Leveraging Blended Finance for Green Development. Manila: ADB.

Andrés, L., D. Biller, and M. Herrera Dappe. 2014. Infrastructure Gap in South Asia: Infrastructure Needs, Prioritization, and Financing. World Bank Policy Research Working Paper 7032. Washington, DC: World Bank.

Basu Das, S., and C. James. 2013. Addressing Infrastructure Financing in Asia. *Institute of Southeast Asian Studies Perspective* 27. 6 May. Singapore: Institute of Southeast Asian Studies.

Beeferman, L., and A. Wain. 2012. Defining Matters. Harvard Law School Paper. Cambridge, MA: Harvard University.

Bhattacharya, A., M. Romania, and N. Stern. 2012. *Infrastructure for Development: Meeting the Challenge*. London: London School for Economics, Centre for Climate Change Economics and Policy, and G24.

Bhattacharyay, B. N. 2012. Estimating Demand for Infrastructure 2010–2020. In *Infrastructure for Asian Connectivity*, edited by B. N. Bhattacharyay, M. Kawai, and R. Nag. 19–79. Cheltenham: Asian Development Bank Institute (ADBI)/ADB and Edward Elgar.

Bhattacharyay, B. N., M. Kawai, and R. Nag, eds. 2012. *Infrastructure for Asian Connectivity*. Cheltenham: Asian Development Bank Institute (ADBI)/ADB and Edward Elgar.

Blanc-Brude, F., F. Cocquemas, and A. Georgieva. 2013. Investment Solutions for East Asia's Pension Savings. EDHEC-Risk Institute Publication. May 2013.

Boston Consulting Group. 2014. *Global Wealth 2014: Riding a Wave of Growth*. Boston Consulting Group.

Burger, J., F. Warnock, and V. Cacdac Warnock. 2015. Bond Market Development in Developing Asia. ADB Economics Working Paper 448. Manila: ADB.

City of London. 2011. Insurance Companies and Pension Funds as Institutional Investors: Global Investment Patterns. Trusted Sources. November 2011.

Dailami, M., and R. Hauswald. 2003. The Emerging Project Bond Market. World Bank, Policy Research Paper 3095. Washington, DC: World Bank.

Dealogic. 2015. Project Finance Review. Full Year 2014.

Della Croce, R. 2011. Pension Funds Investment in Infrastructure: Policy Actions. Organisation for Economic Co-operation and Development (OECD) Working Paper on Finance, Insurance and Private Pensions 13. Paris: OECD.

Delmon, J., and V. Delmon. 2011. *International Project Finance and PPPs: A Legal Guide to Key Growth Markets*. Alphen aan den Rijn: Wolters Kluwer International.

Ehlers, T. 2014. Understanding the Challenges for Infrastructure Finance. Bank for International Settlements Working Paper 454. Basel: Bank for International Settlements.

Ehlers, T., F. Packer, and E. Remolona. 2014. Infrastructure and Corporate Bond Markets in Asia. In *Financial Flows and Infrastructure Financing*, edited by A. Heath and M. Read. Sydney: Reserve Bank of Australia.

Engel, E., R. Fischer, and A. Galetovic. 2014. *The Economics of Public–Private Partnerships. A Basic Guide*. Cambridge: Cambridge University Press.

Estache, A. 2010. Infrastructure Finance in Developing Countries: An Overview. *European Investment Bank (EIB) Papers* 15(2): 60–88.

Fay, M., M. Toman, D. Benitez, and S. Csordas. 2011. Infrastructure and Sustainable Development. In *Post-Crisis Growth and Development*, edited by S. Fardoust, K. Yongbeom, and C. Sepúlveda. Washington, DC: World Bank.

Ferreira, D., and K. Khatami. 1996. Financing Private Infrastructure in Developing Countries. World Bank Discussion Paper 343. Washington, DC: World Bank.

Fondazione Eni Enrico Mattei. 2014. *The Privatization Barometer Report 2013/2014*. Milan: Fondazione Eni Enrico Mattei.

Gatti, S. 2014. Government and Market-Based Instruments and Incentives to Stimulate Long-Term Investment Finance in Infrastructure. Paris: OECD Publishing.

Gelb, A., S. Tordo, H. Halland, N. Arfaa, and G. Smith. 2014. Sovereign Wealth Funds and Long-Term Development Finance. World Bank Policy Research Working Paper 6776. Washington, DC: World Bank.

Goldman Sachs. 2013. ASEAN's Half a Trillion Dollar Infrastructure Opportunity. *Asia Economic Analyst* 13(18): 1–18.

Greer, I. 2015. Why Global Investors Aren't Making Inroads into Infrastructure Funding in Asia. Standard and Poor's.

Her Majesty's Treasury. 2014. *National Infrastructure Plan*. London: Her Majesty's Treasury.

Inderst, G. 2009. Pension Fund Investment in Infrastructure. OECD Working Paper on Insurance and Private Pensions 32. Paris: OECD.

——. 2010. Infrastructure as an Asset Class. *EIB Papers* 15(1): 70–104.

——. 2013. Private Infrastructure Finance and Investment in Europe. EIB Working Paper 2. Luxembourg: EIB.

Inderst, G., and R. Della Croce. 2014. Pension Fund Investment in Infrastructure: A Comparison between Australia and Canada. OECD Working Paper on Finance, Insurance and Private Pensions 32. Paris: OECD.

Inderst, G., C. Kaminker, and F. Stewart. 2012. Defining and Measuring Green Investments: Implications for Institutional Investors' Asset Allocations. OECD Working Paper on Finance, Insurance and Private Pensions 24. Paris: OECD.

Inderst, G., and F. Stewart. 2014. Institutional Investment in Infrastructure in Emerging Markets and Developing Economies. Public–Private Infrastructure Advisory Facility (PPIAF) Publication. Washington, DC: World Bank Group.

International Monetary Fund (IMF). 2014. *World Economic Outlook*. Washington, DC: IMF.

International Organisation of Pension Fund Supervisors (IOPS). 2011. Pension Fund Use of Alternative Investments and Derivatives: Regulation, Industry Practice and Implementation Issues. IOPS Working Paper on Effective Pension Supervision 13. Paris: IOPS.

International Organization of Securities Commissions. 2012. *Development and Regulation of Institutional Investors in Emerging Markets*. Madrid: International Organization of Securities Commissions.

Invesco. 2015. *Global Sovereign Asset Management Study 2015*. Atlanta, GA: Invesco.

Kitano, Y. 2015. Infrastructure Financing in Asia. Current Situation and Future Outlook. *Nomura Journal of Capital Markets* 6(4). Spring 2015.

Kumar, A., D. Gray, M. Hoskote, S. Klaudy, and J. Ruster. 1997. Mobilizing Domestic Capital Markets for Infrastructure Financing. World Bank Discussion Paper 377. Washington, DC: World Bank.

Llanto, G., A. Navarro, and M. K. Ortiz. 2015. Infrastructure Financing, Public–Private Partnerships, and Development in the Asia-Pacific Region. Draft discussion paper submitted to the Asia-Pacific High-Level Consultation on Financing for Development meeting. 29–30 April. Jakarta.

McKinsey. 2011. *The Emerging Equity Gap: Growth and Stability in the New Investor Landscape*. McKinsey Global Institute.

——. 2013. *Infrastructure Productivity: How to Save $1 Trillion a Year*. McKinsey Global Institute.

Mercer. 2014. Melbourne Mercer Global Pensions Index. Australian Centre for Financial Studies and Mercer.

Moody's. 2015. Default and Recovery Rates for Project Finance Bank Loans 1983–2013.

MSCI. 2015. MSCI All Country Asia ex Japan Infrastructure Index (USD). March 2015.

Musalem, A. R., and P. Souto. 2012. Assessing the Governance and Transparency of National Public Pension Funds. *Review of European Studies* 4(2): 148–167.

Nataraj, G. 2007. Infrastructure Challenges in South Asia: The Role of Public–Private Partnerships. ADBI Discussion Paper 80. Tokyo: ADBI.

Organisation for Economic Co-operation and Development (OECD). 2006. *Infrastructure to 2030: Telecom, Land Transport, Water and Electricity*. Paris: OECD Publishing.

____. 2007. *Infrastructure to 2030, Volume 2: Mapping Policy for Electricity, Water and Transport*. Paris: OECD Publishing.

____. 2012. *Strategic Transport Infrastructure Needs to 2030*. Paris: OECD Publishing.

____. 2014a. *Pooling of Institutional Investors Capital. Selected Case Studies in Unlisted Equity Infrastructure*. Paris: OECD Publishing.

____. 2014b. *Pension Markets in Focus*. Paris: OECD Publishing.

____. 2014c. *Annual Survey of Large Pension Funds and Public Pension Reserve Funds 2014*. Paris: OECD Publishing.

____. 2014d. *Annual Survey of Investment Regulation of Pension Funds*. Paris: OECD Publishing.

____. 2015. *Mapping Channels to Mobilise Institutional Investment in Sustainable Energy, Green Finance and Investment*. Paris: OECD Publishing.

Park, T. K. 1998. Private Infrastructure Development in Asia. *Journal of Project Finance* 4(3): 25–33.

Platz, D. 2009. Infrastructure Financing in Developing Economies: The Potential of Sub-Sovereign Bonds. Department of Economics and Social Affairs Working Paper 76. New York, NY: United Nations Department of Economics and Social Affairs.

Public–Private Infrastructure Advisory Facility (PPIAF). 2014. *2013 Global PPI Update*. PPIAF, World Bank Group.

____. 2015. *2014 Global PPI Update*. PPIAF, World Bank Group.

Preqin. 2013. Infrastructure Spotlight. November.

____. 2014. Infrastructure Spotlight. May.

____. 2015a. Infrastructure Spotlight. January.

____. 2015b. Asian Infrastructure. Preqin Special Report, June 2015.

PricewaterhouseCoopers. 2014. Capital Project and Infrastructure Spending. Outlook to 2015.

Rasameel. 2014. 2013 *Annual Global Sukuk Report*. Rasameel Structured Finance.

Ray, S. 2015. Investment Finance and Financial Sector Development. ADBI Working Paper 522. Tokyo: ADBI.

Reuters. 2015. China Infrastructure Push Runs up Against Project Delays. 21 May.

Royal Bank of Scotland. 2011. The Roots of Growth. Projecting EM Infrastructure Demand to 2030. Emerging Markets Strategy, Royal Bank of Scotland.

Rosenberg Real Estate Equity Funds (RREEF). 2011. Listed Infrastructure: A Growing Landscape—Are You Ready? RREEF Research. RREEF America LLC.

Schwartz, J., F. Ruiz-Nuñez, and J. Chelsky. 2014. Closing the Infrastructure Finance Gap: Addressing Risk. In *Financial Flows and Infrastructure Financing*, edited by A. Heath and M. Read. Reserve Bank of Australia.

Sengupta, R., S. Mukherjee, and M. Gupta. 2015. Financing for Infrastructure Investment in the G-20 Countries. National Institute of Public Finance and Policy Working Paper 2015-144. New Delhi: National Institute of Public Finance and Policy.

Severinson, C., and J. Yermo. 2012. The Effect of Solvency Regulations and Accounting Standards on Long-Term Investing: Implications for Insurers and Pension Funds. OECD Working Paper on Finance, Insurance and Private Pensions 30. Paris: OECD.

Sheng, A. 2014. Capital Market Development in Asia and the Pacific Region. Pacific Trade and Development Working Paper 36-03.

Sovereign Wealth Fund Institute(SWFI). 2015. Sovereign Wealth Fund Direct Infrastructure Investments, 2003–2014. Sovereign Wealth Fund Institute, Trend Report, 25 February.

Standard and Poor's. 2007. Listed Infrastructure Assets—A Primer. Standard & Poor's.

TheCityUK. 2013. Sovereign Wealth Funds. Financial Markets Series, March.

——. 2015. Sovereign Wealth Funds. Financial Markets Series, June.

Thomson Reuters. 2015. Project Finance Review. Full Year 2014.

Towers Watson. 2014. Global Alternatives Study. July.

Vives, A. 1999. Pension Funds in Infrastructure Project Finance: Regulations and Instrument Design. *Journal of Structured Finance* 5(2): 37–52.

Wagenvoort, R., C. De Nicola, and A. Kappeler. 2010. Infrastructure Finance in Europe: Composition, Evolution and Crisis Impact (3 May 2011). *EIB Papers* 15(1): 16–39.

Walsh, J., C. Park, and J. Yu. 2011. Financing Infrastructure in India: Macroeconomic Lessons and Emerging Market Case Studies. IMF Working Paper WP/11/181. Washington, DC: IMF.

World Bank. 2015a. World Development Indicators. Washington, DC: World Bank.

____. 2015b. Capital Market Instruments to Mobilize Institutional Investors to Infrastructure and SME Financing in Emerging Market Economies: Report for the G20. Washington, DC: World Bank.

World Economic Forum (WEF). 2012. Strategic Infrastructure. WEF.

____. 2013. The Green Investment Report. WEF.

Yoshino, N. 2012. Global Imbalances and the Development of Capital Flows among Asian Countries. *OECD Journal: Financial Market Trends* 2012(1).

Zen, F., and M. Regan, eds. 2014. Financing ASEAN Connectivity. Economic Research Institute for ASEAN and East Asia Research Project Report 2013, 15. Jakarta: Economic Research Institute for ASEAN and East Asia.

结 论

吉野直行　马蒂亚斯·赫布尔　乌米德·阿彼德哈达耶夫

本书展示了亚太地区基础设施投资和融资的最新研究成果。我们邀请一 448
些著名的研究人员提交了他们有关评估基础设施的影响及其融资选择的论文。他们在方法、数据和叙述上的差异，正体现了当下所需的多样性和协同性。

本书的第一部分专门讨论了溢出效应。通过资本和劳动力生产率的边际增长、更好地接近市场和更低的成本来捕捉基础设施对地区或邻近经济体的影响。例如，在经济增长方面，乌兹别克斯坦的基础设施对地区的国内生产总值及其分支产生了积极影响，这些分支包括农业增加值、工业增加值和服务业增加值。在财政收入方面，九州高速铁路和南他加禄干道收费公路的效应使得交通基础设施对日本和菲律宾的税收产生了统计上的显著影响。税收收入的这种变化为各种融资选择奠定了坚实基础，其中包括基础设施融资。

第二部分解释了基础设施对经济发展的影响各有不同。例如，在泰国，按行业划分的增长核算显示，制造业和服务业的全要素生产率增长有所增加，而农业则有所下降。同样，在日本，城市地区的基础设施似乎比农村地区的影响更大，第二产业的边际生产力下降速度快于第三产业。在中国，企业层面的数据也显示出这种类似的差别影响，即中西部省份的企业从基础设施投资中获益要大于东部省份的企业。此外，在中国的案例中还可以观察到，基础设施对邻近省份产生了溢出效应，支持了第一部分所观察到的溢出效应模式。在评估菲律宾港口改善的影响以及巴布亚新几内亚农村的公路发展模式时，作者也观察到了类似的基础设施效应不均匀的情形。

449 第三部分涉及互联互通和跨境基础设施。这一部分的特别之处是我们调查了基础设施是否对跨境经济活动特别是贸易产生积极影响。对 14 个太平洋岛国的分析表明，直接的航运互联增加了一倍多的货物贸易，而且交通运输互联互通的频率也很重要。对交通运输、信息和通信技术基础设施进行类似的跨国分析，显示出基础设施对东南亚国家的贸易流动产生了积极影响。最后，还估算了大湄公河次区域跨境基础设施的经济可行性。

第四部分探讨了基础设施融资的选择方案。斯蒂尔曼介绍了基础设施融资的历史，重点介绍了美国和日本的经验，里根研究了当代基础设施投资的供求状况，因德斯特概述了它们在全球比较中呈现出的特点。

基础设施供给方面存在许多困难，其中包括需求风险，这与未来对基础设施的需求有关；价格风险涉及的问题是，用户事实上可能还没有为新的基础设施服务支付使用费做好准备。这些因素会影响项目的生存能力。为了避免这种情况发生，我们必须找到一种解决办法，帮助我们设计一个鼓励和支持基础设施生产力的融资机制。

新的基础设施或基础设施升级将刺激私营部门投资公路和铁路，将创造就业机会并提高国内生产总值，最终带动房地产价格的上涨。与此同时，公路沿线的公司营收、销售和财产税收入也将会增加。因此，与其增加使用费或将需求和价格风险转移给私营部门，不如将这些新增税收收入的一部分返还给私人投资者，以提高基础设施项目的回报率。当然，这取决于受影响地区税收的积极变化，以及基础设施公司在固定价格和特定需求下没有利润。

然而，在一些国家，从法律上讲，可能很难将税收增量返还给私人投资者，因为一旦收入进入财政预算，税收就必须留在政府。可以通过一种体制办法来解决这一问题，即政府设立一个区域发展机构，由税务当局、财政部
450 和区域当局的代表组成，负责基础设施投资和特定区域的发展。该机构不仅可以帮助协调和资助基础设施投资，而且负责公路和铁路沿线的区域发展。在日本历史上，最接近这类机构的例子是日本开发银行，该银行成立于 1951 年，目的是为基础设施发展和现代化提供贷款。与之相类似的是北海道 - 东北发展金融公共公司，该公司 1957 年重组后，通过投资和融资促进了日本北海道和东北地区的工业发展。

与这些区域机构的例子不同，发展机构的主要任务是发行基础设施债券，其中一部分将由私人投资者购买，其余由政府购买。私营部门和政府部

门都要从该机构获得回报。基础设施债券是一种收入型债券，其利率由公路和铁路沿线的额外税收收入决定。必须要提出的是，我们并不是建议通过征收新税项或增加税率来支付债券利率。相反，我们建议，新的基础设施所带来的税收增量应该用来支付债券。因此，只有在受影响地区的税收增加时，基础设施债券的回报才会增加。

在经济增长水平较高的发展中国家，额外的基础设施往往会带来税收大幅增加。但是也有一些基础设施项目可能无法带来预期的积极激励。为了确保适当的余额，避免道德风险，在基础设施投资的回报率相对较高时，应采取利息收入的最高上限。另外，在基础设施项目低于盈亏平衡点的情况下，应向私人投资者保证最低利率（最低下限）。图 14.1 展示了这两种情况。上方的图展示了一个成功的基础设施项目导致税收收入高于预期的情况。下方的图展示了这样一个案例：税收低到无法偿还债券持有人，因此需要额外的支持。

最佳的情况莫过于公共和私营部门商定好具体的最低和最高限额来评估项目的绩效。当利润超过上限时，实际收入的差额将转入发展机构的特别储备金，从而可用于支持未能达到最低限额的项目。

另一个需要考虑的重要方面是国家的税收制度，特别是在中央和地方的税收系统。很重要的一点是，针对某一特定区域的发展机构应直接获得该区域征收的税款的一部分，这使得发展机构能够偿还债券持有人的到期款项。

由于存在所谓的黑市，其他可能的困难涉及征税的能力。我们的模式在税收征管率低和应付税避税的背景下难以成功实施，这反映了真正的潜在经济过程。从这方面来说，有必要提高企业和公民遵守纳税义务的意识。同时，政府应该运用信息技术，寻求更有技术含量的征税方案和透明度高的征税机制，使纳税人更容易履行支付义务。

当然，本书也有一定的局限。例如，在揭示溢出效应的过程中，作者构建了一个所谓的反事实情境，其在很大程度上依赖于对照组的选择，故因缺乏观察量而有一定的局限。因此，需要更精确地讨论对基础设施影响的估算，这就需要考虑影响该区域经济增长的其他因素。在缺乏最佳控制组数据的情况下，只有现有观察样本的平均值，而不是处理组的平均值，可以作为反事实的基准。如果可以获得劳动力的连续时间序列以及受影响地区的固定资本形成、出口和进口等相关数据，那么估算会更加准确。

同样，该方法假定的是加性效应，未来可以通过更好地制定研究框架来

451

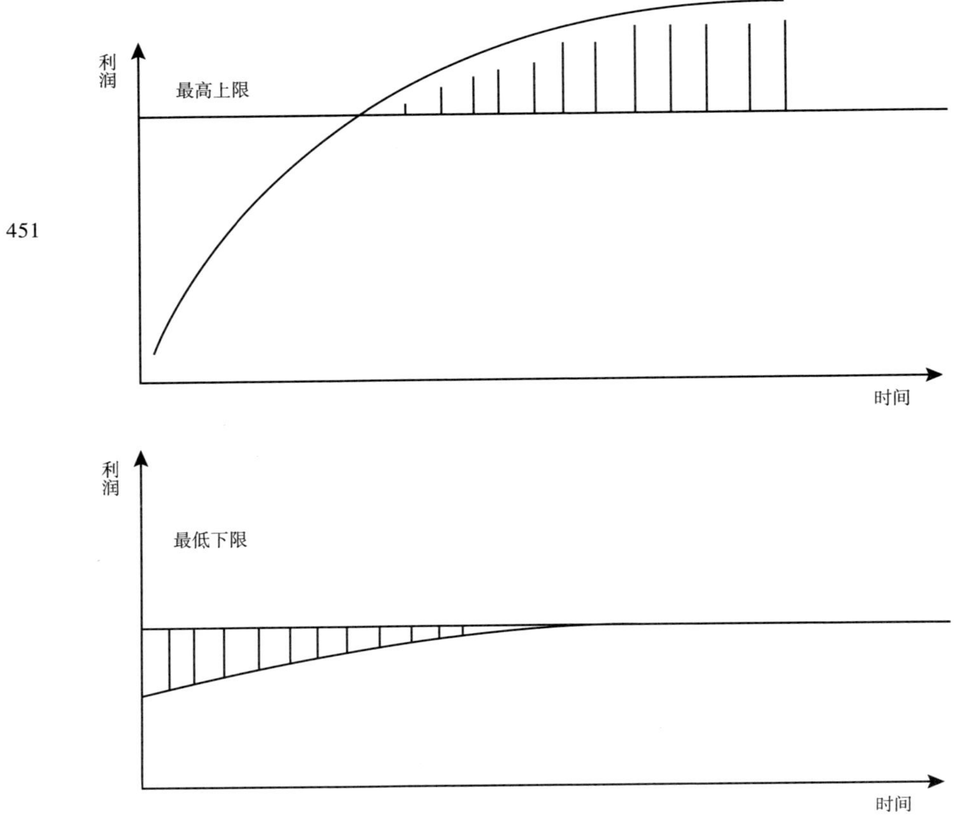

图 14.1　基础设施项目的利润流

资料来源：作者绘制。

452 检验乘积效应。尽管本书中使用的各种方法视角和地理范围都很广，但要揭示更明确的模式，分解国家—地区特殊的影响，还需要更准确、更统一的观测数据。

最后，可以将当前研究的实证结果与未来基础设施融资的事前分析新框架联系起来，从而朝着这一方向更进一步。只有将从过去数据总结的知识用于今后的目标中，我们的工作才能有希望帮助亚太地区朝着更加有效的决策模式发生积极的变化。

未来，同样的方法不仅可以应用于交通运输基础设施，而且可以应用于电力、供水、机场和海港。当然，每个基础设施类型都需要特定的方法，具体取决于各个因素。例如，电力可以促进区域发展，但是电力对每个人来说是必需品，所以对电费要加以管制，以使它们保持较低的价格，反过来这又可能会阻碍私人投资者投资。一旦通过上述模式将溢出的税收收入返还给投资者，私营部门就愿意投资包括电力在内的基础设施项目。

附　录

引入基础设施退税债券：未来税收增长背景下证券化后端参与的建议

格兰特·B. 斯蒂尔曼

A.1　引言

453 项目金融界正在努力想办法吸引长期的私人和机构投资者进入新的公路、铁路、桥梁、隧道和水坝等基础设施。他们已经尝试了一些新颖的思路，但还没能说服足够多的养老基金、主权财富基金、商业基金或个人富豪来进行投资，尤其是投资于新兴经济体中未经验证的发行项目。如果基础设施项目融资能借鉴类似于美国基准型市政免税债券这种通行了几十年的资产类型，那么，基础设施项目就能提高回报率，与机构投资者的想法相匹配。政府自身也不再允许国家资产负债表上出现更多的直接债务，经常账户赤字扩大或外债增加，即使是正当的大额投资。此外，大多数政治家不愿对目前的用户或未来基础设施的潜在客户征收新的或更高的税（Yoshino and Stillman，2017a，2017b）。

尽管发展中国家和新兴市场国家的项目可能具备盈利的潜力，但政府仍然面临着诸多压力，如要求它们拿出本就稀少的财政资源来弥补实际存在的或预计的项目可行性缺口，或事先同意向经营者及其投资者支付

大量可用款项[①]。许多人认为，这实际上没能好好利用新的私人资金，而是 454
变相地将最终付款人的责任甩给政府。

如第一部分所示，基础设施的溢出效应增加了房地产税、所得税和营业税的收入，基础设施周边和邻近地区的销售税或增值税也相应增加[②]。增加的税收收入中有一部分以后可以转移到原来的私人投资者手中，这将提高回报率，促使他们从一开始就愿意贷款。本附录的主要目的是提出一种如何构造税收后端参与的新模式，我们称之为“税优”债券（Yoshino and Stillman，2017b）。附件试图为从业人员提供可能与未来税收债券后端参与相关的法律条款细节（根据 Stillman 2017 年的初步版本进行更新和扩充）[③]。

本附录的目的不是重述目前的环境和所有已知的缺陷，也不是提出解决 455
办法以鼓励私营部门更多地参与基础设施项目[④]。相反，应重申和铭记以下要点（大体上见第十二章），即需要建立一个总体框架，保证任何希望吸引

---

① 为了控制交通量不可预测和用户收费不足的风险，许多项目选择依赖政府担保的定期付款，其依据仅仅是运营商在保障运输设施开放程度和交通工具使用程度的业绩记录，而不管实际付费用户的数量如何。显然，在这种情况下，新建的基础设施出现故障或逐渐老化的风险仍然由政府和公共部门承担，私人投资者不会以任何实质性的方式来传递或承担这些风险。同样，如果项目融资表面上是以私人建筑商的名义筹集的，而私人建筑商实际上依靠政府担保的可得性付款来偿还债务，那么这不太可能被归为真正的私人融资，因为这个私人债务发行人承担的实际风险很小或根本不存在。这种结构可能会被认为是在不影响国家预算的条件下，切割即期的政府债务，企图转移公共部门隐藏的、最终的责任，从而引发了有关透明度的争论。然而，在许多地区，会计处理一般是将这类可得付款和向第三方支付的任何其他年度付款登记为预算中的具体细列项目，并在特定期间摊销（Amador，2016：8）。

② 项目毗邻的房地产和商业中心的开发可能会受到物理限制——如山中或水下的隧道，或穿越沙漠或荒凉丛林的运河——可能无法产生足够的税收溢出效应，以满足双重差分法计算的功能。然而，正如我们的论文所预测的，终端城市或两端的港口的增长可能仍会优于控制区。此外，发达国家的住宅和商业地产市场非常成熟，且价格昂贵，这样高度发达的领域是否仍有很大的潜在价值可供利用，或已达到创造潜在新收入的能力，这一点值得商榷。另一个令人关切的问题是，新居民和新机构通常需要增加其他政府服务的成本（如治安和学校），这意味着，未来税收收入返还给投资者的部分将减少，因为政府可能需要用它来支付其必须提供的额外公共服务成本。

③ Dave Dole、Scott Lee、Mary Leung、Steve Lewis-Workman、Alan Lok、Paul Previtera、John Price、Tony Tan 和 Sid Weeks 等人为列出的词条表贡献良多。

④ 同样，本书也没有涉及交通运输项目的运量预测、交通需求和基础设施的成本效益分析等传统问题，因为这些问题在许多参考文献中已经存在。然而，我们意识到，对需求水平和吸收速度进行四步法的详细估算，众所周知在这一领域并不靠谱，尽管它们与大多数外部经济扩张和预期未来税收增长有着直接的因果关系，也是驱动因素。有关增长为什么发生在某地，而不在其他地方的方法论争论，可以参见 Lewis-Workman（2008）。

基础设施私人投资者的国家都有足够的透明度、公平性和可预见性。显然，要使这一原则落到实处，国家或地方各级单位必须能够一直有效地评估和征收财产所有者、企业和个人的税款。参与协作的各部委和负责全面规划的区域当局，以及一站式公私伙伴关系中心①都希望简化许可和批准程序，进行必要的土地收购，因为较发达的国家或城市尝到了甜头②。

应该认识到，即使有我们的税收介入，也并非所有的基础设施项目都能转化成自负盈亏的企业，国家资金、海外发展援助和基础设施贷款银行也可能是唯一的解决办法。发展中国家的基础设施融资主要依靠银行贷款，必须准备尝试不同的方式，鼓励它们转而依靠项目债券市场。现在是时候认识到，全球基础设施需求已开始超过银行提供大部分或全部项目融资资本的能力了。为了在这场巨变中取得成功，机构投资者和债券信用评级机构必须对新兴国家基础设施投资的潜力具有更好的认识和开放的思维（Kaga，2017）。最后，针对国际金融机构和新的区域性专业银行没有将足够的“可赢利性”或“准备充分”的项目推向市场的说法，对于经验丰富的国际金
456 融机构和新的区域性专业银行来说，可以为它们提供收费或技术援助方面的准备和咨询服务，难道不是一个很好的开始吗？

A.2 引入税优债券

如果政府能够接受将未来收入公平分配给那些提供大部分或全部原始资本的投资者，那么资金缺口就会开始缩小。新兴国家更多的基础设施项目债券可以提供更高的回报率，这充分反映了它们对社会的贡献，同时激发了海外机构投资者的兴趣③。

有一种基础设施债券既能够利用未来税收收入又可以与原始投资者分享相当比例的新收益，这种债券值得考虑（见图 A.1）。为了纪念俄勒冈州的退税制度（Oregon Department of Revenue，2015），我们给这种债券起

① 孟加拉国和菲律宾已经建立了良好的公私伙伴关系协调单位，越南最近与缅甸建立了一个协调单位（在编写本报告时正在进行中）（Halady，2017）。印度尼西亚也建立了一个专门的基础设施保障基金。

② 2017 年 8 月 15 日，特朗普总统宣布，他将签署行政命令，将美国政府批准主要基础设施项目所需的法律程序有效地削减一半，以满足所有日常的环境标准。

③ 如果国际养老基金和其他大型机构投资者的金融工具或者交易方低于 AA 评级，那么其购买债券的投资策略往往被政府或市场法规禁止（Norton Rose Fulbright，2015）。

了个昵称叫“退税债券”（kicker bond），意味着将预算盈余退给州纳税人[①]。

示范和分阶段推出。当然，首先需要对这一市场导向资源配置的新工具的各个方面进行试点。就像发展社会影响债券一样，其中一些可能会因表现不佳而终止。初步的试验应该是邀请知名的、成熟的单位参与[②]，签订当事

457

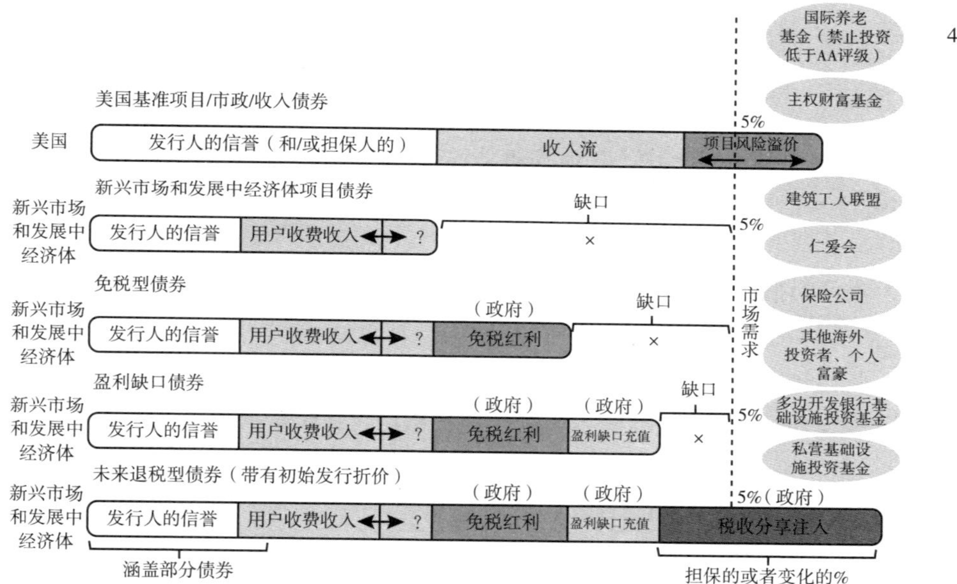

图 A.1　缩小基础设施债券的市场缺口

资料来源：Yoshino and Stillman，2017a.

---

① 基础设施缺口的概念至少有三层含义：(i) 成熟的项目渠道数量不足，或者是存在盈利缺口或缺乏可盈利的项目，特别是在新兴国家（Norton Rose Fulbright，2015）；(ii) 众所周知，在全世界范围内，所有渠道都缺乏债务融资来满足需求（亚洲开发银行和世界银行对减少缺口方面最常见的含义）；(iii) 我们的定义在于使单个项目的盈利性更好，将回报率提高到一个适当的水平，以缩小未改进项目之间的差距，并寻求已经做好准备的市场参与者愿意以这个确定的回报率百分比进行投资。图 A.1 中显示了由于累积的免税额增加、可行性缺口基金充值，以及最后税收分享注入，导致缺口减小（以负向交叉为标志），我们建议将其置于底线之外。沿着这条市场兴趣虚线，5% 只是作为当前基础设施债券一个可能的回报率指标，而不是一个有担保的或最低的百分比，或假设的全球平均水平。

② 首先，可以设想亚洲开发银行（ADB）或亚洲基础设施投资银行（AIIB）可能领导一个由公共支持的基础设施投资基金组成的财团，其中包括亚洲基础设施基金和东南亚国家联盟基础设施基金，向最初使用贷款联合协议进行的税收项目融资提供示范。有关商业或发起基金和投资工具的更多例子，参见第 13.3.2 节。

方之间的定制合同，进行结构性金融交易。从这个意义上说，这些债券并不是在开放零售市场上出售和交易的真正可转让债券。我们最终希望达到真正可转让的目标。为了开启这一征程，我们对成熟的退税债券可能包括的一些关键特征进行了讨论，并提供了模式条款清单，其中隐含着现实世界中尚未面临的许多复杂因素。

458

A.3 后端参与未来税收增长的可转让票据的一般特征和可能条款

总体上的关键考虑。任何这类债券发行的可行性将取决于若干关键因素和风险，这些因素和风险将因司法管辖区和项目不同而有所差异，其中包括：

（1）项目、行业或收益用途的具体性质，以及独特的工程风险或顾虑；

（2）项目的时效，因为“绿地”项目本身具有更大的风险和不确定性，与收入记录已知的运营（“褐地”）项目相比，在定价上处于不利地位；

（3）发行人或专用工具（SPV）（和/或母公司或合营企业）的信用评级（或缺乏信用评级）；

（4）主权国家的声誉和提供基本评级的记录，是不是国际货币基金组织的成员，是否存在国际借款的记录，或存在一个流动收益曲线；

（5）征税机关成功征税的历史，税收分享可以作为指定的收入来源[①]；

（6）税收征缴方和其他地方机构或执行当局之间存在（或缺乏）税收分享安排、财政转移和税收份额分配的记录；

（7）存在合理的授权立法，授权当局以自己的名义发行债券，税收征缴方允许后端参与某些指定税收的增量收入；

（8）有限或部分担保的程度和可信度；

（9）国家的收入流类型的可靠性在历史上存在不确定性，这种收入流可

① 令人担忧的是，在基础设施建设方面最为雄心勃勃的两个国家——菲律宾和印度尼西亚——的税率在东南亚处于最低水平。据世界银行（Curran，Rodrigues，and Salna，2017）估计，2015年印度尼西亚的税收收入几乎不到国内生产总值（GDP）的11%。另见Rillo和Ali（2017）。

能是从全球或本地区和（或）本国获得的①；

（10）通行费定价或用户收费增长过快导致的替代性交通运输和/或服 459
务的边际成本；

（11）收费收入流的杠杆水平，以及为今后参与而征收的指定税；

（12）交易的新颖性和独特性（不确定性越大，发行人和政府承付人的成本就越高）；

（13）影响外国债券持有人投资决策的一般市场条件，包括汇率波动、主权信用评级以及资产或债券收益率模式的风险回报状况。

双管齐下的方法。我们预计，退税型债券将不得不为每个项目和市场环境量身定做，最终可能与这里提出的最初构想大不相同。作为一个起点，我们初步提出一种双阶段方法，已经在世界各地取得一些成功经验，特别是在社会影响债券和绿色债券方面。例如，亚洲开发银行多次发现，这种做法比较有效，可以接触到道德水平高、经验丰富的私人投资者，他们对收益率曲线的不同部分有着浓厚的兴趣（ADB，2017c）。

这种分歧也将使人们更容易看到传统的固定利率收入或项目债券如何与未经尝试的浮动利率、后端税收参与票据一起运作。每一档的设计应支持对方的特点和摊销时间表。在本例中，条款和到期日都是任意设置的，但间隔5～10年很可能与双重差分法的预测相吻合，即预计在项目完成后税收会出现显著增长。

发行人。为了证明这一概念的充分应用，这里假设虚构的发行人是一个完全由私人组成的集团，能够在国际债券市场上筹集自有资金，建造、经营并无限期地继续拥有基础设施。当然，如果最终（或终极）所有者是政府或公共市政机构（或由国家拥有或部分控制），可以使税收和转移方面固有的一些风险最小化。

另外，辅助性原则和效率原则要求发行人尽可能来自项目本身的基层人士，并在没有法律约束力担保的情况下与政府保持最远的距离。中央或国家以下各级政府都非常希望尽可能地将项目成本从预算中扣除；毕竟，这是它们最能吸引私人投资的主要原因。

---

① 广义的传统收入包括基础设施运营商——发行方赚取的、被授予的或被划拨的、要求的或者接受的所有费用、租金、利息和利润。针对第一期固定利率收入来源的债券，债券协议或债券通常包含一个严格法律上的定义，规定可以从收费中获得项目的收入，并提供担保。

表 A.1 中列出了一些常见的实体机构，也就是我们预期可能的发行人，以及与中央政府或者主权机关之间的关系或者距离的程度。在亚洲发展中国家，隐形担保的推定非常强大，意味着当地市场参与者了解发行人有非官方的背景，或者有不同级别的政府背后的支持（尽管在贷款文件中并不会正式说明）[①]。多边开发银行提供的一揽子增强型信贷，预期总是可以在一定程度上提升发行人的评级。在最后一列中的“偏好的”
461 栏目中，排除了投资级别的主权机构，以及一些可能成为市场新宠的新兴国家。

表 A.1　发行人的附属关系以及与政府或担保机构的距离

460

投资级别	发行人	地方政府内生性担保	地方政府外生性担保	中央政府内生性担保	中央政府外生性担保	多边开发银行担保
投资级别的主权国家	中央政府	有能力直接从资本市场募集资金				非必需的
	中央政府背书的地方政府	有能力直接从资本市场募集资金				非必需的
非投资级别的主权国家	中央政府					可选择的
	地方政府					偏好的
	财务记录良好的大型国有企业	支持				偏好的
	大型国有企业	支持	支持			偏好的
	财务记录良好的地方企业	支持	支持	支持		偏好的
	地方企业	支持	支持	支持		偏好的
	财务记录差或者无记录的地方企业	从资本市场募集资金的可能性最小				

资料来源：作者编制。

① 例如，中国已经报道过，非正式或非法定的承诺保证全部私人投资者在某些社会项目或公私合作关系中能够获得一定水平的回报或利润或损失保护（Xu，2017）。

货币。为了说明示范性条款列表，应选择从最简单的货币美元开始。如果退税债券成功以美元或欧元发行，那么就有可能推广到其他货币。经验丰富或道德水准高的投资者更有可能对新工具感兴趣，以美元发行也具有降低债券套期保值复杂性的优势，而这种套期保值很可能代价非常高。

当然，收入、税收和其他主要的偿还资金来源都使用项目建设所在的当地货币。这一例子并不是为了重述在受外汇管制的国家中外汇错配和服务问题等众所周知的挑战，也不是发展中国家本币债券市场普遍存在的弱点。

票据的期限。如果项目所在国家发行基准 10 年期债券且存在既定收益率曲线，那么就很容易定价。否则，债务期限可能不得不缩短。除印度、菲律宾和泰国外，亚洲其他国家可能都无法拥有足够发达和多样化的国内金融市场，能够以本国货币提供期限超过 10 年的贷款用于项目融资。直到最近几年，中国才开始使用地方政府的土地储备特别债券和收费公路等新工具扩大私营投资者的阵营（Xu，2017）。

另一个需要考虑的问题是，10～15 年的抵押贷款对新兴国家的基础设施来说是否太短。举例来说，通过比较，加利福尼亚融资基础设施的增值税支持型收益债券目前可以延长到 45 年。然而，短期债券也有以较低的利率降低融资成本的优势。任何项目都需要承担再融资风险，投资者也必须根据公司的质量或实际建造基础设施项目的分包商以及项目固有延迟的风险来确定定价。

赎回方案。由于投资者通常不喜欢提前还款的风险，因此是否应考虑这种风险，值得商榷。田纳西流域管理局（TVA）发行过相对较新的电子票据，提供了多种条款和回报，可提前 30 天通知托存信托公司（TVA Investing Answers）后赎回。因此，如果发行人倾向于选择这种方案，它必须支付更高的收益。交易顾问可以确定是否绝对有必要这样；然而，发行的时候可能就必须确定赎回的定价，而不用等到到期时再确定。 462

指定税收。像在加利福尼亚这样的辖区之内，新的退税债券与较早的增值税融资工具之间的一个关键区别在于，前者可能需要且必须利用双重差分法计算各种税收，其比重分配将超出以土地为基础的财产税或者地方地价。每种税的名称和描述都将取决于管辖权和地方公约，以及征税实体的等级。然而，我们假定双重差分法计算过程能够显示出基础设施的因果关系，其中不仅包括财产（不动产）税的增长及其差异，而且包括更高的报酬和浮动的商业、销售、增值和个人所得税，这些税收会因纳税人或企业的当前住所和商店位置而具有更大的波动性和流动性。

我们必须再次强调，双重差分法的结果并不是建议政府引入任何新税项，例如，通过征收额外的改善税或特定的税率来支付在收税区内还不存在的基础设施服务（如污水接驳）。同样，我们基本假定现行税收的比重和税率会维持在同一水平，希望新的纳税人和商业创业活动在基础设施新建或改善的吸引下进入该地区创业后，收入能够增加。

表 A.2 指出了在双重差分法计算中是否全部或部分合并各种税种。分税制和财政转移将取决于需要多少补贴和哪些税最容易征缴且最能促进收入增长。例如，在加利福尼亚发现车辆牌照增值税增速往往快于财产税年增速（Amador，2016：9）。此外，由于双重差分法计算需要对基础设施影响区与控制区或没有基础设施建设而不受影响的邻近地区进行比较，所以需要明确这些税在这两个地区是否已被国家采用，或者已经相当普及。如果一个省、
463 一个地区没有征收这种税收，那么再测算这种特定税收的年度变化或者增长情况就不科学，也不公平。在财产税方面，变化率的跨地区比较应该是一致的，或是相同的。从长期来看，土地估价的频率在跨地区比较中也有规律性，情况也非常相似①。同样，由于销售税通常根据普通商品、食品和饮料的不同级别来设定，在对这两个区域进行比较时，商店类型必须至少具有高度的可比性。最后，如果一个区域设置债务法律或法规上限，或暂停批准加息，也可能会影响双重差分法的跨期计算。

收益分成和特别发行。为了使退税债券概念具有最强的吸引力水平，通常假定可以获得未来指定收入的一半分成（或 50% 的后端参与）；当然，也可以使用其他比率的分成（亚洲开发银行研究院的初步研究计划为 20%），这个分成比例会根据每个项目的时间、进度以及政府吸引私人投资者的意愿进行调整。这样重要的计算与某一特定经济区和税收征管区的其他项目（如果有的话）、该区域的基础设施、地方发展当局，以及政府的征税部门或其他征税机关的相关跟踪记录有关。

只有当社会影响债券和发展影响债券产生可实现和可衡量的结果时，才能够根据支出原则进行借款。尽管税收征管区和控制区之间每年都存在正差额，但是如果这个百分比仍然低于国内生产总值（GDP）的年均增长率或该产品的地区分成比例，则国家作为义务方将不按合同规定付款。这种情况

① 在一些管理地区，由于年度通货膨胀的因素，地方和市政府提高其城市内房地产评估价值的能力有限（Amador，2016：7）。

尽管有些出乎意料，而且通常需要加以避免，但值得注意的是，有些条款会允许 TVA 增值税率在某些年份降低其承诺息率，这种情况在可出售（平价）自动利率重置证券中也极为普遍（TVA InvestingAnswers）。

表 A.2　按流动分类确定为试点区的潜在税种清单 464

固定（而且总是固定的或与土地和/或建筑物有关的，因此可以预见地保留在税收试点区内）	**两者共有的特性**（并可在长期至中期内一定程度上向税收试点区外移动）	**动产**（高度自由，但高度依赖于个体纳税者目前的住所）
物业税/地价/固定资产税（住宅及商业部分）	营业税/公司税（企业可能迁出，但速度比个人慢）	个人所得税（无论征收多少级：中央、省和/或市）
酒店房间税/附加费	增值税/（本地）消费税/销售税	车辆牌照费附加税
不论价值或大小，对物业评估征收的包裹税/统一税率	薪金税/费用	车辆注册税
改善性征税/评估	特别税/评估	卡车吨位税
路旁停车收费	开发商费	其他车辆税，包括摩托车税
基础设施命名权（一次性收费）[a]	当地商业车库收费	汽油、柴油和轻油税
体育场座位收费（座位许可证）	遗产/财富转移税	
楼宇燃油税	娱乐税（来自电影院和剧院）	
地方/农村道路费	商业广告空间/广告牌费	
警戒线/拥挤收费/高峰使用附加费	其他杂费和用户收费	
土地登记和许可证税		
不动产购置税		
城镇/城市规划税		
代付税款（例如，土地所有者代不动产所有者支付必需的税收）		
环境/自然保护区或国家公园税		
旅游税		
离境税（在机场/港口）		

注：（1）这里所说的潜在类型的税种是示范性的，也就意味着是不确定的。其他名称的税种（如货物和服务税）在不同管理辖区内使用时，指的是相同或类似的税。（2）[a]20 世纪 20 年代中期，一家私营公司在东京修建银座地铁线路，寻求融资帮助。它们与主要百货公司合作创新，不是以车站附近的地点而是以这些百货公司的名字给沿线地铁站命名。例如，三越前站（Mitsukoshimae-eki），就是说这个地铁站的位置在位于日本桥区的三越有限公司的主体店的前面（Hornyak，2017）。此外，请参阅第 11.4 节中东京交通导向的发展历史。

资料来源：作者编制。

处理票面利率的其他方法包括：（i）在指定幅度内波动；（ii）限制过多的意外收益参与分成；（iii）提高百分比，直至达到目标终止比率。根据后端参与分成接受的、预期的或实现的水平，并经过进一步的实践和试点，可能会发现拟议的长期收费或债务还本付息准备金实无必要。

当然，财政转移（从各种征税实体或征收代理人到为最终发行人托管的信托公司）的可预测性、未来税收分成转让的稳定性，以及对公认的认证机构参与计算的独立性和可靠性的信心，会对投资工具的成功至关重要。令人鼓舞的是，社会影响债券虽然也面临许多同样的问题，但是已经找到或正在制定解决办法，虽然我们暂时未能考虑到其他因素，但预计会在进一步的可行性研究和试点时发现这些因素。

465 **方框 1：经济走廊如何成为地区发展当局的税收试点区**

截至 2017 年年中，正在建设中的或拟议中的经济走廊有 40 条左右，横穿许多地区，有时甚至跨越几个国家，比如雄心勃勃的中国—巴基斯坦走廊。许多经济走廊以山脉为正常的地理边界，或者沿着浩瀚的河流或山脉的路线。亚洲绝大多数经济走廊建立在已有的或拟通航的公路、铁路或水路的基础之上（“亚洲重新互联”）[①]。许多国家、区域组织和国际金融机构一直呼吁将这些经济走廊从仅仅通过友谊桥梁连接起来的便利运输线演变为高效率的贸易和投资路线或经济带，最终通过增强这些国家和多部门的互联互通，使之成为复杂的、一体化的经济区域（Zhang，2017）。若干区域性研究正在进行当中，考察某一特定地区、城市或地点，并试图挖掘其评估过的经济潜力，例如作为市场利基或过境枢纽，从而有效地利用这一潜力进行任何投资规划和未来经济活动（The News International，2017）。

无论长期目标是什么，很明显，这些天然走廊可以形成更大的经济试点区，其中税收和新增的就业机会及财富可能会像双重差分法预测的那样出现增长。例如，最近对大湄公河次区域跨境交通的评价表明，其在整个次区域经济走廊具有积极的经济净效应，并有助于跨境行业的垂直一体化（Fujimura，2017：3；Chapter 10）。在这些经济和税收试点区内，负责区域基础设施和发展的管理当局（类似于田纳西流域管理局或湄公河流域可持续发展委员会）可以利用更加整合的、绿色的、高质量的

① 其他走廊可能会沿着繁忙的海上航线、资源—市场管道，或者输电网络，甚至光纤网络建立。

方法，而不是对每一个新项目都临时开发一种新方法，来管理该区域的发展和整体开发，以获得不同项目的溢出效应和分散化效应（见方框中的示意图）。许多当前的基础设施项目设立一个专门的融资或建设实体或工具，只能满足该设施建设的即时需求，但是一个常设的区域管理机构应该在更长的时间内存在，并进行许多综合性的改进。作为一个地区内数百个基础设施项目复杂规划的范例，阿伯丁公路公私伙伴关系是苏格兰有史以来最大的一个市政封闭工程，主要涉及道路、河流、地下通道和野生动物桥（Norton Rose Fulbright，2015）。

排除那些国际边境的实质性应用及分享资源和收入的跨国自然特征 466
（例如，可参见“多瑙河保护和可持续利用公约”），让我们假设一个潜在的管理当局控制着一个省或地方内的一段河谷。如果该当局（或更多的地方政治实体）有权向该地区的居民、来访游客和企业征税，它可能会轻易承诺以后与私人投资者分享税收。该地区可能会自行预测未来税收或财富增长预期超出的部分，并开始将其大部分用于支持新的后端税收参与项目，包括公路、铁路、桥梁或机场（见方框中的示意图）。虽然这在理论上不值得推荐，但也可能创造一个务实的机会，可以将利润更高的项目与那些显现出承诺回报较慢特征的项目进行交叉补贴。例如，如果不违反优先留置权，成功的公路项目产生的溢出效应或过多的意外收益，有时可能会用来支付给一个区域可行性基金或一个普通的分税制基金，用于弥补该地区供水和污水系统中可能不太适合市场的或对私人投资者不具吸引力的资金缺口。

这里建议，一个整合的管理当局可以从每一个新项目中学习，在市场上获得一个良好的记录，并从任何新引入的基础设施中为自己、享受该服务的社区和其他利益相关主体争取利益。可以将这些很好的工具整合在一起，向接受服务的当地人民以及希望确保他们的投资物有所值的远近债券持有者传达观念①。特殊试点区的不同项目可以采用更多的双

① 在基础设施项目债券融资过程中常常有人抱怨，没有为不同持有者的利益提供便利的单一入口，因为银行贷款有严密监控，贷款工作人员可以观察建设进度和业务绩效，并可以随着条件的变化调整贷款条款和契约（Norton Rose Fulbright，2015）。《亚洲开发银行2020年战略中期审查》还呼吁受影响者和民间社会更多地参与项目的设计和执行，并监测相关的活动和产出（ADB，2014）。

重差分法分析（假设在比较中存在不受影响的合理控制区），对于引入作为基准和营销的基础设施，甚至可以计算出其任何预期增长率的平均数。当然，要使这一概念在实践中发挥作用，人们会期望看到个别项目（或该地区的平均水平）的表现优于该国的总体国内生产总值（GDP）或作为未来后端参与来源的税种的年度增长。毫无疑问，每个国家都有自己独特的税收手段，如果由中央来征管那些指定类型的税收，则必须设置一个公平和合理的程序，将基础设施溢出的指定税种重新分配给省、州、市或当局，它们可能是投资证券的发行人，也可能是个别项目的建设者。然而，由于许多管辖区已经制定了在不同征税方和受援实体之间税收分成的办法，只要有政治意愿和合作精神，就不难将区域基础设施和发展当局融为一体。

467

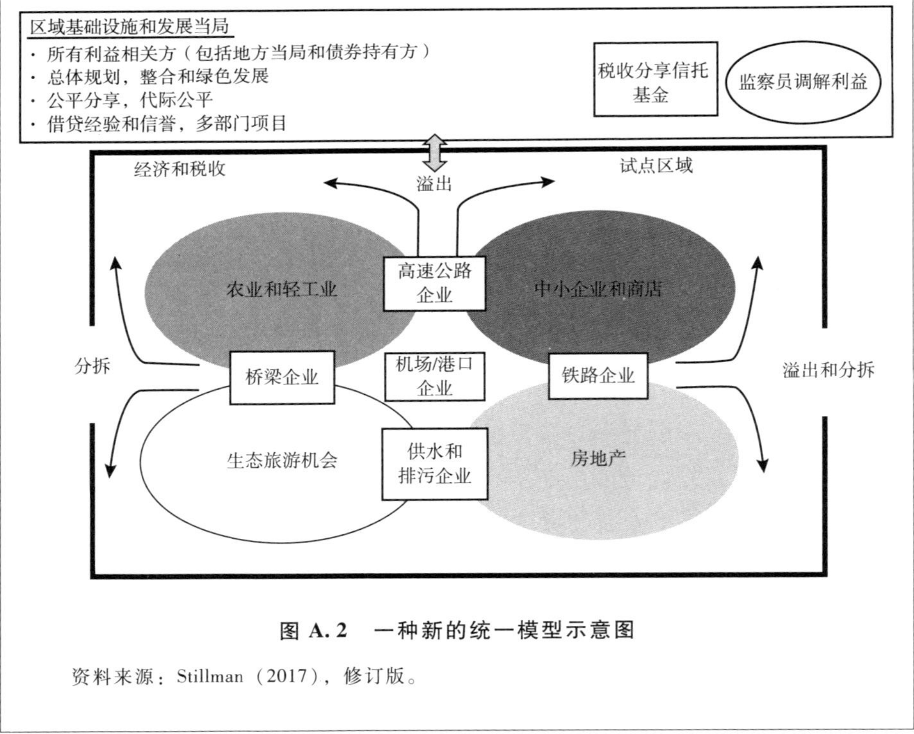

图 A.2　一种新的统一模型示意图

资料来源：Stillman（2017），修订版。

有限的担保。世界银行委托罗斯柴尔德（Rothschild）进行的一项研究对部分信贷扩张担保的有效性进行了评估，研究表明，这对允许新兴借款

人从投资级投资者那里获得长期融资方面会产生重大影响，比如养老基金
和财富基金可能对资产类别做出限制（World Bank，2016）。例如，2016 468
年3月，肯尼亚电力（Kenya Power）根据国际开发协会的部分担保，获准以有吸引力的价格支持其偿债，而不必求助于政府的主权担保（World Bank，2017）[①]。缺乏明确的政府担保通常意味着新兴电力公司的收益率必须略高于与之对比的国库券，但有望比国内公司的债券更低（TVA InvestingAnswers）。

因此，在这一机制中，主权国家/税收征管方与发行方之间是最为复杂和未知的关系之一，复杂之处在于主权国家/税收征管方是否和如何履行承诺将议定的部分收入转入信托基金，以最终支付给发行方，而发行方可能不一定是国有企业：我们应该通过期待看到某种形式的投资担保来应对政治风险、可兑换问题，以及在每一笔债券中次级金融债务不履约难题。示范条款单还提供了另一项发行人基本义务的担保，即在保险将以合理的成本提供给发行人的前提下，发行人要遵循首次公开发行更加具有吸引力和安全性的原则[②]。

由于主权国家/税收征管方只是承担次要责任，承诺将第二批浮动利率债券纳入税款分成的范围内作为义务，因而不需要对固定项目债券提供任何全面担保或赔偿，而固定项目债券将不得不依赖发行人的收入来源和一般利息支付能力。从这方面看，一般认为，在条款列表中加入一项声明是有益的，即第一批固定债券不会得到政府的充分信任和信用的支持，从而使其基本上摆脱了在国家预算中承担和报告的义务[③]。

税收。由于要综合考核项目地点、发行人所在的管辖区以及债券持有人
住所等，因此在这个通用的例子中很少做出有用的假设。当然，海外投资者 469
想知道，他们是否可以免缴预扣税、印花税和登记费，以及执行有关的双重税务条约是否会对债券造成影响，因此，必须明确付款是作为股权而不是债务，才能避免混淆。

---

① 亚洲开发银行还建立了一个次级流动性贷款机构，其结构是为美元计价的项目债券提供不可撤销的信用证，这些债券通常在欧洲用于信贷扩张（ADB，2017a：74，Box5.9）。

② 正如正常债券所预期的那样，如果发行人是信用历史有限的特殊目的公司（SPV），合资公司或特殊目的公司的母公司，其也将为投资者提供保证资金。

③ 也就是说，这类似于有担保的加州普通债务债券与无担保的州或租赁收入债券之间的区别。顾名思义，一般债务债券是建立在政府收费基础之上的，会提高一般资金的义务；因此，当局将尽量避免提供这种担保。

由于这类票据的主要目的是从指定的税收中获取更多的资金，以提高对原始投资者的实际回报率，因此我们假定，无论是发行人还是债券持有人持有这种票据，利息支付都应该能够享受在市政、州或联邦一级的免税待遇。

因此，最好在谅解备忘录和更详细的税收参与协议中锁定免税地位。例如，政府可以承诺在税法中写入债券的性质和地位，以及参与或返还协议的比例的确切机制。在某些管辖区内，这很简单，可能也就是政府公报上一则公告或总理、首席执行官或财政部的一纸命令。不过，为了建立良好的秩序及对项目完成的信心，我们通常希望看到议会或国会一级能负责任地通过一些立法修正案，这样就能解决自身的复杂性和交易中断的拖延等问题。

除了这些严肃的问题之外，各级政府或征税实体与执行当局之间还可能出现分税制方面的更大挑战。在三层征税权力的复杂系统中，必须通过总括性法案或行政安排来建立公平分配和均等化的机制以及收入分配公式，以便在中央、省、地方或城市各级政府之间有效地转移税收和分担财政责任。最后，尽管为了便于分析上述讨论和示范条款列表，我们假设一切都将发生在一个民族国家内，但也必须认识到跨境基础设施和国际共享安排具有潜在的复杂性。

退税债券信托基金、项目谅解备忘录、债券协议、税务参与和信托基金协议的形式。由于这些关键文件的基本内容只能在现阶段的概念解释中简述，因此本节会在附件中提供详细的示范协议。项目谅解备忘录应该包括：（i）
470 记录选择的交易结构和交易发生的先决条件；（ii）具体说明将列入试点区的指定税种以及承诺的参与分成比例（后端点）；（iii）详细说明为使结构正常运作而对现行法律所做的任何修改；（iv）在政府、保荐人和承销商之间达成协议之前，为其他被排除在外的总负责人请愿。政府还应在此澄清计划如何处理今后削减和（或）分享指定税收的任何问题，并在遵循其税收和预算法的前提下考虑自身所欠的汇款。每种潜在的方法都会对确认时间有不同影响，这些方法的类型可以分为“放弃收入”“合同信贷/减让/收据调整”“向某些指定信托基金直接汇款”或“尚未发放/可供信托基金使用的批准汇款”[①]。

---

① 具体国家的处理预算编制方式和确认时间，可能取决于许多因素，包括国家是否采用跨年预算制，例如，在这种情况下，收入和支出的估算可以从当前预算年度向后顺延 4 年。国家预算收入表还经常显示更多的分支科目，详细列出奖励计划、优惠以及行业或其他受益人对各种项目提出的信贷要求，这些项目可能导致普通税收支付给普通基金的部分永久减少或暂时推迟。这些抵免的一部分有时可结转用于扣除未来年份的收入（更多内容可见 2014 年国际货币基金组织有关预算报告、收入记录和税收抵免排他性的章节）。

虽然取决于不同管辖地区的当地法律和惯例，以及税务参与和信托基金协议的具体条款，但在某些情况下，第三方税收征管方（如主要石油公司或炼油商）可能会将计算出来的汽油或柴油税的份额直接汇入必要的信托基金，而不必将其转入中央税务局或任何级别的政府税务机构。为了确保资金的管理便利以及对存款安全的信心，必须为每个退税项目信托基金开设单独的银行账户，并维持到债券到期或赎回为止。

关于参与复杂程度的指引性文件可以参照英国、澳大利亚和美国等管辖区域的社会影响债券和发展影响债券通常需要的法律文件。

市场和信用评级机构。选择在哪里出售免税债券也将影响交易结构和定价态势。如果美国境外的需求经评估为已经足够强劲，那么欧洲债券或“S发行法”可能已经足够应对了。根据修订后的美国1933年“证券法”（Securities Act），“美国144 A债券”的市场登记程序允许发行人向美国投 471
资者出售债券，这有利于让最大数量的潜在投资者参与进来。

像田纳西流域管理局（TVA）和大雪山发电有限公司（Snowy Hydro Limited）这样受欢迎的发行人，具有悠久的经营历史和审慎的经营－利润比率，即使没有得到中央或地方各级政府的充分信任和信用（一般）义务或无条件担保，不能从国家综合性、一般性收入中偿还其收入债券，通常也能得到投资者服务机构的高度评级（Moody's，2005）。

对基础设施退税债券的需求在很大程度上可能取决于投资银行家、承销商、信用评级机构如何计算回报率，以及他们对本书中的双重差分法的结论是否有信心。我们已经知道，私营部门对于接受交通运输需求、债券评级等相关风险不感兴趣，风险配置溢价会受市场对交通和乘客未来预期增长的可靠性和规模等方面的信心的强烈影响。综上所述，谁将或者谁应该接受什么样的风险水平，以确保未来可能出现或不可能出现的收入流的退税债券的适当评级？为了回答这些问题，必须对主要市场的大型机构投资者能够欣然接受的最低保护、信用比率、保险包、担保等问题进行深入研究，这也将有助于向债券信用评级机构了解更多的需求，帮助它们提高项目债券和新兴国家发行人的评级。

参考文献

Amador, C. 2016. Enhancing Infrastructure Financing Districts: Resource Guide to EIFDs. California Community Economic Development Association.

Asian Development Bank (ADB). 2014. *Midterm Review of Strategy 2020: Meeting the Challenges of a Transforming Asia and the Pacific*. Manila.

____. 2017a. *Meeting Asia's Infrastructure Needs*. Manila.

____. 2017b. How Can Asia Finance the Infrastructure It Needs? News release. 28 June. https://www.adb.org/news/features/how-can-asia-finance-instrastructure-it-needs.

____. 2017c. ADB Sells Dual-Tranche $750 Million 5-Year and $500 Million 10-Year Global Green Bonds to Spur Climate Financing. News release. 2 August. https://www.adb.org/news/adb-dual-tranche-global-green-bonds-spur-climate-financing.

Curran, E., J. Rodrigues, and K. Salna. 2017. Philippines, Indonesia and India Have Got a Fed Problem. Bloomberg Markets. 23 August. https://www.bloomberg.com/news/articles/2017-08-22/yellen-risks-exposing-old-vulnerabilities-in-emerging-asia.

Fujimura, M. 2017. Evaluating Impacts of Cross-Border Transport Infrastructure in the Greater Mekong Subregion: Three Approaches. ADB Institute (ADBI) Working Paper 771. Tokyo: ADBI. https://www.adb.org/publications/evaluating-impacts-cross-border-transport-infrastructure-gms.

Halady, P. 2017. GMS: Spurring Private Investment in Regional Infrastructure. Asian Development Blog post. 27 November. https://blogs.adb.org/blog/gms-spurring-private-investment-regional-infrastructure.

Hornyak, T. 2017. Heart of Gold: The Ginza Line Celebrates its 90th Birthday. 16 December. *The Japan Times*. Tokyo.

International Monetary Fund. 2014. Government Finance Statistics Manual (GFSM). Washington, DC.

Kaga, R. 2017. Asia Faces Challenges Attracting Infrastructure Investment. *Nikkei Asian Review*. 15 June.

Lewis-Workman, S. 2008. Evaluating the Economic Development Impacts of Transit. Department of Transportation Staff Working Paper. Washington, DC: United States Department of Transportation, Federal Transit Administration.

Moody's. 2005. Moody's Investors Service Announcement: Moody's to Examine Ratings on Various Government-Related Issuers in Connection with the Introduction of Joint-Default Analysis.

Global Credit Research. 28 April 2005. https://www.moodys.com/research/.

Norton Rose Fulbright. 2015. A New Solution for Funding Infrastructure. http://www.nortonrosefulbright.com/knowledge/publications/127571.

Office of the California State Treasurer. Frequently Asked Questions. http://www.buycaliforniabonds.com/faq.asp (accessed 10 July 2017).

Oregon Department of Revenue. 2015. 2015 Kicker Credit. Fact Sheet. http://www.oregon.gov/DOR/press/Documents/kicker_fact_sheet.pdf.

Reconnecting Asia. Competing Visions. https://reconnectingasia.csis.org/analysis/competing-visions/.

Regan, M. 2017. Infrastructure Financing Modalities in Asia and the Pacific Region: Strengths and Limitations. ADBI Working Paper Series 721. Tokyo: ADBI.

Rillo, A. D., and Z. Ali. 2017. Public Financing of Infrastructure in Asia: In Search of New Solutions. ADBI Policy Brief 2017-2. April. Tokyo: ADBI. https://www.adb.org/publications/public-financing-infrastructure-asia-search-new-solutions.

Stillman, G. B. 2017. Introducing the Tax-Kicker Bond: Budget-Neutral Financing of Private Infrastructure by Back-End Participation in Future Tax Revenue Growth. ADBI Policy Brief 2017-3. Tokyo: ADBI. https://www.adb.org/publications/tax-kicker-bond-budget-neutral-financing-private-infrastructure.

Tennessee Valley Authority, Definitions & Examples. InvestingAnswers website. http://www.investinganswers.com/financial-dictionary/businesses-corporations/tennessee-valley-authority.

The News International. 2017. ADB Exploring New Economic Corridors in Pakistan. 1 June.

World Bank. 2016. Utilizing World Bank Partial Guarantees in Support of Sovereign or Sub-Sovereign Commercial Debt Financings. Washington, DC. http://documents.worldbank.org/curated/en/293331492579395041/Utilizing-World-Bank-partial-guarantees-in-support-of-sovereign-or-sub-sovereign-commercial-debt-financings.

____. 2017. Utilizing WB Partial Guarantees to Support Sovereign or Sub-Sovereign Commercial Debt Financing. News release. 23 May.

Xu, L. 2017. Innovations in Managing Local Government Debt in the People's Republic of China. Asia Pathways blog post. 14 December. www.asiapathways-adbi.org/2017/12/innovations-in-managing-local-government-debt-in-prc/.

Yoshino, N., and G. B. Stillman. 2017a. Kick-Start Private Infrastructure with Future Tax-Sharing Bonds. Asia Pathways blog post. 25 May. www.asiapathways-adbi.org/2017/05/kick-start-private-infrastructure-with-future-tax-sharing-bonds/.

——. 2017b. Could Kicker Bonds Spur Private Investment in Infrastructure? *Development Finance*. London. October 2017.

Zhang, W. 2017. *A Sneak Peek at CAREC's New Strategy*. Manila: ADB.

附件

示范条款列表仅作学术用途 475

固定利率项目债券和浮动利率后端税收参与债券
（统称为“退税债券”或“贷款”）

发行人	私人融资—建设—运营的高速公路企业（作为第二批债务人，新兴国家政府通过其税务机关参与）
货币	美元
贷款额/批次	________000000 美元。第一批为固定利率项目债券，第二批为浮动利率后端税收参与债券，将以这两批的形式发行，二者组合成一个单一系列的退税债券
借款限制	第一批的固定利率项目债券将从发行日起在每年的 1 月 15 日和 7 月 15 日按照________% 的半年利率支付利息。任何本期不能支付的将往后延展 第二批浮动税率后端税收参与债券将于 2023 年 10 月 15 日起支付季度利息，每年根据后端税收参与（按定义）重新调整（在任何情况下，第二批每季度的浮动利率不得低于年化____% 的利率）。任何在一段时间内未支付最低利率的款项都将向后延展 税收优惠将在这些日期后的 10 个工作日内支付给退税债券持有人
到期日	2028 年 7 月 15 日，到期价格________
首次利息支付日	2019 年 1 月 15 日
最后利息支付日	2028 年 7 月 15 日（预计设置日期的 10 年之后）
价格	第一批和第二批的证券面额均为 100 美元。投资者最低认购量为 500 份，即 5 万美元的本金，包括相同数量的第一批固定利率债券和第二批浮动利率债券

续表

476 赎回方案	固定汇率债券可于 2023 年 7 月 15 日或之后全部或部分赎回。2026 年 7 月 15 日的偿债基金支付经计算为到期前固定利率债券的____% 浮动利率债券不受任何强制性偿债基金规定的限制；不过，如果政府在 2026 年 10 月 15 日以后没有支付任何结果款项，发行人可能会因债券表现不佳而提早终止发行。参见提前终止和潜在资本损失的风险因素
信托	基础设施风险投资有限公司担任国家公路退税债券信托基金管理人。在任何情况下，支出不得超过信托基金的存款。详情见债券协议
独立核验方	指定独立组织（预期为公认的会计核算或精算事务所）负责确定项目经济试点区与控制区之间的双重差分（DID）计算，并计算政府向发行人支付的结果付款以及按比例分摊向债券持有人支付可分配的后端税收参与份额
债券状态	作为一种债务工具，除法律规定的发行人义务之外，退税债券至少应与发行人的所有其他高级义务并列。该债券尽管没有得到政府或其征税当局的充分信任和信用的支持，但也应排在次级债务之前 支持支付第一批固定利率债券的主要收入来源包括项目产生的用户通行费和公路相关的租赁收入（如来自路边广告牌的收入）。发行人作为所有者和经营者获取收入后，首先支付债券持有人的固定利息，并在到期时赎回第一批次债券 发行人可用于支付或偿还第二批债券所欠款项的资产，仅限于国家高速公路退税债券信托基金资产。（在某些情况下，发行人也有义务在其财政年度结束时从现有资金中拨出部分用于向信托基金提供普通公司资源。）因此，该债券是第二批债券持有人与发行人之间的一种无担保贷款安排，其追索权仅限于信托基金资产。贷款本金和利息的所有支付都是应偿债务，而不是股本。有关详细信息请参阅债券协议
贷款用途	贷款的净收益，连同发行人的现金，应按照“政府公路法”和“项目谅解备忘录”的规定，用于资助国家高速公路 C 至 D 的公路购置权中的购置、建造和改进

续表

特别发行：

方框 2：双重差分计算公式

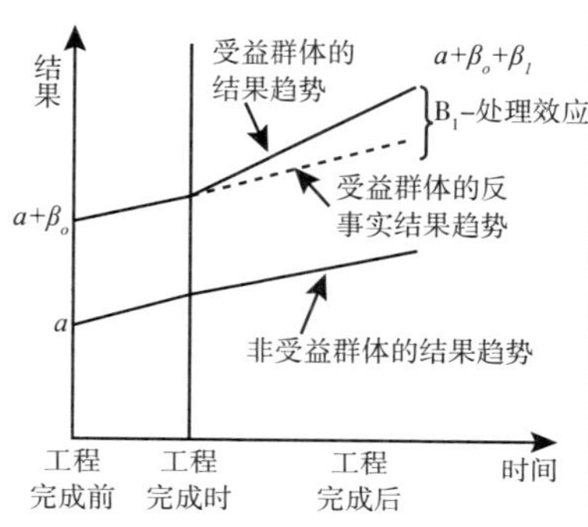

$$Y_{it} = \alpha + \beta_0 A_i + \beta_1 P_t \times A_i + \varepsilon_{it} \quad (1)$$

这里，

Y_{it}是第 i 个实体第 t 时期的利息结果变量，例如 GDP 或人均 GDP 等；

A_i 是一个二进制变量，对于属于受益群体的实体（如家庭、城市、市政）取值为 1，对于属于非受益群体的实体取值为 0；

P_t 也是一个二进制变量，在项目完成后取值为 1，在项目未完成前取值为 0；

$P_t \times A_i$ 是这两个二元变量之间的相互作用项；

ε_{it}是假定与常数方差 σ^2不相关的误差项，α、β_0、β_1 是估计的回归参数。

参数 β_1 表示此基础设施项目的影响。该模型将通过包含实体和时间的虚拟变量来丰富。这项工作对双重差分进行回归，主要优点在于其他变量可以添加到方程（1）的右边，这控制了受益人和非受益人群体之间可能发生相同趋势假定的背离情况。

政府接受“项目谅解备忘录”并承认，在国家高速公路 C 到路 D 路段竣工前，它将不会接受这个工程 477
周围的经济试点区内产生的一般税收和其他收入（其定义为项目的指定税收）的增加部分；因此，政府准备将获得的任何未来指定收入（一半）拨付给下列的第二批债券持有人

政府向发行人支付的款项是两项收入的组合，即（i）固定的常规收费和（ii）根据预计将从增量收入中产生的预期政府收入的浮动结果付款，主要来源于根据双重差分方程计算的经济试点区内有别于控制区内的营业税和财产税收入。更多详细信息请参见左边的方框

如果试点区的趋势等于或低于控制区，或表现不超过区域 GDP 和国家 GDP 的份额以及控制区所有税基的税收净额年增长率（如所界定的那样），政府就没有义务支付结果款项

第二批债券持有人后端税收参与水平的关键决定因素是政府根据协议条款向信托基金支付的结果款项数额。在计算日期内，项目产生的新税收根据指定经营业绩公式来确定。确定在项目经济试点区内征收的指定税种和控制区内相同税种的实际收入的数据，将从税务局现有的政府数据集中获取，并交由独立核验方核实。控制区税收净额的反事实年增长率已经或者将来都根据双重差分方程来确定；然而，存在可能低估在没有项目的情况下最终会发生的“真实”基本税率的风险，而且政府的付款将低于“应该”的水平。相反，它们可能在任何一年的计算日期被高估，或一贯超过利息支付期限。见风险因素

正如“债券协定”第____节所述，将审查反事实利率、控制区的持续可比性、提取数据的可靠性，以及过去在第三个计算日期之后双重差分计算的结果和方法，以确保所有各方都确信第二批票据最后几年的结果付款是公平的。如果双方无法就任何必要的修订标准达成协议，则将继续适用经过核证的最初三个计算日平均原始费率

续表

478

	日常收费的固定金额为________百万美元，政府每年将在财政终账日从信托基金中支付安装费________，以后每年支付________ 每个计算日之后，政府支付的结果款项是：第一批支付累计差额________百万美元的50%，加上下一次支付累计差额________百万美元的25%，低于包括常规收费在内的所有前期支付 信托基金得到的所有政府税收参与支付将根据双重差分计算的绩效而有所不同，估计总额在________百万美元和________百万美元之间，支付给第二批债券的部分不会提前终止 在任何计算日期（如所界定的那样）的例外表现将导致限制应付给信托基金的结果付款数额的特别规定。了解该情境的详细信息以及用于计算这些限额的财务模型请参阅风险因素
税收	这些都是免税债券，意味着（税务顾问认为）/（根据经修订的税法第________条），证券所得的利息可免除政府收入税和个人所得税。我们建议投资者自行寻求独立的税务建议，因为他们的税务待遇会视不同的因素而定
文件	债券协议将由发行人和代表持有人的受托人签订。债券协议应规定债券持有人在债券方面的权利和义务。在协议终止前，发行人将与政府税务当局签订税务参与和信托基金协定，该协定实质上是协议的附件
有限担保	国际金融机构亚太复兴开发银行将为发行人提供有限担保，确保即使在政府根据已经核定的双重差分计算没有向信托基金支付任何固定或结果款项的情况下，也将第二批债券未清本金（一半）偿还给债券持有人 世界投资担保局是世界银行的一个附属机构，它将在政府或其税务当局违背其任何税收参与和信托基金的担保义务，以及违反国际法没收项目或信托基金的情况下，为该项目的政治风险投保

续表

缺乏次级市场	（在私募/公开发行）之前，退税债券没有市场。承销商和发行者没有义务建立一个市场，也不能保证任何这类证券在活跃的公共市场将会得到发展。如果一个市场确实在发展中，它可能缺乏流动性	479
重要提示	**这不是任何项目、发行人或私人配售的真实条款列表的信息清单，所有使用的名称都不是任何项目的实际信息备忘录或条款表。所有使用的名称都是虚构的。它纯粹是为了学术目的而准备的，目的是为基础设施引入税收债券这一论题**	

索　引*

* "t" 表示表，"f" 表示图，"n" 表示注，"a" 表示附录。索引页码为原著页码，即本书边码。

E

F

G

J

P

Q

R

S

关于亚洲开发银行研究院（ADBI）

亚洲开发银行研究院位于东京，是亚洲开发银行的智囊团。ADBI 的使命是探寻有效的发展战略，改善亚洲开发银行发展中成员方的发展管理。ADBI 在亚太地区和全球建立了广泛的合作伙伴网络。ADBI 的行动与亚洲开发银行的战略重点保持一致，这其中包括减少贫困、包容性经济增长、环境保护、区域合作与融合、基础设施发展、中等收入国家发展、私营部门发展与运营等。

亚洲开发银行研究院
日本东京都千代田区霞关 3－2－5，霞关大厦 8 楼
邮编：100－6008
电话：＋813 3593 5500
邮箱：adbpub@ adb. org
网址：www. adb. org

图书在版编目（CIP）数据

亚太地区基础设施融资：影响分析和新资金来源 /（日）吉野直行，（德）马蒂亚斯·赫布尔（Matthias Helble），（乌兹）乌米德·阿彼德哈达耶夫（Umid Abidhadjaev）主编；唐俊译. -- 北京：社会科学文献出版社，2020. 1

（亚洲研究丛书）

书名原文：Financing Infrastructure in Asia and the Pacific：Capturing Impacts and New Sources

ISBN 978-7-5201-3856-7

Ⅰ. ①亚… Ⅱ. ①吉… ②马… ③乌… ④唐… Ⅲ. ①基础设施建设-融资-研究-亚太地区 Ⅳ. ①F299.304

中国版本图书馆 CIP 数据核字（2018）第 257015 号

亚洲研究丛书

亚太地区基础设施融资：影响分析和新资金来源

主　　编 / ［日］吉野直行　［德］马蒂亚斯·赫布尔
［乌兹］乌米德·阿彼德哈达耶夫

译　　者 / 唐　俊

出 版 人 / 谢寿光

责任编辑 / 张　萍

出　　版 / 社会科学文献出版社·当代世界出版分社（010）59367004
地址：北京市北三环中路甲 29 号院华龙大厦　邮编：100029
网址：www.ssap.com.cn

发　　行 / 市场营销中心（010）59367081　59367083

印　　装 / 三河市尚艺印装有限公司

规　　格 / 开　本：787mm×1092mm　1/16
印　张：28　字　数：482 千字

版　　次 / 2020 年 1 月第 1 版　2020 年 1 月第 1 次印刷

书　　号 / ISBN 978-7-5201-3856-7

著作权合同登记号 / 图字 01-2018-7143 号

定　　价 / 139.00 元

本书如有印装质量问题，请与读者服务中心（010-59367028）联系